（第三版）

体育服务运营管理

肖淑红 主编

首都经济贸易大学出版社
Capital University of Economics and Business Press

图书在版编目(CIP)数据

体育服务运营管理/肖淑红主编. --3版. --北京:首都经济贸易大学出版社,2021.6

ISBN 978-7-5638-3228-6

Ⅰ.①体… Ⅱ.①肖… Ⅲ.①体育产业—运营管理 Ⅳ.①G80-052

中国版本图书馆CIP数据核字(2021)第093836号

体育服务运营管理(第三版)
肖淑红 主编

责任编辑 王 猛
封面设计 风得信·阿东 FondesyDesign
出版发行 首都经济贸易大学出版社
地 址 北京市朝阳区红庙(邮编100026)
电 话 (010)65976483 65065761 65071505(传真)
网 址 http://www.sjmcb.com
E-mail publish@cueb.edu.cn
经 销 全国新华书店
照 排 北京砚祥志远激光照排技术有限公司
印 刷 唐山玺诚印务有限公司
成品尺寸 170毫米×240毫米 1/16
字 数 389千字
印 张 18.75
版 次 2009年2月第1版 2015年1月第2版
2021年6月第3版 2024年7月总第9次印刷
书 号 ISBN 978-7-5638-3228-6
定 价 46.00元

图书印装若有质量问题,本社负责调换

第三版前言

2014年，国务院颁布《关于加快发展体育产业 促进体育消费的若干意见》（国发〔2014〕46号），中国体育产业发展获得了长足发展。当前，面对新冠肺炎疫情的压力及北京冬奥会带来的机遇，伴随全球经济下滑、全球化出现部分逆转等形势带来的挑战，中国体育产业发展环境可谓喜忧参半。中国体育产业链需协调不同利益主体做好价值创新及运营管理，在技术革命和产业革命助力下，发展壮大体育产业。在新发展阶段，运用新理念，构建新格局，顺势而为，挖掘体育市场价值，实现我国体育产业多维融合创新发展。

对于体育产业而言，中国体育市场可谓机遇与挑战并存：一方面，体育服务业前景广阔；另一方面，各个企业面临着如何提升核心竞争力的困扰。体育服务业的发展，特别需要能够将宏伟战略转换成实实在在价值的运营管理者。因此，深入研究体育服务运营管理理论，用其指导体育服务运营管理实践已成为当务之急。

一些国际性体育企业正以其大量实践揭示这样一种逻辑：人们都希望能够看到和得到最好的东西，它们能够激发购买欲。一切围绕顾客的需求加以设计，是它们遵循的一个原则，这也正是体育服务运营的真谛。本教材正是为此而编写的。

本教材的逻辑

当前我国体育市场到了进行新的理性思考的阶段，可以肯定的是，以顾客为导向是成功制订、实施和持续改进计划的基础，满足顾客需求成为运营管理的焦点。本书围绕以下问题展开讨论：运营管理任务的实质是什么，明确提供的产品是什么，运营管理应有怎样的出发点，运营的目的是什么，应该如何去提供服务产品，如何构建竞争优势，如何实现自己的目标。

本教材的特色

本教材在内容上反映了运营管理学的知识体系和发展趋势，吸收了运营管理学研究与实践的最新成果，并对近年来运营管理学理论与实践方面一些新的视角、方法、内容进行了介绍。

各章内容主体之外，补充了体育服务运营领域前沿、鲜活的小资料，以帮助学生深入理解所学内容，与实际工作更好结合；每章结尾设置案例、作业题供学生讨论，以提升学生分析问题、解决问题、活学活用的能力。总之，努力做到将理论与实践相结合,便于教师带领学生深入理解专业知识。

一般来说,运营管理涉及制造业运营管理、服务业运营管理等,而本书应该是第一部以《体育服务运营管理》命名的教材。本书从运营管理价值实现、价值创造的角度出发,无论是服务设计、技术管理、需求管理等都以价值链为基础,相关案例以体育服务产品为例,便于读者、体育服务机构等理解。

本教材的结构

第一部分是体育服务运营管理基础。本部分分别从运营管理概念、体育服务运营概念、运营管理战略、运营管理原则、运营流程管理等方面来阐述,介绍现代运营管理的基础问题,同时关注体育服务业的内涵、结构、服务产品构成,以及服务运营的特征、体育服务的分类等。这有助于读者明确本书的研究边界,准确把握所学理论。这个部分提供了许多反映体育企业实践的案例,帮助学生更深刻地理解和体会体育服务运营管理实践中的核心内容。

第二部分是体育服务传递系统的设计。我们始终坚持围绕顾客需求来传递价值、实现价值的原则。这个部分从新服务的开发、服务体验管理、服务中的技术管理、服务质量、服务设施选址、项目管理等角度来阐述如何更好地将体育服务传递给顾客。

第三部分是体育服务运营的管理。本部分从需求出发,介绍服务需求预测、生产能力和需求管理、服务供应关系、库存管理等问题。学习与运用这些方法和技术,能够实现高效的体育服务运营管理。

第三版修订说明

本教材由北京体育大学体育商学院肖淑红教授主编,第三版的修订工作主要由肖淑红、谌莉(北京体育大学体育商学院副教授)、杨建荣(北京体育大学体育商学院副教授)完成。同时,薄雪松(河北师范大学教师)、杨凯森(中国钢研科技集团高级工程师,IPMP C 级国际项目经理)、于作军(北京体育大学教师)、夏冰月(北京体育大学博士研究生)等也对教材修订作出了贡献;北京体育大学体育商学院研究生张春猛、唐映心、焦宁、侯昀昀收集和整理了本次修订的部分资料。

面向的读者群

本教材除作为体育管理专业本科生、研究生教材之外,也可作体育企事业单位中高层管理人员培训之用。同时,有关实务工作者在了解和学习现代运营管理理论和方法的过程中,也可以参考阅读本教材。

致谢

感谢首都经济贸易大学出版社和相关编辑,正是他们的坚持和不懈的要求,才促成了这本教材的出版。

本书参考了大量的国内外文献,在此表示诚挚的谢意。受时间和水平所限,书中可能有一些疏漏之处,敬请广大读者批评指正。

目 录

第一章

运营管理概述

【本章提要】

无论是营利性企业还是非营利性公共组织,无论是制造业还是服务业,运营都是组织的基本职能之一;在这些不同的组织中,运营管理的基础理论都是相通的。本章主要介绍现代运营管理的一些基本概念和核心问题,讲解运营管理在企业中的作用,从全球商务环境特征出发引出运营管理未来的发展特点,归纳总结现代运营管理的新趋势,为今后各章的学习奠定基础。

【名词解释】

运营:运营活动是一个“投入-变换-产出”的过程,即投入一定的资源,经过一系列、多种形式的变换,使其价值增值,最后以某种形式的产出提供给社会的过程。也可以说,它是一个社会组织通过获取和利用各种资源向社会提供有用产品的过程。

运营管理:它是对组织投入资源的管理,其目的是为了以更有效和快捷的方式提供产品和服务,并实现资源价值最大化。

第一节 运营的基本概念

一、运营

(一)运营概念的几种常见用法

人们对于运营的含义存在着多种理解。如果去掉那些与商业和组织结构无关的内容,并综合一下有关的商业文献,我们可以找到以下一些关于“运营”一词的用法。

1. 全部商业活动。在这种情形下,“运营”一词用作“商业”的同义词。例如,在一篇关于英超在亚洲运营情况的文章中,“运营”就是指该公司在某一个地理区域中的全部商业活动。

2. 主要商业活动。在准备财务报告时,会计用“运营”指代企业正在进行的主要商业活动。如果不加以详细说明,我们只注意运营收益,这是一个表征收入状况的关键指标。它等于企业所有产品和服务的收益减去提供这些输出所耗费的成本。这样做是为了区分运营的收入与其他收入(如利息和红利所得的收入)。我国的企业将营业收入分为主营业务收入和其他业务收入,这里的“营业”就是运营的概念。

3. 组织中的部门。运营通常用来代表企业中的主要组成部分或者职能部门。这些部门通常负责生产那些给企业带来大部分收益的产品,也就是说,它负责向外部顾客提供产品或服务。在这种情况下,“运营”一词指的是企业中完成某几种工作的部门。

4. 转换过程。“运营”一词同样可以表示将资源(输入)转化为产品或服务(输出)的过程。在这种情况下,“运营”指的是活动本身而非企业中活动发生的部门。此时,运营更多的是指人们完成的实际工作以及人们之间的联系。

我们以健身会所为例,来看一下运营的流程,其大致可以分为 3 步:客户进入会所—获得健身娱乐服务—客户离开会所。转换过程的起点是客户走进会所,终点是客户离开。整个转换过程的主体由作为货币持有者和商品需求者的客户和拥有健身娱乐服务产品的会所及其员工——供应者组成,他们共同完成这个过程。转换过程和这样几个概念有关:一系列活动、输入和输出。具体到企业的业务流程而言,包括“顾客需求”、“顾客满意”以及输入输出之间的价值增值过程。

可见,转换过程是共同行使职能的一组活动,转换过程以顾客特定需求为起点,由为顾客服务的工作活动组成,最终目标是使顾客满意。

一个俱乐部、一个体育场馆或者一个健身活动中心可能会有几十个转化过程;大型的综合赛事组织管理过程,如奥运会,可能会有成千上万个转化过程。每个转化过程都是为特定的顾客提供产品或服务。在办公室、赛场或部门中,只要有输入输出的转化,就有运营发生。因此,组织中的每一个人都至少有一个顾客,并负责形成整个供方—顾客链的转化过程,这也是非常关键的一点。

5. 一系列作业活动中的增值步骤。“运营”一词的第五种用法源于工业工程和制造工程学,是指对转化过程的详细研究,其中包括找出并评价组成过程的各项作业的每个步骤。有些活动不会为输出增加任何附加值,如移动、延迟、存储及检查等活动,只有那些增值活动才被称为运营。

学习运营管理,应熟知这几种关于“运营”一词的用法。在本书中,我们重点从第 4 和第 5 种用法角度探讨问题。运营就是一系列消除非增值步骤,使增值步骤更顺畅的转化过程。

（二）运营的定义

运营是一个“投入－变换－产出”的过程，即投入一定的资源，经过一系列、多种形式的变换，使其价值增值，最后以某种形式的产出提供给社会的过程。也可以说，它是一个社会组织通过获取和利用各种资源向社会提供有用产品的过程，如图1－1所示。

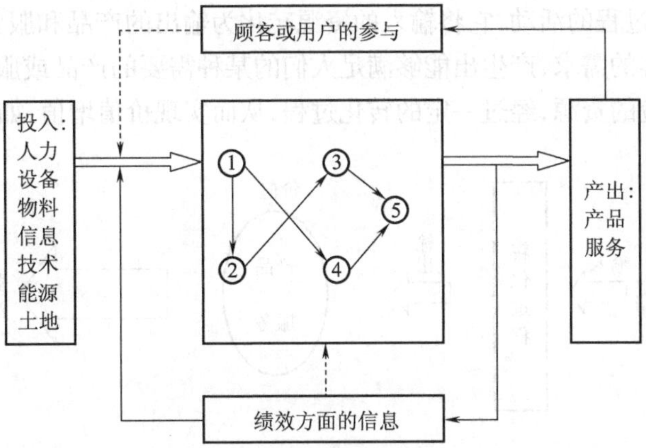

图1－1　运营活动过程

图1－1中的投入包括人力、设备、物料、信息、技术、能源、土地等多种资源要素；产出包括两大类：产品和服务。前者指的是服装、饮料、体育器材等各种物质产品；后者指的是某种形式的服务，例如，经纪公司所提供的中介服务、健身俱乐部提供的健身服务、咨询公司所提供的设计方案，等等。中间的变换过程也就是劳动过程、价值增值过程。这个过程既包括一个物质转化过程（即使投入的各种物质资源进行转变），也包括一个管理过程（即通过计划、组织、实施和控制等一系列活动使上述的物质转化过程得以实现）。

在图1－1中，有数字的圆圈表示在服务提供过程中，从投入到产出，需要经过一些不同的环节；箭线代表流动，也代表不同环节的排列组合，同样的圆圈但不同的箭线方向，将产生不同的产出。

图中虚线代表两种特殊的投入：顾客或用户的参与和绩效方面的信息。顾客或用户的参与不仅仅体现在他们接收到变化过程的产出结果，而且体现在转换过程当中，例如，健身俱乐部中顾客的参与，体育赛事进行过程中观众的参与。绩效方面的信息与“投入”中的“信息”不同，主要在于：前者一般指外部信息，是转换过程中客户的服务感受、市场变化情况，或者是合作方的反馈，等等；后者指内部信息，是在转换过程前获得的相应信息，例如，竞争对手情况、市场调研报告，等等。

图1－1可以用来表示一个体育场馆、一个赛事策划部门或者一个项目团队，甚至是一个个体。它们的每一个投入，都在不同的运营活动中利用转换过程来提

供产出。

二、运营管理

(一)运营管理的概念和目标

1. 运营管理的概念。管理的实质就是将一个组织的资源价值最大化的活动过程,不增加产品或服务价值的活动都可以视为浪费。因此,运营管理是指一系列创造、实施和改进过程的活动,它将输入的资源转化为输出的产品和服务。运营管理应该是围绕着顾客的需求,产生出能够满足人们的某种需要的产品或服务;这个转化过程需要投入相应的资源,经过一定的转化过程,从而实现价值增值,如图 1-2 所示。

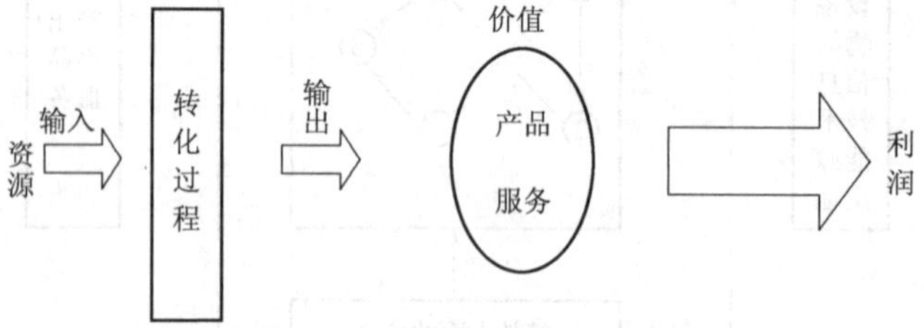

图 1-2　运营管理增值过程

运营管理活动存在于企业的各个角落,涉及企业各个层面。我们可以概括地将运营管理定义为:它是对组织投入资源的管理,其目的是为了以更有效和快捷的方式提供产品和服务,并实现资源价值最大化。

2. 运营管理的目标。运营管理的目标可用一句话来概括:"在需要的时候,以适宜的价格,向顾客提供具有适当质量的产品和服务。"运营管理是一门应用性非常强的科学。运营管理关注生产、运输、供给或服务等系统的设计和运作,其根源可以追溯到英国工业革命时期所产生的"工厂系统"。1776 年,英国经济学家亚当·斯密提出了"劳动分工"的原则,并在他的《国富论》中对此进行了阐述。运营管理有两个主要的发展阶段:一是人们意识到许多生产制造领域的工具和技巧都可以在服务领域得到很好的应用;二是人们开始采用"系统"的方法来研究企业内部和外部环境之间的复杂关系。

(二)运营管理者及其任务

1. 运营管理者。在这里,我们要从更广泛的意义上来认识运营管理者。在一个企业中,运营管理者可以定义为那些切实产出产品和提供服务的人。消除组织转化过程中各种无增值的浪费是一项涉及许多工作环节且相当重要的工作,仅靠有"经理"头衔的人是远远不够的。运营管理的工作基本上是全员的工作,具体来说,以下几类人员都可以称其为运营管理者:提供服务或制造产品的工人、一线主管、高层管理者、其他辅助人员。无论是白领还是蓝领,正式员工还是小时工,一线工人还是辅助人员,这些差别对我们现在探讨的运营管理来说并没有太大的区别,他们都对运营管理绩效产生作用。当所有的员工都能够认识到所做工作对于产出增值的作用时,他们也就更容易将自己当作自己工作的管理者。

2. 运营管理者的任务可以概括为:理解并帮助设计组织的整个战略;获得并利用资源生产有用的产品或服务;确定工作分配计划,计划库存水平,决定要怎么做以及什么时候去做;控制输入输出的流动和所涉及资源的使用;物质设施的设计,例如,场地、设施布置和生产能力及其所使用的员工和工作流程的设计。

第二节 运营管理的重要性

一、运营管理是企业竞争力的关键要素之一

在当今市场需求日益多样化、顾客需求水平越来越高的情况下,如何适时、适量地提供高质量、低价格的产品,是现代企业经营管理领域中最富有挑战性的内容之一。在今天,绝大多数企业已经意识到了运营管理对提高企业竞争力的重要意义,开始重新审视运营管理在整个企业中的地位和作用,并通过应用信息技术等手段来加强运营管理。在市场竞争日益激烈的环境下,企业的组织结构、营销策略和资本运作都是影响企业成功的关键要素。一个企业也许面临许多问题,如体制问题、资金问题、技术问题、销售问题、人力资源问题,以及企业与政府、银行、股东的关系问题,等等。任何一个方面出了问题,都有可能影响整个企业正常的生产和经营。但消费者和用户是不关心这些的,他们只关心企业所提供的产品和服务对他们的效用(如价格、质量等)。从这个意义上来说,企业和企业之间的竞争最终必须体现在企业所提供的产品和服务上。而企业产品和服务的竞争力,很大程度上取决于运营管理的绩效:即如何更好地实现降低成本、控制质量、保证时间和提供周到的服务。

进入21世纪,运营管理水平更是直接决定着企业的命运。一方面,以往涌现出的各种企业管理新理念,如物料需求计划、企业资源计划、企业流程再造和供应链管理等,都是以先进的运营技术为依托的。另一方面,借助于信息技术尤其是互联网,运营技术也出现了质的改变,企业如今要能够在全球范围内协调采购、生产、物流和分销等活动,进而形成整体性竞争优势。

二、运营是企业创造价值的主要环节

运营管理是一系列创造、实施和过程改进的活动,它将输入的资源转化为输出的产品和服务。这样的变换过程应该是围绕着顾客的需求,产生出能够满足人们的某种需要的服务。这个转化过程需要投入相应的资源,即为获取产品或服务所耗费的成本,经过一定的变换过程实现价值增值。

运营管理通过理解客户心目中价值因素的构成,从而决定为哪些客户提供服

务；然后，确定这些客户需要和期望得到哪些东西；接下来，判断这些客户期望得到的东西中哪些是企业能够满足的，然后在这些方面设法比其他企业做得更好。

为客户提供价值的意识应成为所有员工思考和处理问题的出发点，并努力争取以产品、服务或价格上的优势去为客户实现最大的价值。作为经济社会基本单位的企业，其运营活动是人类最主要的生产活动之一，也是企业创造价值，从而服务社会、获取利润的主要环节。在一个企业组织中，运营职能往往占用组织的绝大部分财力、物力和人力资源。因此，运营管理绩效的好坏对一个组织的成功与否起着至为关键的作用。企业的运营过程是创造社会财富的主要来源，也是企业体现价值，获取利润的主要途径。

【小资料】

良好的运营管理会带来更好收益①

我演讲的主题是关于奥运场馆的建设与运营。面对一个如此庞大且重要的任务，为了恰当地满足所有投资人的需求，良好的运营管理是这些目标得以实现的关键。历届奥运会的经验向人们展示了良好的运营管理会带来更好的收益。对于北京的“绿色奥运、科技奥运、人文奥运”来讲，这种成功是至关重要的。

我们在这里所讲的运营管理是什么意思呢？不论是在2008年奥运会进行中还是赛后，每一个奥运场馆都需要实现它们的商业生存。因此，在前期计划以及同步审查中，都需要对每个项目及分项目进行精确而现实的分析。

这些分析必须全面考虑北京奥组委、北京市政府、国际奥委会的需要，特别是要满足“绿色奥运、科技奥运、人文奥运”的要求。这里面大多数要求是必须满足的，那就要求场馆联合体、场馆建设部门、北京奥组委以及其他一些部门明确什么是将被执行的、由谁执行以及每一个项目资金预算的来源。显然，从雅典、悉尼、亚特兰大以及其他奥运城市来看，没有一个最优的程式或捷径可以套用，毕竟每个城市都是完全不同的。很明显，各方的协调管理是实现所有项目的关键。计划与实施必须考虑时间的限制，项目的预算必须经过同意并被监控，筹资和进度必须落实，管理人员必须按照制定的计划行事。

从往届奥运会的经验看来，北京奥运场馆的资金安排、债务管理、商务计划和工程收益都需要广泛的基础，以便有一种稳定性。这不仅是对2008年而言，同样在赛后，也是稳定的基础。业主联合体的变化是可以计划的，可以用退出机制来抑制破坏，没有人希望看到北京市政府被迫介入。从社会经济学角度考虑，可能会有几个场馆没有商业运营价值，但奥运场馆必须通过合理的商业原则来运营和管理，

① 艾力克·温顿.奥运场馆成功的建设与运营——在奥运场馆建设运营国际论坛上的主题发言，略有改动。

这样北京和中国的国际信誉将得到保障和提高。

第三节　运营管理的基本问题和决策内容

一、运营管理的基本问题[①]

运营活动是一个企业向社会提供有用产品的过程。但要想使价值增值得以实现,要想向社会提供“有用”的产品,其必要条件是:运营过程提供的产品(无论是有形还是无形),必须有一定的使用价值。这种价值主要体现在两个方面:产品质量和产品提供的适时性。而产品的成本以产品价格的形式最后决定了产品是否能被顾客所接受或承受。这些条件决定了企业运营管理的目标必然是:在需要的时候,以适宜的价格,向顾客提供具有适当质量的产品和服务。

根据运营管理的目标,以及运营过程是一个“投入－变换－产出”的过程这一特点,可以将运营管理的基本问题概括为以下三大类。

(一)产出要素管理

运营管理的第一大类基本问题是产出要素管理,其具体包括以下几项:

1. 质量(quality):如何保证和提高质量。其包括产品的设计质量、制造质量和服务质量问题。

2. 时间(delivery time):适时适量生产。现代化生产涉及人员、物料、设备和资金等各种资源,如何将全部资源要素在合适的时候筹措到位,组织起来,是一项十分复杂的系统工程,这也是运营管理所要解决的一个最主要问题。

3. 成本(cost):产品价格既要为顾客接受,又要为企业带来一定利润。它涉及人员、物料、设备、能源和土地等资源的合理配置和利用,涉及生产率的提高。

4. 服务(service):提供附加服务。对于产品制造企业来说,随着产品的技术含量、知识含量的提高,产品销售过程中和顾客使用过程中所需要的附加服务越来越多。在制造产品的硬件技术基本相同的情况下,企业可通过提供独具特色的附加服务获得竞争优势。而对于服务业企业来说,在基本服务之外提供附加服务也有助于赢得更多的顾客。

(二)资源要素管理

运营管理的第二大类基本问题是投入要素管理,也就是资源要素管理,其中主要包括:

1. 设施设备管理。现代化企业提供产品和服务能力的一大特点是其速度取决于其设施设备的能力,而不是人员工作的速度,因此,运营管理中设施设备管理的

① 刘丽文. 运营管理[M]. 北京:中国经济出版社,2002:10－11.

主要目的是保持足够、完好和灵活的运营能力。

2. 物料管理。物料是指企业制造产品、提供服务所需的原材料、零部件和其他物资。当今企业运营所需的绝大部分物料需要外购,因此,物料管理的主要目标是以最经济的方法保证及时、充足的物料供应。

3. 人力资源管理。考虑在运营过程的各个环节如何有效、高效地配置和使用人力资源。

4. 信息管理。企业的运营过程涉及大量的物流、资金流和信息流,要考虑用信息流来拉动物流、资金流。信息管理的主要目的是及时、准确地收集、传递和处理信息。

(三)环境要素管理

环境要素管理是当今企业运营管理中需要考虑的第三大类管理问题。

1. 环境管理的内涵。环境管理的概念形成于 20 世纪 70 年代,人们虽然对于环境管理的含义还没有形成一致的看法,但是通常认为,环境管理是对损害环境质量的人类活动施加影响,协调经济、社会发展与环境发展之间的关系,达到既发展经济满足人类的基本需求,又不超出环境承载力的一切措施的总和。

2. 环境管理的发展历程。环境管理概念的提出是在 1974 年召开于墨西哥的一次国际会议上,会议由联合国环境规划署组织,主要的议题是资源的利用与环境发展战略。从这次会议后,环境管理的概念开始逐渐被接受,人们开始意识到,要解决环境问题,要把人类的经济利益和环境利益结合起来,实现二者的协调发展。沿着这样一条思路,出现了一批环境管理方面的著作,环境管理的概念开始明确起来。现在,环境管理的思想已经不再是一种抽象的原则,而是有了具体的内容,包括对环境质量的管理和对环境资源的管理,二者构成了当代环境管理的框架。

3. 企业运营中环境要素管理的兴起。20 世纪 50 年代是泰勒倡导的"科学管理"的黄金时期;20 世纪 60 年代实现了从生产导向向销售导向思维的转变,发展出了复杂的营销战略;20 世纪 70 年代,在更加复杂、细化的公司战略计划手段的指导下,企业在理论和实践两方面对种种更为艰难的情况作出了反应。自 20 世纪 80 年代以来,"全球一体化"、"技术创新"和"环境保护"等新的潮流此起彼伏。目前的发展似乎更为深入:我们看到公司管理模式正由"技术统治论"向"进化论"的方向转变。传统运营管理的中心前提是"技术统治论"假定,即公司作为一个有目的的组织,根据它所处的环境行动,进行自我调整,以实现自身目标。除了可能的竞争性分析以外,很少有人在起始阶段考虑环境对公司的影响。然而,"进化论"者认为:如果公司要长期生存,那么它和环境之间就必须保持某种平衡。公司不是"行动中心",而是"互动单元",公司使用资源不仅是为了履行其职能,而且是为了实现进化意义上的更进一步发展。

在我们这个复杂的社会中,经济、政治、技术以及其他方面的影响接踵而至,今天的人们对于环境质量的要求日益提高。传统的生产管理并没有把环境要素管理作为基本问题之一来看待,但在今天,公司经理人必须把环境保护视为公司生存进化过程中必不可少的一环,如何保护环境和合理利用资源成了企业运营管理中一个越来越重要的问题。

4. 环境要素管理的范畴。环境要素管理可以从企业运营过程中的“投入”和“产出”两个方面来考虑。从“产出”的角度来说,企业在产出对社会有用产品的同时,有可能生产出一些“负产品”,即废水、废气、废渣等,从而给环境造成污染;也有可能其产品在使用过程中会给环境造成污染,如汽车的尾气。为此,企业有必要在产品设计和运营过程中考虑如何保护环境。从“投入”的角度来说,企业在获取和利用各种资源进行运营时,有必要考虑到人类的自然资源是有限的,需要考虑到人类的可持续发展。为此,在资源获取和利用上,企业要尽量节约自然资源、合理使用自然资源,并考虑各种资源的再生利用问题。

5. 环境要素管理的发展。当今,环境保护已经成为人类所面临的一个重大问题,而企业在这个问题上负有最直接的责任。为此,国际标准化组织已经于1996年颁布了有关环境管理的ISO14000系列标准,以此推动和促进企业担负起在环境管理和人类可持续发展方面的责任。企业获取ISO14000的认证,可提高企业形象,降低环境风险,并在市场竞争中取得一定优势,因为一旦获取了ISO14000的认证就等于取得了一张国际贸易的“绿色通行证”。我国也陆续制定了强制性的环境标准,为我国企业采用ISO14000标准体系奠定了法律基础。

现在很多企业开始采用约翰·艾尔金顿(John Elkington)提出的,由经济、环境和社会3方面组成的“三重底线”指标来衡量自身的业绩,如图1-3所示。科学研究证明了环境和经济效益之间的正相关效应。换句话说,那些成功进行环境管理的企业能够得到显著的经济效益;而那些未能成功进行环境管理的企业则会遭受显著的经济损失。

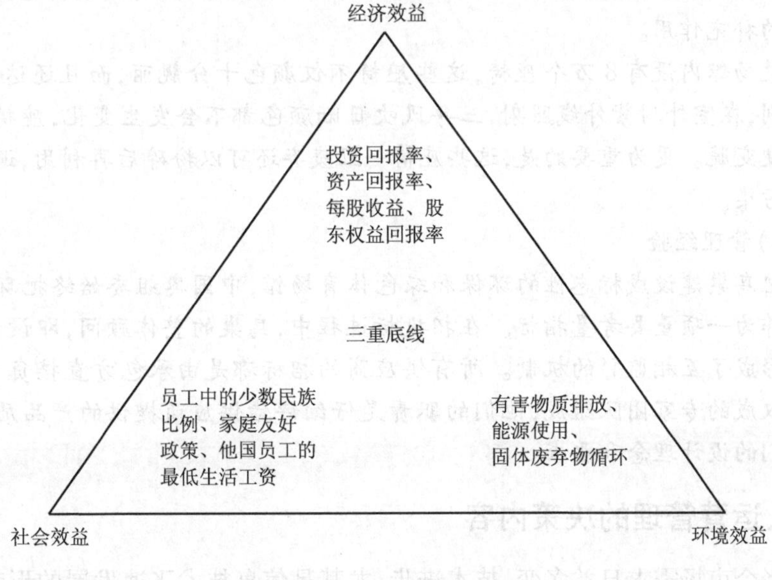

图1-3 “三重底线”指标

【小资料】

鸟巢的环境管理

作为迄今为止世界上最大的环保型体育场，鸟巢这座拥有9.1万个座位的大型建筑不仅因为精巧独特的造型和令人惊叹的高科技工程令世人瞩目，其整体设计的每个细节所体现的环保和绿色理念更能凸显其价值所在。

（一）环保和绿色理念

鸟巢是一座当之无愧的环保型体育场，不仅在设计上完全满足大型体育赛事的要求，还通过运用很多的新技术、新方法，很好地体现了绿色奥运的理念。

鸟巢的外观之所以独创为一个没有完全密封的鸟巢状，就是考虑使观众享受自然的空气和光线，尽量减少机械通风和人工光源带来的能源消耗。鸟巢的建设中对大面积窗户也做了外遮阳处理，以全面提高建筑物的节能水平。“巢”内使用的光源都是各类高效节能型环保光源，在行人广场等室外照明中也尽可能地采用太阳能发电照明系统。

鸟巢70%的供水都要由回收水代替，其中23%来自雨水。这主要依赖于鸟巢的雨洪利用系统。在鸟巢的顶部装有专门的雨水回收系统，雨水会通过专门的管道排放到鸟巢周边地下的6个蓄水池中，再经过系统先进的过滤工艺处理，这些被收集起来的雨水最终就变成了可以用来供绿化、冲厕、消防使用甚至冲洗跑道的回收水。按照测算，这套雨洪利用系统一年总共能够处理产生5.8万立方米的回收水，每小时最高能够处理100吨雨水，产生80吨回收水。

鸟巢四周共有12个安检棚，这些安检棚安装有世界先进水平的太阳能光伏发电系统，所产生的电力直接并入国家体育场的电力供应系统，对鸟巢的电力供应起到良好的补充作用。

鸟巢场馆内设有8万个座椅，这些座椅不仅颜色十分靓丽，而且还达到了B1抗燃级别，在室外耐紫外线照射，三年风吹日晒颜色都不会发生变化，座椅材料也不会变硬变脆。更为重要的是，这些座椅一旦废弃还可以粉碎后再利用，避免对环境造成污染。

（二）管理经验

为把鸟巢建设成标志性的环保和绿色体育场馆，中国奥组委始终把环保和绿色理念作为一项重要考量指标。在招投标过程中，鸟巢的整体顾问，即设计方，与承包方形成了互相监督的机制。所有供应商的招标都是由承包方直接负责，而顾问方由权威的专家团队组成，他们的职责是仔细评估供应商提供的产品质量是否符合他们的设计理念和要求。

二、运营管理的决策内容

在当今市场需求日益多变、技术进步，尤其是信息技术飞速发展的形势下，企业面临着要不断推出新产品、提供多样化服务的课题,从而也面临着不断调整其运营系统和服务提供方式的课题。无论是制造业企业还是非制造业企业,其运营管理的职能都在扩大。与传统的运营管理职能专指生产环节不同,当今企业的运营管理职能已经扩大到整个产品和服务提供的整条供需链,包括一个产品和服务的研发、生产、提供全过程。例如,保险公司需要不断地推出新险种;大学需要不断地推出新课程并改进其教学方式;银行需要利用信息技术不断改变服务方式并不断推出新服务,等等。

拿一个体育场馆为例,其运营职能包括以下几个方面:提出概念/场馆设计;管理/控制消费者;组织和培训员工;场馆管理,如对建筑物、设备的管理等;对质量问题的管理和监督;供给和需求之间的匹配(产能管理);消费者满意度的衡量;危机管理;收入和定价管理;风险评估;运营系统的管理,如库存和订单的管理,等等。

在这样一个宽泛的职能范围内,运营管理中的决策内容可分为3个层次:

一是运营战略决策:包括产品组合策略、生产进出策略、生产组织方式的设计和选择、竞争重点的选择与折中关系平衡等问题。

二是运营系统设计决策:运营战略决定以后,为了实施战略,首先需要有一个得力的实施手段或工具,即运营系统。接下来的问题即是系统设计问题,它包括运营技术的选择、生产能力规划、系统设施规划和设施布置、工作设计等问题。

三是运营系统运行决策:即运营系统的日常运行决策问题,包括不同层次的运营计划、库存管理、物料采购管理、产品配送管理、质量控制等。

第四节 现代运营管理发展的新趋势

一、企业所处的全球商务环境特征

当前,一些全球性商务趋势正在对运营管理产生很大的影响,这些商务趋势的特征主要表现在:全球经济结构中的服务业比例增大、全球性竞争加剧、全球化引发的商业伦理问题凸显、环境问题得到越来越多的重视、市场需求多样化的程度越来越高以及商务技术的发展速度加快。

(一)全球经济结构中的服务业比例增大

从全球来看,经济结构中的服务业比例不断增长。1955—1999年间,美国服务行业的工作机会占全社会总的非农业工作机会的百分比从60%上升到80%。制造业和其他一些产品生产性行业占了其余的20%。因此,尽管制造业的工作机会的绝对量已经有所增加(从2 050万个增加到2 520万个),但是制造业的工作机会在整个经济中所占百分比已经下降了。其他一些工业化国家也出现了这种情况，例如在英国、加拿大、法国和日本，服务业中的工作机会所占比例都已经超过了60%。

第三产业在我国也有了长足的发展，其重要性日益突出，表现在以下几个方面：①第三产业在GDP中所占比重提高。2000年，第三产业增加值占GDP的比重达到33.2%，第三产业固定资产投资总量年均增长14.3%，分别比第一、第二产业高近5个和10个百分点，有力地带动了经济的增长。②第三产业对国民经济增长的贡献提高。2000年，我国第三产业对GDP增长的贡献率为28%，比1995年高近5个百分点。③第三产业对扩大就业起到了越来越重要的作用。自20世纪90年代以来，第三产业增加值平均每增长1%，就能创造100万个就业岗位，第三产业已经成为我国吸纳劳动力就业，顺利实施产业结构调整的主渠道。①

（二）全球性竞争加剧

一场由信息技术革命为诱因，以跨国电子商务为表象，以重新分配全球资源为实质的变革正在进行。随着信息技术和物流业的发展，全球经济一体化的进程越来越快，生产和贸易已变得没有国界。"蝴蝶效应"形象地描述了这样一种全球互动的状态，即一个国家或地区的局部的经济与政治波动，都将引起周边地区和国家乃至全球的联动；而周边地区和国家的联动，又会加剧该国家或地区的波动。

为了生存发展，企业必须在全球范围内审视其客户、供应商、工厂选址以及竞争者的情况。今天大多数的产品都是一种全球性混合物，其原料和服务来自全世界，例如你脚穿的一双运动鞋是在中国加工的，但其研发及设计是在美国完成的。

一些区域性的贸易集团，如欧盟（EU）、北美自由贸易协定（NAFTA）等，进一步改变了服务和生产领域的竞争格局。当今的技术进步，尤其是信息技术的突飞猛进，给企业的经营环境和生产方式带来了空前的变化，产品的技术密集、知识密集程度在不断提高，市场需求的多样化、个性化进一步发展，全球生产、全球采购、产品全球流动的趋势进一步加强。面对这样的变化，企业为了生存、发展，必须考虑新的运营方式，这也给企业的运营管理带来了一系列新的课题。

（三）全球化引发的商业伦理问题凸显

美国伦理资源中心对1 500名雇员做了一次全美商业伦理调查，结果显示，对于"在工作场所你观察到了不正当行为吗"这个问题的回答，在营利组织、政府、非营利组织的数据分别为31%、38%、29%。当今企业比过去任何时候都面临着更多的伦理困境，全球化的出现和急剧的技术变革强化了这些伦理困境。目前，在各种管理类的书籍中都加入了商业伦理的内容，商业伦理成为关注焦点。随着我国经济的蓬勃发展，现在许多企业都开始在别的国家选择新的运营地址，希望拥有更多的国外供应商和客户。当某一项业务可以有多种不同的规则来进行处理的时候，就会产生潜在的伦理困境。有些国家比另外一些国家对

① 江蓝生，谢绳武. 中国文化产业发展报告[M]. 北京：社会科学文献出版社，2002：5－6.

某些问题更加敏感,如利益冲突、贿赂、歧视少数族裔和妇女、贫困、最低工资水平、不安全的工作场所和工人权利的保护,等等。管理人员必须决定的事情是:在这些情况下它所设计和运作的流程是否只需要满足当地的标准(这些当地标准可能低于公司母国的标准)就可以了,还是需要做得更好?

另外,技术变革带来了一些诸如在互联网上的数据保护和客户隐私方面的争论。在这样一个信息化的世界里,企业与其客户在地理位置上相距非常遥远,信任声誉由此变得更为重要。企业应该采用更加伦理化的方法来开展业务,这些企业有责任超越利润的束缚来制造产品、提供服务;应能够帮助解决更重要的社会问题;应回应更多的利益相关者的诉求,而不仅仅只是考虑股东的利益;应具有超越市场交易的更广泛的影响力;应提供一系列的人性化价值服务,超越那种仅仅是为经济价值的服务。同时,应更加强化社会责任,其中包括:社会对企业的希望,慈善责任;社会对企业的期望,伦理责任;社会对企业的要求,法律与经济责任。

(四)环境问题得到越来越多的重视

当今社会面临着一系列越来越严重的环境问题,如空气质量以及全球变暖等。自然环境恶化(耕地面积减少、土地沙漠化严重、森林破坏严重、水体的污染严重、大气环境恶化、二氧化碳浓度升高、酸雨危害加剧)、生态平衡遭到极大破坏(生物物种减少、植被破坏严重、生态灾难频发、人口急剧增加、资源和能源严重短缺),人类健康受到威胁。环境污染源主要有以下几种:企业产生的废烟、废气、废水、废渣和噪声;人类生活产生的废烟、废气、污水、废渣、垃圾和噪声等;交通工具产生的废气和噪声等。政府的规章制度和消费者观念发生变化,环境意识成为对公司的重要要求,环境保护将成为国际竞争中的一个越来越重要的因素。

(五)市场需求多样化的程度越来越高

随着经济全球化的发展,市场需求开始朝着多样化转变,买卖关系中的主导权转到了买方,顾客有了极大的选择余地,对各种产品和服务有了更高的要求,产品的生命周期越来越短,市场需求多样化的程度越来越高。这种趋势使得企业必须投入更大力量进行新产品的研究与开发。

(六)商务技术的发展速度加快

自动化技术、微电子技术、计算机技术、新材料技术和网络技术等,使企业能够有更多的手段提供多样化产品和服务,因此,企业需要不断调整运营技术,重新设计、组合运营系统。

除上述特征外,竞争的方式和种类越来越多,竞争已不单纯是低价取胜,质量、交货时间、售后服务、对顾客需求的快速反应、产品设计的不断更新、较宽的产品组合、更加紧密的供应链等,都成为竞争的内容。

二、现代运营管理的新趋势

从当今的商务发展趋势可以看出,现代运营管理的概念及内容与传统生产管理已有很大不同。总体来看，随着现代企业经营规模的不断扩大，产品的生产过程和各种服务的提供过程日趋复杂。市场环境不断变化，企业运营管理本身也在不断发生变化。特别是近10年来，随着信息技术突飞猛进的发展和普及，使企业的运营管理进入了一个新的阶段。这些新特征及其发展趋势可概括如下：

（一）现代运营管理的涵盖范围越来越大

现代运营管理不再局限于生产过程的计划、组织与控制，而是包括运营战略的制定、运营系统设计以及运营系统运行等多个层次的内容，把运营战略、新产品开发、产品设计、采购供应、生产制造、产品配送直至售后服务看作一个完整的“价值链”，对其进行综合管理。

（二）重点考虑如何满足消费者个性化需求

顾客的个性化、消费的多元化决定了企业只有能够合理组织全球资源，在全球市场上争得顾客的“投票”，才有生存和发展的可能。这一阶段的管理理论研究主要针对学习型组织及虚拟组织问题而展开。随着市场需求日益多样化、多变化，多品种小批量混合生产方式成为主流，生产方式的这种转变使得在大量生产方式下靠增大批量降低成本的方法不容易行得通，生产管理面临着多品种小批量生产与降低成本之间相悖的新挑战。这就要求企业从生产系统的“硬件”（柔性生产设备）和“软件”（计划与控制系统、工作组织方式和人的技能多样化）两个方面去探索新的方法。

（三）管理模式和管理方法上的变革已成为运营管理的重要研究内容

21世纪，管理面临着更为严峻的挑战，企业系统的复杂性和多样性，使得仅用一种或几种管理理论和方法，已无法有效地解决企业系统面临的复杂问题，而必须综合、集成各种学派的思想、理论和方法，并将其综合地应用于企业中，才能使企业在激烈的竞争中持续、稳定地发展。企业应该用集成的思想指导各项生产经营及管理的实践，包括市场研究、产品开发、生产制造、销售与售后服务及企业重构等各方面。另外，信息技术已成为运营系统控制和运营管理的重要手段，随之带来的一系列管理模式和管理方法上的变革已成为运营管理的重要内容。

（四）价值链管理

价值链管理是指企业应致力于整个供应链上物流、资金流和信息流的优化，与供应链上的企业结成联盟，以应对日趋激烈的市场竞争。

（五）运营管理所涉及的问题越来越宽泛

正如上文提到的，为了实现价值转换，做到可持续发展，环境管理、商业伦理、技术变革等问题也成为企业运营管理中不容忽视的核心问题，成为提升企业核心竞争力的重要环节。运营管理所涉及的问题日益宽泛。

【案例分析】

山东泰山足球俱乐部的运营管理

2021年1月20日,山东鲁能泰山足球俱乐部正式更名为山东泰山足球俱乐部。山东泰山足球俱乐部成立于1993年12月。该俱乐部自成立之日起,就是中国职业足球顶级联赛中的一员,主场位于山东省济南市。山东泰山足球队建队以来成绩斐然,四获联赛冠军,五获足协杯冠军,还获得过一次中超杯冠军、一次超级杯冠军。"鲁能足校"作为全国领先的青训摇篮,依托于俱乐部,是国字号球队人才储备基地。截至2019年,俱乐部培养出了200余名国脚,中超、中甲、中乙各级别联赛都可以看到前鲁能球员的影子,累计有240余人。俱乐部输送的各级别国脚、各级联赛职业球员位居全国职业俱乐部之首,培养出了宿茂臻、李霄鹏、舒畅、周海滨、王永珀、刘彬彬等著名球员,为中国足球发展贡献了重要力量。

中国足球职业联赛经历多年风风雨雨,俱乐部有的崛起,有的倒下,而山东泰山足球俱乐部始终坚守在顶级联赛,一定程度上代表了中国顶级职业联赛的发展水平。这里,我们对山东泰山足球俱乐部运营方面的一些做法进行分析。

(一)区位优势:球迷群体庞大

山东省既是经济大省,同时也是人口大省,目前辖16个地级市,人口约有1亿人,仅次于广东省排在全国的第二位。地级市中只有济南(山东泰山足球俱乐部所在城市)与青岛市(拥有青岛足球俱乐部)有中甲级别以上的职业球队。在针对省内球迷的调查中,除了青岛球迷有支持当地俱乐部的情况,其他所有15个地级市球迷均将山东泰山足球俱乐部视为主队。可以说,山东泰山俱乐部拥有庞大的潜在球迷群体。

(二)大力投入:优秀的基础设施

山东鲁能泰山足球学校(简称"鲁能足校")的建设与青少年训练营运营的成功,离不开国家电网山东省电力集团的大力支持。鲁能足校是公司体育文化的一部分,作为体育基础性项目,山东省电力集团一向不计成本,努力呵护,着眼将来。目前,鲁能足校拥有国际一流的基础设施,包括26块标准足球场,齐全的训练、医疗、生活等配套设施,具备承办国内外大型足球比赛的能力。

(三)重视青训:俱乐部的未来

山东泰山足球俱乐部多年以来成绩优异,处于中国高端俱乐部之列的一个重要原因就是它有完备的青训体系建设,后备队伍建制齐全、力量雄厚。多年以来,俱乐部对鲁能足校的建设与运营可谓尽心尽力。不计成本的高投入、先进的青训理念与严格规范化的管理,使俱乐部形成了自己在赛场上的竞争优势,如今的鲁能足校已经打出了响亮的品牌。值得一提的是,2019年中国足协各项青少年赛事中,鲁能足校斩获了4个青超联赛冠军、3个足协杯冠军、2个冠军杯比赛冠军,创鲁能足校历年最佳成绩。

与此同时，鲁能足校坚持“学习和踢球应完全同步”的理念，学校小学教育已经处于当地普通教育的先进行列，即使小球员进不了职业队，也可以凭借文化课成绩和足球特长考上理想的大学。

（四）品牌打造：提升价值

泰山作为五岳之首，成为山东的标志，山东泰山足球俱乐部植根于齐鲁丰厚的文化土壤之中，有责任彰显齐鲁文化的丰厚底蕴。

山东泰山足球俱乐部在成立之初就明确了建成世界一流百年足球俱乐部的宏愿，同时也明确了自身使命，即“实现足球市场价值和社会价值的最大化”。“文化足球，百年鲁能”作为俱乐部的品牌口号，始终指引着俱乐部发展，保证其不偏离航向。

山东泰山足球俱乐部的队徽具有一定可识性，它将黄色、橙色和黑色元素组合在一起，形成了涵盖足球元素、俱乐部名称与企业商标的独特标识。时至今日，橙色作为山东泰山球衣的主体颜色已经成为球队的标志色彩，“橘红色火焰”也成为山东泰山在行业内的代名词。对于职业足球俱乐部来说，传唱不衰的队歌是与球迷建立关系的重要纽带，山东泰山足球俱乐部结合地域特征，根据球队特点、鲁能集团的特点，于1998年创作了队歌《橘红色的火焰》。

在日常经营过程中，山东泰山足球俱乐部积极以球迷的需求为出发点，主动提升球迷的满意度与忠诚度，利用各种各样的球迷活动、开放日、社区及学校访问等形式增强与球迷的联系，开发App拓宽沟通渠道，增进对球迷的服务，在不断与球迷零距离接触的过程中推广自身品牌，依靠品牌凝聚球迷，培养俱乐部的忠实球迷。

讨论题：

结合本案例谈谈运营管理的重要性。

复习思考题

1. 什么是运营及运营管理？举出身边实例加以说明。

2. 小张大学毕业后分配到了一家咨询公司工作。该公司最近刚刚拿到一个项目：为某体育场馆作一个未来运营战略规划。由于是体育产业管理专业的毕业生，公司认为小张比较了解体育产业运营，便让小张加入这个项目组，并希望他能够从环境管理的角度对该项目提出自己的建议。那么在体育场馆运营中有哪些环境问题呢？请帮助小张作一下分析。

第二章

体育产业运营概述

【本章提要】

运营活动是一个"投入－变换－产出"的过程,因此,要做好体育产业运营管理,对体育产业的本质特征的深入认识至关重要。本章首先关注体育产业的内涵、结构和产品构成,进而介绍体育产业运营的特征,从运营管理的角度,讲述体育产业的分类。这些方面有助于读者明确本书的研究边界,准确把握所学理论。

【名词解释】

体育产业:为社会公众提供体育服务和产品的活动,以及与这些活动有关联的活动的集合。

完整服务产品:也叫服务包,是指在某种环境下提供的一系列产品和服务的组合(包括支持性设施、辅助物品、显性服务和隐性服务)。

第一节　体育产业的内涵

一、体育产业的界定

2019 年 4 月 1 日,国家统计局发布《体育产业统计分类(2019)》(以下简称《分类》),对我国体育产业的概念、分类范围重新做出了调整,并修订了相关类别、说明和对应行业代码。

《分类》从推进体育产业发展、统计工作的角度出发,将体育产业概念界定为:"为社会提供各种体育产品(货物和服务)和体育相关产品的生产活动的集合。"同时提出,体育产业的分类范围包括:体育管理活动,体育竞赛表演活动,体育健身休闲活动,体育场地和设施管理,体育经纪与代理、广告与会展、表演与设计服务,体育教育与培训,体育传媒与信息服务,其他体育服务,体育用品及相关产品制造,体育用品及相关产品销售、出租与贸易代理,体育场地设施建设等 11 个大类。在每个大类下进一步细分为 37 个中类和 71 个小类。其中,除了体育用品及相关产品的制造以及体育场地设施建设等提供实物产品的 2 个大类,其余大类都属于体育服务性行业,也是本书主要的研究对象。

【小资料】

体育产业统计分类(2019)

(一)分类目的

为加快推动体育产业发展,科学界定体育产业的统计范围,建立体育产业统计调查制度,依据《国务院关于加快发展体育产业 促进体育消费的若干意见》(国发〔2014〕46 号)、《国务院关于印发全民健身计划(2016—2020 年)的通知》(国发〔2016〕37 号)和《国务院办公厅关于加快发展健身休闲产业的指导意见》(国办发〔2016〕77 号),以《国民经济行业分类》(GB/T 4754—2017)为基础,制定本分类。

(二)概念界定和分类范围

体育产业是指为社会提供各种体育产品(货物和服务)和体育相关产品的生产活动的集合。分类范围包括:体育管理活动,体育竞赛表演活动,体育健身休闲活动,体育场地和设施管理,体育经纪与代理、广告与会展、表演与设计服务,体育教育与培训,体育传媒与信息服务,其他体育服务,体育用品及相关产品制造,体育用品及相关产品销售、出租与贸易代理,体育场地设施建设等 11 个大类。

(三)编制原则

1. 以国务院有关文件为指导。本分类主要依据《国务院关于加快发展体育产业 促进体育消费的若干意见》、《国务院关于印发全民健身计划(2016—2020 年)的通知》和《国务院办公厅关于加快发展健身休闲产业的指导意见》提出的重点任务,确定体育产业的基本范围。

2. 以《国民经济行业分类》为基础。本分类以《国民经济行业分类》(GB/T 4754—2017)为基础,是对国民经济行业分类中符合体育产业特征的有关活动的再分类。

3. 突出我国体育活动的特点。本分类突出了我国体育活动的特点和实际发展现状,充分考虑了体育产业发展中的新业态和新模式。

(四)结构和编码

本分类采用线分类法和分层次编码方法,将体育产业划分为三层,分别用阿拉伯数字编码表示。第一层为大类,用2位数字编码表示,共有11个大类;第二层为中类,用3位数字编码表示,前两位为大类代码,共有37个中类;第三层为小类,用4位数字编码表示,前三位为中类代码,共有71个小类(见图2-1)。

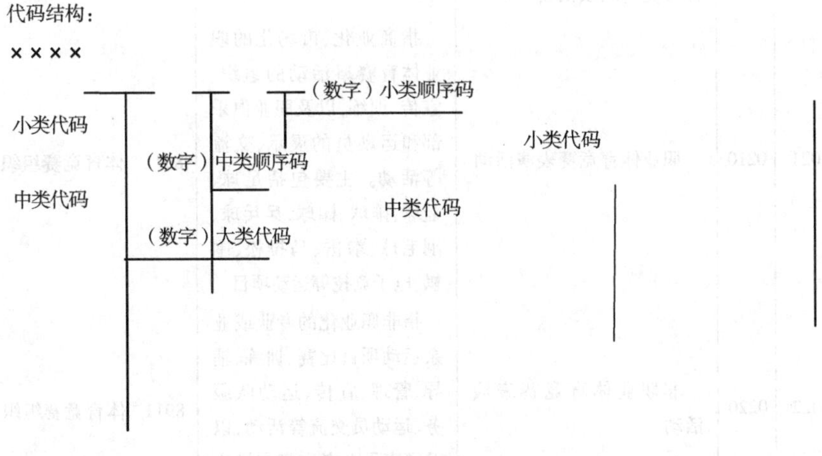

图2-1

(五)有关说明

1.本分类建立了与《国民经济行业分类》(GB/T 4754—2017)的对应关系。在国民经济行业分类中,一个行业分类仅部分活动属于一个体育产业类别的,行业代码用“*”做标记,并在说明栏中对带“*”行业类别的内容作了说明。

2.本分类对应《国民经济行业分类》(GB/T 4754—2017)的具体范围和说明,参见《2017国民经济行业分类注释》。

(六)体育产业统计分类表

详见表2-1。

表2-1

代码			类别名称	说明	国民经济行业分类代码及名称(2017)
大类	中类	小类			
01			体育管理活动		
	011	0110	体育社会事务管理活动	指各级政府部门体育行政事务管理机构的管理活动	9224* 社会事务管理机构
	012	0120	体育社会组织管理活动	指体育专业团体、体育行业团体和体育基金会等的管理和服务活动	9521* 专业性团体 9522* 行业性团体 9530* 基金会
	013	0130	体育保障组织管理活动		8912 体育保障组织

续表

代码			类别名称	说明	国民经济行业分类代码及名称(2017)
大类	中类	小类			
02			体育竞赛表演活动		
	021	0210	职业体育竞赛表演活动	指商业化、市场化的职业体育赛事活动的组织、宣传、训练,以及职业俱乐部和运动员的展示、交流等活动。主要包括足球、篮球、排球、棒球、乒乓球、羽毛球、拳击、马拉松、围棋、电子竞技等运动项目	8911* 体育竞赛组织
	022	0220	非职业体育竞赛表演活动	指非职业化的专业或业余运动项目比赛、训练、辅导、管理、宣传、运动队服务、运动员交流等活动,以及赛事承办者和相应推广机构等组织的活动	8911* 体育竞赛组织
03			体育健身休闲活动		
	031	0310	运动休闲活动		5623 体育航空运动服务 8930 健身休闲活动
	032		群众体育活动		
		0321	民族民间体育活动	指区域特色、民族民间体育(其中包括少数民族特色体育)以及体育非物质文化遗产的保护等活动	8840* 文物及非物质文化遗产保护
		0322	其他群众体育活动	指由各级各类群众体育组织(其中包括各级体育总会、基层体育俱乐部等)、体育类社会服务和文体活动机构、全民健身活动站点等提供的服务和公益性群众体育活动	8870* 群众文体活动 8919 其他体育组织
	033	0330	其他体育休闲活动	指体育娱乐电子游艺厅服务,网络体育游艺、电子竞技体育娱乐活动,游乐场体育休闲活动等	6422* 互联网游戏服务 9012* 电子游艺厅娱乐活动 9013* 网吧活动 9020* 游乐园
04			体育场地和设施管理		
	041	0410	体育场馆管理		8921 体育场馆管理

续表

代码			类别名称	说明	国民经济行业分类代码及名称(2017)
大类	中类	小类			
	042	0420	体育服务综合体管理	指以运动健身、体育培训、体育用品销售、运动康复等体育服务为主,融合了餐饮、娱乐、文化等多项活动的综合体的管理	7222* 商业综合体管理服务
	043	0430	体育公园及其他体育场地设施管理	指对设在社区、村庄、公园、广场等可提供体育服务的固定安装的体育器材、临时性体育场地设施和其他室外体育场地设施的管理(如全民健身路径、健身步道、拼装式游泳池),以及对体育主题公园的管理等	7850* 城市公园管理 8929 其他体育场地设施管理
05			体育经纪与代理、广告与会展、表演与设计服务		
	051		体育经纪与代理服务		
		0511	体育经纪人		9054 体育经纪人
		0512	体育保险经纪服务	指体育保险经纪服务	6851* 保险经纪服务
		0513	体育中介代理服务		8991 体育中介代理服务
		0514	体育票务代理服务	指体育票务服务和体育票务代理服务	7298* 票务代理服务
	052		体育广告与会展服务		
		0521	体育广告服务	指各类体育广告制作、发布等活动	7251* 互联网广告服务 7259* 其他广告服务
		0522	体育会展服务		7283 体育会展服务
	053		体育表演与设计服务		
		0531	体育表演服务		9052 体育表演服务
		0532	体育设计服务	指体育产品工业设计、体育服装设计、体育产品和服务的专业设计、体育和休闲娱乐工程设计等服务	7484* 工程设计活动 7491* 工业设计服务 7492* 专业设计服务

续表

代码			类别名称	说明	国民经济行业分类代码及名称(2017)
大类	中类	小类			
06			体育教育与培训		
	061	0610	学校体育教育活动	指专业体育院校的教学活动,高、中等院校的体育运动,体育经济、体育管理等专业的教学活动,各级各类学校的体育课程教学活动,各级各类学校的校园体育活动	8321* 普通小学教育 8331* 普通初中教育 8332* 职业初中教育 8334* 普通高中教育 8336* 中等职业学校教育 8341* 普通高等教育
	062	0620	体育培训		8391* 职业技能培训 8392 体校及体育培训 8399* 其他未列明教育
07			体育传媒与信息服务		
	071	0710	体育出版物出版服务	指体育类图书、报纸、期刊、音像制品、电子出版物出版和数字出版服务	8621* 图书出版 8622* 报纸出版 8623* 期刊出版 8624* 音像制品出版 8625* 电子出版物出版 8626* 数字出版 8629* 其他出版业
	072	0720	体育影视及其他传媒服务	指体育新闻的采访、编辑和发布服务,体育广播、电视、电影等传媒节目的制作与播出以及体育摄影服务等	8060* 摄影扩印服务 8610* 新闻业 8710* 广播 8720* 电视 8730* 影视节目制作
	073	0730	互联网体育服务	指互联网体育健身与赛事服务平台,体育 App 应用,以及互联网体育信息发布、体育网络视听、体育网络直播、体育大数据处理、体育物联网和“体育+互联网+其他业态”的融合发展活动等其他互联网体育服务	6422* 互联网游戏服务 6429* 互联网其他信息服务 6432* 互联网生活服务平台 6450* 互联网数据服务 6490* 其他互联网服务
	074	0740	体育咨询		7246 体育咨询

续表

代码			类别名称	说明	国民经济行业分类代码及名称(2017)
大类	中类	小类			
08	075	0750	体育博物馆服务	指用于展现体育历史发展过程、收藏展示体育文物、宣传体育科普知识、弘扬体育文化、传承体育精神等的博物馆	8850* 博物馆
	076	0760	其他体育信息服务	指电子竞技数字内容服务、体育运动地理遥感信息服务和其他数字体育内容服务,以及体育培训、赛事、健身软件和电子竞技产品制作等体育应用软件开发与经营等信息技术服务	6513* 应用软件开发 6571* 地理遥感信息服务 6572* 动漫、游戏数字内容服务 6579* 其他数字内容服务 7242* 市场调查
			其他体育服务		
	081	0810	体育旅游服务	指观赏性体育旅游活动(如观赏体育赛事、体育节、体育表演等内容的旅游活动),组织体验性体育旅游活动的旅行社服务,以体育运动为目的的旅游景区服务,以及露营地、水上运动码头、体育特色小镇、体育产业园区等的管理服务	5531* 客运港口 6140 露营地服务 7221* 园区管理服务 7291* 旅行社及相关服务 7869* 其他游览景区管理
	082	0820	体育健康与运动康复服务	指体质测试与监测服务,运动理疗服务,运动康复按摩服务,科学健身调理服务,科学健身指导服务,专科医院、中医院、民族医院和疗养院提供的运动创伤治疗、运动康复等服务,运动康复辅具适配服务,运动减控体重、运动养生保健等其他体育健康服务	8053* 养生保健服务 8412* 中医医院 8414* 民族医院 8415* 专科医院 8416* 疗养院 8522* 康复辅具适配服务 8992 体育健康服务
	083	0830	体育彩票服务		9041 体育彩票服务

续表

代码			类别名称	说明	国民经济行业分类代码及名称(2017)
大类	中类	小类			
	084	0840	体育金融与资产管理服务	指体育基金(含体育产业投资基金)管理服务,运动意外伤害保险服务,体育投资与资产管理服务,体育资源与产权交易服务	6720* 公开募集证券投资基金 6731* 创业投资基金 6732* 天使投资 6760* 资本投资服务 6814* 意外伤害保险 7212* 投资与资产管理 7213* 资源与产权交易服务
	085	0850	体育科技与知识产权服务	指体育科学研究服务,运动医学和实验发展服务,体育装备新材料研发,体育知识产权相关服务	7320* 工程和技术研究和试验发展 7340* 医学研究和试验发展 7350* 社会人文科学研究 7520* 知识产权服务
	086	0860	其他未列明体育服务		7481* 工程管理服务 7482* 工程监理服务 8211* 建筑物清洁服务 8219* 其他清洁服务 8999 其他未列明体育
09			体育用品及相关产品制造		
	091		体育用品及器材制造		
		0911	球类制造		2441 球类制造
		0912	冰雪器材装备及配件制造	指雪上、冰上运动项目器材装备及配件制造。主要包括滑雪类运动项目(含滑雪、北欧两项等)、滑冰类运动项目(含滑冰、花样滑冰、冰壶、冰球、雪橇运动等)的器材装备及配件制造,其他雪上、冰上运动器材装备及配件制造	2442* 专项运动器材及配件制造
		0913	其他体育专项运动器材及配件制造	指除冰雪器材装备外的各项竞技比赛和训练用器材及用品、相关体育场地器材设施的生产活动	2442* 专项运动器材及配件制造
		0914	健身器材制造		2443 健身器材制造

续表

代码			类别名称	说明	国民经济行业分类代码及名称(2017)
大类	中类	小类			
		0915	运动防护用具制造		2444 运动防护用具制造
		0916	特殊体育器械及配件制造	指武术、散打器械和用品制造,运动枪械及其用弹制造	3329* 其他金属工具制造 3399* 其他未列明金属制品制造
		0917	其他体育用品制造		2449 其他体育用品制造
	092		运动车船及航空运动器材制造		
		0921	运动汽车、摩托车制造	指生产、改装运动型多用途汽车,以及越野、山地、场地等运动摩托车制造	3630* 改装汽车制造 3751* 摩托车整车制造
		0922	运动船艇制造	指赛艇、皮划艇、帆船、帆板、汽艇、摩托快艇、小艇、轻舟等运动器材及辅助用品制造	3733* 娱乐船和运动船制造
		0923	航空运动器材制造	指体育航空器运动器材及零配件制造	3749* 其他航空航天器制造
	093		体育用相关材料制造		
		0931	运动地面用材料制造	指体育场馆的运动场地用木地板、塑胶和地胶的制造,运动场、高尔夫球场等场地用的人造草坪制造	2034* 木地板制造 2916 运动场地用塑胶制造 2928* 人造草坪制造
		0932	体育用新材料制造	指用于体育用品、设备、器材等的金属合金材料、高强玻璃钢、高强合成纤维、高强碳纤维、高分子复合纤维等材料的制造	2651* 初级形态塑料及合成树脂制造 2652* 合成橡胶制造 2653* 合成纤维单(聚合)体制造 2659* 其他合成材料制造 2829* 其他合成纤维制造 3061* 玻璃纤维及制品制造 3062* 玻璃纤维增强塑料制品制造 3240* 有色金属合金制造
	094		体育相关用品和设备制造		

续表

代码			类别名称	说明	国民经济行业分类代码及名称(2017)
大类	中类	小类			
		0941	运动服装制造		1811 运动机织服装制造 1821 运动休闲针织服装制造
		0942	运动鞋帽制造	指纺织面运动鞋、运动皮鞋、运动用布面胶鞋、运动用塑料鞋靴及其他运动鞋制造，相关运动服饰制造，不包括运动帽、游泳帽的制造	1830* 服饰制造 1951* 纺织面料鞋制造 1952* 皮鞋制造 1953* 塑料鞋制造 1954* 橡胶鞋制造
		0943	体育场馆用设备制造	指体育计时记分系统设备制造，体育场馆塑料座椅制造，体育场馆灯光、音响、电子屏幕等设备制造	2140* 塑料家具制造 3873* 舞台及场地用灯制造 3934* 专业音响设备制造 3939* 应用电视设备及其他广播电视设备制造 4028* 电子测量仪器制造 4030* 钟表与计时仪器制造
		0944	体育智能与可穿戴装备制造	指体育场馆、健身房等场所和体育训练、竞赛、健身等活动用的智能设备和用品制造，可穿戴运动装备制造，运动智能无人机制造	3961* 可穿戴智能设备制造 3963* 智能无人飞行器制造 3969* 其他智能消费设备制造
		0945	运动饮料与运动营养品生产	指运动功能性饮料、运动营养食品生产	1491* 营养食品制造 1529* 茶饮料及其他饮料制造
		0946	体育游艺娱乐用品设备制造	指供室内、桌上等游艺及娱乐场所使用的运动游乐设备（保龄球、台球、沙狐球、桌式足球等）、体育游艺器材和娱乐用品（军棋、跳棋、扑克牌等），主要安装在室内游乐场所的电子游乐设备，以及体育比赛用飞镖等弹射用具和汽车、火车、航空等仿真运动模型等产品的制造	2319* 包装装潢及其他印刷 2451* 电玩具制造 2452* 塑胶玩具制造 2453* 金属玩具制造 2454* 弹射玩具制造 2459* 其他玩具制造 2462 游艺用品及室内游艺器材制造

续表

代码			类别名称	说明	国民经济行业分类代码及名称(2017)
大类	中类	小类			
		0947	运动休闲车制造	指野营宿营车挂车、房车及其配件制造,运动休闲两轮车及配件制造,非公路休闲车及配件制造	3660* 汽车车身、挂车制造 3761* 自行车制造 3780* 非公路休闲车及零配件制造
		0948	运动康复训练和恢复按摩器材制造	指运动康复训练器材、恢复按摩器材制造	3586* 康复辅具制造 3856* 家用美容、保健护理电器具制造
		0949	户外运动器材及其他体育相关用品制造	指户外帐篷、运动眼镜等户外运动器材制造,体育项目用网(兜)制造,体育奖杯和纪念证章以及其他体育相关用品制造	1782* 绳、索、缆制造 1784* 篷、帆布制造 3389* 其他金属制日用品制造 3587* 眼镜制造 3792* 水下救捞装备制造
10			体育用品及相关产品销售、出租与贸易代理		
	101		体育及相关产品销售		
		1011	体育用品及器材销售		5142　体育用品及器材批发 5242　体育用品及器材零售
		1012	运动服装销售	指运动及休闲服装批发、零售服务	5132* 服装批发 5232* 服装零售
		1013	运动鞋帽销售	指运动鞋帽批发、零售服务	5133* 鞋帽批发 5233* 鞋帽零售
		1014	运动饮料与运动营养品销售	指运动功能性饮料、运动营养食品批发、零售服务	5126* 营养和保健品批发 5127* 酒、饮料及茶叶批发 5225* 营养和保健品零售 5226* 酒、饮料及茶叶零售
		1015	体育出版物销售	指体育图书、报纸、期刊、音像、电子和数字出版物的批发、进出口和销售服务	5143* 图书批发 5144* 报刊批发 5145* 音像制品、电子和数字出版物批发 5243* 图书、报刊零售 5244* 音像制品、电子和数字出版物零售

续表

代码			类别名称	说明	国民经济行业分类代码及名称(2017)
大类	中类	小类			
		1016	体育游艺等其他体育用品及相关产品销售	指台球、飞镖、沙狐球、仿真运动模型以及游艺娱乐用品及其他体育文化用品批发和进出口服务，休闲运动车零售服务	5149* 其他文化用品批发 5238* 自行车等代步设备零售 5249* 其他文化用品零售
		1017	体育用品及相关产品综合销售	指百货、超市销售中的体育及相关产品零售服务	5211* 百货零售 5212* 超级市场零售
		1018	体育用品及相关产品互联网销售	指体育用品、运动康复等器材、器具以及运动服装鞋帽的互联网批发和零售，体育电子商务服务	5193* 互联网批发 5292* 互联网零售
	102	1020	体育用品设备出租		7122 体育用品设备出租
	103	1030	体育用品及相关产品贸易代理	指体育用品及相关产品贸易经纪与代理活动	5181* 贸易代理 5189* 其他贸易经纪与代理
11			体育场地设施建设		
	111		体育场馆建筑和装饰装修		
		1111	体育场馆及设施建筑	指体育馆工程服务、体育及休闲健身用房屋建设活动，以及城市自行车骑行和健身步道、跑步道工程建筑活动	4720 体育场馆建筑 4813* 市政道路工程建筑
		1112	体育场馆装饰装修	指体育场馆建筑的装饰装修	5011* 公共建筑装饰和装修
	112		体育场地设施工程施工和安装		
		1121	足球场地设施工程施工	指足球场地设施工程施工	4892* 体育场地设施工程施工
		1122	冰雪场地设施工程施工	指冰雪场地设施工程施工	4892* 体育场地设施工程施工
		1123	其他体育场地设施工程施工	指除足球场、冰雪场之外的其他体育场地设施工程施工	4892* 体育场地设施工程施工
		1124	体育场地设施安装		4991 体育场地设施安装

二、体育服务业结构及产品构成

根据其提供服务内容不同，按最终顾客群得到的服务为分类标准进行划分，体育产业可以分为竞赛表演业、健身休闲业、体育培训业、体育信息产业、体育经纪业等，它们分别提供观赏性服务、参与性服务、体育知识技能、体育信息产品以及体育中介服务产品（如图2－2所示）。

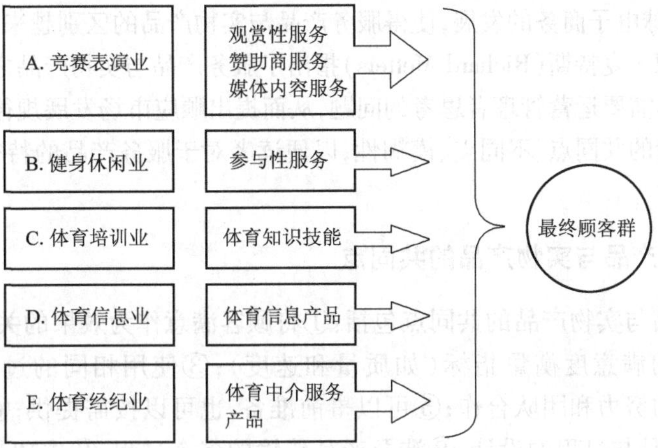

图2－2　体育产业产品类别

对此分类有两点需特别说明：

（一）在此突出了体育产业发展的趋势，将体育信息业特别列出

在第一章中我们已经提到了，随着技术的发展，影响全球竞争力最重要的因素就是电子商务，它随着互联网的普及得到广泛的应用。由信息组成的虚拟世界导致了电子商务这样一种新的价值创造场所的产生，被称为"市场空间"，区别于由物质世界组成的"市场场所"。当人们通过互联网购买球票时，他们利用的是市场空间，在这里，产品和服务以数字化信息存在，并通过以信息为基础的渠道传送。与其他行业一样，体育产业的从业者们为了利用信息创造和提炼价值，管理人员必须转向由市场空间组成的虚拟世界。

（二）赞助商服务、媒体内容服务

我们在这里将赞助商、媒体看成是一个最终顾客，因此，特别提出赞助商服务、媒体内容服务。在提供观赏性服务过程中，赞助商及媒体是两个非常重要的顾客群，甚至可以说如果没有这个顾客群的满意，产业组织就基本上不能实现其观众的满意，体育产业产品的特征决定了它首先要满足赞助商、媒体的需求，才能更好地满足大众消费群的需求。

第二节　服务及体育服务运营的特征

服务产品的特性是相对实物产品而言的,因此,为了认清服务产品的特性,要与实物产品比较来看。服务产品与实物产品的不同点及相同点在各教材中均有提及,但是,随着全球电子商务的发展,使得服务产品与实物产品的区别越来越不明显。美国学者理查德·麦特斯(Richard Metters)指出了服务产品与实物产品之间的模糊性,这些特征都是需要运营管理者思考的问题,从而提出顺应市场发展规律的运营战略。下面介绍两者的共同点、不同点、模糊性,以便读者对于服务产品的特征有一个全面的把握。

一、服务产品与实物产品的共同点

服务产品与实物产品的共同点包括:①将顾客满意作为效果的关键衡量指标;②包含相同的满意度衡量指标(如质量和速度);③使用相同的过程改进工具;④需要个人的努力和团队合作;⑤可以事前准备,也可以按需提供;⑥需要需求预测;⑦需要产品与过程的设计;⑧涉及产品传输的多个过程;⑨成功与否取决于资源的分配与布置;⑩可以大量提供也可以少量提供,既可以标准化也可以定制化;⑪需要购买材料和服务;⑫要求设备、工具、技能维护;⑬可实现自动化;⑭受到定制化趋势的影响;⑮可以是商业化的也可以是非营利性的;⑯受到运营策略的影响,与企业的商业策略相吻合。

二、服务产品与实物产品的区别

关于二者的差异,在近年来的研究中已经有了比较系统的概括。一般认为,服务产品和实物产品的区别包括以下几点:①服务是无形的,而实物产品是有形的;②服务的生产和消费是同时发生的;③服务要求提供者与客户之间拥有更紧密的关系;④服务是不能储藏的。

但是,要特别说明,如果说服务行业有许多和生产行业截然不同的特点,也不尽然,下面来看看它们之间的模糊性。

三、服务产品与实物产品之间的联系

(一)服务是无形的

有的服务,如欣赏了一首歌曲或者观看了一场球赛,之后并没有留下什么有形的东西。但是,也有很多服务的提供过程有“伴生产品”的产生,例如,一张节目单可以让人们回忆起一场精彩的演出;一张朋友在奥运主题公园赞助商体验馆里的照片也可以被称作是某项服务的物质证明。当然,很多服务的成效是无形的,例如,一辆汽车经过修理重新上路行驶;或是服务人员替顾客将购买的商品进行包装,等等。

相反,物质产品也常常具有无形的特点。例如,美国政府将伏特加酒定义为一种"无色、无臭、无味"的酒精饮料,然而顾客们还是愿意用4倍的价钱去购买名牌伏特加而不满足于普通的伏特加。如果说不同品牌的伏特加之间的区别还可以通过感观辨别出来,那么拥有一辆名牌汽车、一套名贵家具或者一张艺术大师的原作所赋予人们的无形然而清晰的感觉,就超越了物质产品,完全属于精神的范畴了。

进一步来说,正如服务伴有"伴生产品"的产生,几乎每一种产品中都包含有无形的"伴生服务"。至少,物质产品通常需要通过运输手段送到消费者手中,而运输本身就是一种服务。

(二)生产和消费同时发生

很多服务都是同时被提供者"生产"出来,又同时被消费者"消费"的。现场音乐表演就是一个最典型的例子。生产和消费的同时发生使得质量控制和供求之间的一致性变得特别困难。然而,也存在这样的服务,它的生产发生在消费者并不同时在场的情况下,如软件的升级和防护工作。同时,很多物质生产领域也会遇到这样的情况:因为某一个消费者的特别要求,必须在很短的时间内完成大量的订单。

(三)服务与消费者之间的关系紧密

许多服务在提供的过程中必须满足客户就在当场的条件,如赛事产品。但在服务的提供和消费过程中,消费者并不总是在场。例如,以互联网为基础的服务行业所采取的服务策略与需要在特定地点进行的服务所采取的策略就存在很大的区别。许多内勤服务行业,如信用证明、保险索赔等,企业和消费者之间甚至可能分别处于地球的不同半球上。

(四)服务企业之间也有差别

有些服务企业和物质产品生产企业之间会有很多共同点,而同时都属于服务行业的企业之间却会表现出很大的区别。尽管百货公司是一个纯粹的服务企业,它的客户主要是去购买物质产品的;同时,一个美发店的客户购买的则是100%的服务。自然地,这样的两家企业在管理过程中需要解决的问题完全不同。尽管这两种输出之间存在着差异,转化过程却是类似的,制造业也表现出了服务业的一些特性。

四、服务运营的特殊性

从转化过程来看,实物产品与服务产品都需要创造、实施与改进。但是针对一些相当独特的环境或运营模式,差异显然还是实实在在地存在。它们之间的差异性,决定了很有必要单独来探讨服务运营管理。制造业运营管理与服务业运营管理的区别,见表2-2。

表 2-2 制造业运营管理与服务业运营管理的区别

制造业运营管理	服务业运营管理
产品是有形的、耐久的	产品无形、不可触、不耐久
产出可储存	产出不可储存
顾客与生产系统极少接触	顾客与服务系统接触频繁
响应顾客需求周期较长	响应顾客需求周期很短
可服务于地区、全国乃至国际市场	主要服务于有限区域
设施规模较大	设施规模较小
质量易于度量	质量不易度量

五、体育服务的特征

各种体育服务产品基本上属于高接触度服务，是以人工作业为主的服务。顾客从服务商获得的利益和满足，不仅来自服务本身，而且来自服务的推销、传递过程。体育服务具有服务产品的所有特征，包括：

（一）服务的易逝性

在服务能力不能完全使用时，就会发生机会损失，如体育馆的空座等。不会积压也不能储存，不管是竞赛表演业提供的观赏性服务，还是娱乐健身业提供的健身指导服务，都具有这个特点，使得服务产品提供的资源配置和调度面临业务量不确定性的风险。

（二）服务的无形性

购买服务产品时，顾客依赖于对服务供给者的认知度或即时感受。这使得顾客选择服务商比较困难，无法像实体产品那样看得见、摸得着，对体育服务的认知将更多地依赖于其他客户的反映和商家的介绍。服务商的信息宣传、形象塑造比其他行业更加重要，这一特点在娱乐健身业表现突出。

（三）服务的需求决定性

服务不可能计划生产，是一个开放系统，受传递中需求变化的全面影响。健身俱乐部的私教服务、运动员经纪人的中介服务等，都具有这一特征。

（四）服务的异质性

服务中顾客与服务供给方的交互性决定了服务的个性化，关注个性化也为服务的变异性创造了机会。例如：一个体育经纪人对不同的代理对象感受不同；对于同样的健身课程带来的服务品质，不同顾客的认知也不一样；一场拳击比赛，可能比较符合男性的口味，女性则未必欣赏。

（五）服务的即时性

服务不可储存和运输，服务的生产和消费同时发生。服务提供者与服务消费者如果不在同一场所同时进入服务程序，则服务交易就难以完成。正如前面所讲，不是所有的服务产品都与实物产品截然不同,体育信息服务产品则可能不具备这一特征。

需要特别说明的是,现在几乎每种实物产品都会与一些服务相关联,而几乎每种服务也都包含一些有形的成分。但由于服务型公司提供的是无形的产品,他们不能储存自己的产品,与客户的接触较多,通常是劳动密集型的企业。产品制造型公司生产物质的、有形的产品,它们能够储存自己的产品,一般与客户接触较少,通常是资本密集型的企业。因此,我们主要探讨体育产业中服务机构的运营管理,但是对于体育物质产品中的服务成分也有所涉及。

第三节 服务的构成要素及分类方法

一、完整服务产品及其构成要素

完整服务产品,也叫服务包,是指在某种环境下提供的一系列产品和服务的组合。该组合包括以下4个方面:

一是支持性设施:指提供服务前必须到位的物质资源。例如,高尔夫球场、滑雪场的缆车等。

二是辅助物品:是指顾客购买和消费的物质产品,或是顾客自备的物品。例如,高尔夫球棒、滑雪板、食物以及医疗设备等。

三是显性服务:是指那些顾客可以用感官察觉到的和构成服务基本或本质特性的利益。例如,漂亮的球场和训练有素的球童;健身后人们精神更饱满、身材更好等。

四是隐性服务:是指顾客能模糊感到服务带来的精神上的收获或服务的非本质特性。例如,高尔夫俱乐部或马术俱乐部会员的地位象征,观众观看比赛过程中获得的一系列经验和体会等。

任何服务都包含着这4个要素,只是在不同的服务中,各个要素所占的比重不同。一个提供服务的企业,通过突出构成服务的不同要素,就可以获得不同的经营特色。

我们可以按辅助物品的重要程度来划分服务包,有纯服务,也有各种程度的混合型服务。没有任何服务物品的体育经纪或咨询是纯服务,体育健身俱乐部或体育赛事管理公司、体育场馆都是混合型服务,只是体育场馆需要更多的辅助物品。

二、服务运营的分类标准

在服务运营中,可以考虑根据服务流程的不同特点将其分类,从而采取不同的服务运营管理方法。服务流程一般常根据差异性的程度、服务过程的客体和顾客参与的程度来进行分类。

（一）差异性的程度

标准化服务（低差异性）通过范围狭窄的集中的服务获得高销售量，工作人员有较低的技能就可以。由于服务性质的简单重复性，组织常用自动化来代替劳动力，从而减少服务人员的主观性，实现稳定的服务质量。

定制服务（高差异性）则不同，完成工作需要较多的灵活性和判断力，在顾客和服务人员之间需要进行更多的信息沟通。因为此类服务过程无固定模式可循，而且未被严格界定，需要高水平的技巧和分析技能（如私人教练、专业咨询等）。为了使客户满意，服务人员应该被授予一定的自主权和决策权。

（二）服务过程的客体

在服务中，服务活动指向的客体可以为产品、信息或者人。

当处理产品时，一定要分清楚该产品是属于顾客的还是由服务组织提供的。例如干洗或汽车修理，服务流程的客体是属于顾客的，因此，一定要保证不要损坏产品。如果服务流程的客体是由组织提供的，则必须关注、考虑这些辅助产品适当的库存和质量，例如，健身俱乐部里提供的运动服装、饮料和运动辅助用品等。

所有的服务系统都需要处理信息。有的服务中信息的接收、处理和数据的使用是在后台进行的，如奥运会网上订票系统。而有的服务，例如，健身顾问或体育经纪人，顾客与工作人员之间则直接接触，进行沟通和交流。

人员处理过程涉及实体形态的变化（如理发或手术）或地理位置的变化（如乘车）。由于这类服务的“高接触性”，服务人员必须同时掌握技术方面的技巧和人际沟通的技巧。对于服务设施的设计和地址也应引起注意，因为顾客要参与到服务系统中。

（三）顾客参与的程度

顾客是经常参与到服务过程中的，它对服务流程有着重要的影响。分析流程中顾客参与的程度，有助于我们进行服务设计及其管理。

顾客参与服务过程可以有 3 种基本的方式。第一种，在服务过程中，顾客直接参与。在这种情况下，顾客会对服务环境有彻底的了解。顾客直接参与又可分为两类：与服务人员无交互（自助服务）、与服务人员有交互。第二种，顾客在家中或办公室通过电子媒介等方式间接参与。第三种，有的服务可以在完全没有客户参与的条件下完成。顾客间接参与或没有参与的服务过程可能不会受到由于顾客出现在服务过程中而产生的问题的限制。由于顾客与服务传递系统隔离开来，所以可以采取更类似于制造业的方法。

三、服务运营的分类方法

（一）服务的客户联系模型

服务运营有一种著名的分类方法，叫作客户联系模型，如图 2－3 所示。在这种模型中，根据客户联系的重要性来为服务行业分类。高联系程度的行业，或者称作“纯服务”行业，包括医院、饭店和那些需要客户在场才能提供服务的行业，体育服务产品中健身俱乐部、赛事表演、场馆服务以及体育培训服务都需要客户在场才能提供服务。低联系程度的行业，也被称作“准生产”企业，例如银行营业网点里的支票处理中心，体育信息服务产品、电子商务等，这些服务并不需要与客户进行面对面的接触。包括了以上两种类型的服务行业被称作“混合服务”，其中包括银行和保险公司的分支机构，体育中介服务应该属于这一类。

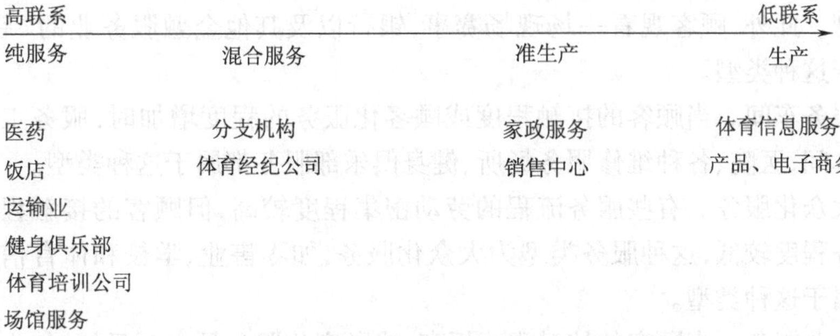

图 2－3　服务的客户联系模型

（二）服务过程矩阵

另一种将服务进行分类的方式是施米诺（Schmenner）在 1986 年提出的服务流程矩阵（如图 2－4 所示）。该矩阵根据影响服务传递过程性质的两个主要维度对服务进行了分类，垂直维度衡量劳动力密集程度，即劳动力成本与资本成本的比率。因此，资本密集型服务，如航空公司和医院，位于图中的上方，因为它们在厂房和设备上的投资大大高于其劳动力支出；劳动力密集型服务，如学校和法律服务业，则位于图中的下方，因为它们的劳动力消耗高于其资本需求。

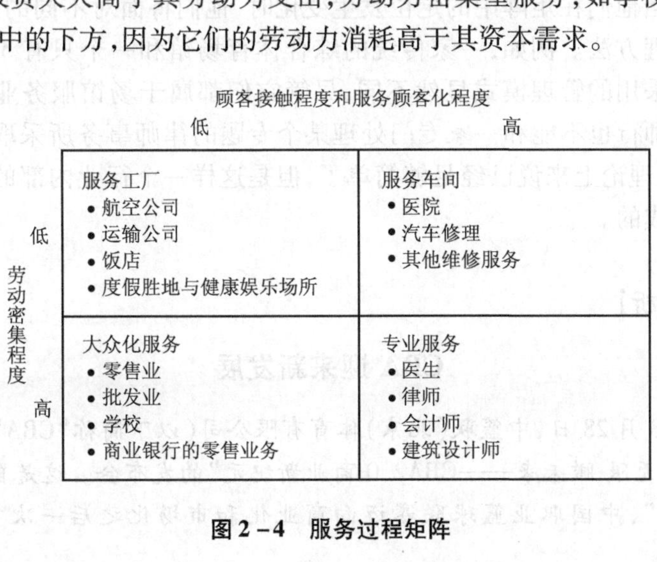

图 2－4　服务过程矩阵

水平维度衡量的是顾客接触程度和服务顾客化(定制化)程度。在服务工厂,如饭店,顾客一般吃的食物是饭店标准化生产出来的而不是顾客定制的食物,顾客与服务提供者之间接触程度不高。相反,一个健身教练帮助一个需要减肥的会员锻炼,必须与会员充分接触,量身制订锻炼方案并帮助会员完成锻炼才能取得令人满意的结果。这个划分涉及了如何进行服务流程管理。

根据这两个维度,可得到 4 种服务类型:

1. 服务工厂。有些服务流程的劳动密集程度较低,顾客接触程度和顾客化服务的程度也很低,这种服务类型称为服务工厂。运输业、饭店和度假村等就是这种服务类型。此外,顾客观看一场现场赛事,银行以及其他金融服务业的“后台”运营也属于这种类型。

2. 服务车间。当顾客的接触程度或顾客化服务的程度增加时,服务工厂会变成服务车间,医院、各种维修服务场所、健身俱乐部服务都属于这种类型。

3. 大众化服务。有些服务流程的劳动密集程度较高,但顾客的接触程度和顾客化服务程度较低,这种服务类型为大众化服务,如零售业、学校和体育信息服务业等都属于这种类型。

4. 专业服务。当顾客的接触程度提高,或顾客化服务是主要目标时,大众化服务就会成为专业服务,例如咨询专家、私人教练、医生、律师和体育经纪人等。

上面有关服务过程的分类,有助于我们理解服务设计及其管理,并能为服务系统的设计与再设计提供帮助。

对各个服务领域服务类型的划分也不是完全绝对的,而是动态变化的,主要随着商务环境以及客户需求的变化而变化。对于这些行业中经验丰富的从业者来说,对图 2 - 4 中所罗列的经理们可能会遇到的挑战都是很熟悉的。施米诺更进一步地提出了服务流程矩阵的另一个用途:企业经常伴随着时间变化改变自身的定位。当他们在矩阵中的定位发生变化时,他们将面对不同的挑战,由此采用不同的管理方法。例如,一家传统的综合体育场馆和一个只有 5 块网球场地的俱乐部所采用的管理模式显然不同,尽管它们都属于场馆服务业;同样地,一个传统的律师行也不能和一家专门处理某个专题的律师事务所采取一样的管理模式;尽管从理论上来说已经足够简单了,但是这样一个行业内部的转换在实践中是很难完成的。

【案例分析】

CBA 迎来新发展

2019 年 8 月 28 日,中篮联(北京)体育有限公司(以下简称“CBA”),在北京召开了题为“竞无限 瞰未来——CBA2.0 商业新纪元”的发布会。这是自联赛正式实行“管办分离”,中国职业篮球联赛迈向商业化和市场化之后一次重大的改革。

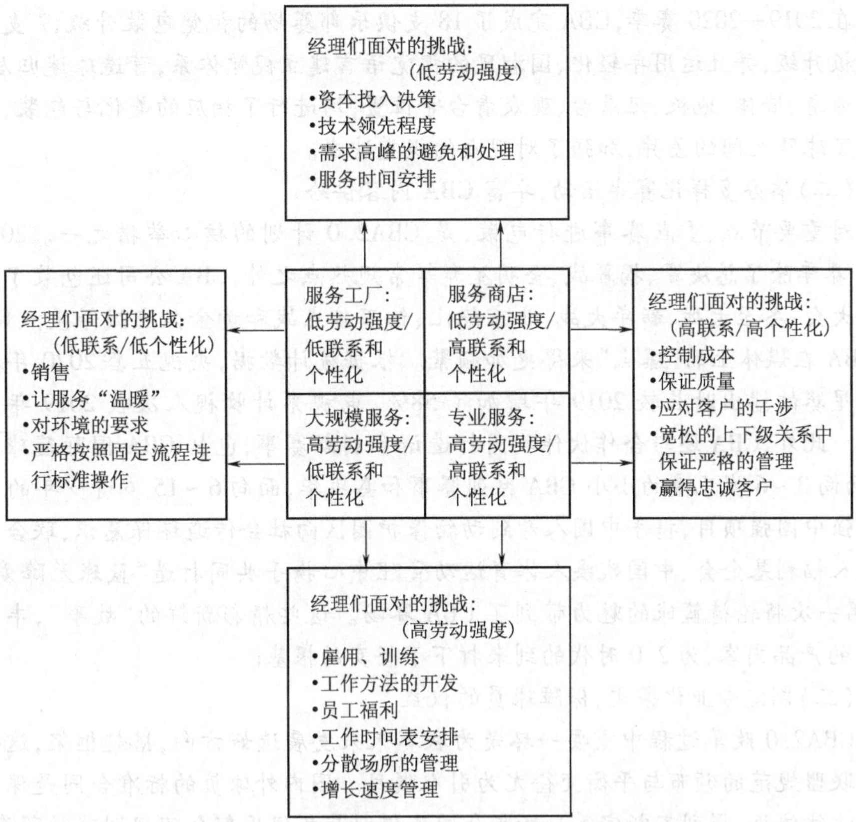

图 2-4　服务流程矩阵：服务业经理们面对的挑战

CBA 发展超过 24 个年头，目前已经覆盖全国 14 个省（自治区、直辖市），拥有 20 支球队，包括 7 支总冠军球队，拥有独立电视观众（去重）6.43 亿人次，各电视台累计观看人次高达 49.2 亿，新媒体视频播放总数达 49.86 亿次。在联赛各方的共同努力下，CBA2.0 正在稳步推进。

（一）5G 黑科技 + 视觉升级，线上线下增强观赛体验

为了更好地提升用户线上观赛体验，CBA 先后上线了 5G 云观众、云包厢、云呐喊等一系列观赛黑科技，直面球迷无法线上看球的痛点，弥补球迷与主队、球星千里相隔的遗憾，备受球迷好评。在手机或 PAD 端，用户可以多视角自由选择观赛，自己做导播，任意切换观赛视角，并通过云观众、云包厢、云呐喊等功能实现"私人订制"般的线上观赛体验；在 IPTV 电视端，则可以通过全景声、多通道解说等技术，在 4K/8K 超高清画质下，体验身临其境般的观赛氛围；在 VR 端，球迷可以在 360 度全景覆盖下感受 CBA 比赛现场的每一个角落。在 5G 看球黑科技的加持下，"云上 CBA"为球迷呈现了更具沉浸、社交互动感的观赛氛围，最大限度地展现赛

场的真实感。

在2019—2020赛季,CBA完成了18支俱乐部赛场的视觉包装升级,7支俱乐部地板升级,并且运用年轻化、国潮风的视觉语言建立视觉体系,营造球迷归属感。球员通道、墙体、地板、记录台、观众看台等位置,均进行了相应的美化与包装,充分考虑了球队之间的差异,加强了对观众的视觉冲击。

(二)举办多样化赛事活动,丰富CBA内容供给

对重要节点、重点赛事进行包装,是CBA2.0计划的核心举措之一。2019—2020赛季除了总决赛、揭幕战、全明星赛等常规热点之外,CBA公司还包装了诸如选秀大会、冬至大战、新年大战、北京德比、钻石焦点战和黄金焦点战等重点比赛,让CBA在媒体上的"爆点"来得更加频繁。根据统计数据,央视五套2020年CBA全明星赛的播出时长较2019年增加了58%,电视累计收视人次较2019年增长24%。此外,CBA还与合作伙伴共同打造诸多创新赛事,包括CBA国际篮球冠军杯,面向3~6岁儿童的小小CBA系列赛事和嘉年华,面向6~15岁青少年的CBA少年强中国强项目,携手中国人寿到动物保护园区向社会传递环保意识,联合中国残疾人福利基金会、中国残疾人体育运动管理中心携手共同打造"篮球无障爱"活动,第一次将轮椅篮球的魅力带到了CBA赛场。这些精彩新鲜的"故事",丰富了CBA的产品内容,为2.0时代的到来打下了坚实的根基。

(三)制定专业化条文,保障球员的权益

CBA2.0改革过程中重要一环是为联赛未来发展选好方向,搭起框架,这使得各项联盟规范的颁布与平衡变得尤为引人瞩目。国内外球员的标准合同是保护球员的法律依据,得到不断完善。新版合同不仅引导各俱乐部合理规划球员薪资,实现长期财务平衡,还可促进俱乐部加强梯队建设,推动CBA联赛球员有序流动,平衡竞技水平,最终为CBA联赛可持续发展奠定基础。经过两年的研究,标准合同的保险条款在2019—2020赛季正式上线,经过一个赛季的运行,球员理赔满意度与参与意愿不断上升,俱乐部的保险意识进一步提高,在接下来的赛季中还会进一步加大对球员的保障力度,并将部分奖金纳入保障范围。同时联赛还在联系专业康复机构,组成联合小组听取俱乐部的建议,争取将运动员康复也纳入保障体系。

(四)拥抱媒体跨界娱乐,让篮球文化扩圈

根据数据,2020总决赛之前含央视五套与各地方频道在内的20个电视频道参与了常规赛转播,累计播出时长为7 401小时,相对上赛季同期增长27%;累计收视人次为10.9亿人次,相对上赛季同期增长35.8%。央视五套单场直播最高收视率0.75%,创下近三赛季CBA联赛揭幕战收视率新高。同时,与娱乐以及潮流二次元的接触,也为CBA扩展球迷群体带来了可能。2020复赛之初,CBA邀请"独臂少年"张家城跳球,传递民间篮球的励志故事;而到了高考节点,曾可妮与刘令姿演唱应援主题曲《候鸟》,则不断扩大着赛场作为一个舞台的边界。在微博上,两位艺人与球员互动视频播放量达165万次,互动量达8.5万次;直播在线观看人次

56 万,点播回放观看人次为 78 万。而 CBA 与高考的话题,创建 3 天总阅读量便达到 5 109 万人次,互动量 15 万人次,并冲上微博热搜前三。

虽然体育赛场是严肃的,但在 2.0 时代的 CBA,则更添一份想象力。2020 年 7 月 4 日,洛天依演唱的 CBA 联赛主题曲 MV《相信自己》,在 CBA 官方微博首发,六大平台发布后,阅读量总计超过 1 000 万人次,播放量超过 160 万人次,累计互动量超过 5 万人次。CBA 正俘获更多圈层群体的认同。

(五)注重细节,全面提升商务开发水平

2019—2020 赛季,CBA 的商务开发工作尽管受制于新冠疫情而不得不打破原有的赞助合作方式,但赛季商务合作体量逆势而上,不仅收获了与中国移动咪咕的总价值超过 40 亿元的赞助及转播合同,还有众多新赞助商加入,使联赛赞助商的涵盖范围更广。全面升级的赞助体系背后是细致的商务开发运营。CBA 联盟从知识产权、赛事内容、球星权益、赛场曝光、联盟推广、俱乐部合作、公益活动和客户定制等八大方面着手,助力合作伙伴的品牌营销。在社群共建上,58 同城与球队共建 58 部落、安居客合作社区篮球公园;快手发起"国民篮球在快手"链接职业篮球与草根篮球;虎扑正式设立 CBA 官方球迷社区,将城市特色、传统文化和篮球潮流有机结合,培养 CBA 国潮文化,加大社交媒体和短视频的营销投入,创造品牌更年轻开放的延展机遇。

讨论题:

1. 分析 CBA 提供的服务产品有哪些?

2. CBA 的发展对我国体育服务业有哪些启示?

复习思考题

1. 采访一位体育企业的运营经理,请他描述一下本公司的运营情况,并对其公司的价值转换过程加以阐述,之后写一份采访报告。

2. IMG 一直在全球有很多经纪业务,访问其网站:①列出 IMG 的主要产品;②了解其近 3 年在中国体育市场中的主要业务。

3. 如何理解服务产品与实物产品在运营中的异同点?

第三章

运营管理战略

【本章提要】

本章从运营管理战略的发展过程出发，首先介绍现代运营管理战略形成过程中的几个标志性事件；讲清运营管理战略的实质和含义；在读者理解了目前运营战略的核心问题之后，详细探讨一个好的、高效的运营战略的特征以及运营战略的要素。

【名词解释】

战略：是对“博弈”的管理。

运营管理战略：它将企业置于其目标市场，使之满足顾客需求，获得竞争胜利并实现良好的企业绩效。

顾客链：即从产品或服务的原始形态，到销售给终端顾客，直至售后服务这样一系列的活动中，供应者与顾客之间的链条。

价值链：是指从供应商开始，直到顾客价值实现的一系列价值增值活动和相应的流程。

供需链：也称物流网络，由供应商、制造中心、仓库、配送中心和零售商，以及流动于其中的原材料和成品等元素构成。

第一节　运营管理战略发展过程及其内涵

一、运营管理战略发展过程

了解运营管理发展历程中的主要事件及发展趋势是很有必要的，我们可以从中总结出当前运营管理战略的脉络和未来走向，而潜在的新型战略也可能是现有战略的延伸。运营战略的制定者必须熟知执行战略所需的工具,认识到运营管理战略的发展过程受到运营管理本身发展的制约。表 3-1 简述了从工业革命以来运营管理发展的历程。

表 3-1 运营管理时间表

时间	概念 / 趋势 / 事件
1760—1860 年	工业革命 : · 劳动分工——亚当 · 斯密 (Adam Smith) · 能源机械化 , 蒸汽机——詹姆斯 · 瓦特 (James Watt) · 通用零件——艾利 · 惠特尼 (Eli Whitney)
1900—1920 年	科学管理 : · 培训、绘制作业元素、标准化、提高人的利用率——F. W. 泰勒(F. W. Taylor) · 动作和时间研究 , 工业心理学——吉尔布雷思夫妇 (Frank and Lillian Gillbreth) · 规划图和工作控制图 (甘特图) ——亨利 · 甘特 (Henry Gantt) · 将装配线应用于现代制造业——亨利 · 福特 (Henry Ford)
1920—1940 年	关键学科的发展先驱 : · 霍桑实验显示工作环境中的情感和社会因素是相关的 ; 开创组织行为学—埃尔顿 · 梅奥 (Elton Mayo) · 运筹学:在第二次世界大战中 , 用定量的方法制定决策得到了发展 · 将统计方法应用于质量控制——沃尔特 · 休哈特(Walter Shewhart)
20 世纪 50 年代	第二次世界大战后的重建 : · W. E. 戴明 (W. E. Deming) 和 J. M. 朱兰 (J. M. Juran) 将其质量改进方法带到日本 · 首先将计算机应用于商业 · 战后需求增长 (耐用品和日常消费品)
20 世纪 60 年代	管理概念的变革和信息技术 (IT) 的出现: · 计算机 (第三代) 在商业中得到广泛的应用 · 准时制(JIT):由丰田公司倡导的精益、短周期的生产方式——大野耐(Faiichi Ohno) · 全面质量管理 (TQM):系统的过程质量管理成就了日本企业的竞争力
20 世纪 70 年代	开始意识到运营管理对于竞争优势的重要作用: · 开始强调运营战略 ——威克汉姆 · 斯金纳 (Wickham Skinner) · 服务业开始出现了运营管理工具
	· 计算机辅助的生产计划:约瑟夫 · 奥列基 (joseph Orlicky) 于 1975 年出版了《物料需求计划》(MRP)一书

续表

时间	概念 / 趋势 / 事件
20 世纪 80 年代	顾客成为“中心”： · JIT 和 TQM 为北美制造商所采用 ·“将下一个流程作为顾客”和“关注顾客需求”的理念得到拓展 · 质量奖和供应商资质得到全球的认可 · 基于时间的竞争得到广泛的接受 · 出现了基本的运营管理准则
20 世纪 90 年代	全球竞争战略： · 强调设计和柔性 · 全球贸易的增加；政治和商业障碍减少；出现新的市场（如欧盟）；签订贸易公约（如北美自由贸易区） · 团队与合作；快速订单生产工具以及供应链管理的概念得到发展（如企业资源计划） · 互联网的应用；企业－顾客（B2C）和企业－企业（B2B）领域出现了电子商务（e－commerce）
21 世纪	· 创新为运营管理主旋律 · 科学技术是最重要资源 · 企业再造是一场管理革命 · 学习型组织为未来企业模式

表 3－1 展示了具有里程碑意义的主要事件，从中可以看出运营管理战略发展的主要脉络。下面我们来重点分析二战后的情况。

20 世纪 50 年代早期，由于日本对质量的重视，W. E. 戴明和 J. M. 朱兰的理论在日本大受欢迎，出现了诸如精益生产、准时制、丰田生产方式和全面质量管理等条件下的运营方式。

在这个时期出现了第一台商业电脑，它可以大量保存并处理数据，用于解决复杂的商业问题，这些问题大部分是运营方面的。计算机辅助的物料需求计划（MRP）出现于 20 世纪 70 年代，主要用于解决复杂的物料和工作规划问题。一些运营管理著作几乎用了其 1/3 的篇幅来说明 MRP 和相关的工厂和物流的规划与控制问题。随着运营管理战略成为企业战略的重要组成部分，运营管理工具在服务行业得到了快速的应用。

20 世纪 80 年代，顾客成为了企业关注的中心。时至今日，“以顾客为中心”的思想仍然在运营管理中占据着重要地位；到了 20 世纪 90 年代，随着全球竞争的加剧，商家强调柔性、团队合作以及价值增值、顾客链上的合作以更好地满足动态的市场需求。随着互联网的广泛应用和电子商务的普及，企业必须做到快速订单响应，这已经成为运营管理者必不可少的工作之一。

创新是21世纪运营管理的主旋律,科学技术支撑下的企业再造是一场管理革命。随着市场和环境日益复杂并趋于不确定,企业运营战略必须富有弹性,成为学习型组织成了企业应对不确定性的有效模式。企业之间的竞争不再是组织个体之间的竞争,而是价值链与价值链之间的竞争,运营管理已然进入链式管理、商务协同的时代。

二、运营管理战略

(一)运营管理战略的定义

战略一词被定义为是对"博弈"的管理。20世纪80年代,大前研一(Kenichi Ohmae)认为,战略由顾客、竞争者以及企业本身3部分组成,他称之为"战略三角",很好地说明了战略的本质。在现有环境下一个完整且具有竞争力的企业战略必须符合以下条件:

1. 适合现有的企业环境——包括顾客的需求以及竞争者的能力——同时也能对未来的情况作出前瞻性的预测并相应地作出调整;
2. 连接了供应或价值链上的关键环节:供应商、运输、分销商、批发商、零售商和最终顾客;
3. 集成了企业的主要业务职能:财务、设计和研发、营销以及运营;
4. 同时也涉及辅助职能,为供应-顾客链提供强有力的支持;
5. 对企业绩效水平的具体要求;
6. 提倡持续改进。

总的来说,一个合理的战略将顾客、竞争者与企业本身作为关注的焦点;将价值链上的合作者都作为企业的资源;在不断实现绩效目标的情况下适时进行变革,并且强调持续改进的重要性。而运营管理战略,它将企业置于其目标市场,使之满足顾客需求,获得竞争胜利并实现良好的企业绩效。

(二)企业总体战略与运营战略

与传统的运营管理职能专指生产环节不同,当今的运营管理职能已经扩大到整个产品和服务提供的整条供需链,其包括一个产品和服务的研发、生产、提供全过程。企业可以把运营作为一种竞争性的武器,但企业必须拥有清晰的运营战略,且其重点是在客户身上。开发一种由客户驱动的运营战略要从企业总体战略(corporate strategy)着眼和出发,它决定了企业服务于哪些客户,生产哪些新产品,提供哪些新服务,在其业务环境和社会经济环境发生变化的情况下应该做出哪些反应,在国际市场上竞争时应该选择怎样的战略。基于企业总体战略所作的市场分析可以把企业的客户进行分类,明确这些客户的需要,评估竞争对手的优势。这些信息又可以用于形成企业的竞争重点,也就是企业的运营优势,企业的流程必须拥有这些运营优势以胜过其竞争对手。竞争重点和企业总体战略的某些要求是企业形成职能性战略的"投入",职能性战略也就是每一个职能部门的目标和长期计划。通过战略规划过程,每一个职能部门负责明确找出一些形成优势能力的方法,通过这些优势能力来执行职能战略,并达到公司目标。这种投入再加上每一个部门的现状和能力,都被反馈到企业总体战略的规划过程中,以判断企业总体战略是否需要修正。图 3 –1 显示了企业总体战略、市场分析、竞争重点和职能战略是如何联系在一起的。

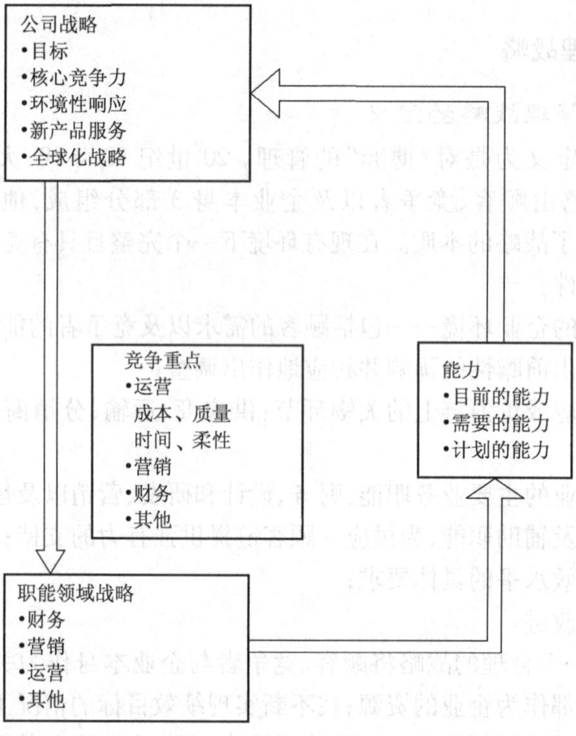

图 3 –1　竞争重点:企业总体战略与职能领域战略的联结

企业总体战略特别指明了企业将要追求的业务是什么,把企业所处环境中的机会和威胁分解开来,并明确企业应该达到的增长目标是多少。同时它还需要解决业务层战略的问题,或者说是一个企业怎么才能在竞争中显得与众不同。可能的选择包括:生产标准化的产品或者按顾客要求定制产品;基于成本优势开展竞争或者基于快速响应开展竞争。企业总体战略提供了一种总的指导方向,它作为一种框架有助于组织执行所有的职能。

【小资料】

东风日产启辰"联姻"恒大足球合作金额过亿 三大新援集体亮相

2 月 17 日,东风日产启辰与广州恒大足球俱乐部[①]战略合作签约仪式在广州

① 2021 年 1 月,俱乐部正式更名为广州足球俱乐部。

举行。新赛季恒大球衣的胸前广告将会是东风日产自主品牌启辰。双方合作金额为1.1亿元人民币，创下了国内体育商业赞助新纪录。同日，恒大俱乐部召开2014年赛季的新援见面会，正式对外宣布迪亚曼蒂、雷内·儒尼奥尔、梅方三位球员加盟恒大。

（一）恒大球衣胸前广告获过亿赞助

2月17日，东风日产启辰与广州恒大足球俱乐部宣布正式签署战略合作协议——2014赛季恒大球衣胸前广告将印有"东风日产"和"启辰"字样。据悉，东风日产启辰与恒大足球俱乐部签署这份赞助合同总价值高达1.1亿元，其中包括8 000万元现金。

恒大集团副总裁兼广州恒大足球俱乐部董事长刘永灼表示，出让胸前广告是职业化运营方面的探索。"此次与启辰的战略合作是恒大足球俱乐部探索成熟的职业化运营模式，增强自我造血功能和盈利能力的重要举措。"刘永灼说。

恒大此次成功获得1.1亿元广告赞助，成为国内足球首家单笔获得超亿元广告赞助的中超俱乐部，表明恒大足球俱乐部在品牌价值、商业效益、社会效益以及职业化运营、自我造血功能等方面再次成为中超俱乐部的新标杆。

据媒体报道，曼联、巴塞罗那、皇家马德里和拜仁慕尼黑的胸前广告赞助金额都超过3 000万欧元，切尔西和尤文图斯也都在1 500万欧元以上。意甲豪门AC米兰和国际米兰为1 250万欧元，恒大的1.1亿元人民币可以说已经与米兰双雄旗鼓相当。

（二）三强援加盟恒大提升职业化水平

同日，恒大俱乐部召开2014年赛季的新援见面会，正式宣布迪亚曼蒂、雷内·儒尼奥尔、梅方3位球员加盟恒大。恒大俱乐部董事长刘永灼在见面会上对3名球员进行了详细的介绍，刘永灼表示，新赛季恒大的引援工作依然奉行"不求名气、只看实力"的原则，3名新援都是实力派。新赛季，迪亚曼蒂将身披恒大的23号战袍，儒尼奥尔、梅方的球衣号码则分别是8号和3号。

迪亚曼蒂加盟恒大队前是意甲传统劲旅博洛尼亚队长，作为意大利现役国脚，他已经代表意大利国家队出场17次。迪亚曼蒂既能胜任前锋位置，也能胜任边锋位置，又能坐镇中场胜任组织前腰。24岁的巴西潜力球星雷内·儒尼奥尔，此前效力于巴甲传统劲旅桑托斯足球俱乐部，他中场防守能力非常突出。梅方是国内目前极具潜力的中后卫球员。

恒大俱乐部自成立以来，一直在职业化的方向上进行不懈的努力，全力推动中国足球职业化发展。迪亚曼蒂、雷内、梅方三名极具实力的球员加盟将进一步增强恒大队整体实力，丰富球队的技战术套路，提升球队竞争力，同时亦将为大家奉献更多精彩的比赛，帮助广州足球在新赛季中超联赛、亚冠联赛等多线赛场上再创佳绩！

（资料来源：http://www.gzhengda.com.cn/news.aspx? uc = detail&fid = 122&ftid = 12183）

第二节　与运营管理战略相关的概念

一、顾客链

顾客链即从产品或服务的原始形态，到销售给终端顾客，直至售后服务这样一系列的活动中，供应者与顾客之间的链条。

运营管理的核心是为顾客提供高质量的产品和服务，顾客显然对任何企业都十分重要。而需要特别指出的是，有观点认为无论下一步工作是什么，顾客就是下一个流程接受工作成果的人——包括老板、下属、采购部门的同事、秘书、公司审核员或任何人——都是顾客，即每个员工在下一个流程中都有顾客；同样，每个员工也是上一个流程的顾客。运营经理应鼓励所有的雇员树立将下一个流程视为自己顾客的理念。

顾客的具体要求往往纷繁复杂，以至于难以分辨。但是那些基本的、常规性的需求却只有少数几个，这些基本的要求是普遍适用的。无论供需关系是企业到顾客，还是企业到企业，内部顾客和外部顾客都有以下 6 种基本要求：

一是高质量。从顾客的角度而言，质量包含了许多方面的内容。近年的趋势表明，质量已经成为一种基本的要求。

二是高度柔性。顾客希望厂商能够对需求的变化作出快速响应，以满足需求的变化并能处理一些非常规的情形。

三是高水平的服务。对服务水平的主观衡量指标包括服务过程中的人性化程度；客观指标包括能够满足顾客当场需求的库存量。

四是低成本。外部顾客对价格敏感；而内部顾客则不愿意看到大量的浪费。

五是快速响应。顾客希望服务没有延误并能随着要求的变化作出快速响应。供应商可通过缩短周期，快速引入新的产品和服务来实现目标。

六是变异小或几乎不存在变异。顾客希望产品具有一致性，最理想的状态是与目标或期望的结果毫无偏差。

这 6 项要求是构建良好运营管理系统基础的一部分。因为它们既适用于内部顾客，又适用于外部顾客，这些要求能让顾客链上的雇员都有一个共同而详细的目标。由于这些目标与最终的顾客紧密相连，因此，它们具有举足轻重的作用。

二、价值链

价值链（value chain）是指企业创造有价值的产品或劳务提供给顾客的一系列“创造价值”的作业。企业就是为了最终满足顾客需要而完成一系列作业的实体。价值链即一系列转化过程，将产品或服务从原始形态传递到顾客手中。在理想情况下，每个环节都增加产品价值。

换句话说，价值链就是从供应商开始，直到顾客价值实现的一系列价值增值活动和相应的流程。竞争不是发生在企业与企业之间，准确地讲，是发生在企业各自的价值链之间，只有对价值链的各个环节实行有效管理的企业，才有可能真正获得市场上的竞争优势。

产业发展面临的挑战一般有以下几个：①市场信息化继续向深度和广度发展；②市场功能化继续向纵深发展；③市场瞬息万变经常成为困扰企业的首要因素。在功能型经济的态势下，企业功能竞争的成功之路，集中起来不外两条：提供和别人一样的功能，但是成本要比别人低；提供和别人不一样的功能，进行以功能为先导的价值创新。

中国价值链管理的形成过程主要经历了以下几个阶段：①1949—1984 年，在计划经济条件下，企业采用的是官僚式行政管理办法，主要依靠政府的计划安排、行政命令等配置资源，安排生产。②1985—1996 年（尤其是 1992 年以后），处于市场转型期，企业采用营销策划的管理方式，从只管生产转变为注重销售，主要依靠广告宣传和媒体炒作提高知名度来达到销售商品的目的。③1997 年以后，进入竞争性市场时代，有的成功企业（如海尔、联想等）开始实施价值链管理，企业以增强竞争优势为动力，不断优化业务流程和信息流，提高企业核心竞争力，以获得持续的发展。①

三、供应链

供应链，也称物流网络，是由供应商、制造中心、仓库、配送中心和零售商，以及流动于其中的原材料和成品等元素构成。消除组织转化过程中的浪费是运营管理的主要目标之一，在整个供应链中消除浪费是价值链或供应链管理的一个基本目标。事实上，运营管理、价值链管理和供应链管理有许多共同的目标。供应链是客观存在的，价值链是需要创造的。

在价值转移的环境中，我们要看到价值链中 2 个、3 个甚至 4 个顾客。例如，赛事供应商必须了解其赞助商、赛事代理公司以及终端顾客等的经济驱动因素。

正如我们看到的，供应 - 顾客链可能是部门内的，也可能是跨部门的，甚至可能是超越了公司界限的。每个链条都是物料、数据、信息等的通道。另外，每个链条都带来成本。链条本身也需要得到执行、维护甚至经常改良，于是就出现了 3 个问题：

第一，链条是否高效？顾客，即链条的接受方，是否接受到正确的服务？

第二，链条是否必要？是否为组织带来利益？

第三，每个链条所带来的价值是否超出成本？

① 张继焦. 价值链管理［M］. 北京：中国煤炭工业出版社，2001.

显然,价值及价值转移的问题对于运营管理者而言是十分重要的。不仅要满足下一个流程中顾客的需求,而且要从整体的角度,即整个供应链的角度满足所有顾客不断变化的价值要求。

体育企业的运作模式必须强调从重产量转向重价值,体育企业管理的重心要从实物型管理转向价值型管理。“质量否决”、“成本否决”和“市场否决”的本质都是“价值否决”。

第三节　有效的运营战略特征及要素

一、有效运营战略的重要特征

(一)持续改进,不断进行价值创新的战略

要成为一个有效的战略,持续改进必须考虑到顾客的需求以及竞争者的实力,并充分考虑企业现有的能力。另外,战略不应该仅限于管理者或少数专家,它应该贯穿于所有员工的日常工作中。

持续改进源于日本领先的出口企业,并为全球各大企业采用。其本质可以理解为:持续、循序渐进地变革和改进所有的事情,包括设备、程序、员工的技能、运转周期、质量、与供应商的关系、产品和服务的设计,等等。

由于这个理念及其支持技术最早在丰田公司得到了完美的应用,它也被称为丰田生产方式(TPS)。在 MIT 对全球范围内的汽车生产商进行的研究中,这个体系也被称作精益生产。

各个公司都已经发现,它们必须经常修订企业总体战略以保持竞争力,这种修订甚至会是一个星期或一个季度一次。进入某些业务(如零售)的门槛很低,从而导致了激烈的竞争,企业也就需要在一个较短的时间内来重新评价其战略。此外,互联网使得企业与其客户联系更为紧密,如可以进行直接销售并恳请客户给予反馈,客户告诉企业他们需要什么,企业应给予响应,满足其要求。这些情况都需要在战略规划过程中考虑柔性。要对柔性作出响应,企业可以采用以下 5 种方式:

1. 设定情景:企业对每一种方案都规划出多种不同的结果,在遇到竞争威胁的时候可以做出迅速反应。

2. 检查现状:重要的决策者定期会面(每次会面的间隔期不要太长)来评价竞争对手在市场上可能采用的袭击手段。

3. 交流沟通:应使企业中每一个人都思考变革对企业运营的影响。

4. 雇用员工:雇主应把工作机会留给那些能够在变革和不确定性中不断进步的人。

5. 缩短预算周期:为了确保能够适当地对个人和部门的目标进行修订,管理人员需要把预算检查和战略检查联系起来。

从战略的观点来看,这些信息明白无误地表明,企业需要形成一种适应变革的能力。

(二)强调满足6项顾客基本需求的战略

前面我们提到了内部顾客和外部顾客都有以下6种基本要求:高质量、高度柔性、高水平的服务、低成本、快速响应、变异小或几乎不存在变异。

20世纪90年代中期,通用战略在制造业得到了广泛的应用并逐渐进入了服务业。例如,罗斯(Aleda V. Roth)教授的一项调查研究报告表明,一些医疗机构已经开始采用一种新的运营模式。这种运营模式同时强调质量、服务、柔性、创新和成本。尽管如此,仍然有部分人坚持权衡的观点。现在流行的观点是企业可以全部都做,或者做大多数。哈佛商学院教授潘卡·盖莫沃特(Pan-kaj Ghemawat)认为,一个好的战略是"包含了实现竞争优势必须考虑的因素,包括相对成本和差异性。从这个角度来说,就是尽可能地扩大成本与差异性(或价格)之间的差距"。

不要认为以上的要求是一种权衡,顾客不会这么认为。在顾客看来,他们绝不会放弃质量而追求快速交货,也不会以牺牲优质服务换取低成本。顾客要求的是全部,他们希望在6个方面都有所改善。

例如,当顾客走进健身房对服务不满意时,当观众对赛事精彩程度不满意时,健身房管理人员或赛事举办者往往给予一定折价甚至免费以作补偿,期望获得顾客的满意或忠诚。但是,这样的方法只能平息顾客一时的怨气,却很难得到顾客的满意和忠诚,因为顾客真正想要的是高质量的赛事和优质的服务。各个体育企业不能采取降低自己价值的方法来培养忠诚度。

公司为客户创造价值,首先应该以顾客价值为中心确立起清晰的业务发展方向,并建立起相关的业务发展目标和发展战略;其次要密切关注客户的需求和期望,要形成自己独特的价值定位,还要管理好公司的关键资源,这包括业务流程、人力资源和信息系统,因为这些资源在为客户提供价值的过程中往往起到关键作用。对企业来说,密切关注客户的需求和期望是理所当然的,公司必须以市场为导向,以客户需求为驱动。

(三)明确和形成核心竞争力的战略

仅仅具有良好的管理技能是不可能在环境变化中取胜的,必须要有好的企业总体战略。企业成功是在于它能够充分利用它在某些方面的优势,也就是组织的独特优势。核心竞争力就是一个组织的管理人员在制定战略时需要考虑的独特的资源和优势。核心竞争力通常体现在如下几个方面:

1. 员工。企业如果拥有受过良好培训、具有灵活性的员工,就会使得企业能及时地对市场需求作出响应。在服务型组织中,客户与员工直接打交道,这种核心竞争力就显得尤为重要了。

2. 设施。拥有良好选址的设施,如办公室、商铺、工厂等,是一项很重要的优势,因为选址通常具有不可替代性,而且要建好新的设施需要很长的时间。

3. 市场和融资诀窍。如果一个组织能够很好地将其产品与类似产品区分开来,能够很好地卖出产品,或者能够很容易地吸收投资资本,它就会获得竞争优势。

4. 系统和技术。一个在信息系统方面拥有专门知识的组织将会在数据和信息密集型行业中获得优势。例如,拥有某一项新技术的专利会形成很大的优势。

企业需要很仔细地评价其核心竞争力究竟是什么。事实上,许多企业已经在其流程中对自己进行了重新定义。作为欧洲五大足球联赛之首的英超,不仅仅是全世界顶级的、拥有最多球迷的足球联赛,同时也是资本运作最好的足球联赛。现在,英超正利用互联网来创新它的赢利模式。例如,它在中国拥有独家播放权的合作伙伴天盛,在北京电视方面与歌华有线、北广传媒数字电视公司合作,用户每年交纳一定费用可收看整个赛季的英超比赛。这样通过数字有线电视合作伙伴,英超已经在我国多个省市落地。与此同时,天盛选择了新浪和腾讯作为互联网上的合作伙伴。网民可以通过新浪以及腾讯观看英超联赛全部场次的比赛视频。另外,天盛也注意到了手机市场,其同时宣布把英超比赛手机直播权卖给无线运营商。至此,天盛的英超覆盖了有线电视、互联网、手机三大传媒形式。

(四)全球化战略

当今,要明辨企业的机会和威胁需要具备一种全球化的视角。全球化战略可能包括:购买国外的零部件或者服务;与来自国外竞争者的威胁抗衡;制定一些方法,以打入超越传统意义上由国界来划分的市场。尽管避开来自国外竞争者的威胁是非常必要的,但是企业还应该积极地寻求打入国外市场。战略联盟和国外选址是两个有效的全球化战略。

1. 战略联盟。一家企业要想打开国外市场,一个行之有效的方法是建立一个战略联盟(strategic alliance)。与其他企业所建立的战略联盟协议可能有以下 3 种形式:①协作努力,通常能使一个企业具有某些核心竞争力,其他企业也需要这些核心竞争力但却不愿意或者无力去重复开发这些核心竞争力。在购买者 - 供应商之间的关系中常常会出现这种协作努力的联盟形式。②合资企业,也就是两个企业达成协议,共同开发一种产品或者提供一种服务。企业常常利用这种方式进入国外市场。③技术许可协议,它是指一个企业特许另一个企业使用其生产方法或者服务方式。

2. 国外选址。进入国际市场还有另外一个方法,即在国外选址运营。然而,管理人员必须认识到,在本国干得挺好的事情在外国不一定能干得好。经济环境、政治环境、消费者的需求可能存在很大的差异。企业要想获得成功,就必须要认识到在别的国家客户偏好、经济状况等是有差异的,融入本土化的元素很重要。

【小资料】

体育场开发的全球战略

(一)温布莱体育场

1.总体概念。把世界最著名的体育场改造成最有实力的体育场;吸收古温布莱闻名世界的体育及娱乐活动的经验教训;增添世界标准的室内设施;独具温布莱特色的新体验。

2.流程:以顾客为中心。

(1)调查顾客群:

• 调查顾客:了解市场。收益预测:结合第一手和第二手资料,评估在某一固定市场高档座位的最大销售量;会见400~500家潜在客户(作2~3个月的调查)。国际市场的调查:地理位置对票价影响很大,直接决定体育场的收益。

• 调查顾客:亨利中心。高质量的服务是必需的;服务工作越来越精细,而不可能立刻通过实验得到评估结果。

(2)开发产品——确立特性。温布莱俱乐部:法人组织的体育趋向;联合高质量的国际球队;竞争性的服务;英格兰队的表现;经济环境。

(3)综合测试:检验规划;好区域的出价和高级座椅的规划赢得了组织和个人市场的广泛好评;如果能按照预期进行,获得媒体肯定的话,体育场的隔离措施、食品供应情况及服务将会促进门票的销售;顾客对PSL很感兴趣,而且愿意当场购买。这一市场的规模及与传统市场的结合需要评估;在门票销售方面,必须借助公共宣传关系,还要进行具体目标客户群的细化,以及直销。如果能确保成功的话,要在伦敦中心进行宣传展示。

(4)市场推广:向公众作清晰的宣传。

(5)顾客反馈:认真听取顾客意见;在一次现场销售环境中来反馈产品和价格的标准;与IMG/FA/WNSL紧密联系,大概进行了200次会面;对高档座位进行包装测试,根据结果制定票价及档次;结论将促进PR和直销市场的相关水平;讨论体育场的销售和其他问题。

(6)销售:目标顾客群——温布莱的球迷。顾客的关注焦点:足球/娱乐。吸引顾客的方法:业务——直销/互联网;比赛——英国的国际比赛/足球联赛;消遣——报纸/互联网。

(二)温布莱俱乐部

经营思路:在体育场的设计及服务方面采用新的标准,使新的温布莱体育场为"市场定位"体育场;以顾客为中心,设计不同档次的项目;设置包厢及高档座位,以适应有竞争力服务市场的需求;建立了科学的财务管理结构,以便FA制定标准的、能让顾客普遍接受的票价。

(三)建议

建立特殊的温布莱俱乐部入会制度;提供高标准的服务、娱乐活动,让顾客放松;新的服务标准(专业的财务主管、网上信息服务、迅捷的刷卡技术);改善交通条件,基础设施和体育场通道;在温布莱球场内服务质量是唯一的选择(全天候、持久如一的高质量)。

(四)全球市场成功开发的秘诀

对每一个市场及体育场作为独立、有特色的实体来对待;在整个流程中都要倾听顾客的意见;要有统一的标准,但要根据具体条件制定不同的策略;要敢于修改计划。

(资料来源:斯蒂文·莫尔:《体育场开发的全球战略》)

二、运营管理战略要素

当企业的战略转化成控制运营的策略之后,我们必须记住,“运营”一词既表示企业内的职能部门,又表示转化活动。因此,运营管理战略有两个目的:①说明运营的职能部门,即企业中负责制造并向最终顾客提供服务的部门;②指导全员的运营活动,使他们在本部门内的工作成为价值增值链中的一部分。

并不是说企业需要两个独立的运营管理战略,而是说好的运营管理策略应该同时满足以上两方面的要求。事实上,二者有很多共同点,运营管理职能部门的指导方针经过适当的调整,同样适用于企业中的其他部门。

对于运营管理职能部门战略,战略的重点是企业范围的输入/转化过程/输出之间的联系,可以在这样的背景下考虑运营管理战略。

(一)输入

输入是企业生产或运营的资源。强调运营管理的战略主要说明以下几件事情,如增加或减少工作单元的产能、劳动力的技术或能力、安全水平、环境以及外包程度。运营管理的战略须说明需要的人、财、物等各种资源情况,以及合作伙伴、安全水平、风险管理计划等。

(二)转化过程

任何影响将输入转化为企业输出的战略决策都可以视为运营管理战略的一部分。例如,投资于产品和过程研发的资金、标准化程度、与其他供应链成员的合作、物流控制系统的类型、自动化水平和类型、运用信息技术的程度以及常见的物料管理计划。

(三)输出

决定企业产出的组成、产品线和服务类型,通常是企业层面的战略决策。在任何情况下输出的运营战略应该是面向顾客的,也就是说关注质量、柔性、服务、成本、响应时间和品种。

在实践中,针对某一个方面的战略通常会对其他领域产生影响。例如,一个外包决策将会改变输入资源的组成,会形成一个新的合作关系或改变现有的状况,并且可能改进服务产品的质量。

上面说的是运营管理职能战略,但是除了输出战略中提到的以顾客为中心的原则,我们至今为止还没有谈到具体的战略。例如,投资扩大经营规模,在一定的时间内对某家健身俱乐部而言是正确的,而对于另一家俱乐部来说则可能是错误的。正确与否是由环境决定的。因此,在探讨运营管理战略转化的时候,我们要涉及一些具体的准则。

【案例分析】

专访粤超五人制足球联赛董事长:告诉你为何这么火

提起广东的五人制足球联赛,发起人之一的刘孝五给我们做了一番梳理。

(一)为什么搞——十一人制跑偏了

十一人制走偏了方向,我总结的歧途就是两个瓶颈。

第一个,不公平竞争。我们的国有垄断企业玩足球,其他企业认为这是不公平的市场,足球不是我们投资对象,慢慢就退出来了。1994—1996 年时还有很多民营企业干足球,随后就逐步退出,只剩下国有企业。国有企业发现也不行了,最后就剩下垄断的国企,他们花的又不是自己的钱。这是第一个瓶颈。

第二个,全世界的足球都是和另外一个庞大产业互动的——博彩业。中国把博彩业视为洪水猛兽,说假球黑哨和赌博有关,把这么一个庞大市场放弃了,但是赌球照样有,而且没有监督。如果公开了呢,彩民就是监督者,球场观众、电视机前观众,一半都是买了彩票的,你裁判敢左右比赛?两个庞大的市场互动,产生了一个更庞大的市场——足球。足球 8 年前就超过了全世界的汽车工业和石油工业。一个 C. 罗转会折合人民币 11 个亿,一定不是皇马老板掏钱,也不是西班牙政府掏钱,一定是皇马俱乐部在市场上能够赚到,他才够胆买下 C. 罗。一个人的转会费,还没算上工资,就相当于全中国的足球产业开支了。但是西班牙的市场能和中国比吗?肯定不能!

五人制门槛低、场地小、足球也小,规则也独特,国际足联就有三个项目,十一人、五人和沙滩足球,所以可以国际化,五人制世界杯四年一届,今年在泰国打,是第七届。五人制很独特,完全不一样的战术,完全不一样的技术,跟十一人制完全是两个项目,你让恒大跟我们任何一个俱乐部踢,都打不过我们。佛山队的老板,公司在上海,他经常把队伍带过去,申花从来没赢过。而且像巴西球员,小时候全都是踢五人制,他们才有这样的技术。

(二)怎么来搞——低成本、本区域、公司化

五人制足球应运而生。2009 年 4 月份我们成立珠超公司,三个股东,注册资金只有 50 万,10 月份开打。

我把很多条件搞得相当优惠,比如说,球队来打珠超(珠江三角洲超级联赛),一个地区我只同意一家俱乐部参加,保证它在当地是 NO. 1。第二,各俱乐部是在工商局注册的,将来可以增资扩股,多找几个股东。你还可以和赞助商签合同,有公章,要是业余球队就不行。但是,我不要求你的球员是职业的,俱乐部一定要职

业的。我们标榜的是"中国第一个区域体育联赛,同时是公司化运作"。10 家俱乐部代表 9 个城市,广州市大,有 2 支球队。5 个月,18 轮,90 场,可火爆了!社会反响非常好。

观众不是很多,我不希望俱乐部组织观众看球,我只需要媒体宣传,媒体报道球队的名字就是回报,我很清楚,一个冠名就可以养活一支球队。球队来打这个比赛,一年的经费从 10 万到 80 万不等,最后 80 万的就夺了冠军。比赛没有奖金,因为它代表每一个城市,赢了会有荣誉感。

肇庆队打了倒数第三,第二年还想玩,但是有点顶不住了,我就劝他的老板:你卖点股份,让有钱人帮着你玩。我给他找了个老板,最后 30 万买下了参赛权。

(三)怎样搞好——打时间差 HOLD 住,重视宣传

广东这样的 1 亿人口的经济大省,经济总量是两个阿根廷呀,阿根廷有多少职业队?上百支啊。那你广东为什么不可以有呢?在广东搞这种区域联赛,市场会非常好,赞助商来赞助,他的产品只要在广东销售,花很少的钱就可以成为赞助商。品牌社会是什么?就是你到超市里面去买东西,没有听说的,一定不会买。可你要是让老百姓都听说这个牌子,90% 的企业承担不起广告费的。所有快速消耗品的企业,也就是我们超市里看到的商品,老板都拼了命地在想用什么样的载体,让我的产品在消费者面前混个脸儿熟。这种区域联赛在世界上就是最好的广告载体。在中国没有人走,那么我们就先走一步。

这种前期的投入,交给足协来干,它不敢;交给有钱的老板,他看不起;交给没钱的,他玩不起;有人可以玩得起,他不一定是干这行的。我的条件齐了,所以我一点都不怕。这个就是生意经,三个字:时间差!就是"现在发达国家正在火爆的东西,一定是欠发达国家未来会火爆的"。足球就是,所以一点儿都不用紧张。只要 HOLD 住,挺三年五载,投入不要太大,十一人制这么投入,我是不敢的,五人制这么投入,完全没有问题。

只有宣传才有知名度,才有赞助商,几乎没有人知道我们的宣传达到如此境地,珠超第一年的开支,59% 是用作宣传,这是任何人不敢做的。第一年粤超的宣传费用是总支出的 70%,别人认为应该用在裁判上、比赛监督上、竞赛过程中,我说不是。

恒大就是提高知名度嘛。恒大搞足球之前,广告费每年 3.5 个亿,投下了,没有任何一家公司会认为他是房地产大鳄,因为恒大没有一分钱花在某个城市的中心,所有楼盘都是在郊区。一搞足球之后,花了广告费的一半,知名度高了十倍,把所有房地产公司看得目瞪口呆。在我们的足球还远远没有形成市场足球,仅仅是广告足球的时候,都可以做到这么风生水起。

(四)搞好标准——向英超意甲看齐

珠超公司一年运作非常成功,一年之后有人想用 1 000 万买下。这个时候我们的理念出了问题。董事长是读书人,他遵循的是美国职业大联盟的体制,我遵循的是英超、意甲的体制。其实,我很清楚,职业大联盟更先进,现在体育产业收入最

高的,前四名都是美国职业大联盟,第一是橄榄球,第二是棒球,第三是篮球,第四是赛车,第五才是足球世界杯。事实上第一应该是英超,但它是计算每一家俱乐部的收入,没有全部加起来算。

美国四大职业联盟非常棒,它的形成是很有钱的老板看中了这个市场,然后找20支球队来打,钱老板出,竞赛规则老板定。老板的思路是把这个平台打造好,让你的俱乐部自我造血,然后他就不用再投入了。等到俱乐部在这个平台上打球打得不亦乐乎的时候,老板就只管收钱了。这个才是体育产业。我们统计的体育产业没有一样是真正的,都是体育服装、体育设施,那些在其他行业已经统计过了,再统计有什么用?

美国做得最好,但是我们做不到,我只有50万资金,怎么能养活底下10家俱乐部呢?倒过来说,这10家俱乐部花的钱比你珠超公司花得还要多,像番禺明珠队,光一个庞大球场就投了1 500万,跟中国足协合作要打造一个五人制足球"南方摇篮"。他们就说,我们投入这么大,你们珠超公司就50万,三个股东,能不能也让我们入股?我说:能!但是,那两个股东不干。

(五)墙内开花墙外香,不烧钱不搞速成

据刘孝五介绍,现在的粤超联赛是"墙内开花墙外香"。

"粤超注册外援达到46个人,3家俱乐部还请了外籍教练。外援大部分是巴西和葡萄牙的,这两个国家的语言是相通的。所以我们粤超联赛在巴西和葡萄牙的知名度比在国内大。他们的球员来这里踢球,媒体也会报道,这两个国家只要是报道足球,全国人都关心,不像咱们可能只有一部分知道。我们有一些老板找经纪人帮他去巴西、葡萄牙找球员的时候,当时我们中国的经纪人不太懂,觉得有人会来吗,不可能吧。结果到了当地一找,人人都愿意来!其实五人制足球就是街头足球,在巴西那里随便抓一个人都比咱们踢得好。那些人收入是很低的,有时候都是不要钱,求着经纪人把他带到中国来,我玩一玩球,等于是旅游了,根本不在乎钱。"刘孝五介绍,"粤超分常规赛和季后赛,常规赛的分数不带入季后赛,所以有的俱乐部前面不用外援,到了后面才买外援,就付2个月的工资,比较好的球员大概也就是2 000美金,外带还旅游了,多好。"

国内球员收入有高有低,最高的月薪能达到2万,最低的一分钱没有,"有两支球队的球员都是业余的,有的球员甚至是大学生。他们愿意来打球,打得不是很好,觉得能来打就很兴奋了,不在乎有没有收入。但是,老板一般会提供一些赢球奖,还有就是主客场这些费用老板包了"。

刘孝五不看好十一人制的"烧钱"行为。有几个老板烧得起呀!顶不住就降工资,球员说降了就不玩了,老板就说你不玩就闪开。无论粤超还是珠超,没有搞"人傻、钱多、速来"模式,走的是可持续发展的道路。

(六)珠超告粤超,兄弟阋于墙

珠超成功举办一年后,刘孝五的一些理念与合作者产生了分歧,他的CEO也被免了。时隔不久刘孝五又开始运作粤超了。如今,这两个同样火爆的五人制足球联赛之间恩怨不断,甚至不得不对簿公堂。

珠超董事会免去了刘孝五的CEO后,当时已经发展到13家俱乐部的珠超的老板们,召开了一个长达14个小时的会议,其间问毛为民:"第二届珠超联赛怎么办?希望你能说点施政纲领。"毛为民是个读书人,他说我还没想好。老板们就火了:"没想好怎么就把刘孝五炒掉了!"

"其实,老板们还想玩,准备另起炉灶,成立新的公司。有球队、有资金、有赞助,需要牵头人,他们就来找我。在气头上,我当然同意了。2010年11月23日这天,成立了粤超公司。在工商局还没有注册的情况下,大家筹资运作,一个月零两天,新的联赛就开打了。"刘孝五说。

珠超公司把刘孝五告上法庭。"告我'同业竞争',《公司法》第158条有这样规定:在一家公司任高层,利用职务之便,在外边又搞了一个同类的公司,把原有公司的利益弄到了新的公司,损害了原有公司的利益,这种违法行为国家怎么处理你呢?就是你在新的公司得到了什么好处,退回原公司。开庭后,法官不太敢判,因为法院也不太懂:你们都还没赚钱,都还在投资阶段,怎么就打起来了?法院不知道怎么办,就说调解。两三个月过去了,珠超一看法院也不出声,律师就出主意——把粤超公司也告上去。告粤超公司的股东们明知道刘孝五还在珠超公司任高层,他们还任命刘孝五为粤超公司高层。这回我要出庭了,中央电视台《足球之夜》都来了,打电话给法院,法院也懵了——这是什么案子?把中央电视台都惊动了。法院想个办法,说推迟一周开庭,看你央视能不能等。央视还就真等了一周。"说到此,刘孝五开心地笑了。

"1月18日,春节前的一次开庭。法官认为,你刘孝五原来是不懂足球的,通过一年的珠超你懂了,所以你把珠超的经营方式剽窃了,去了粤超。我说中国足球职业联赛一开始我就在搞这个东西,全中国我是从事这个职业最长的,我经营足球的理念、手法和成绩,目前在中国是老二,还没有人敢当老大。所以,根本不存在我是被教会的。法官马上问原告:被告说的你同不同意?原告说,刘孝五一直都是中国次一级联赛的管理者。法官不懂,什么叫作次一级联赛?原告说次一级联赛就是水平不高的联赛。那意思就说我的水平很低。法官就问:中国有水平高的联赛吗?这一问,所有的记者都笑倒了,他们就说法官调侃中国足球。法官不明白笑什么,拿起锤子一敲:肃静!又笑倒了一片。记者发微博,起的名字叫'法官春晚',因为快到春节了嘛。哈哈哈……"

珠超诉粤超一案到现在也没判下来,粤超也没有停下来等,刘孝五说:"省足协与珠超有合同,不敢支持我们,但是心却是向着我们的。于是就变成了广东有两家公司经营着五人制联赛。珠超后来又吆喝了10家俱乐部,10家打粤超,10家打珠超,粤超水平高,珠超水平低,不管怎样,都是主客场,都打得不错。粤超联赛如此火爆,还有外援,居然没有任何批文。我认为,只有广东才能做得到,广东敢为天下先。"

粤超联赛“无证驾驶”，在裁判员的问题上省市足协给予了最大的关照，刘孝五讲：“官员都是在暗中支持我的，不能直接派裁判，但裁判去吹粤超他不管。市足协这边有东南西北四片裁判员，我光是找东边的一片就绰绰有余了。裁判费用不高，五人制在上面吹哨的两个，跟篮球一样；计时的裁判一个、计分和负责换人的一个，加上比赛监督一人，一共五个人，全部加起来一场大概给2 500块。不允许俱乐部接待裁判员。”粤超在组建之初，把一些问题想得很周全：“粤超注册资金1 000万，股份公司，19个股东。我们规定，12家俱乐部拥有60%的股份，40%是个人股，个人股不要超过俱乐部股，不希望有一些个人膨胀了以后操纵比赛，俱乐部才应该是粤超的主体。包括我不能超过10%股份，法律上规定，超过11%的人就可以开董事会，可以随便叫停某些事情了，我们不希望这个样子，因为真正现代企业模式是所有权和经营权分离。我现在是要慢慢找没有股份的职业经理人来做粤超的总经理。”

问刘孝五有没有想过有一天粤超、珠超合并，他干脆地回答：“有！我一直在想把珠超变为粤超的二级联赛，只有等到他们两个投降才行。”

（资料来源：新浪体育，http://sports.sina.com.cn/c/2012－03－08/13005972507_2.shtml）

讨论题：

请对粤超五人制足球联赛的运营战略进行分析，并指出对中国其他体育企业有何启示？

复习思考题

1.每年都会有许多体育组织与其他组织结成合作同盟，以提高自身的竞争力。请举出3个最近发生的例子：

（1）说说合作的目的；

（2）找出每家合作组织的独特竞争力；

（3）说说哪些顾客最可能从这种合作关系中获益？

2.解释下列环境中的6项顾客基本要求：健身服务、赛事表演、运动员代理。

3.按照你个人的喜好，对近期你打算购买的两样产品的6项基本顾客需求进行排序。同样地，排列针对两项服务的6项基本顾客需求。你认为在将来，这些顺序是否会发生变化？并针对这个问题进行讨论。

4.选择你将来可能从事的6项职业。对每项职业：

（1）列出你可能要管理的资源。

（2）列出要产生的输出。

（3）列出可能成为你的内部顾客的职位。

（4）找出潜在的供应——顾客链，直至终端顾客。请说明你对整个顾客链产生的影响。

第四章

运营管理原则

【本章提要】

我们将运营定义为一种转化过程时,战略能否得到广泛的推行就成为最关键的问题。本章给出了一些基本准则来解决这些问题。首先阐述了运营管理的原则及其内涵,使读者理解运营管理原则对于提升企业动态竞争力的作用;然后讲述了如何帮助运营决策者更好地计划、实施、改进运营管理战略;最后介绍了这些原则成功应用的衡量指标。

第一节　运营管理原则的内容和含义

一、运营管理原则的内容

将运营定义为一种转化过程时,战略能否得到广泛的推行就成为最关键的问题。普遍适用的运营战略要素可以作为运营管理的原则(见表4-1)[①]。这些准则已经在全球成百上千的企业中得到了成功的运用。正如跑动和传递是任何一项团队运动中最基本的要素一样,这些原则是一个企业获得竞争优势的基础。

这16条原则按照管理的3项基本职能——创造、实施和改进——进行了分类。创造的过程必须考虑到顾客、企业和竞争对手(战略三角)。实施的原则包括了运营管理的4项主要职责:设计和组织、能力、生产、问题解决和控制。最后,改

① 爱德华M诺德.运营管理——满足全球顾客需求[M].北京:中国人民大学出版社,2006:64-65.

进是这16条原则的中心。

表4-1 运营管理原则

运营战略的制定
顾客:
1. 了解顾客需求并与之建立合作关系
2. 致力于快速的持续改进,不断提高质量、成本、响应时间、柔性、品种和服务等方面的水平
企业:
3. 通过对计划、实施变革等方面信息的共享与合作来达到共同的目的
竞争者:
4. 了解竞争形式和行业最优水平
运营战略的实施
设计与组织:
5. 减少产品或服务的操作环节及供应商的数量
6. 整合资源,形成多个顾客链,每条顾客链只针对一种产品、服务或顾客群;创建工作流团队、工作单元和厂中厂
能力:
7. 通过交叉培训、教育、岗位互换以及改进健康、安全环境等途径提高人员素质
8. 在引入新设备前先考虑设备和人员情况;如果无法减少过程的变异,那就增加自动化程度
9. 使用多件简单、柔性大、可移动、低成本的设备,将其分配给工作流团队
生产:
10. 尽量提供无缺陷或变异少的产品或服务
11. 缩短顾客链上的等待时间、距离和库存
12. 缩短调整、换型和启动设备的时间
13. 按照顾客消耗频率进行生产
问题的解决与控制:
14. 记录工作现场关于质量、过程和问题的数据
15. 减少无意义的汇报和报告;找出根本性原因而非表面症状
运营战略的改进:
16. 宣传成果:与员工、顾客、供应商共享这些成果,为战略的修订打下基础

二、运营管理原则的含义

总的来说,这些原则有一些共通之处。具体来说,它们都是以顾客为中心、员工驱动和以数据为基础。下面我们来详细说明一下这些原则。

（一）了解顾客需求并与之建立合作关系

顾客是最重要的原则，后面的原则都是在说明如何更好地为顾客服务。了解并与顾客建立良好的合作关系通常需要去除一些障碍，特别是部门之间的屏障。组建团队意味着将员工从职能部门中抽调出来，形成工作团队或工作中心，也就是说，按照工作的流程组织人员。如果无法实现，那就组成跨职能改进团队。尽管这些团队的工作地点并不在一起，但它们会定期开会来解决遇到的问题。

【小资料】

可口可乐：锁定三种"人"

可口可乐认为，对于一个成功的沟通战略来讲，除了内容和方法之外，沟通目标对象的选定更具有举足轻重的作用。因此，可口可乐多年来一直把目标沟通对象锁定为下列三种"人"：

首先是经销商。它们是销售可口可乐的商家，遍布世界各个角落，是连接可口可乐和消费者的桥梁。只有通过它们，才能接触到更多的消费者。因此，必须首先加强和它们之间的沟通，取得它们的信任和支持。

其次是消费者。他们是可口可乐的顾客，其中特别强调运动员和广大体育锻炼者和爱好者、新闻界以及舆论界。因为他们或是可口可乐的衣食父母，或是可口可乐形象的传播者。

最后是代理商。它们是代理生产、推广和批发销售可口可乐产品的厂商。可口可乐实行的是代理制，代理商遍布世界许多城市。代理商从总部或分公司获得可口可乐浓缩液和基本原料后，按统一标准进行分装和推广、批发销售。因此，可口可乐也非常看重代理商。

对可口可乐这样遍布全球各地的大型跨国公司而言，这三种"人"构成了一个庞大而严密的沟通对象网络。笼络住了这三种"人"，可口可乐就会无所不在，无往而不胜。

（二）致力于快速的持续改进，不断提高质量、成本、响应时间、柔性、产品和服务等方面的水平

如果没有目标，持续改进就毫无意义。最基本的目标就是满足顾客6项基本需求，这个原则适用于所有企业。但是，每个企业都是独特的。下面两条原则可供每个企业在其独特的竞争环境下制定运营管理战略：一是不断创新；二是持续改进。

【小资料】

海信的品牌国际化之路

随着智能电视的兴起，互联网电视厂商大举杀入电视市场，客厅经济的发展使

电视产业焕发了第二春。但同时跨界的“价格屠夫”一再突破底价,也让国内电视产品的利润水平一再探底,于是向海外进军,寻求全新市场机遇成为了国产电视厂商的共识。但随之而来的问题是,如何在海外地区树立品牌形象,提升品牌认知度?

对此,海信尝试了一条其他国内厂商没有走过的道路——赞助国际足球赛事,玩体育营销。

(一)牵手2016年欧洲杯,初尝甜头

2016年1月14日,海信集团和欧足联在北京举行发布会,宣布海信成为2016年欧洲杯顶级赞助商,这是欧洲杯56年历史上第一个来自中国的全球顶级赞助商。海信将作为多媒体、家电和通信设备类的赞助企业,与阿迪达斯、可口可乐、麦当劳等九家世界一线品牌同享欧洲杯带来的收视红利。海信的标志将出现在票面、场地广告和官方背景板上。

对于赞助2016年欧洲杯活动的最终效果,海信在《技术是最大红利 海信电器逆势增长近两成》一文中表示,海信在11个被调查国家的知名度由31%提高到37%,在英国、德国、法国、意大利、西班牙五个欧洲国家的品牌认知度实现翻番;海信电视在中国市场领先地位的认知度提高了14个百分点;在欧洲市场,海信电视销售第二季度同比提高了56%,环比增长了65%;海信43M3000出货销量为法国市场月度第一。

海信集团品牌总监称:“通过欧洲杯这一系列的传播之后,我们的产品销量接连在欧洲突破前三,同时我们在城市和公共交通也是连续7年在国内处于第一的位置。我们互联网电视用户截止到现在突破2 300万,有300多万在北美市场。”

(二)加强合作,进军世界杯

在初尝欧洲杯营销带来的甜头后,海信集团在体育营销道路上更加充满信心。2017年4月,海信正式宣布成为2018年俄罗斯世界杯官方赞助商,这也是世界杯设立近百年以来首个中国消费电子品牌赞助商。国际足联秘书长法蒂玛·萨穆拉在发布会上表示:“我们还将委托海信围绕显示画质进行技术开发,给观众呈现更好的赛场体验。”而海信集团总裁刘洪新则表示,这是海信继2016年欧洲杯赞助之后品牌国际化战略的延续,目的是提升品牌国际影响,加快国际化进程,提高海信电视全球占有率,获取更大的品牌溢价。

(三)体育营销与品牌国际化

这些年,随着互联网科技厂商进军电器行业,如长虹、创维、海信等老牌国产电器企业的市场声音越来越小,似乎快要被遗忘。2016年,海信集团突然宣布赞助欧洲杯,高调出现在人们的视野中,可以说是让很多人大吃一惊,惊讶于这家老牌企业的惊人之举和市场活力。

事实上,海信虽然在媒体上低调,但市场表现却一直保持着相当的竞争力。

电视连续13年国内销量第一，全球出货量第三，在大屏及超大屏市场独占一半以上份额。在海信集团看来，逐渐步入成熟阶段的家电行业，各厂商的优势已基本形成，在价格销量战的背后，超级品牌的推广才是国际化道路上的重中之重。

从欧洲杯56年历史上第一个来自中国的全球顶级赞助商，到世界杯设立近百年以来首个中国消费电子品牌赞助商，海信集团连续拿下两大国际足球赛事。之所以与欧洲杯、世界杯这样的顶级赛事的跨国合作，是因为海信试图通过更有“力量”的IP营销，在全球布局生产线，带来更大的知名度以及更广的销售渠道。连续五年成为排名前十位的海外民众最熟悉中国品牌，有力证明了海信集团体育营销策略带来的实际价值。

（三）通过对计划、实施变革等方面信息的共享和合作来达到共同的目的

要完成员工驱动的持续改进，就必须在组织内部实现充分的信息共享。例如，某个体育项目的赛事推广公司，在制定其运营发展战略时，让全公司的员工参与了制定的过程，这些员工来自公司的各个层面。它们还让其合作伙伴和顾客对这个计划作出评价。此外，针对每名员工或团队都定下了一个关于执行这些计划的年度目标。

（四）了解竞争形势和行业最优水平

在一些企业中，了解竞争形势被视作市场营销部门的职能，只用于确定竞争价格、产品定位和促销。但是对一些好的企业来说，仅仅这样是不够的。如果不了解竞争信息，运营管理者就不能发挥其最大作用。他们需要了解竞争者的设计、产能、技术基础和供应－顾客链，即成本、质量、柔性和响应时间这几个方面的情况。

传统的竞争分析只限于对竞争者的服务进行抽样，并对其产品“反向制造”；对于持续改进来说，这样做是远远不够的。健身俱乐部通过收集数据和互访等途径与其他公司进行竞争性比较，它们是为了找出最好的操作模式而不只是最好的产品和服务。他们以娱乐业中的电影院、戏院、音乐厅、酒吧等作为竞争性比较的对象，学习其处理运输问题的方式。

如果不了解竞争者的优势或行业中最高水平企业的情况，企业就会逐渐走下坡路，收集并利用这方面的信息可以激励企业的员工进行必要的改进。

（五）减少服务的操作环节和供应商的数量

如果服务的环节过多或者供应商过多，企业就很难对其作出评价。在许多顶尖的制造企业中，减少服务环节已经成为持续改进的核心内容。与之相关的是减少服务供应商的数量，这在服务业已经得到了普遍的认同。

（六）整合资源，形成多个顾客链，每条顾客链只针对一种产品、服务或顾客群；创建工作流团队、工作单元

这个原则主要针对一些类似于“这个部门只负责发执照”或“我们部门处理这些表格”这样的话。部门与部门之间的交接是非人性化的，一旦出现了问题就会互相推诿。为了保证良好的协调关系、减少出现错误的概率并执行持续改进，员工应该了解下一个流程的顾客，最好是个人；此外还需要一个可靠的工作流。这就是为什么许多企业要进行重组：俱乐部解散了按健身项目为单位的专业部门，组成以会员为中心的健身单元。赛事公司废除了市场部和策划部等部门形式，重组成多职能的团队。

例如，原先某体育场馆设备租赁公司业务交由一个银行去做：该银行把业务分为3个部分：①处理租赁申请书和审查信誉度；②负责签订租赁合同；③处理款项支付业务；它们分别在3个不同的部门进行，效率低下，每项业务需要五六天的时间。经研究，减少服务的操作环节，将员工分为10～15人的小组，每个小组都负责完整的工作，小组内每个成员都有权利处理一项完整业务。他们的口号是：谁接电话，谁负责。结果是工作周期缩短为1～2天，年利润增加了40%～50%。

【小资料】

重塑网球运动①

网球刚刚开始商业化的良性循环。尽管“大满贯”等重大锦标赛的商业化进展顺利，电视转播媒体和赞助商也认为有利可图，但过去10年的收视记录表明，从长期的发展趋势看，网球的整体收视率不会有很大的提高。虽然网球仍是全球最受欢迎的运动项目之一，但网球比赛2002年的全球电视转播费估计只有2亿美元，几乎只有美国PGA循环赛国内电视转播费收入的1/3。

我们认为，集中度不高是目前网球运动无法将群众基础充分转化为赢利的根本原因。每场“大满贯”锦标赛都在整个体育产业收入中占有重要份额，而所有权和主办权却掌握在不同机构的手中。结果是全年自始至终都在举行网球比赛，没有一个明确的赛事起点和高潮，全球有多个锦标赛同时举行。媒体报道和宣传活动因此过于分散，使消费者在任何时候都难以了解比赛双方是谁，谁是世界顶尖球员，以及某项赛事或锦标赛的重要性何在。重要的锦标赛事中球员无法每次都履约出场。赛事安排进程的分散化使得球员对消费者的吸引力下降，分散化的所有权结构压低了商业转播权的价格，阻碍了统一品牌战略的实施。各网球主管机构单兵作战，与同一批转播媒体进行电视转播费、赞助费和特许权销售的商业谈判。这就给媒体网络留下了可随意挑选的余地。比方说，他们可以选择只转播美国公

① 以第4、5、6条运营管理原则为基础来理解该资料。

开赛，而不转播其他3项“大满贯”赛事。

着眼于网球运动未来的繁荣，并将网球的群众基础转化为更大的利润流，目前网球运动组织机构正在力图改变现状。部分网球比赛经纪人认为，可以通过电视转播权的捆绑销售和精简锦标赛赛程提高商业谈判的砝码。这就需要增强各网球主管部门间的合作，而且可能需要改革网球运动的主管架构。组织架构变革和其他调整应该采取渐进的方式，以确保实现各相关方的利益。ATP和WTA已经在采取联合举措(教育、研究、管理及采用统一的媒体候选名单)方面迈出了第一步，并正在考虑合并一些主要的邀请赛。由于合作对各方都可能带来可观的长期收益(我们估计网球运动如能取得应得的市场份额，收入将大幅增长)，因此承担一定的风险是值得的。

采取几种方式可使网球比赛赛制获得更大的商业上的成功，就能够实现以上所述的潜在收益。第一种方式是推出只提供顶尖球员参加的全球“顶级大赛(premiertour)”，这与一级方程式大赛类似。该巡回赛事确定一个固定的赛季，其间举行20场比赛，而且所有顶级球员可确保在少数高水平邀请赛中出场。同时举行次级巡回赛，选拔参加第二年“顶级大赛”的运动员。这种双轨制相对于现有赛制有很多优势：观众能够看到本赛季的全过程，因此会更有兴致地观看比赛，自然也会对全球赞助商更有吸引力。此外，“顶级大赛”可将在全球范围内的电视转播权、品牌推广及宣传活动集中打包、捆绑销售。最后，电视报道可将部分网球明星打造成体育产业渴求的国际名人。

另外一种选择就是参考PGA的方式将男子和女子网球循环赛分为美国网球巡回赛和欧洲网球巡回赛，即分解为两个赛区。两个赛区的选手可代表各自赛区参加“大满贯”，一到两场“ATP”和“WTA”锦标赛，“戴维斯杯”、“联盟杯”及“年终决赛”中的比赛。在美欧两个互补的市场上开发界限清晰的网球产品可以降低网球运动的分散性，将电视转播权捆绑销售而不必担心全球时差问题。这样就为有市场侧重(美国或欧洲)的广告商和赞助商争取目标客户提供了便利。在美国这个极为关键的市场上，增强本土赛事的比重可以提高体育比赛的群众基础。

这两种选择方案(当然还有其他选择)各有利弊，但我们认为，如果处理得当，回报(更大的媒体覆盖面，更高的电视转播费、赞助费收入及更多的奖金)要大于可能的风险。

体育产业提供的商业空间极其巨大，但要全面取得成功，争夺将异常残酷。目前体育产业的收入主要流向了居于主导地位的运动项目和少数成功的小型运动项目。一项体育运动要获得成功，就要不断提高对消费者和商业机构的吸引力，同时寻求更好的方式将群众基础转化为实实在在的利润。

(资料来源：转载自 McKinsey Quarterly)

(七)通过交叉培训(帮助他们掌握多种技能)、教育、岗位互换以及改进健康、安全环境等途径提高人员素质

要获得较高的能力必须付出成本,但它对企业的影响是长期性的。这个能力不只包括设备的产能,还包括人员的素质。人员的素质是制定运营管理战略时必须考虑的一个问题,同时也是战略执行的驱动因素。与其他能力要素一样,人员素质也是持续改进的目标之一。

传统的方法是:将工作分解成细小、简单的任务,没有技术的人经过短期的适应就能完成,当然支付的薪水也较少。管理者、专家和专业人员则被固定在某一岗位。持续改进的观点则认为:每名员工掌握较多的工作专业技能、解决问题的技能以及自我(团队)管理的能力。通过转换工作,员工愿意了解工作A对工作B的影响,找出它们对整个服务和产品的影响、对顾客满意度的影响以及对员工健康、安全保障的影响。管理者和专家应该间或更换一下职位,以拓宽他们的视野,从而增加他们对企业的价值,实现个人的职业目标。

(八)在引入新设备之前先考虑现有设备的状况以及人员的条件;如果没法减少过程的变异,那就增加自动化程度

人是具有可变性的,变异则是阻碍企业为顾客提供更好服务的因素之一,因此需要新的设备和自动化措施来改进。最简单、经济的方法是要求员工改掉懒散的习气和不良的操作习惯。这样就减少了因自动化而带来的成本和复杂性,同时也避免了自动化可能带来的流于形式的后果以及将其用于不合适的地方,例如,替换掉那些陈旧的、维护较差的设备,以减少质量的变异。自动化对设备的保养和维护要求更高,并要求对质量进行更好的过程控制。自动化的好处至少有以下几个:

一是柔性更好。但是柔性最大的是人,而不是有柔性的自动化设备。

二是投资带来收益。在自动化过程中,投资有时确实会带来收益。但对于企业现有员工和设备的投资更有必要。

三是减少劳动力问题。自动化会带来人员的变更问题以及更多的潜在问题。在推行大的变革之前应首先解决这些问题(通常是管理上的问题)。

(九)使用多个简单、柔性大、可移动、成本低的设备,将其分配给工作团队、工作单元

如何满足日益增长的需求?常用的办法是加快现有过程:增加更多的人手或者将小型设备换成更大、更快、更昂贵的设备。按照前面的说法来做的企业在经过一段时期的发展之后,会发现自身存在很严重的产能问题。那些单一的过程不能分解成单个小过程,一次只能大批量地生产一个品种,而这通常与顾客的实际需求不符。

这条原则就是解决上述问题的办法。使用多功能的单件设备可以让企业在以产品/顾客为中心的同时保证自身的发展。另外,专业化的设备和只针对有限产

品/顾客的工作团队可以让大型企业像那些以为顾客服务为目标的小型企业一样灵活。

（十）尽量生产（提供）无缺陷或变异少的产品或服务

本项原则以及随后的3项原则都是针对过程本身，即将资源转化成产品或服务。从更广泛的角度来说，这项原则可以描述为“一次就把事情做对”。这句话涵盖的内容非常广泛，包括质量设计、与供应商和顾客就质量问题进行协商、开展过程控制以提高质量水平、收集并分析数据以消除造成质量差的根本原因。

这种方法与传统方法的区别在于它将导致质量好与差的因素区别对待。传统方法带来的后果是：在生产的后期，企业为了发现产品中的不良品，不得不增设大量的检查人员；而服务企业则必须依赖于投诉部门。尽管如此，还是免不了有大量不良产品或服务流向市场。

（十一）缩短顾客链上的过程时间（等待时间）、距离和减少库存

本项原则以及随后的两项原则与准时制生产紧密相关，它要求较短的周期和快速响应。周期指的是过程完成一件输出所耗费的时间。其输出可以是一件制成品、一份处理好的文件或者是一位得到服务的顾客。

在对人的服务中，导致顾客不满的主要原因通常是等待时间过长。一种减少等待时间的办法是设置队列限制同时增加机动人员。处理库存也可能需要多次排队等待，因为通常在制品或在途库存较多，从工厂到分销中心到零售商再到柜台的过程会受到阻碍。由于链条较长，连接不紧密，因此增加了许多浪费和延迟。消除每个环节上过多的库存可以在顾客仍然感兴趣的时候将产品交到顾客手中，从而保持或增加销售或市场份额。由此带来的好处还包括减少因延误带来的成本，例如额外的操作、过多的交接和文件以及过多的残次品和返工。常用的一种办法是将整个流程安排得更紧凑，也就是缩短流程。

（十二）缩短调整、换型和启动设备的时间

这项原则是针对准备开工而引起的延误。耗费过多时间在调整上会降低工作者的效率，如果让顾客等待过久，就会使服务质量水平降低。过长的准备时间不仅仅包括启动设备的准备时间。例如，店员临时去找订货单或者护士开柜找胶带，这些都会引起顾客的不满。这种类型的准备不当经常发生，也很容易纠正，解决这类问题的系统化程序已经逐渐从制造业延伸到一些服务业。

（十三）按照顾客消耗频率来进行生产；减少生产间隔期和批量

本项原则是说：别能做多少就做多少，要看下一个流程顾客的任务量有多少。不要使用那些速度过快的设备，否则下一级流程根本来不及消化。在送往下一个流程前不要积聚过多的任务。以上描述的那些行为在那些缺乏连贯性的企业中很普遍，它们增加浪费同时也延长了响应时间，但顾客是不愿意等待的。

（十四）记录工作现场关于质量、过程和问题的数据

确保一线改进团队在辅助部门的专家到来之前解决问题。最后两项原则是关

于问题的解决和控制。如果解决问题的数据没有交到合适的人手里,这些控制就都是无意义的。一个常见的错误是将有关质量、过程和问题的数据交给后台的专家处理,而非一线员工。这就相当于将一线员工(通常占了企业的大部分)排除在问题解决、控制和流程掌握的循环圈之外。相反,如果让他们加入这个环节,他们就可以解决很多问题,特别是在那些知识、技术、观点充分共享的团队里。辅助部门的专家可能拥有较强的专业技能,但是问题发生时他们对过程的了解较少,另外,他们一般同时参与多个项目,这就使得他们很少有时间处理现场出现的紧急问题。

(十五)减少无意义的汇报和报告,找出根本性原因而非表面症状

报告通常只触及问题的表面。有效的质量和生产控制应(尽可能多地)用过程的数据替代报告。这些数据经过分类并经过详细处理,可以从中找到问题的原因所在。这些数据必然推动持续改进的活动,不需要以报告来收尾。事实上,在持续流程改进的模式下,一个问题的报告写出来的同时,改进团队可能已经开始着手解决它,甚至已经解决了。

减少报告带来的成本与服务型企业尤为相关。20 世纪 90 年代,银行、保险公司和医院的管理者(他们经常每年需要消耗大量的表格和相关文书)开始从他们表格报告系统着手,寻找缩减成本的机会。他们发现每购买 1 美元的表格,花费在填写、复印、传递、修正、归档最后扔弃这些表格上的成本是 20 美元。

(十六)宣传改进成果:与员工、顾客、供应商共享这些成果,为战略的修订打下基础

这项原则是鼓励企业宣扬自身获得的成就,将第三项原则中提到的信息共享原则从数据的计划和实施拓展到企业最后的绩效,通过广告、商业周刊的报道以及口头的交流等方式告知顾客、供应商甚至竞争者已经取得了某些成就。企业内部的展牌或刊物可以让员工(那些负责改进的人)为所取得的荣誉而感到骄傲。

实施这项原则会带来一些积极的影响:第一,对外宣传对产品作出的改进,从而提高顾客的价值认知度,增加企业的收益。第二,将企业过程绩效改进所取得的成果进行共享(有时也称为制度化)通常可以帮助其他改进团队获得有用的信息。第三,新的结果导致评价标准的提高,促进新的竞争局面并且为新的战略打下基础。企业能否实施这项原则很大程度上取决于第 15 项原则的实施程度。

【小资料】

李宁的体育赞助策略

李宁公司是“体操王子”李宁在 1990 年创立的专业体育品牌公司,最初仅单一经营“李宁牌”运动服装。经过 10 多年的发展,李宁集团已经成为中国领先、世界知名的体育品牌企业之一,拥有品牌营销、研发、设计、制造、经销及零售的能力。

李宁作为一家体育用品企业,从诞生之初就带有深厚的体育赞助印记。李宁体育在体育赞助方面的丰富经验和赞助策略在提升品牌资产过程中起了显著的作用。

1. 消费者导向为主。这是指所有赞助活动的主要传播对象和目标群体都是李宁品牌的潜在消费者和目标消费者。以消费者为导向的体育赞助营销的方式与目标在品牌发展的不同阶段均有所不同。

2. 与赞助相关联的营销策略。以亚特兰大奥运会为例,李宁在国内推出了一系列商业营销和市场推广活动,如“百万人签名迎奥运”“李宁品牌义卖”“穿领奖服,看奥运会,李宁与您共享辉煌”等活动。通过商业赞助奥运,李宁获得了一系列与赞助相关联的营销活动主办权,将可能面临的市场竞争风险降到最低,并成功地推出、举办了一系列意在推广李宁品牌,争夺并占领国内体育品牌市场的活动。同时,培养和形成目标群体和阶层,特别是对奥运会等重大体育赛事拥有浓厚兴趣的大学生和青年目标群体。

3. “产品+渠道+营销”战略。李宁始终把产品作为根本,放在头等重要位置。对于品牌而言,营销渠道仅是面向消费者的过程,营销,特别是赞助营销只不过是直接与消费者进行沟通的方式。后两者虽然极为关键,但是缺乏高质量的产品,任何营销渠道都无法有效形成,任何赞助营销都无济于事。在加大营销力度的同时,李宁每年在新产品的开发与设计以及渠道整合与供应链环节都投入很大精力。

4. 积极、稳健的赞助营销策略。李宁每年投资总营业额的约9.2%~12.6%用于市场推广,其中包括电视广告、印刷媒体、体育赞助、户外媒体和店铺设计。2016年签下NBA球星海耶斯、琼斯,与奥尼尔签署5年期合作协议共同开发“李宁-Shaq”专业篮球产品等;2017年与瑞典奥委会、阿根廷篮协、美国乒协等签署赞助协议,续约西班牙篮协,启动“冠军荣耀,一路有你”——李宁奥运冠军主题巡展活动,正式为北京奥运营销拉开序幕。2008年,李宁成功运作了奥运营销,品牌营销及推广支出高达11.71亿元,为当年营业总额的17.5%。围绕奥运营销,李宁推出了一场为期138天的“英雄会英雄——李宁2008中国之旅”,活动范围涉及中国大江南北70座城市,发布以“英雄”为主题的奥运战略,在全国25座城市的30个重点商场进行品牌推广活动。相比其国内竞争对手安踏和中国动向,李宁在赞助营销投入上保持稳健增长,营销及品牌推广占销售总额的比例明显高于其竞争对手,体现了降低威胁的营销策略。

李宁有着与生俱来的体育营销“基因”,在20多年的发展历程中,李宁赞助过不少的赛事、运动团队。“发挥优势、避免劣势、把握机会、降低威胁”原则贯穿于李宁从前期赞助领奖服装到后期冠名赞助体育赛事的整个过程。该原则指导着李宁赞助营销策略并随着集团能级逐步提升而不断完善,推动着赞助营销能力随营销实践的日益丰富而大幅提升。

资料来源:刘志民,曹永强,丁燕华.大型体育赛事赞助对品牌的影响研究2:李宁集团赞助营销策略[J].南京体育学院学报(社会科学版),2011,25(4):9-16.

第二节　运营管理原则应用及成功的衡量指标

运营管理原则与整个管理过程，特别是上层管理者的工作有密切关系。运营管理原则能够给管理者带来什么？如何衡量这些原则带来的效果？下面我们就来解决这些问题。

一、运营管理原则应用的几点说明

（一）这些原则是针对战略的，但是并没有涵盖战略的方方面面

这些原则没法详细地告诉你在哪里开下一家健身俱乐部，在哪里建设某个体育馆，没有直接向你提供一个有效的市场策略，也没有具体指导一项体育赛事赞助方案的研发项目。要解决这些问题还需要将高层的战略规划和关键职能部门的战略规划结合起来。第3项原则"通过对计划、实施变革等方面信息的共享与合作来达到共同的目的"，可以用于指导这个规划过程。

（二）顾客需求是首位的

顾客包括其他利益相关者，比如员工、投资者、供应商、赞助商、媒体、经纪公司、政府部门等，这一原则同样可以满足他们的需求，可以用来缓解各方的利益冲突。但是，所谓原则是最基本的规律，适用于绝大多数情况，并不一定适用于全部情况。

（三）这些原则不仅仅针对部门的管理者，而是针对所有人的

所有员工，从一线员工到高层管理者都应该将这些原则应用到日常活动中去。无论转化过程是发生在运营职能部门、赛事进行中、设计团队中或合同条款的谈判过程，这些原则都是适用的。

（四）这些原则能够推进战略的实施

一个成功的企业家始终参与企业运营的过程，他们习惯于加强顾客与员工之间的交流（正如第1、3、14、16项原则所说明的）。如果企业上下都能对这些原则达成一致的看法，那么他们就会形成共同的目标，这也是第3项原则所要说明的事情。比如，俱乐部决定投资培训健身教练，这个决议得到广泛支持，员工们知道这样做会为俱乐部带来改进，最终每个人都将从中获益。

如果按照原则进行的管理得当，所有人都能看到其中的好处——第2、7、10、12项原则可以帮助解决这些问题。被培训的人员掌握了更多的知识，同时也能向公司贡献更多。当管理者培养了员工后，战略的实施甚至制定过程不一定是那种自上而下的过程。也许高层管理者仍继续承担制定战略的职责，但我们可以肯定，全员的参与及信息共享的情况将为企业带来更多的知识和技术，每个人都为同样的

目标工作,战略的实施就容易多了。

二、成功的衡量指标

企业如何衡量自己是否已经成功地实施了一项或多项原则?如果管理者不对企业现有的活动作一个回顾,这个答案永远是未知的。当进行这样的审查时,可以按照表4-1中的16条原则,对企业的行为进行打分,分数是客观的,表4-2是一个评分制度。

表4-2 评分制度——运营管理原则

得分	企业所处生命周期阶段
11~24分	刚刚萌芽,迈出第一步,早期成长
25~38分	孩童时代:尝试、犯错误
39~52分	青年时代:检查单和指导书
53~66分	成年时期:政策
67~80分	成熟时期:原则

(注:评分标准:对16项原则进行打分,得分为0~5分)

1980年以前,很少有企业能超过10分。那时,很多企业都不了解这16条原则代表的思想。最早的有关这种大范围评价的报道出现在1996年,这篇报道分析了130家来自四大洲7个不同行业的企业。采用严格的评分标准,是为了在持续改进的原则指导下给企业的发展带来一定的挑战,随着时间的推移,这样做会提升企业的竞争力。

【案例分析】

中国网球公开赛的崛起

中国网球公开赛(简称"中网")早期由于起步较晚、国内网球群众基础薄弱、赛事级别不高、场地等基础设施不完善,在其发展过程当中出现了许多问题,导致商业价值低的同时缺乏盈利模式。但经历10多年的发展,目前已逐渐发展成为国内乃至亚洲首屈一指的职业体育赛事,赛事影响力有了很大提升。

(一)初期困境

2004年中网只是一站普通的国际巡回赛,选手的积分和获胜者的奖金处于很低的水平。此时,中网由国家体育总局、北京市人民政府主办,多个国家机构承办,由中国网球公开赛体育推广公司运营。2005年,中网由普通的巡回赛上升为二级巡回赛,在选手的积分和获胜者的奖金上有小幅度的提升,但与同时期的四大满贯仍存在很大的差距。

中网这一阶段的举办场地位于北京光彩网球中心,网球比赛场地仅15片,其中包括：中央球场1片，配观众座椅10 800个；外围主赛场2片，配观众座椅各1 500个；及外围练习场地12片。成立之初的中网在赛事硬件设施上与四大满贯还有很大的差距，用于进行决赛、半决赛的中央球场数量相当，但球场的观众座椅数量远远落后于四大满贯；用于比赛的外围场地虽然在球场数量上相差不大，但是观众席位数量尚不及大满贯的零头，仍有很大的发展空间。

另一方面，由于赛程编排不合理，导致参赛选手质量不高。首届中国网球公开赛在ATP、WTA以及中网赛事组委会的邀请下，共吸引了300多名选手参加。男子选手方面包括费雷罗、莫亚等世界排名前十的男单选手，女子选手方面包括小威廉姆斯、莎拉波娃等国外单打好手，还有来自国内的优秀本土球员郑洁、孙甜甜、李婷和李娜。但到了第二届，赛事球员总人数同比下降了11%，虽然网坛的男子选手纳达尔、萨芬，女子选手威廉姆斯姐妹、莎拉波娃都来到了北京参赛，但由于赛程编排上缺乏经验，在女单比赛中，大牌们纷纷退赛，中网遭遇了新的问题——“退赛潮”。此后，中网对球员的吸引力连年下降。

（二）新时期的中网

在北京奥运会成功举办的背景下，中国球员在网球赛事上接连取得好成绩，网球比赛占据了大量平面媒体版面和电视转播时间，越来越多的年轻人拿起球拍，在中国掀起了网球运动的热潮。同时，在国家积极倡导努力打造有影响、有特色的赛事品牌的推动下，中网赛事迎来了升级发展的契机。此时赛事场地也搬进了奥运会网球比赛场地——国家网球中心，基础设施条件大大改善。

这一阶段，赛事服务被重点关注。

1. 球员服务。餐饮服务方面，组委会在赛场采用五星级餐饮服务，完全符合球员用餐健康标准的无麸质食物；采用高效率的训练场预定，为球员配备优良的训练安保团队，以保障球员的正常训练，采购一流的健身设备，保障球员的赛前热身；采用与国际接轨的双语医疗团队，与来自医院以及WTA、ATP的理疗团队一道，为球员提供优质的医疗服务。

2. 观众服务。专门设计赛事追踪系统为球迷提供数据呈现、计分等功能，使球迷能够利用数据，洞悉比分之后的态势和策略，实现从“看热闹”到看“看门道”，为球迷提供更为翔实的观赛体验；搭建广场餐饮休憩区，呈现不同的餐饮风格，精选西式、中式餐饮，提供休闲咖啡、啤酒、茶饮、冰激凌等，观众在畅享美食的同时，体验国庆假日休闲氛围；在钻石球场内的贵宾空中包房提供专业的一体化服务，设置无线呼叫终端，周到服务“随叫随到”，并且提供五星级精致餐饮服务；正式成立官方会员组织“赢家汇”，初步建立会员营销体系，提升核心观众观赛体验。为会员提供一系列专项权益及服务，会员可以享受包括购票积分换礼品、免费升级门票、官方纪念品折扣等多种优惠；建立三面LED信息环岛，实时播放比赛实况、服务信息，在移动端推送赛程、天气预报等信息，为观众提供免费的无线网络，免费提供每日更新的《中网日报》，让观众轻松了解每日赛程、赛事新闻。

3. 媒体服务。建立媒体大厅,在新闻发布厅提供专业的同声传译与英文实录,显著提升新闻发布会品质。

中网经过 10 多年的市场培育,曝光率和商业价值不断攀升,2014 年到 2017 年,中网已经连续实现盈利,2016 年盈利规模达到了 2 800 万人民币,同时主赞助商结构也趋于稳定。在收入结构方面,2014—2018 年中网赛事的总收入持续增加,赞助收入额度比较稳定,赞助收入所占百分比也呈现下降趋势,赛事收入结构的稳定性和安全性进一步提高,收入模式也在不断完善。

2014 年钻石球场举办了盛大的李娜退役仪式;2017 年的国庆节当天,莎拉波娃、张帅、纳达尔、伯蒂奇、德尔波特罗等球员身着体现中国传统文化的精美华服,在北京新地标国家体育场鸟巢前拍摄融合中国文化、北京地标、网球元素的大片。2017 年中网级别联赛(CRT)在 10 个大赛 30 个城市共 6 000 多名选手中展开,重点进行赛事文化宣传,在参赛选手中挑选出类拔萃的球员,在中网打造属于各个城市的明星。中网通过一系列活动和人物故事不断丰富着自身的历史和文化积淀。

资料来源:赵亚斌. 中国网球公开赛十五年发展历程与特征研究[D]. 太原:中北大学,2019.

讨论题:

基于运营管理原则谈谈中网商业运营的制胜之道?

复习思考题

1. 服务商如果没有按照顾客消耗的频率来生产(运营管理第 13 条原则)会出现什么问题?

2. 针对以下体育服务分别举出一个变革(实施速度相对较快)的例子和一个价值创新的例子,并加以解释。

(1)体育健身服务　　(2)体育场馆服务

(3)体育中介服务　　(4)体育培训服务

(5)体育赛事服务

3. 每个城市中的体育俱乐部都要受到卫生部门的管理。各种媒体曾经报道了有关体育俱乐部卫生状况不佳的状况。同时谴责当前俱乐部卫生部门:①检查不力;②对电话或书面投诉处理效率低下。卫生部门由 5 个检查人员、20 名办公人员和 5 名管理人员组成。他们认为是由于现有的人手和资金不足,不能对俱乐部进行经常性检查,处理投诉问题的周期也相对较长。选择 4 项运营管理原则来帮助他们解决这些问题,并解释你选择的原因。

4. 某赛事代理公司以前的每个赛事项目推广团队均直接与运营总监联系,公司运转有条不紊,直到有一天,公司来了一位海归的副总监,她的职能定位是对总监负责,协调下面的赛事项目推广团队。她对工作十分负责,每件事情亲力亲为,原来A负责的赛事志愿者管理,副总监要求由她来亲自直接管理了;原来一天能完成的事情现在一周都完不成,因为副总监要审阅所有相关文案内容;下属的团队成员都感觉到了自己所负责的工作有了很大的障碍。请你用运营管理原则来分析并解决这个问题。

5. 从你了解的体育俱乐部中找出一些在处理顾客问题方面的成功案例,例如,怎样在多种产品或顾客类型之间实现快速切换;他们是如何实现的?(注:回答这个问题,你需要作一些调研。)

第五章

运营流程管理

【本章提要】

运营管理解决的是流程问题,而流程则生产和提供人们每天都需要的产品和服务。流程是组织的基本活动,组织就是通过流程进行工作,从而达到其目标的。本章主要介绍流程及流程管理的含义,分析5个基本的流程决策:流程选择、纵向一体化、资源柔性、客户参与、资本密集度,并进一步学习运营流程的分析。

【名词解释】

流程:指的是任何一种或一组活动,它选择某些投入,并向这些投入中转移或增加价值,进而向客户提供一种或多种产出。

流程管理:就是选择企业的投入、运营、工作流和方法,从而将投入转换为产出。

线性流(line flow):就是物料、信息和客户按照某一固定的先后顺序从一项业务向另一项业务线性地流动。

纵向一体化(vertical integration):是指一个企业自己的生产系统或者服务机构掌握整个供应链的程度。

资源柔性(resource flexibility):就是企业的员工和机器设备能够处理各式各样的产品,提供各种不同的产出水平,完成许多的产品和服务。企业员工就需要能够行使很多职责,机器设备也需要是通用的,否则,从运营的角度来看,资源的利用程度就太低了。

资本密集度(capital intensity):是指流程中设备和人力的混合情况,花在设备上的相对成本越高,资本密集度就越大。

第一节　流程管理的基本概念

一、流程

运营管理解决的是流程问题,而流程则生产和提供人们每天都需要的产品和服务。流程是组织的基本活动,组织就是通过流程进行工作,从而达到其目标的。

流程(process)指的是任何一种或一组活动,它选择某些投入,并向这些投入中转移或增加价值,进而向客户提供一种或多种产出。

一个客户驱动型运营战略(operations strategy)表现为清晰地理解企业的长期目标是什么,而这些长期目标就包含在企业的总体战略之中。它还需要在营销部门和运营部门之间进行跨部门的合作努力,以理解每一个细分市场的需求是什么,详细阐明运营优势是什么,从而使得企业能够运用这些运营优势在竞争中胜过对手。运营优势必须和企业的每一个流程紧密相关。我们把这种运营优势称为竞争重点(competitive priorities)。在本书中,我们把竞争重点主要放在流程上,即放在与产品或服务本身有关的流程上,放在与运输系统有关的流程上,放在与数量有关的流程上。

一个企业是由多个流程组成的,这些流程必须通力合作,共同为客户提供他们想要的产品或服务。大多数的客户都把企业看成是这样的一个总的流程:从客户那里接受对产品或服务的订单,最后以一种令客户满意的方式把产品和服务提供给他们。然而,正如我们已经讨论过的那样,一个企业拥有许多嵌套流程,每一个嵌套流程都执行着一些运营活动,以满足企业客户的需要。另外,许多企业流程甚至还可能为多个细分市场服务。对管理人员的挑战就在于:为每一个流程确定出合适的竞争重点,以支持企业来满足客户的需求。

二、流程管理

流程设计中的一个基本问题是决定如何生产产品或者提供服务,流程方面的决定会涉及人力资源、设备和原材料等多方面不同的选择。流程问题关系到营销人员如何准备进行市场分析,关系到会计人员如何给客户开账单,关系到一家体育俱乐部如何在接待大厅中为客户提供服务,还关系到一家赛事运营公司如何完成其赛事实施的运营任务。流程方面的决定可能会影响到一个组织的长期竞争力。

从本质上讲,流程决策也具有战略性。流程决策应该深化公司的长期竞争目标,在进行流程决策的时候,管理人员会把注意力放在控制多个竞争重点上面,如质量、灵活性、时间和成本。例如,企业可以基于时间来提高其竞争力,通过检查企业流程的每一个步骤,找出恰当的方式来加快客户的响应速度。当流程设计出来以后,所作出的各种选择就会影响企业的生产率(因此也就影响了成本)。流程管理是一项持续的活动,第一次进行流程设计和后期的流程再设计所遵循的原理是一样的。

(一)什么是流程管理

流程涉及运用一个组织的资源来提供某些有价值的东西。没有流程,也就谈不上生产产品、提供服务;反过来讲,没有产品和服务,也就无所谓流程了。

流程管理(process management)就是选择企业的投入、运营、工作流和方法,从而将投入转换为产出。在选择投入时,首先需要决定哪些流程是在企业内部完成,哪些流程在企业外部进行,需要购买哪些原材料和服务。流程决策还需要处理好如何有效地综合运用人力技能和设备的问题,决定流程中的哪些部分是用人力技能来完成,哪些则需要运用机器设备。流程决策必须要和企业的竞争重点保持一致,也应该与企业所具备的获取资源的能力保持一致。

在企业面临以下情况时,必须进行流程决策:

- 企业提供一种新的或者进行了重大修正的产品或服务;
- 必须要提高产品或服务质量;
- 竞争重点发生了变化;
- 对产品或服务的需求发生了改变;
- 当前企业的绩效不佳;
- 投入品的成本或者获得投入品的难易程度发生了改变;
- 竞争对手通过使用一种新的流程而且获益很大;
- 可以获得新技术。

并不是所有这些情况都会导致现有的流程发生变化。流程决策还必须考虑到其他一些方面的选择问题,如质量、生产能力、布置、库存等。与此同时,经理人员还必须考虑技术的先进性及竞争对手能力方面的变化。对环境方面的影响也是另外一个考虑因素,麦当劳公司的案例正好说明这一问题。麦当劳公司在包装食物的流程上进行了细微的改变,结果自1990年以来减少了30%多的垃圾。实施"绿色麦当劳"活动,导致该公司用特殊的轻质纸张代替了原来的蛤壳型包装盒,引进了更短小一些的餐巾纸,在吸管、餐盘、游乐设备方面也更少使用塑料了。现在麦当劳公司正考虑一项将垃圾转化成化肥的方案,这样的话就会使在外用餐所产生的垃圾比许多家庭用餐所产生的垃圾还要少。

(二)流程管理方面的两个重要原则

1. 流程是所有作业活动的基础,存在于所有的组织之中,存在于一个组织的所有职能部门中。会计部门运用某些流程做出工资单、管理分类账户、记录收入。财务部门则运用其他一些流程评价投资方案、评估项目的财务绩效。人力资源部门使用各种流程来管理津贴、招聘新员工、实施培训计划。营销部门运用其流程来开展市场研究、与外部客户进行交流沟通。

2. 沿着一个组织的供应链,流程会与其他的流程发生嵌套。一个企业的供应链(有时候也称之为价值链)是原材料或者服务的供应商之间所形成的一种相互联系的联结关系,通过诸多流程的活动将各种理念和原材料转换化成最终产品和服务。我们这里所讨论的一个关键性决策就是如何选择供应链中的一部分流程来为企业提供内在的原材料或者服务投入,以及如何更好地运行这些流程。一项基本的任务就是在流程之间加强合作。在选择内部流程还是外部流程的问题上,管理者必须特别留意各个流程之间的界面关系。企业必须处理好这些界面关系问题,这是跨部门协调的需要,也是供应商与客户之间协调的需要。

第二节 主要的流程决策

流程决策直接影响流程本身,也间接影响流程所提供的产品或者服务。不管是处理办公流程还是服务提供商流程,运营经理都必须考虑到5个一般的流程决策问题:流程选择、纵向一体化、资源柔性、客户参与、资本密集度。流程决策就像是搭积木一样,它们用不同的方式来实施运营战略。

一、流程选择

管理人员在设计一个良好运行的流程时,需要事先做出的决策之一就是流程选择,也就是决定是否要围绕产品或者流程来组织资源。对于给定的某一流程而言,企业的竞争重点对这一选择有重要影响。然而,对整个公司或者整条生产线很重要的流程选择,并不一定就对每一个流程或者子流程有很重要的意义。以下5种流程形式形成了一个连续性的决策选择,管理人员可以从中挑选:项目流程、单件流程、批量流程、流水线流程、连续流程。

图5-1说明了客户定制水平与批量对流程选择的影响,所显示的基本信息是:一个流程的最佳决策取决于流程的产量和流程所需要的客户定制的程度。一个流程决策可能会适用于整个流程,也可能仅适用于一个子流程。例如,在一项服务的诸多流程中,某一个流程可能表现为单件流程,而另一项流程则可能是流水线流程。这5个选择之间的差别主要体现在以下几个方面:

(一)项目流程

规划一项重大事件、赛事策划以及研发(R&D)都是一次只完成一件的工作,通常称为项目。由于每次过程中都有许多不同的活动,运营管理者都必须分别处理。综观全过程,我们看到的是不同的职能(设计、选址规划、预算等)而非最终产品本身。要使这些职能及其涉及活动实施顺畅就必须很好地规划和控制项目顺序

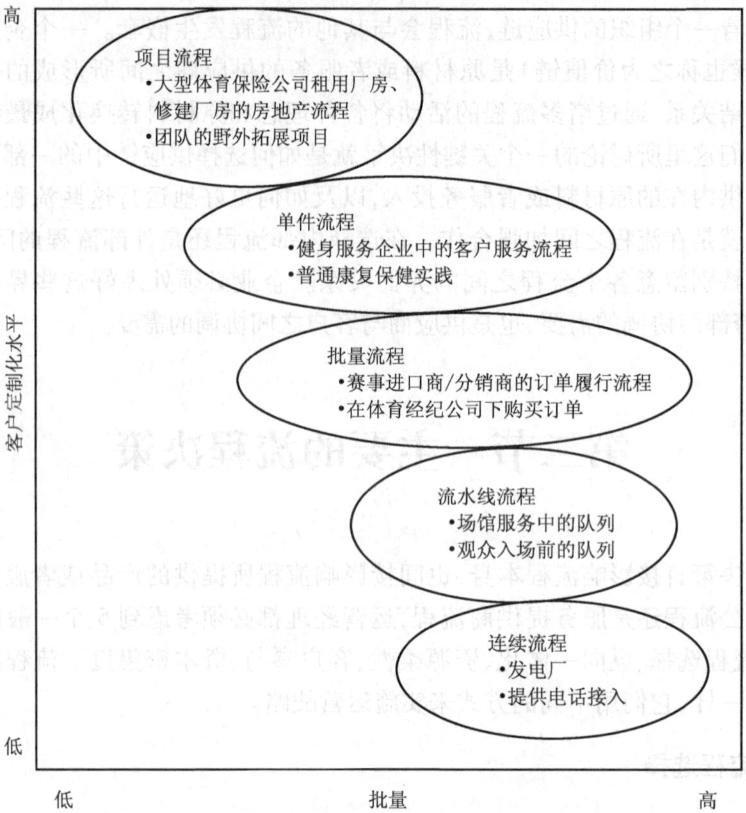

图 5－1　客户定制化水平与批量对流程选择的影响

的时间安排。通常，要求资源（包括人员和设备）的柔性很大，因为他们必须适应不同项目的具体特征，并依照工程进展负担不同的工作。项目流程的特征是：工作的客户定制化程度高；每一个项目涉及的范围很广；项目一旦结束，实物资源也就分散了。在流程选择的连续图中，项目流程位于“高定制、低批量”的一端。本书第十一章将重点探讨项目管理。

（二）单件流程

单件生产的模式覆盖了服务领域。这种生产方式产量较低：餐馆中一个桌上的少数几个顾客、健身俱乐部中私人健身教练服务的一个顾客、处理一件交通事故的一名警察、需要修理的一台电视机、工具－模具制造作坊制作的一套模具或者某种电路板的5条装配线。尽管产量低，但在完成整个工作过程的各个阶段都包含了许多不同的工作。运营经理往往关注职能（或部门）及其存在的问题，而非产品（工作）本身。

大多数服务中心或工作站中的工作都具有多样性，这就要求员工和设备有很强的柔性。工作的多样性常造成运营管理的混乱。这就要求管理者在降低操作复杂性的同时，仍然能够提供令顾客满意或工艺要求独特的服务。在单件流程中，客户定制化程度相对较高，而每一件产品或服务的批量却相对较少。由于客户定制化程度很高，大部分工作任务的流程步骤具有不同的先后次序，因此，在单件流程的运营中会产生“杂乱流”，而不是仅仅出现“线性流”。所谓线性流（lineflow），就是物料、信息和客户按照某一固定的先后顺序从一项业务向另一项业务线性地流动。

（三）批量流程

按照常规的概念，“批”可以指代厨房里的一盘点心、一卡车混凝土、一船可可豆或工厂里熔化的金属液。我们的用法则更为苛刻，我们将家中小规模的烘焙点心称为工作，而大量生产则称为连续生产，批处理的范围处于二者之间。另外，它是间歇性的（类似于单件生产），但输出的是标准的、熟悉的部件。批处理的3项特征是中等、中等、混合。当烘焙点心转为商业化时，例如，面包师和设备有足够的柔性，能够生产多种面包和点心，那么有可能每天每种类型生产一批；但是烤肉或制作沙拉却无法成批地进行。再例如，健身俱乐部中私教的服务是单件的，那么健身教练为一批学员开设的健身操课程就是批量的。尽管批处理存在着一些与单件作业相似的困难，但是由于批处理的输出在批和批之间是类似的，这就减少了单件作业中可能出现的一些始料不及的问题。

（四）流水线流程（重复性流程）

在重复性操作中，多样性较小，员工和设备都完成较少的几项工作，输出的产量较高。过程的连续性与一致性使得人们常常将过程视为一个完整的产品流而非一些单独过程或职能的集合。计划、排产、盘点和控制都是针对离散单元进行的。重复性服务包括表格处理、注册以及美容院中的服务。在制造业中，装配性企业，无论是机器制造还是电子行业，都是很好的重复性生产的例子。在相对稳定的时间段内，健身俱乐部的健身课程也是重复性生产的例子。

（五）连续流程

连续生产通常被称作流程行业（连续流程的简称）。液体、颗粒状、片状和球状物品的生产以及矿石、煤的开采等都属于这一类型。生产小型、离散的产品（如牙签）也同样归入流程行业一类。对这类产品的计划、规划和控制是按产量进行的，并非按单件进行，输出的产量很高，但多样性较弱。类似于重复性生产，管理者从产品的角度看待连续生产的过程，而非单独的过程或职能。人力与设备都是专业化的，此行业多属资金密集型行业，如炼铁、炼钢、水泥和玻璃的生产等。职业体育俱乐部中运动员梯队的培养也可以看成是连续生产。

重复性生产或连续型生产都要求事前进行精密的计划，但是操作和控制的过程却相对简单，只需要通过一套严格的、规范化的程序和规范对过程实施监控。

无论哪种运营流程形式，其基本目标都是从各个方面改进绩效水平，使其达到顾客满意的水平。运营管理的核心是为顾客提供高质量的产品和服务，为企业和社会创造价值。

二、纵向一体化

所有的企业都至少会为其工艺流程购买一些投入品，如从别的企业购买一些专业化的服务、物料或者已经成熟的销售渠道。纵向一体化（vertical integration）是指一个企业自己的生产系统或者服务机构掌握整个供应链的程度。一个企业越是更多地通过其内部运作，而不是通过供应商或者客户来完成企业流程，那么它的纵向一体化程度也就越高。管理者通过观察所有的流程，从获取物料或者外部服务，到交付最终产品或者服务，从而判断企业纵向一体化的程度。如果企业自己并不运营某些流程，那么就必须依赖于外包，或者付款给供应商和分销商，让他们来完成这些流程，从而为企业提供所需的服务和物料。当管理者选择更大程度的纵向一体化时，也就意味着外包的程度更低了。这些决策有时候也被称为自制或外购决策，自制决策也就意味着更大程度的纵向一体化，外购决策则意味更多的外包。管理者决定了哪些需要外包、哪些需要自制后，就必须要设法来协调、整合不同的流程和涉及的诸多供应商。

纵向一体化可以有两个方向：①后向一体化（backward integration）表示向上游整合，即移向原材料和零部件提供商的方向。例如，一家健身俱乐部建立自己的工厂，来生产具有自己商标的健身器材、标志产品，研发新的健身产品。②前向一体化（forward integration）是指企业获取更多的分销渠道，如建立自己的分销中心（仓库）和零售店。例如，一家职业体育俱乐部建立标志产品商店销售自己的标志产品。有些实施前向一体化的企业走得更远，它们甚至有可能将其商业客户纳入企业范围之中。

【小资料】

纵向一体化助力李宁“王者归来”

李宁体育用品公司由“体操王子”李宁于1990年创办。创立伊始，凭借李宁个人的自带流量及亚运会赞助，仅4个月就实现了近300万元盈利，1998年销售业绩已达到了7.6亿元。但随着“90后”开始成为消费主力，李宁在时尚和专业性方面的缺陷日益暴露出来，公司业绩一路走低，3年亏损近30亿元。2014年，本已退隐的李宁复出，带领企业力挽狂澜，2016年就实现了扭亏为盈。2018年，“中国李宁”登上纽约时装周，当年营收达到了105亿元。

那么，李宁这家企业如同触底反弹般的重生背后究竟发生了什么？或许可以从它供应链上研发和营销两端的延伸找到答案。

2014年李宁回归后，开始重点在产品研发和营销两方面发力。李宁坚持不用国外设计，而是在国内寻找年轻设计师，将中国元素与时尚融合，“中国李宁”的横空出世刷新了国人乃至世界对这个品牌的认知。山水国画等极具代表性的元素出现在了运动鞋服上,此时所谓运动服早已不仅仅是运动的装备,极具时尚感的运动单品已成为年轻一代追求潮流、展示个性的方式。不单是款式方面的改良,李宁在技术研发上也不曾停下脚步。虽然球鞋市场竞争向来激烈,国内外著名品牌也都各有看家本领,但李宁凭借其美观的设计和"前B后C"等核心技术在这片红海当中占据了一席之地。2018年李宁旗下"悟道"系列产品强势亮相纽约时装周,在2018—2019年约一年的时间内,李宁股价累计涨幅超过30%,市值稳超200亿元,国潮元年就此由李宁彻底开启。

营销方面,李宁买断CBA联赛五年赞助权,花费1亿元签约NBA巨星韦德,打造"时装周+明星带货+赛事赞助"的多方位营销形式,使得"中国李宁"的IP迅速打响。韦德退役时一波"䨻(bèng)科技"的营销为李宁财报数据的增长立下了汗马功劳。重整旗鼓后,李宁看准了互联网,主攻线上销售,即使在疫情期间关闭多家线下门店的情况下,其收益也未曾受大幅影响。出自门下首席设计师周世杰之手的韦德之道7全明星配色版,发售后价格涨破万元大关,这既是产品研发的胜利,也是营销手段的成功。

李宁在研发与营销环节的努力延伸成就了它的"涅槃重生",而就在2019年5月22日,李宁集团投资的广西供应基地正式启动,这是公司成立近30年来,第一次自建工厂涉足体育用品供应链上游的生产制造环节。此前,其供应链长期依靠外包代工方式。创始人李宁在接受媒体采访时表示:"整个体育用品价值链很长,以前我倾向于轻资产做品牌端,经营多年再来看,仍然需要把能力向两头延伸,一头是渠道零售,一头是成衣成鞋的生产制造,使得我们由生产到零售的品牌管理整个价值链上,寻找到一个更高效、更持续的模式。"相比于外包代工,李宁表示,除了生产环节也有利润空间外,也是希望将自身的核心工艺技术沉淀到自建工厂中,"自营这一部分,一定是我们认为最有价值的,同时还要创造很多研发、设计、试验的空间"。进行如此大的布局,李宁似乎依旧保持着清醒,他说道,上游生产环节不会无度扩大,如果全部生产来自自建工厂,那么应对市场零售端的调整灵活性就会变弱,难以捕捉零售机会。此前,李宁公司在2018年报告关于新业务介绍中就提及,在供应链方面,引入新业务供应基地,在研发、生产等维度对供应链体系进行重新梳理和打造,大幅提升鞋产品的品质,优化了生产流程的顺畅度。

这样的流程变动是否能让中国李宁在王者归来后继续昂扬奋进,我们等待着时间给出的答案。

三、资源柔性

管理者所作出的竞争重点的选择决定了公司资源(员工、设备)所必须具有的柔性程度。所谓资源柔性(resource flexibility),就是企业的员工和机器设备能够处理各式各样的产品,提供各种不同的产出水平,完成许多的产品和服务。企业员工需要能够行使很多职责,机器设备也需要是通用的。否则,从运营的角度来看,资源的利用程度就太低了。

(一)员工

运营经理必须决定是否应该拥有一支具有柔性的劳动力大军。具有柔性的员工能够做很多工作,他们不仅能胜任本职工作,而且能在多个工作点上开展工作。但是,这种柔性也往往伴随着一定的成本,即需要员工掌握更多的技能,进而需要企业提供更多的培训和教育。然而,这些投入的回报也是丰厚的。为了给客户提供可靠的服务,消灭产能"瓶颈",提高劳动力柔性可能是企业的最佳途径之一。在单个流程中工作量会出现时高时低的波动,这是由于生产批量低、程序安排混乱、规划容易变动造成的。资源柔性有助于消除这种工作量中的波动。

一个流程需要什么类型的劳动力取决于对批量柔性的要求有多高。在需要保持平稳的产出率时,可能就应该选择持久性的劳动力,这种人期望能够长期专门受雇于某一企业。如果流程所提供产品或服务的需求每小时、每天、每个季度都会发生忽上忽下的波动,最佳的选择可能是雇用少数主要的全职员工,辅之以非全职的或者临时性员工。但是,如果流程对知识或者技能的要求太高,以至于临时性员工无法很快掌握这些知识或者技能,这种雇用员工的方法可能就不切实际。因此,用非全职的或者临时性的员工还是全职员工总是处于矛盾之中。

(二)设备

当企业的产品或者服务生命周期很短,而且客户定制化程度很高时,批量就会很小,这就意味着流程管理者应该选择柔性的通用设备。图 5-2 就展示了这种关系,显示了某一流程所可能选择的两种不同的设备的总成本线。每一条线代表一个流程在不同的批量水平上所发生的年总成本,它是固定成本和变动成本之和。当批量较低时(这是由于客户定制化程度很高),流程 1 是更好的选择。该流程需要使用价格不是很昂贵的通用设备,企业花在机器设备上投资不大,固定成本(F_1)较小。此时,单位产品的变动成本较高,从而使得总成本线倾斜程度相对较陡。利用流程 1 来完成工作,并不能达到最佳效率。然而,由于批量不够大,因此,总变动成本过高的坏处还不能抵消低固定成本所带来的好处。

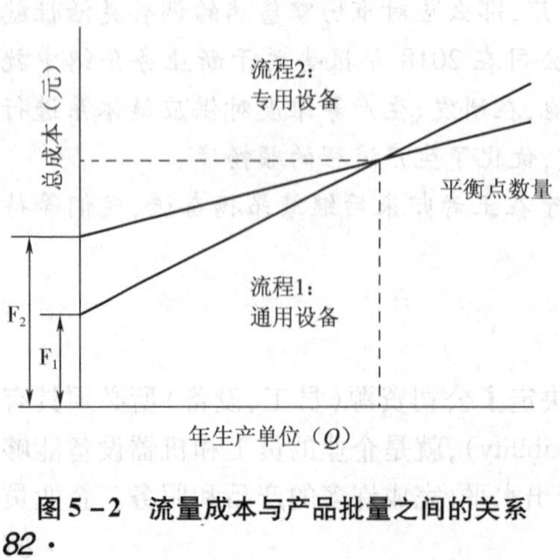

图 5-2 流量成本与产品批量之间的关系

相反,当批量很高、客户定制化程度很低时,流程 2 就是更好的选择了。这种流程的优点在于:单位产品的变动成本较低,在图中表现为总成本线较为平坦。当客户定制化程度很低时,这种流程就显得很有效率,这是因为设计出来的机器设备是专为较窄范围的产品或者工作任务所使用的。这种流程的缺点在于:机器设备的投资较大,因此,固定成本(F_2)较高。当每一年生产的产品批量足够高时,这些固定成本就可以分摊在更多单位的产出上,变动成本较低的优势就会弥补固定成本较高的遗憾了。例如,奥运会场馆的建设中,有一类体育项目的场馆如自行车赛、射箭和划艇这些项目的场地无人愿意赛后长期承接。从后期运营来看,有很大难度,历届奥运会后,都将其弃置不用,这些场馆的建设基本上是为了奥运会的一次性使用建设的。因此,许多国家对此类场馆基本上采用临时搭建的方式来解决奥运会期间的使用,赛后便进行拆除或改作他用,从而节约了建设成本。

四、客户参与

第4个重要的流程选择涉及客户参与问题,即客户如何成为企业流程的一部分以及客户参与的程度如何。客户参与的程度可能会有很大的差别,从客户自我服务、客户定制化生产产品到客户决定企业在什么时候、什么地点来为其提供产品,不一而足。

(一)自我服务

自我服务是许多零售商做出的流程决策,尤其是当企业的竞争重点是价格时。为了省钱,许多客户愿意做流程中的一部分工作,而这些事情原先都是由制造商或者由经销商来完成的。许多商品(如玩具、自行车、家具等)的制造商也愿意让客户来完成产品最后的组装活动,因为这样常常会使得生产、运输和库存成本更低,也能减少产品损坏的损失。企业利用这种节省下来的钱为客户提供好处,即降低产品价格。

(二)产品选择

在客户定制化方面展开竞争的企业常常允许客户自己提出所需要的产品规格,甚至还让客户参与到产品的设计中来,并随时检查流程的工作情况。

(三)时间与地点

当客户不在现场时,他们所需的服务也就无法提供,这时客户就需要决定企业提供服务的时间和地点,于是在什么地点接受服务就是流程设计的组成内容了。仅仅是在供应商的所在地为客户提供服务吗?供应商的员工可以前往客户所在地提供服务吗?抑或可以在第三地为客户服务吗?

现在许多公司都着手与客户开展积极的对话,让他们在创造价值的过程中成为合作伙伴。对于组织来说,客户正成为一个新的竞争力来源。为了利用客户的竞争力,公司必须将客户纳入一个持续的对话机制中来,还必须改变某些传统流程,如果改其定价、做账系统,从而适应客户的新角色。例如,在B2B交易关系中,互联网就改变了公司和顾客原来所扮演的角色。

五、资本密集度

不管是设计一个新流程,还是对现有的流程进行重新设计,运营经理都必须决定需要多大程度的资本密集度。资本密集度(capital intensity)是指流程中设备和人力的混合情况,花在设备上的相对成本越高,资本密集度就越大。当技术能力增加,成本随之降低的时候,经理人员面临着非常多的选择,他们可以选择使用极少的自动化来组织运营,也可以选择使用专用型的设备、极少的人力参与来组织生产。自动化是一套系统、一个流程或者一组设备,它们自动运行,自我调节。虽然自动化常常被认为是企业获取竞争力优势的必要条件,但它其实利弊参半。因此,做出自动化决策时需要谨慎行事。

自动化的一个好处是:增加资本密集度可以显著地提高生产率,并改进产品或者服务的质量。高资本密集度的一个很大缺点是:对于低批量的生产运营,企业就不愿意进行投资。让我们再看一下图5-2。流程1使用的是通用设备,资本密集度不高,因此固定成本 F_1 很小。尽管其单位产品的变动成本很高(在图5-2中表现为总成本线倾斜得更陡一些),但是当生产批量较小时,自动化并不总是与公司的竞争重点相吻合。如果一家企业提供的是独特的产品、高质量的服务,竞争重点就需要放在培养熟练服务人员,以及为客户提供个性化关注上面,而不是致力于运用新技术。

六、流程决策之间的关系

流程管理人员应该懂得这5种流程决策是如何联系在一起的,这样就可以找到办法来改进原本设计得很糟糕的流程。这种流程决策之间关系的共同点是批量,而批量则源自运营战略。

图5-3对于服务运营中批量和流程决策之间的关系进行了总结。这种总结也适用于生产运营,尽管在服务运营中必须要对以下两个主要的流程决策问题给予特别的关注:一是客户参与;二是资本密集度和自动化。

(一)批量很高的服务流程的典型表现

1. 采用线性流程。企业喜欢采用线性流程,工作任务或者客户以一种标准化的步骤流动。每一个客户都得到相同的基本服务,而且服务的规范程度得到严格的控制。标准化的服务可以增加批量,提高流程的可重复性。另外一些例子包括公共交通中的流程、电影院中的流程以及银行、保险、邮政服务中的后台操作流程,还包括机场行李处理流程和大型讲演厅的流程。

2. 纵向一体化程度更高。批量大就会使得服务提供商更有可能将流程内部化,而不是外包。

3. 资源柔性较小。流程批量大、循环重复多的特性使得企业并不需要很大的资源柔性。资源柔性大是需要花费投资的,如果资源专门用于一个标准化的服务中,员工的熟练程度就不需要很高,工作任务也具有较强的专门性。

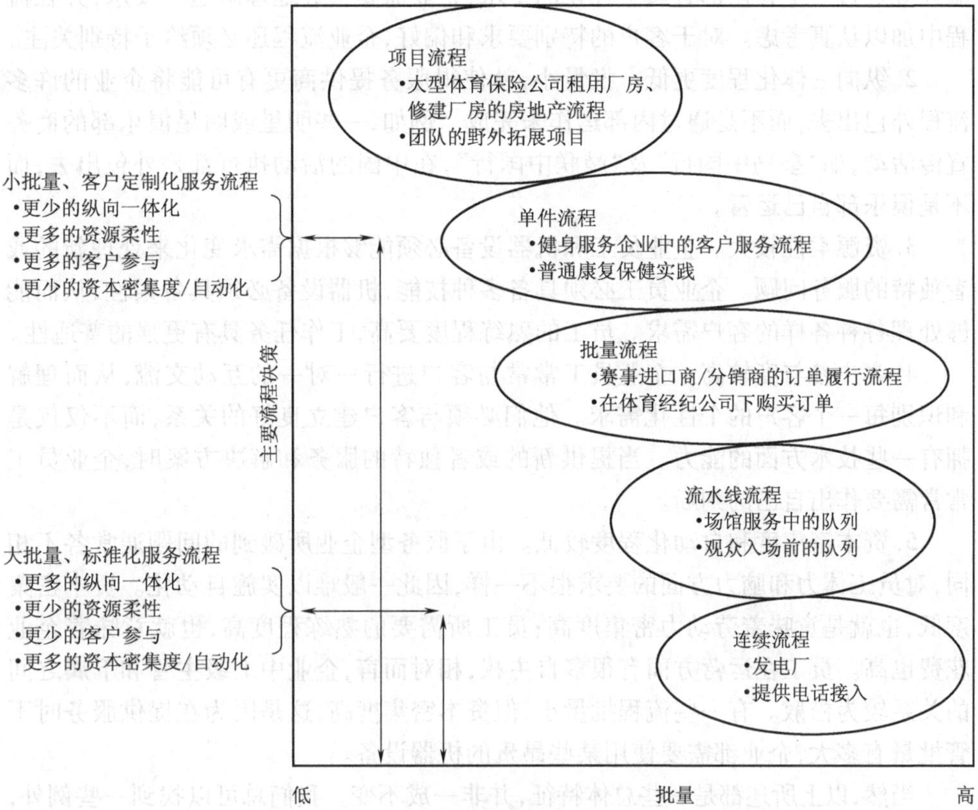

图5-3 批量与主要流程决策

4. 客户参与度较低。一般来说,在流程实施的时候,客户并不当面出现,如网络金融服务。企业员工和客户之所以极少接触,是为了实施标准化的服务。如果客户参与到流程中来,那么他们是想通过实施自我服务来获得较低的服务价格。

5. 资本密集度和自动化程度较高。由于客户并没有参与到流程中来,自动化的可能性就增加了。流程的批量大、可重复性强的特点也允许企业实施更多的自动化。资本密集度高从而导致劳动力密集度低。当然,对于大批量标准化的服务实施自动化运营也会有例外,如批发商、提供充分服务的零售商、大型的大学讲演厅。在这些情况下,资本密集度很低,这是因为所需要完成的工作性质使得在流程中达到自动化是非常困难的。

(二)批量很低的服务流程与典型表现

1. 采用项目流程或者单件流程。企业要为每一个新的项目和工作任务确定一个流程,从一个流程调整为另外一个流程时变化很大。客户定制也就意味着流程的批量很小,并且每一个客户都要求在流程上进行各不相同的改变。这种流程的例子包括管理咨询、律师服务、体育经纪人服务、健身俱乐部私人教练服务、赞助商服务等。每一个客户都有其个性化的要求，企业需要很好地理解这些要求，并在流程中加以认真考虑。对于客户的特别要求和偏好，企业流程还必须给予特别关注。

2. 纵向一体化程度更低。批量小，就使得服务提供商更有可能将企业的许多流程外包出去，而不是通过内部运作来完成。例如，一些明星或明星俱乐部的商务宣传活动，如“皇马中国行”及“曼联中国行”，在中国的活动执行都是外包出去，而不是俱乐部自己运营。

3. 资源柔性较大。企业员工和机器设备必须能够根据需求变化来处理新的或者独特的服务问题。企业员工必须具备多种技能，机器设备必须具备柔性，从而能够处理各种各样的客户需求。员工的熟练程度要高，工作任务具有更强的普适性。

4. 客户参与度较高。企业员工常常与客户进行一对一的互动交流，从而理解和识别每一个客户的个性化需求。他们必须与客户建立良好的关系，而不仅仅是拥有一些技术方面的能力。当提供新的或者独特的服务和解决方案时，企业员工常常需要作出自己的判断。

5. 资本密集度和自动化程度较低。由于服务型企业所碰到的问题通常各不相同，对员工体力和脑力方面的要求很不一样，因此一般难以实施自动化。资本密集度低，也就是意味着劳动力密集度高；员工所需要的熟练程度高，也就意味着企业花费也高。员工在运营方面有很多自主权，相对而言，企业中上级主管和下属之间的关系较为松散。有一些流程批量小，但资本密集度高，这是因为在提供服务时不管批量有多大，企业都需要使用某些昂贵的机器设备。

当然，以上所述都是一些总体特征，并非一成不变。我们总可以找到一些例外，但这里所总结的给我们提供了一套理解如何将流程决策紧密结合到一起的办法。

第三节　运营流程分析

如何明确地决定实施每一个流程呢。我们首先来讨论一种系统化的方法，以分析流程、辨识需要改进的方面、找出改进的途径并实施所设想的改进活动。

一、一种系统化的方法步骤

流程分析需要遵循一套系统化的程序，以下程序包括6个步骤，这种程序化的方法在流程改进时会获得回报。

（一）更多地描述流程中的战略性维度

企业的竞争重点、运营战略、流程选择以及企业所采用的流程决策是什么？如果是一个正在进行的流程，需要寻找流程中哪些活动违背了图5－3中所表明的基本原则。如果有一些关系没有预期到，则需要弄清楚它们是正当合理的，还是流程需要进行改变的征兆。

（二）弄清楚流程的投入、产出和客户

列出一个详细的清单，以评估流程产生附加值的能力有多大，并考虑企业内部客户和外部客户。

（三）确定衡量流程绩效的重要指标

这些指标有时候也被称为“公制”，可能的绩效衡量指标是多方面的，包括质量、客户满意度、吞吐量时间、成本、误差、安全性、环境性指标、按时交货和柔性等。

（四）为流程提供文件资料

对于正在进行的流程，使用“就像……”来提供文件资料；对于第一次设计的流程，使用“正如所建议的……”来提供文件资料。同时，要特别注意以下几个事项：

1. 客户对于从流程中所获得的产品或者服务的价值不满；
2. 流程导致了许多的质量问题或者差错；
3. 流程对于客户的响应速度缓慢；
4. 流程花费很多；
5. 流程经常成为“瓶颈”，许多工作任务堆在那里等待处理；
6. 流程产生了一些令人不愉快的事情，如形成污染和垃圾，或者附加值极低。

在流程中的每一个部分都要搜集信息，为在步骤3中选择的绩效衡量指标服务。不管什么时候，只要有可能，就要与企业内部或者外部类似的流程进行对比分析，以找出绩效较差的地方在哪里。

（五）重新设计或者改进流程

为了获取更好的绩效，管理人员或者团队应该思考以下6个问题：

1. 正在做什么？
2. 什么时候做这些流程？
3. 谁正在做这些流程？
4. 正在哪里做这些流程？
5. 如何做这些流程？
6. 以各种绩效指标来衡量这些流程的效果如何？

要给出这些问题的答案，还要接受另一个挑战，即回答另外一系列的问题：为什么要进行这一流程；为什么要在该流程现在做的地方来实施它。为什么要在该流程正在进行的时候来实施它。类似这样的问题往往会给流程设计带来富有创造力的答案，使流程设计产生突破。另外，将这一流程与企业内外部的其他流程进行对比分析，可以获得新的想法和重要的改进思路。

（六）评估流程改变所带来的变化

对于那些已在步骤3中所选取的各种绩效测量指标来衡量而取得最佳回报的改进活动加以实施。随后，当流程已经发生改变以后，要加以检查，看这些改变活动是否真的在起作用，如有必要，回到步骤1。

二、流程分析的方法

(一)工艺流程图

工艺流程图可以用来有效地记录流程资料以及评估流程。工艺流程图追踪、显示、贯穿一个流程中的信息流、客户流、人力流、设备流以及物料流。画工艺流程图并没有什么精确的形式,一般会用到方框、直线和箭头。图 5-4 就是一个顾客初次进入健身俱乐部的工艺流程图,起始点为顾客电话预约要求服务,结束处是顾客体验健身结束并离开。对于那些与客户进行频繁接触的服务运营来说,这种信息显得特别有价值,通过工艺流程图,常常可以确定出运营成功的关键因素是什么,运营失败又失败在什么地方。画工艺流程图也可以用其他一些形式,只要令人满意就行。在每一个方框边显示以下内容有助于更好的理解:总时间、质量降低了多少、误差频率、产能、成本。

为了做出这种特殊类型的工艺流程图,流程分析员首先应勾画出一个流程实施的区域草图。在方格中分析员画出人员、物料或者设备流动的路径,并使用箭头指示流动的方向。

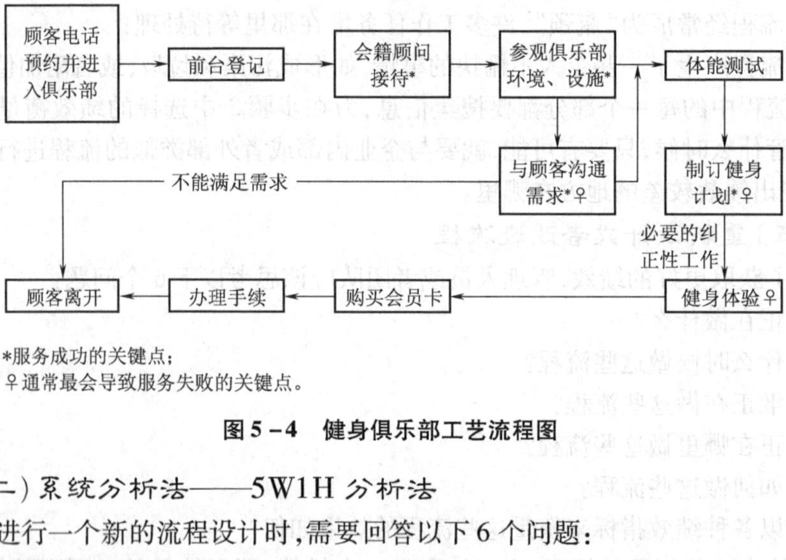

注:*服务成功的关键点;
♀通常最会导致服务失败的关键点。

图 5-4 健身俱乐部工艺流程图

(二)系统分析法——5W1H 分析法

在进行一个新的流程设计时,需要回答以下 6 个问题:

1. 要做什么(What)?
2. 应该什么时候(When)做?
3. 应该由谁(Who)做?
4. 应该在什么地方(Where)做?
5. 如何(How)做?
6. 为什么(Why)?

如果有充分的理由回答上述这些问题,则一个流程是比较令人满意的;如果找不出充分的理由回答上述问题,则说明一个流程的现有运营方式存在问题。因此,通过不断地追问,可以帮助我们找到造成现状的原因,并按照这种思路提出新的改进方案(见表5-1)。

表5-1 5W1H分析法

	第一次提问（现状）	第二次提问（为什么）	第三次提问（能否改进）	结论（新方案）
原因(Why)	干的必要性	理由是否充分	有无新理由	新理由
对象(What)	干什么	为何要干它	能否干别的	应该干什么
地点(Where)	何处干	为何在此干	能否在别处干	应在哪儿干
时间(When)	何时干	为何在此时干	能否在其他时间干	应在何时干
人员(Who)	由谁干	为何由他干	能否由别人干	应该由谁干
方法(How)	怎样干	为何这样干	能否用其他	应该如何干

(三)价值分析法

一个流程的各项工作大致包括以下3类:增值活动、非增值活动、浪费。增值活动是能够实现顾客价值的活动;非增值活动是本身不增加价值,但是为了完成其他环节的增值活动而必须存在的活动;浪费是既不增加价值、也不会有助于增值的活动。价值分析的指导思想就是保留增值活动、非增值活动,去除浪费活动。

需特别指出的是,价值分析法是以价值工程理论为基础的。价值分析方法的使用,需要理解在客户心目中价值是由哪些因素构成的。首先,要决定你想为哪些客户提供服务;然后,要确定这些客户需要和期望得到哪些东西;接下来要判断这些客户期望得到的东西中哪些是你能够满足的,然后确定这些增值活动是否存在。

同时通过强调为客户提供价值的意识,可以使客户价值逐渐成为所有员工思考和处理问题的中心,通过努力争取以产品、服务或价格上的优势去创造价值上的突破。

【小资料】

完善流程助力体育线上课程开发

在南京,有一家名不见经传的公司——路跑互联网公司,课程开发团队仅有不到十人,但正是这个团队,开发出了累计300多门跑步训练课程,课程学习次数已达几十万次。该团队可以说是“麻雀虽小,五脏俱全”,内有运动训练专家、美工、运营策划人员等,每个岗位基本只有1~2个人,而之所以能够实现这种“四两拨千斤”的效果,仰赖于团队清晰明确的课程开发流程。

图5-5展示的是团队制作课程的流程,主要包括课程核心内容、课程包装物料(图片)、课程宣传物料(图片)、课程详情物料和课程宣传文字的制作。其中,每一环节具体包括哪些要素,甚至图片类物料的分辨率和文件大小都有明确的规定。在清晰的流程下,每个人的分工及参与工作的先后顺序都是极其明确的,最大限度节省了时间和人力成本,又不会影响产出课程的质量。

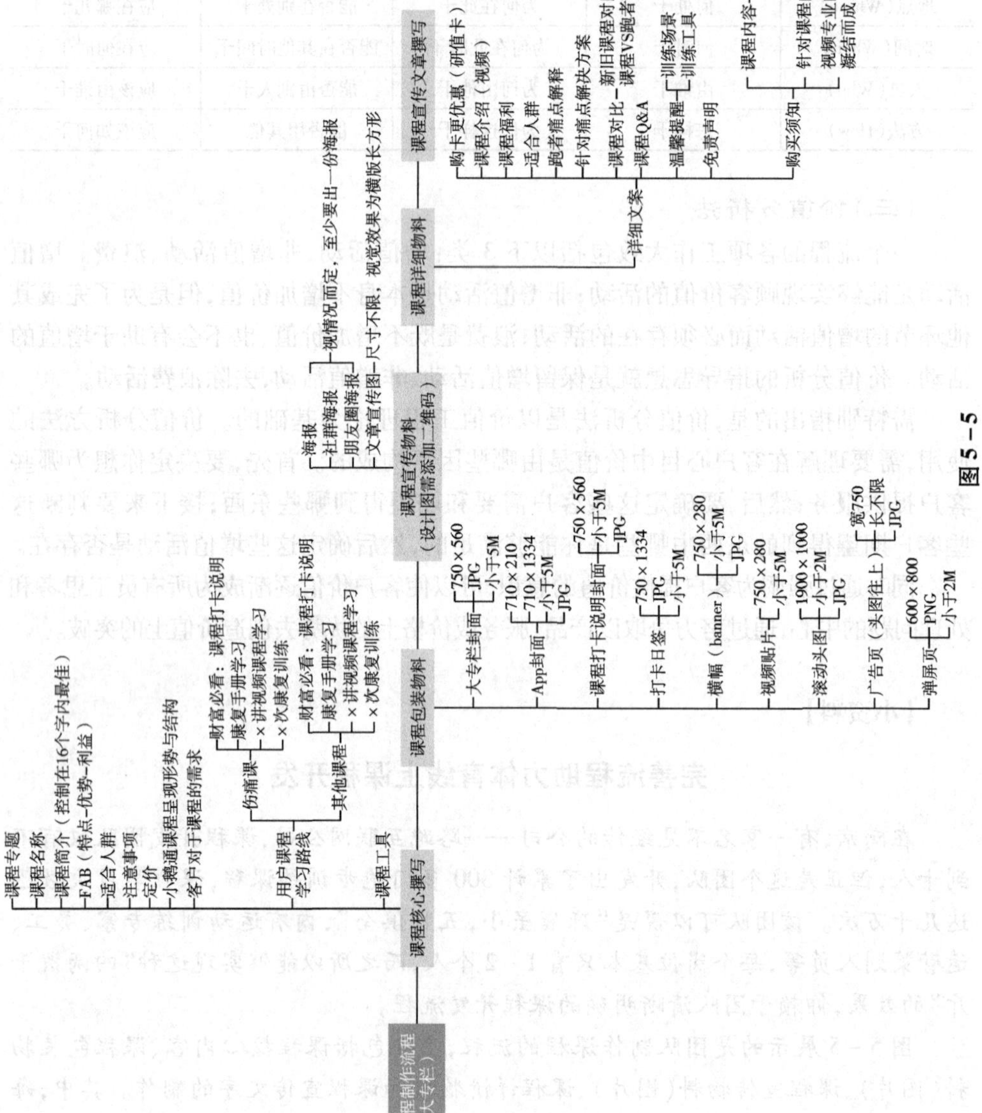
课程制作流程（大专栏）
课程核心撰写
课程专题
课程名称
课程简介（控制在16个字内最佳）
FAB（特点-优势-利益）
适合人群
注意事项
定价
小鹅通课程呈现形势与结构
客户对于课程的需求
用户课程学习路线
伤痛课
财富必看：课程打卡说明
康复手册学习
×讲视频课程学习
×次康复训练
其他课程
财富必看：课程打卡说明
康复手册学习
×讲视频课程学习
×次康复训练
课程工具
课程包装物料
大专栏封面
750×560
JPG
小于5M
App封面
710×210
710×1334
小于5M
JPG
课程打卡说明封面
750×560
小于5M
JPG
打卡日签
750×1334
JPG
小于5M
横幅（banner）
750×280
小于5M
JPG
视频贴片
750×280
小于5M
滚动头图
1900×1000
小于2M
JPG
广告页（头图往上）
宽750
长不限
JPG
弹屏页
600×800
PNG
小于2M
课程宣传物料（设计图需添加二维码）
海报
社群海报
朋友圈海报
文章宣传图
视情况而定，至少要出一份海报
尺寸不限，视觉效果为横版长方形
课程详细物料
详细文案
课程宣传文章撰写
购卡更优惠（研值卡）
课程介绍（视频）
课程福利
适合人群
跑者痛点解释
针对痛点解决方案
课程对比
新旧课程对比/
课程VS跑者VS机构
课程Q&A
温馨提醒
训练场景
训练工具
免责声明
购买须知
课程内容
×讲理论课
×讲训练课
打卡周次
打卡间关规则
针对课程内容
视频专业内容由跑者研习社教练团队凝结而成，一经订阅永久回看

图5－5

【案例分析】

格力电器纵向一体化发展历程

（一）产业链治理创新：更大担当成就“好空调，格力造”

作为后进入者，格力依靠“创新”和“质量”的双核驱动战略在激烈的行业竞争中脱颖而出：与价格竞争相比，质量竞争更有可能让企业走上产品创新之路。格力的质量战略曾受累于上游能力缺口和诚信缺失。这迫使其在内、外两方面作出改变：一是严格要求自己，成立质量督查小组，并以禁令形式严格规定关键作业环节；二是在产业链治理上投入更多精力。质量提升支持了格力的市场扩张，也使其有条件自主设计零部件采购模式：以“落地返冲”代替“一手交钱、一手交货”，所有零部件按照成品出厂数量结算货款。这既可以倒逼供应商改进产品质量，也有利于控制格力内部的浪费。10 年之后，格力宣告“好空调，格力造”，但这只是“靠过硬的零部件堆出来的，没有自己的核心技术”。

（二）激进的产品创新者：10 年摸透空调“脾气”

格力自创立之初就有外观设计等初级技术活动，转向核心技术开发则始于 2001 年。当时，格力计划从日本引进多联式空调机组技术，但惨遭拒绝。格力不得不凭借一本产品使用说明书和 300 万研发经费开始了自主开发。两年之后，格力成功开发出多联式空调技术；2005 年，格力完成离心式冷水机组的开发，打进由美国品牌控制的超大型中央空调市场。自主创新要求中国企业必须解决关键零部件“卡脖子”的问题，而空调的关键零部件就是压缩机。中国企业多年受日立、三菱等压缩机供应商制约：从日本购买一台压缩机，控制软件须单独购买，且价格与机械部分相当。在现实面前，中国企业或与日方建立长期战略合作，或与日方合资建厂，格力则选择自己干。2001—2003 年，格力攻克定频压缩机技术，并在 2004 年自建压缩机生产基地；此后，格力以业内前所未有的“（最低频率）1 赫兹”为目标，耗时 7 年于 2010 年吃透变频技术，一举跨过日企在空调领域最重要的技术壁垒。向关键零部件技术纵深挺进、掌握以变频为核心的压缩机技术，使格力摸透了空调的“脾气”，加速产品创新、开发高端产品、争夺行业制高点自然水到渠成。从无稀土电机到双级压缩的各类技术广泛应用于家用产品，磁悬浮离心机和直驱变频离心机则成为商用空调核心技术。从被迫开发核心技术直至“掌握核心科技”，格力的产品线和产品质量发生了深刻变化：2015 年，格力空调覆盖 20 大类 17 000 多个品种规格，并在业内率先承诺“两年免费包换、六年免费包修”。对产品设计和质量的强大自信源于制造能力的支撑：通过高质量、高精度、有竞争力的制造满足快速扩张的需求。这种制造能力很难从外部获得，需要格力对产业链上游的能力缺口进行高强度投资。

（三）一体化企业的“补课”：格力的制造升级路线图

1. 格力对制造精度的要求与产品设计水平同步提高，但上游能力缺口明显。

国产通用机床精度低,后续修补打磨投入大;因此,其早期设备都是高价进口的德、日机床。2012 年秋,格力决定自主研制高精度自动化设备;2013 年 1 月,自动化设备制造部成立;2015 年,模具和智能装备作为新兴业务板块,与家电并列;在此期间,格力的人均年产值达到 195 万元,比 2010 年接近翻番。

2."补课"高精度模具:"修模厂"的蜕变。2012 年之前,格力几乎"找不出一副没有毛刺的好模具",董明珠直称模具分厂为"修模厂":当时模具分厂以保证生产为主,开发新品为辅,其中,前者包括修模(提升外来模具质量)和复制,后者主要依靠外购和外协。但随着格力的产量和产值迅速扩大,模具分厂陷入恶性循环:外来模具质量低下→修模挤压开发时间→更加依赖外来模具→修模负担更重。这与格力激进的产品创新战略相冲突:①掌握核心科技、产品创新提速之后,模具设计生产提前期从 80 天缩短到 30 天,外部协作根本无法满足要求;②产品精度和品位提升需要提高模具精度与质量,但这种压力无法传递给供应商——因为他们根本做不到。

此时,纵向一体化成了唯一的选择。2012—2015 年,格力分步"关门"、叫停模具外购外协,模具分厂被"憋大了":国际顶级的模具加工设备从 100 多台增加到近 800 台;设计软件同步到位;三年间软硬件总投资超过 25 亿元;模具设计人员从不足 100 人增加到 500 余人。高强度的投资和人才储备使模具分厂不仅补齐了"关门"留下的空档,还成功实现了高端模具进口替代:此前进口一套两器(蒸发器与冷凝器)模具约需 200 万元,自制成本仅 60 多万元。模具分厂还巧妙地解决了模具加工自动化的难题,从而在加工设备翻三番的情况下,实现了操作工人数量基本不变。2015 年,模具事业部对外运营,当年产值破 9 亿元,一举成为国内同行翘楚,当年的"修模厂"一去不复返。

3."补课"自动化装备。2012 年,格力希望日资供应商为注塑机械手增加一些新动作来满足工艺,程序修改对方要价 2 万块/台次。格力无法接受,一群年轻工程师索性自己动手做起来。这批牵头的年轻人来自当时的模具分厂,他们也是格力最早接触机械手的人。2012—2014 年,他们快速迭代地开发了五代注塑机械手,总产值突破 9 000 万元,其中仅 2013 年就生产了 3 批总计 500 台(格力自动化设备部当年初成立)。得益于对现场工艺的充分理解,他们解决了一系列技术和质量问题,投诉自制机械手质量问题的"苦主"从最初的分公司经理逐渐"降级"到操作工。2014 年的第五批产品质量逐渐稳定,效率、性能也开始超过当年的日资产品。

4.突破注塑之后,设备部转战用工量大、危险性高的冲压。冲压线自动化有三种方案:连杆式机械手、独立式机械手和工业机器人。三者的成本、难度和灵活性递增。格力决定三种方案并行:自制两种机械手,争取自主集成机器人。设备部人员带着外购冲压机器人进入车间,理解节拍、可靠性等工艺需求,然后将其整合优化到线体设计中,总成本比外购整体方案(机器人 + 集成方案)低 60%。至 2016

年初,格力的100条冲压线中已有30%完成自动化改造,三种方案各占1/3;从第八条机器人冲压线开始,格力自主集成的冲压机器人代替了外购本体,成本进一步下降。这些冲压机器人是从两器分厂的搬运机器人改进而来的:设备部耗时两年,通过自主设计集成、外购本体部件和控制系统的方式,开发完成6代机器人,从搬运拓展到冲压,总成本不到5亿元,两器分厂外围用工减少2/3。

对两器分厂的工艺理解还推进了专用机床开发:设备部为其订制了一组用于进口替代(进口设备单价400万元以上)的铜管加工用无收缩胀管机。基于对格力产品特征和工艺特点的理解,自制无收缩胀管机有效解决了胀管一致性问题和料头损耗问题(每根铜管2~3毫米),这对每年消耗数十亿根铜管的格力来说,经济意义重大。同样是在理解铜管加工现场工艺的基础上,设备部还开发了多功能弯管机:将以往由多台设备分步完成的铜管下料、扩口、弯管、套环和喷码检测,集成为单机作业。在由自制装备武装起来的格力郑州生产基地,总装线上的用工量从以往的50~80人下降到个位数,生产节奏却保持不变。

5. 完美风暴。"完美风暴"是格力以激进产品创新为先导、实现"产品-模具-设备"三者联动的经典战役。2010年,董明珠执意消灭全能王空调关机时导风板与面板之间的缝隙、取消导风板中间支撑连杆。为此,研发部门耗时一年、几易方案,将机体材质升级为铝合金,调整连杆位置,最终将这条缝隙缩小到0.3毫米以内,确保肉眼无法看出(此前行业纪录是1.1毫米)。设计和模具问题解决之后,导风板加工成了新问题:起初每片导风板需要"6台日本机床干3分钟",后来设备部自主开发金属导风板铣削机,加工速度提升到单台15秒/件。以"无缝"为核心的"完美风暴"集中体现了格力从产品创新到制造升级一体化战略的纵向一体化在中国产业升级中的作用、优势,其市场回报也显而易见:在格力的影响下,"无缝"成为中国高端挂机空调的标配。

资料来源:孙喜.纵向一体化在中国产业升级中的作用研究[J].科学学研究,2020,38(11):1954-1965.

讨论题:

请对格力电器的纵向一体化战略进行分析,深刻体会它成功的原因,并探讨其成功最关键的要素是什么?

复习思考题

1. 选择一个你熟悉的体育企业,了解它的流程,画出它的工艺流程图;然后进行分析,是否可以对其进行改进?

2. 运营流程有几种类型?分别举出体育服务业中的一些实例来加以说明。

第六章

服务的开发与设计

【本章提要】

所有的服务性组织都面临着如何设计整体服务产品,并通过一定的生产过程来传递服务的任务。服务的无形性和顾客在服务过程中的出现,更增加了设计和传递服务的难度。

本章从介绍新服务的设计和开发入手,探讨服务设计的定义和特点、新服务的类型、设计特点及开发步骤,并介绍一种有效描述服务传递过程的可视技术——服务蓝图,了解服务蓝图的构成,学习如何建立、阅读和使用服务蓝图。最后,重点分析了考察传递系统设计的3种方式:生产线方法、顾客作为合作生产者和顾客接触。

【名词解释】

服务蓝图:是一种有效描述服务传递过程的可视技术,它能同时描绘服务实施的过程、接待顾客的地点、顾客雇员的角色及服务中顾客可见的服务要素等。

生产线方法:是指与制造系统类似的服务设计,有紧密的控制,使用低水平的劳动力,提供标准化的服务。

顾客接触法的基本思想:生产线法就是对服务系统采用生产线方式来组织生产,提供标准化服务保证质量的一致性,并获得成本领先的竞争优势,提高顾客对服务的认同感。将服务系统分为与顾客的高接触部分和低接触部分,即前台和后台。在后台应用工业化的设计方法,充分利用现代技术的优势;而在前台,则采用以顾客为中心的设计方法,以实现服务水平和服务效率的综合提高。

第一节 新服务设计和开发

一、服务设计概述

(一)服务设计的定义

服务运营管理的第一步,是设计组织所要提供的服务产品,因此,服务设计非常重要。到目前为止,不同的学者对服务设计的概念进行了不同的描述,其中,美国银行家协会的权威人士 G. 林恩·肖斯塔克是最早提出服务设计的学者之一。在她的理论里,强调了服务业与制造业的区别,服务设计被称作“服务系统设计”,其主要由以下 4 个步骤组成。

1. 明确服务过程:确定服务的输入、流程与输出,描绘蓝图,划分步骤;

2. 识别容易失误的环节:找出服务过程中可能由于人员、设备以及其他特有原因容易出现失误的环节,以便进行有针对性的监测、控制和修正;

3. 建立时间框架:按照顾客所能接受的标准确定每个环节的时间标准;

4. 分析成本收益:对每一环节以及整个服务系统的成本与收益进行分析,并加以改进,提高效益,增加收益。

詹姆斯·L. 赫斯克特对服务设计的定义则为:“服务业企业根据顾客的需要所进行的对员工的培训与发展,工作分派与组织以及设施的规划和配置。”詹姆斯·A. 菲茨西蒙斯则将其定义为:“服务提供系统的设计。”

综观各位学者的理论,他们所提出的“服务设计”主要包括服务系统中的流程设计、工作设计与人员安排以及服务系统规划、设施选址与布置、设备的选用与规划等,其本质是服务提供系统的设计。

国内学者刘丽文教授指出,应建立全新的服务设计概念并给出了服务设计的定义。服务设计就是指服务业企业根据自身特点和运营目标而进行的关于运营管理的战略性规划与设计,其核心内容为完整服务产品与服务提供体系的设计。其中,完整服务产品应是包含前文所提的 4 个组成要素的完整概念;服务提供系统应广义地理解为用来提供完整服务产品的整个运营系统,主要包括“硬设施”和“软设施”两个部分。“硬设施”指服务运营系统的硬件部分,如建筑物、电子设备、用具和物料等;“软设施”指服务运营的软件部分,如流程安排、质量管理体系、监控体系和人员管理体系等。

(二)服务设计的特点

由于服务的特点,服务设计和产品设计有很大的差别。在进行服务设计时,应充分考虑服务设计的差异性。服务设计有如下特点:

1. 由于服务的无形性,如高尔夫球课程、私人教练健身课程以及 NBA 篮球赛,都很难描述和传递给别人。当服务要在相当长的一段时间内实现时(如一周的户外探险、6个月的咨询服务或3个月的减肥塑身计划),它的复杂性将提高,并更难于定义与描述。因此,服务设计通常需要所有参与人员(经理、一线员工和幕后支持团队)必须从顾客需求与期望的角度出发来开展工作。

2. 服务的表现具有潜在的改变性。由于服务是员工向顾客提供的,不同的员工提供的服务,服务产品可能差距很大。几乎没有两种相同的服务,或者顾客经历过两种相同的服务方式。这周的体育比赛与下周的体育比赛很少相同,在这些赛事中工作的雇员的服务质量也可能难以保持持续性。

3. 服务的生产和消费是同时进行的。消费者必须在生产的现场,如参加比赛,必须参与到过程之中。因此,在服务设计中,要比顾客提前发现和改正服务中的错误就更加困难。员工培训、服务流程设计、处理好与顾客的关系就显得更加重要。

4. 服务不能存储。如未售完的体育比赛的门票,未租出去的体育场地都不能回收。服务无法用库存来缓和需求的变动,因此,需要更加重视服务系统的设计。

5. 顾客的参与使服务质量更加难以控制,服务设计时充分了解顾客心理是必要的。

6. 服务很容易模仿,这给服务设计提出了更大的挑战,服务设计必须既要有创新又要有成本意识。[①] 服务的这些特性是服务设计的最大挑战。

二、新服务的开发

一项对77家生产、服务或经营消费产品公司开发的11 000件新产品的研究发现,只有56%的新产品5年后仍在市场上销售。新产品失败的原因可以归结为以下几点:没有提供独特的利益,需求不足,新产品/服务追求的目标不切实际,新产品与组织内部的其他产品组合配置太差,地点不佳,财务回报不高,没有必要的时间开发与介绍产品,等等。有时候好的服务设想会因开发、设计和描述的欠缺而失败。因此,注重新服务的开发十分必要。

对于体育产业而言,大多数体育运动通过各种方式流传至今,但是体育竞赛、赛事、锦标赛以及俱乐部或球队则需要不断地创新来维持存在。例如,球队重新选择基地、改变比赛规则、提供新设施等,这些新产品或服务的开发使体育产品通过不同形式保存下来,具有相对稳定性。

新服务开发过程与新产品开发过程基本相似,主要的区别在于服务不仅涉及最终“服务”的交付,还包括服务过程本身。因此,开发服务的时候,必须同时设计服务内容及其传递过程。因为服务是无形的,而不是能够“看得见摸得着”的,所以很难把服务从服务过程中分离出来。对服务来讲,开发新服务不仅包括创新出以前没有的新的传递系统,而且包括改进已经存在的服务。有研究表明,当一项产

① 刘晓冰. 运营管理[M]. 大连:大连理工大学出版社,2005.

品按设计好的结构体系逐步设计与推出时，它会比那些没有设计好的结构体系支持的产品更加成功。由于服务的特殊性，新服务开发系统就更加需要具备以下4个特性：①必须客观，不能主观；②必须精确，不能模棱两可；③必须以事实为导向，不能以看法为导向；④必须是实际能做到的，不能是理论上成立的。

通常，推出一项新服务要建立在对顾客感知、市场需求和可行性的数据与客观设计综合评定的基础上，而不能以经理和员工的主观看法为基础。

服务的提供与消费同时进行，并且员工和顾客之间经常会存在互动。因此，服务设计过程中必须将员工和顾客包括进来，要注意以下两点：

第一，服务必须由员工施行或提供，因此，服务设计让员工参与将极有益处。服务员工往往能识别出顾客需求，在确定新服务该满足客户怎样的需求时可以提出有价值的意见。员工参与服务设计开发过程，可以确保服务和实施过程的方方面面都能被考虑进去，同时可增加新服务成功的可能性。

第二，因为客户经常是服务设施过程的参与因素，所以服务设计过程也应让他们参与。顾客除了可以提出其自身需求外，还可以帮助设计服务概念和服务实施过程，特别是当他们也是服务过程的一部分时，其帮助会更为重要。

三、新服务的类型

由于服务不仅涉及最终的“服务”的交付，而且包括服务过程本身，因此，在进行新服务开发时，对服务进行分类更为复杂。

苏珊·约翰逊等人把新服务分为两大类：派生服务和创新服务①，这两大类又各自可细分为三小类，如表6－1所示。

表6－1 派生服务与创新服务

派生服务	创新服务
服务线拓展型	开创型
服务改进型	挖掘型
风格转变型	填补型

（一）创新服务

创新服务，也称为革命性服务或突破性服务，提供了以前没有的新服务或是新服务过程系统。创新服务可细分为以下三小类。

1. 开创型服务：是指为尚未定义的市场提供新的服务。由于计算机和互联网的发展，可以预见未来许多变革将在此基础上产生，如创建一项新的赛事等。

① Susan Johnson, Larry Menor, Aleta Roth, Richard Chase. “Critical Evaluation of the New Service Development Process: Integrating Service Innovation and Service Design”. *New Service Development: Creating Memorable Experiences* (Sage Publications, 2000), Thousands Oaks, CA, chap. 1.

2. 挖掘型服务：包括一切为现有市场的同类需求提供的新服务，而该市场已存在产品满足同类需求。例如，为体育联盟新参与者设立新的俱乐部；改变比赛规则等。

3. 填补型服务：是指向组织现有的顾客提供组织原来不能够提供的服务（也许其他组织能够提供）。例如，一家健康俱乐部开设营养课程或网球培训班；一个体育场馆提供餐饮服务等。

（二）派生服务

派生服务也可以细分为三小类：

1. 服务线拓展型：是指对现有服务增加新的服务项目。例如，健身俱乐部新增课程；增加新的设施；体育培训学校新增科目；职业俱乐部增加新的特许经营产品；体育彩票增加品种；开放乐透型彩票和足球彩票等。

2. 服务改进型：是指改变已有服务的性能，包括加快已有服务过程的执行，延长服务时间，扩大服务内容等。服务改进是服务变革最普遍的一种形式。

3. 风格转变型：是服务变革中最为时尚的一种形式，表面上这种变化最为显眼，并可能在顾客感知、情感与态度上产生显著影响。改变某项运动比赛规则，改变健身俱乐部的色彩设计或内部装潢，改变职业俱乐部特许经营产品的标志、颜色或图案等都是风格改变。但这些改变不是从根本上改变服务，而是改变其外表，就如为消费品改换包装一样。

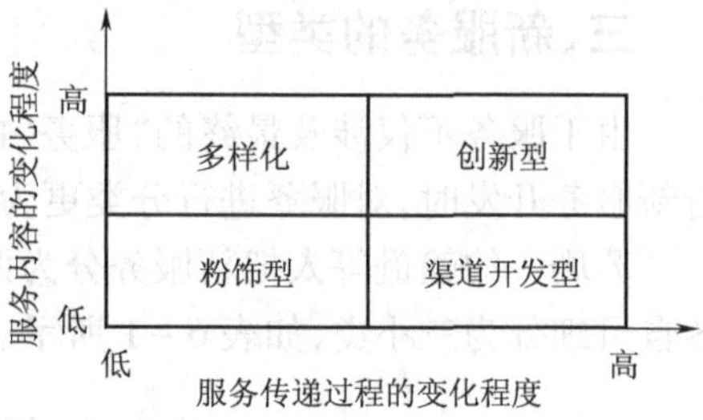

图6－1　新服务分类矩阵

还有一种方法根据影响服务的两个维度——提供服务内容的变化程度和服务的传递过程的变化程度来对新服务进行分类。如图6－1所示的两维矩阵，就是根据影响服务的这两个维度把服务分为四大类：多样化服务、粉饰型服务、创新型服务、渠道开发型服务。

第一，多样化服务。如图6－1中两维矩阵的左上角，是指需要提供全新的服务内容，而服务的传递方式则保持不变。例如，不同的俱乐部都专注于不同的市场细分，其服务内容都不一样，但提供这些服务的基本传递方式并没有多大区别。对于那些开发多样化服务的企业来说，如何高效地将多样化服务传递到目标市场是一项有挑战性的工作。

第二，粉饰型服务。如图6－1中两维矩阵的左下角，服务内容和服务传递方式都没多大的变化，只是锦上添花而已。粉饰型服务通常对企业现有服务的运营影响很小，并能在相对较短的时间内进入市场。

第三，创新型服务。如图6－1中两维矩阵的右上角，是指需要提供全新的服务内容和全新的服务传递方式。相对于其他类型的服务，创新型服务进入市场的时间一般比较长,需要较高的资金投入。

第四,渠道开发型服务。如图6-1中两维矩阵的右下角,是指需要提供的服务内容没什么变化,但需要采用全新的服务传递方式。例如,传统的体育用品零售商现在通过互联网出售商品,网上订购赛事门票等。在开发渠道开发型服务时,管理者必须认识到服务过程开发的重要性,因为顾客希望通过新渠道获取的服务质量与原来通过传统的方式得到的服务质量相同。

四、新服务开发的步骤

新服务开发有利于企业保持竞争优势,扩大市场份额,开拓新领域。与制造业不同,服务开发投资少,开发主要是依靠人的创造性思维,一般不涉及或较少涉及设备投资问题。新服务开发过程主要有3个阶段组成,即市场开发阶段、服务设计阶段、服务提供阶段,如图6-2所示。

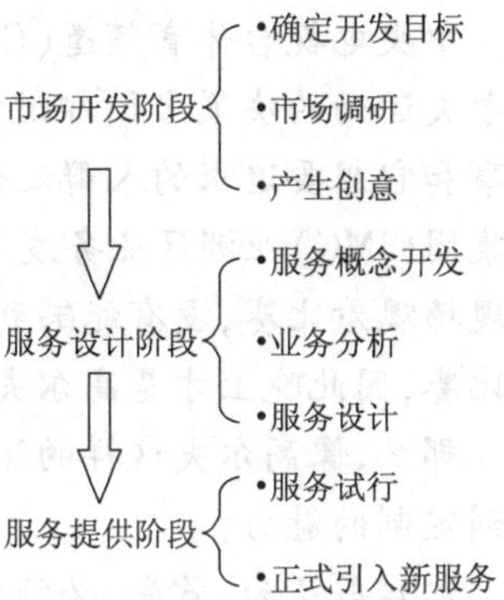

图6-2 新服务开发步骤

具体来说,新服务开发过程由以下基本步骤组成:

第一,确定开发目标。根据发展战略和企业资源状况,确定新服务开发目标,这是服务开发成功的基础。

第二,市场调研。了解顾客需求和竞争对手的服务状况,分析服务的发展方向。

第三,产生创意。良好的创意可以来自多种途径,可以由顾客提出建议,也可以通过员工倾听顾客意见,对顾客进行统计或分析竞争者服务等。

第四,服务概念开发。服务的无形性和生产消费同时性使服务很难用图纸或说明书表达出来,因此,服务的界定显得更为重要。很多情况下,经过多次讨论后才发现,各方对某项服务的概念并不相同。明确服务概念之后,要形成服务说明书阐明其具体特性,然后估计出顾客和员工对概念的反应,最后可以让员工和顾客来评价新服务概念。

第五,业务分析。在顾客和员工评价的基础上,确定服务的可行性和潜在利润,即对服务进行需求分析、收入计划、成本分析和操作可行性分析。

第六,服务设计。经反复研讨,确定服务流程,使新服务具体化、细节化。

第七,服务试行。在引进新服务时,可先在一定的范围内试行,观察服务的具体实施情况。

第八,正式引入新服务。在这一阶段,服务开始实施并引入市场,在服务提供过程中及时进行信息反馈,不断提高服务质量。

迄今为止,对新服务开发过程的研究还不够成熟,整个新服务开发过程的研究文献很有限,需要人们进一步进行研究。

【小资料】

定制化赛事营销

如何设计一项赛事产品,提供定制化服务,以符合赞助企业的要求,这成为体育产业赛事营销领域新的关注热点。

“随着产业化时代的到来,在对体育赛事的包装与整合中,无论是赛事平台的搭建还是企业品牌的营销需求,都越来越多地要求准确、快速,并符合自身的文化特色。这就是定制化服务。”《第五频道》杂志主编苏玲说。

中央电视台体育频道(CCTV-5)很少在热门时间播放高尔夫比赛,不过推广高尔夫运动的决策者们却说他们不需要收视率。以汇丰高尔夫为例,如此小众的赛事和它想要追求的人群泛化之间会不会产生矛盾?汇丰高尔夫的运营方国际管理集团(IMG)亚洲区业务发展副总裁江启航说道:“一些高尔夫球迷会想方设法进入现场观看比赛,没有能够到现场看比赛的观众,通常是在下班回来以后再看高尔夫比赛,因此晚上才是高尔夫比赛的收视时间。”

那么,像高尔夫这样的运动,应该怎样才能够真正实现定制化,并且让客户体验到定制的魅力?

江启航认为,首先,必须要了解客户的需求和文化,明白客户需要用什么样的平台才能够沟通到他们目标定位的核心人群。在很清楚地了解客户不同环节的需求后,针对其受众群最大化核心目标——因为有些客户会更着重于利用体育活动去做销售,还有些客户则是想跟体育建立关联。

“其次,就是要了解这个客户的公司结构到底是怎样的,即看客户的哪一个部门来付钱。有些公司是由市场部进行主导,有些公司则是由业务部门进行主导,而国际级大企业在选择业务战略时是由全球市场进行主导的,这样当地公司就会有非常大的主导权——这些环节我们必须弄清楚。”江启航说。

任何一个赛事运营方,都要注意为客户量身定制包括时间、地理、人物方面的服务。时间,即单项赛事本身的日程,以及赛事举办地的气候,举办城市的招待能力和交通运输能力。江启航同时认为,“最重要的是人物方面,总会有个疑问,是否所有比赛都需要顶级的球星全部参与?不一定。有些比赛需要二级球星,这样很多客户就能和他们进行互动。这是一种对客户的投资进行回报的方式。还有些比赛甚至可以不需要球星,这样的话,可以让销售人员和客户一起互动。这其中有很多变化,因此我们在量身定制方案的时候有很多不同的环节需要考虑——从帮助客户的角度来看,这叫从终端到终端的构思。”

(资料来源:崔衎衎.赛事营销步入“定制化”时代?[N].中国体育报,2009-01-20.有改动)

第二节 制定服务蓝图

一、什么是服务蓝图

在服务设计中要将服务过程描绘出来,采用的基本方法是服务蓝图。建筑设计中的建筑图纸称为蓝图,蓝图展示了产品的样图和制造过程中的一些具体规范。肖斯塔克(Shostack)建议采用类似的方法进行服务设计,即通过服务蓝图来定义和有效描述服务传递系统。

服务蓝图是一种有效描述服务传递过程的可视技术,它能同时描绘服务实施的过程、接待顾客的地点、顾客雇员的角色及服务中顾客可见的服务要素等。它提供了一种把服务合理分块的方法,再逐一描述过程的步骤或任务、执行任务的方法和顾客能够感受到的有形展示;并描绘了顾客服务体验过程的每一个关键时刻以及在每一个关键时刻中负责、参与提供服务的各相关部门。

服务蓝图的价值在于让所有前后台的服务环节都围绕顾客服务经历来展开,也明确显示出这些环节和过程应当如何相互交错联系,才能创造和传递出符合顾客期望的服务。服务蓝图一个很重要的特点是能够区分服务中顾客高度接触的方面和那些不为顾客所见的活动,并可在流程图中用点划线表示出来。

二、蓝图的构成

如图 6-3 所示,服务蓝图的主要构成包括 8 个构成要素,其中包含 3 条分界线(互动分界线、可视分界线和内部互动分界线)、4 个主要过程(顾客行为、前台员工行为、后台员工行为和支持过程)以及服务的有形展示。绘制服务蓝图的常规并非一成不变,因此,所有的特殊符号、蓝图中分界线的数量以及蓝图中每一组成部分的名称,都可以因其内容和复杂程度而有所不同。

(一)顾客行为

顾客行为包括顾客在购买、消费和评价服务过程中的步骤、选择、行动和互动。例如,在健身服务中,顾客行为可能包括:决定找合适的健身场所、打电话咨询、亲自去健身场所体验挑选、与客户经理面谈、确定办卡类型、付款、参与锻炼等。

(二)前台员工行为

前台员工行为指服务过程中顾客能看到的服务人员表现出的行为和步骤。例如,在健身服务中顾客可以看到的是前台接待的行为以及健身教练表现的行为。

(三)后台员工行为

后台员工行为指发生在服务后台的、顾客不可见的,用来支持前台行为的服务

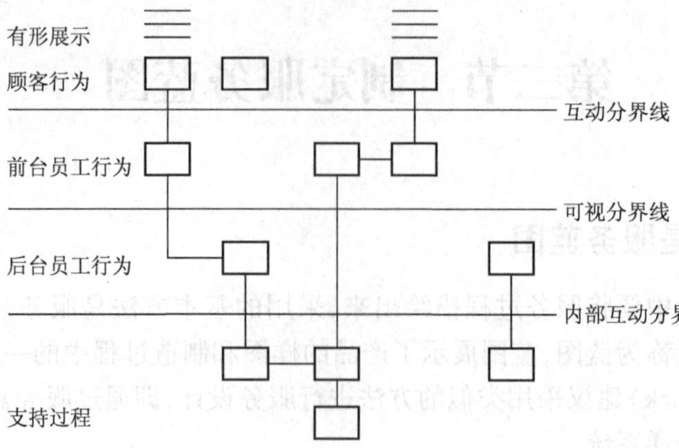

图 6-3　服务蓝图构成

活动。例如，客户经理在幕后所做的准备工作，以及顾客和客户经理以及前台一线员工的电话联系。

（四）支持过程

支持过程包括内部服务和支持服务人员履行的服务步骤和互动行为。例如，任何支持性的服务，诸如准备文件资料、卫生、音乐和环境等准备工作都包括在蓝图中支持过程的部分。

（五）有形展示

蓝图的最上面是服务的有形展示，最典型的方法是在每个接触点的上方都列出服务的有形展示，表示在此刻展现在顾客眼中的有形环境和有形物。例如，顾客进入健身房可以看到健身房的招牌、外部装饰、员工的着装等事宜。

4 个主要的行为部分由 3 条分界线分开：

第一条是互动分界线，表示顾客与组织间的直接的互动。一旦有一条垂直线穿过互动分界线，即表明顾客与组织之间直接发生接触或一个服务接触产生。

第二条分界线是极关键的可视分界线，这条线把顾客能看到的服务行为与看不到的分隔开来。看蓝图时，从分析多少服务在可视线以上发生、多少服务在可视线以下发生入手，可以很轻松得出顾客是否被提供了很多可视服务。这条线还把服务人员在前台与后台所做的工作分开。

第三条线是内部互动线，用以区分服务人员的工作和其他支持服务的工作及工作人员。垂直线穿过内部互动线代表发生内部服务接触。

服务蓝图与其他流程图最为显著的区别是包括了顾客及其看待服务过程的观点。实际上，在设计有效的服务蓝图时，值得借鉴的一点是从顾客对过程的观点出发，逆向工作导入实施系统。每个行为部分中的框图表示出相应水平上执行服务的人员执行或经历服务的步骤。

三、建立蓝图

尽管对于如何描绘服务蓝图没有严格、详细的规定，但设计者必须保证服务蓝图包括所有服务步骤，不论是顾客看得见的还是顾客看不见的，都应该包含在内。因此，要求服务蓝图设计者对服务作业要非常熟悉。在通常情况下，必须把各部门、各岗位的员工代表集结在一起，共同完成对服务整体的准确描绘。

绘制服务蓝图的具体思路是以客户为中心，首先识别顾客的经历，再从此角度展开导入实施系统，如图 6－4 所示。

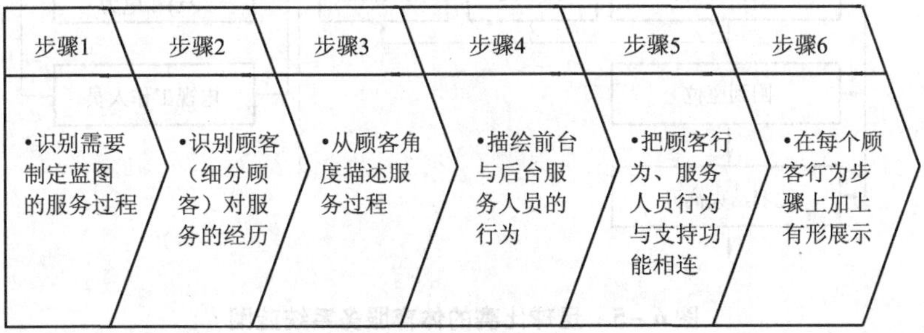

图 6－4　建立服务蓝图

以一场足球比赛为例，其体育服务蓝图见图 6－5。服务蓝图对顾客从进入场馆至离开场馆进行追踪，记录所有与体育组织及其人员之间可能的接触和交流。这些交流的积累最终形成了顾客的全面服务经历。

设施规划和实物呈现直接影响所有可视的业务运作。设施的设计决定了顾客在席位、洗手间、零食柜台之间走动的方便性，同时决定了监控、设施维修以及电视播送等的方式。诸如指示牌之类的实物呈现可以告诉顾客应该往哪边走，以往赛事的海报和视频可以增强顾客对体育场所的感受。

从图中可以看到如何接近顾客，怎样告诉他们有用的信息，以及在赛事当晚需要多少雇员（引座员、零食销售业、门票销售员）以及他们的任务、隔多少时间清扫洗手间，等等。

蓝图确定了在哪些地方，体育管理者能够影响和改变顾客的服务体验。因此，服务蓝图是优化服务的重要工具。

四、阅读和使用服务蓝图

根据不同的用途，服务蓝图可以用不同的方法阅读：

如果要了解顾客对服务过程的看法，则可以从左向右阅读顾客行为这一栏，并考虑以下问题：顾客行为的来龙去脉，顾客在消费过程中有什么样的选择，顾客对服务过程的参与程度如何以及顾客眼中的服务有形展示有哪些，等等。

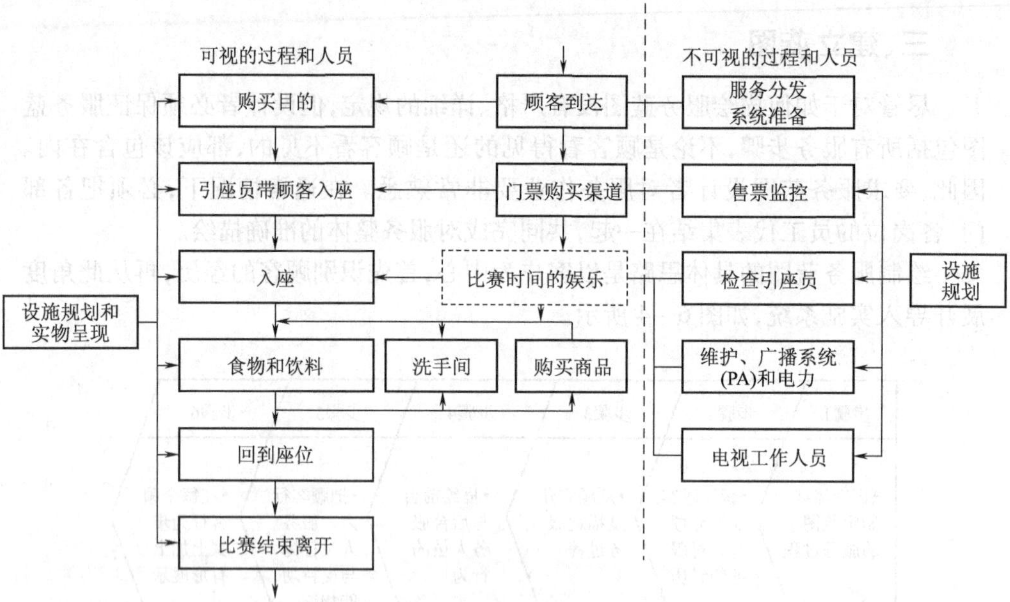

图 6－5　足球比赛的体育服务系统蓝图

如果要了解员工在蓝图中的作用，则可以集中阅读可视分界线上下的服务接触行为，并考虑服务过程是否合理、间接、有效果，服务接触的时间和频率，整个过程中是否存在顾客无人照管的服务盲点等。

服务蓝图也可以用于改进服务质量和优化服务设计。通过服务蓝图可展现出服务过程中的失误点和盲点，并促进对服务流程的深入思考。

第三节　服务系统设计的一般方法

正如前面所提及的，完整服务产品是顾客所感知的一系列产品和服务的组合，包括支持性设施、辅助品、显性服务和隐性服务。在设计良好的服务系统中，这些方面根据理想服务包的特点完美、有机地结合起来。完整服务产品定义的关键在于设计服务系统本身，这种设计可以通过多种方式实现，包括生产线法、顾客合作法和顾客接触法。

一、生产线法

生产线法就是对服务系统采用生产线方式来组织生产，提供标准化服务保证质量的一致性，并获得成本领先的竞争优势，提高顾客对服务的认同感。

麦当劳是将生产线方式应用到服务业的典范。原料（如汉堡包调料）在别处经过测量和预包装处理,员工不必为原料的多少、质量和一致性而操心。此外,专门有储存设施来处理半成品,在服务过程中不需要对酒水饮料和食品提供额外的存放空间。

服务系统中采用生产线方式具有以下特征:

第一,服务标准化。限制服务项目的数量为预测和事先规划创造了机会。服务变成了事先已设定好的常规工作,这便于顾客有序流动。标准化有利于稳定服务质量,因为过程变得容易控制。

第二,用技术代替人力。运用设备代替人力的方法也可应用于服务业,大量的业务可以通过系统的软技术来完成,如柜员机的使用提高了结账的效率。

第三,劳动分工。生产线方式将总的工作分为一组简单的工作。这种工作分类使得员工可以发展专业化的劳动技能。

第四,个人有限的自主权。对于标准化的常规服务,服务行为的一致性受到顾客关注。顾客希望在任一个场所能获得相同质量的服务,就像同一厂家生产的产品是无差异的一样。因此,生产线方式下的员工任务明确并使用指定的工具来完成任务,个人自主权十分有限。

二、顾客合作法

一般来说,顾客在服务系统中并不是被动的旁观者,顾客可以成为积极的参与者。通过将某些服务活动转移给顾客而提高生产率(即将顾客变成合作生产者),从而达到节约劳务成本的目的。此外,顾客参与也可以提高服务定制的程度,满足顾客个性化的需求。技术的进步也可促进顾客的参与,自动取款机、自动售货机等都是例子。现代的顾客已经成为合作生产者,并从低成本服务中得到回报。

按照顾客参与的程度,我们可以提出一个从自我服务到完全依赖服务提供者的一系列服务形式。以健身俱乐部为例,顾客自已有选择上课的权利,也可完全依赖私人教练进行训练。

对于服务系统而言,如果没有顾客的需求,就会造成服务提供者的服务能力的永久损失。然而,服务需求明显地随时间变化。如果能够理顺需求变化,就可以降低所需的服务生产能力。要实施理顺服务需求策略,顾客必须参与进来,调整他们的需求时间使其与可获得的服务相匹配。要达到这种目的,典型的方式是预约或预订,以减少顾客的等待时间,也可在服务需求低谷期通过价格刺激以吸引顾客消费。

三、顾客接触法

为了满足顾客对服务的多样化需求,又能利用工业化方法所带来的高效益,需要考虑一种能将二者的特点有机结合的新服务设计方法,我们称之为顾客接触法。这种方法的基本思想是:将服务系统分为与顾客的高接触部分和低接触部分,即前台和后台。在后台应用工业化的设计方法,充分利用现代技术的优势;而在前台,则采用

以顾客为中心的设计方法,以实现服务水平和服务效率的综合提高。这种方法要考虑下面两个因素:

(一)顾客接触程度

顾客接触是指顾客亲自出现在服务系统中。顾客接触程度可以用顾客出现在服务活动中的时间与服务总时间的百分比表示。在高度接触的服务中,顾客通过直接接触服务过程而决定了需求的时机和服务的性质。服务质量在很大程度上由顾客的感知决定。而在低接触系统中,由于顾客不在过程中直接出现,因而不会对生产过程产生直接影响。即使在高度接触系统中,我们也有可能将独立的部门封闭起来,不让客户接触。例如,健身俱乐部的设施维修与保养就是一个服务系统中类似工厂的部分。

(二)高度与低度接触作业的区别

将服务系统分为高度与低度接触之后,每一个领域都可以单独设计,以达到改进服务的目的。对高度和低度接触的不同考虑见表6-2。高度接触的活动要求雇员具有较高的人际技能。在这些活动中,服务的水平和任务是不确定的,因为顾客决定了服务的需求并在一定程度上决定服务本身。低度接触作业可以与高度顾客接触作业在实体上完全分离,但两者仍需要相互沟通。后台与前台分离后,后台活动可以按工厂方式安排作业,从而增大生产能力的使用效率。

表6-2　高度与低度接触作业主要的设计思想

设计思想	高度接触作业	低度接触作业
设施地址	接近顾客	接近供货、运输、港口
设施布局	考虑顾客的生理和心理需求及期望	提高生产能力
产品设计	环境和实体产品决定了服务的性质	顾客在服务环境之外
过程设计	生产环节对顾客有直接的影响	顾客不参与大多数处理环节
进度表	顾客包括在生产进度表中而且必须满足其需要	顾客主要关心完成时间
生产计划	订单不能被搁置,否则会丧失许多的生意	出现障碍或顺利生产都是可能的
工人技能	直接人工构成了服务产品的大部分,因此必须能够很好地与公众接触	工人只需要一种技能
质量控制	质量标准取决于评价者,是可变的	质量标准是可测量的,固定的
时间标准	由顾客需要决定,时间标准不严格	时间标准严格
工资支付	易变的产出要求按时计酬	固定的产出要求按件计酬
能力规划	为避免销售损失,生产能力以满足最大需求为准设计	储存一定的产品以使生产能力保持在平均需求水平上
预测	短期的、时间导向的	长期的、产出导向的

【案例分析】

高尔夫史密斯公司[①]

高尔夫史密斯公司成立于1967年,是世界上最大的高尔夫球用品的分销商。该公司开始只通过邮购提供其产品给俱乐部成员,后来它增加了直接提供高尔夫球相关产品和所有可能的服务(如提供职业高尔夫课程业务、出售已建成的俱乐部和附属物、经营运动用品商店等)。

高尔夫史密斯公司作为高尔夫俱乐部供应商和装配商,凭借其较高的技术水平赢得并完成订单,建立了在邮购领域的优势。订单接收员将订单输入计算机系统,转变成一个条形码标签;针对某一项订货的标签被贴在一个大塑料桶上;这个桶沿着传送带系统传送,会有一系列的条形码扫描仪发送信号给"机器人",使其从货架上取下适当的产品放在桶里;命令结束时,所有的物品都已装箱并且放在一辆正在等待的联合包裹速递服务公司(UPS)的卡车上,而这个桶则等待着下一个过程的巡回。一个订单从接收到装运可以在几分钟内完成,自动化和高效的系统为该公司创造了巨大的竞争优势。

高尔夫史密斯公司并没有完全依赖早期的成功,它不仅仅只满足俱乐部的顾客的个性化需求,还扩大目标市场为所有的高尔夫球爱好者提供服务。公司目前在美国和加拿大经营着25家商店,包括奥斯汀和洛杉矶的大型超级市场和总部的设施。在奥斯汀,占地41英亩的总部是该公司学习和实践的基地,它包括与隐藏击球位并列的100个练习位、一片5 000平方英尺铺设绿地、2 400平方英尺的小片绿地和两个沙坑。这些设施是高尔夫史密斯公司的Harvey Penick高尔夫研究院的基地,吸引了来自世界各地的高尔夫球手。高尔夫球场边的池塘、瀑布、断崖和本地的植物形成了令人赞赏的环境。

近年来,高尔夫史密斯公司从只出售产品和装配工具转变为筹建和维修高尔夫球场、营销以及销售高尔夫球配件。公司的目录已包括从顾客定制的高尔夫球到电子距离测量仪的所有用品。

在32年里,该公司装配高尔夫球用品并销售到90多个国家,已经成为世界最大的高尔夫球用品和配件邮购供应商。该公司目前有1 800名员工,包括26名职业高尔夫球选手,每天处理大约8 000份互联网和邮购目录订单。公司每天要接超过14 000个电话。

高尔夫史密斯公司的总部占地41英亩。总部办公室控制整个公司业务,包括公开办公区、250个电话订单接收店、仓库和订单装配设施、一个大型零售陈列室、俱乐部会所咖啡厅。在咖啡厅顾客可以买到饮料和小吃,还可以在不同的电视频

---

① 詹姆斯A菲茨西蒙斯,莫娜J菲茨西蒙斯.服务管理:运作、战略与信息技术[M].张金成,范秀成,译.北京:机械工业出版社,2007:78-79.

道观看高尔夫球节目。门口就有一名身着高尔夫球装的员工对来访者进行热情接待。在需要时,还有专家根据顾客需求对顾客提出建议。高尔夫史密斯公司所有的员工,包括电话订单接收员,都熟知高尔夫球知识而且可以流利地运用“高尔夫球术语”。

所有的设施让来访者感受到一种共同的文化,办公区甚至管理者的办公室都是敞开的。在这种环境中,跨职能的交流很容易,所有的员工都能接触管理者,甚至订单接收电话也会避免传递一种匿名之感。公司的最高宗旨:要让和高尔夫史密斯公司接触的每个人都感受到活着的、呼吸的、会说话的高尔夫球。公司对于顾客服务有坚定的承诺,员工高水平专业技能和热情形成了独一无二的氛围。

讨论题:

1. 为高尔夫史密斯公司绘制服务蓝图。

2. 高尔夫史密斯公司说明了哪类一般的服务系统设计方法?这种设计提供了哪些竞争优势?

3. 为什么高尔夫史密斯公司适合互联网销售?

复习思考题

1. 选择一个体育服务项目,指出其完整服务产品的构成要素。

2. 在服务过程中,顾客过多参与有何缺点?

3. 为什么进行服务设计与开发较为困难?

4. 新服务的类型主要有哪些?分别举例说明。

5. 服务设计的生产线方法有何局限性?

6. 假如你是一家多产品的体育公司的管理者,并希望通过增加新品种来实现增长。试述你认为较为合理的开发新服务的步骤。其中最困难的是哪一步骤,为什么?

第七章

服务体验管理

【本章提要】

体验经济成为继服务经济以来越来越得到世界广泛认可的一种经济形态，它带来的是人们对于经济发展看法的改变，企业利润的获取和提升都将不仅仅依靠产品和服务，而是更多地转向体验。本章从经济形态的发展过程入手，引出体验经济的到来，介绍体验经济区别于传统经济的主要特征，介绍体验及体验管理的基本知识，还将探讨如何创造成功和满意的体验，这是目前竞争取胜的关键一环，并对体验管理策略作了总结，以帮助读者理解体验管理对于当今运营管理的重要作用。

【名词解释】

体验经济：是指以商品为道具、以服务为舞台、以体验作为主要经济提供物的一种新经济形态。

体验：是在一定的时空条件下，人们达到的情绪、体力、智力、经验甚至是精神的某一个特定水平时，人们的意识层面所产生的感觉。

娱乐体验：就是通过各种感官刺激使消费者产生兴奋、满足和审美享受。

情感体验：是指对象和主题之间的某种关系的反映，它表现为不同程度的心理情感，以及对待客观对象的一定的主观程度。

文化体验：是一个组织或者社会成员共有的意义、仪式、规范及传统的积累。文化体验中包含娱乐体验和情感体验，但是范围又宽泛很多，它超越了个人体验范畴，让个体与更广阔的社会文化背景联系起来。

体验管理：全称应为客户体验管理，是指通过创造性地设计客户对服务产品全面体验的流程，从而管理目标客户在整个体验流程中的认知，实现公司资源价值最大化的过程。

第一节　体验经济

一、经济形态的发展——体验经济的到来

经济是从宏观和微观来描述人类社会的投入、产出和消费的。目前为止，人类历史上经历了以下几种经济形态：

（一）产品经济

产品是从自然界发掘、提炼出来的材料，如矿物等，企业一般对其进行加工或提炼，以达到某种产品特性。在产品经济时代，企业利润主要受供求关系制约，当需求大于供给时，利润随之而来，供给大于需求时，难以获得利润；产品经济时代企业的生产方式是手工作坊。

（二）商品经济

随着技术的发展与作用，企业生产方式由手工作坊迈向机械化，于是开启了商品经济时代。随着商品经济深入发展，供过于求是市场的常数，在商品经济时代的市场竞争中，围绕改善质量和降低成本的工作成为企业获取利润的重要举措。但是，伴随着产品同质化趋势日益明显，价格战在所难免，所有商品不可避免地面临着低价格的竞争。消费者在购买商品的时候，考虑得越来越多的是价格和便利因素。

（三）服务经济

为了跳出商品化陷阱，20 世纪 60 年代，西方发达国家企业发现了以前被它们忽视的服务价值，于是，一些精明的制造商将商品与服务进行捆绑式销售或免费提供某些服务项目。在服务经济时代，不少企业在对消费者服务上费尽了心思，但服务是否免费或服务的深度，仍受制于企业对利润追求的制约，服务一方面是培育顾客忠诚的手段，另一方面也是企业的成本。

有一个很著名的例子向我们展示了经济的发展对人们消费的影响：

20 世纪60 年代，丽贝卡的妈妈过生日时，丽贝卡的奶奶亲手烤制生日蛋糕，她购买价值 1 毛、2 毛的蛋糕制作原料。

20 世纪80 年代，丽贝卡过生日时，妈妈打电话给超市或当地的面包房订生日蛋糕，这种定制服务将花费 10～20 美元，而许多父母却认为定制蛋糕很便宜，毕竟这样做，他们可以集中精力于计划和举行生日聚会。

21 世纪初，丽贝卡的女儿过生日时，丽贝卡会把整个聚会交给“迪斯尼俱乐部”公司来举办。在一个叫纽邦德的旧式农场，丽贝卡的女儿和她的 14 个小朋友一起体验了旧式的农家生活。他们用水洗刷牛的身体，放羊，喂鸡，自己酿苹果酒，

还要背着干柴爬过小山，穿过树林。丽贝卡为此付给公司一张146美元的支票。

丽贝卡在女儿的生日卡片上写着："生日最美妙的礼物并非蛋糕。"过生日形式的改变在告诉我们一点，体验经济到来了！

【小资料】

"老外"奥运村内体验中国文化

2008年7月底，北京奥运的脚步越来越近了，各国的代表团也陆续抵达并入住奥运村。奥运村的运营充分体现了体验经济的特色，村内设计了各样可供大家体验的活动，浓浓的中国传统文化氛围深深吸引了这些海外的客人们，如图7－1和图7－2所示。

图7－1 英国跳水队队员在奥运村中国茶馆中品茶观看中国传统歌舞表演

（四）体验经济

在当今的经济环境中，消费者们面临着在实际位置或者通过其他渠道（如互联网络）提供的巨大数量的服务。在大量信息充斥的情况下，组织必须"为吸引眼球而战"，即为吸引消费者的注意而战。供应商提供的服务不仅得到消费者的注意是困难的，而且要保持这种注意力更具有挑战性。通常，那些能够抓住并保持消费者注意力的公司会成为赢家。寻找方法培养一个忠诚的消费者而不是满意的消费者就变得十分紧要了。提供者必须把与别人类似的平庸无奇的服务改造为令消费者想要再来一次、并讲给所有朋友听的难忘事件。按照另一种说法，公司要为"体验"搭建舞台。体验不仅是难忘的，而且应该被设计成为让消费者随着时间建立与

图7-2 古巴女运动员参观奥运村的纪念章交换中心

提供者的相互作用,以此来增加消费者的忠诚度。

派因和吉尔摩形容正在改变的竞争环境是一种"体验经济"。他们提出,服务和产品会变得越来越像商品,体验将作为经济价值发展的下一个阶段出现(整个发展过程见表7-1)。体验与普通服务的区别是:公司以服务作为舞台,货物作为道具,目的是使个人消费者通过某种途径经历某种令人难忘的事件,并且,组织可以为此收取"入场费"。消费者或者"客人"必须被所提供的服务吸引并产生感觉。

表7-1 派因和吉尔摩的经济发展模式

经济发展模式	农业经济	工业经济	服务经济	体验经济
时间 →				
经济提供物	产品	商品	服务	体验
经济功能	采掘提炼	制造	传递	舞台展示
提供物性质	可替换的	有形的	无形的	难忘的
关键属性	自然的	标准化的	定制的	个性化的
供给方法	大批储存	生产后库存	按需求传递	在一段时间后展现
卖方	贸易商	制造商	提供者	展示者
买方	市场	用户	客户	客人
需求要素	特点	特色	利益	感受

(资料来源:B JOSEPH PINE Ⅱ, JAMES H GILMORE. The Experience Economy[M]. BOSTON: Harvard Business School Press. 1999.)

二、体验经济区别于传统经济的核心特征

(一)体验经济的内涵

早在1998年,美国学者约瑟夫·派因(B. Joseph Pine Ⅱ)和詹姆士·吉尔摩(James H. Gilmore)就全面分析了体验经济(experience economy)。他们指出,体验经济是"以商品为道具、以服务为舞台、以体验作为主要经济提供物的一种新经济形态"。

因此,可以说体验经济是一种充分体现人性化的经济,正如20世纪70年代从商品经济转向服务经济一样,我们步入体验经济同样也是经济价值形态自然演进的结果,体验经济时代的到来将成为大势所趋。

可以看出,所谓体验经济,是要为消费者创造出难忘的感受。传统经济注重产品的使用和价格,而随着体验经济的到来,生产和消费行为已经发生了变化,从生活和情境出发,塑造感官体验及心理认同,以改变消费行为,为产品和服务找到新的生存空间。

(二)体验经济的核心特征

1. 体验的实现与员工参与无必然联系。参照美国市场营销学会(AMA)对服务的定义,服务强调的是员工参与,没有员工,也就无所谓服务产品;而体验强调的则是顾客参与,没有顾客,也就没有体验商品。员工只是体验过程的配角,而且体验现场不一定需要员工的参与。

2. 顾客成为体验商品的主要构成部分。体验型企业出售的是独特的体验商品,对体验的需求源自顾客内心的期望。由于体验是顾客的个人主观感受,所以企业所做的一切都只是形成体验价值的环境条件,真正对体验价值的产生具有决定性意义的是顾客本身,顾客成为体验商品的真正主体。

3. 体验价值表现为顾客精神状态的改变。体验是一种特殊的商品,其价值主要体现为顾客精神状态的"改变"。从本质上讲,消费体验商品所获得的不再是物质效用,而主要是精神效用。体验价值的大小主要取决于顾客精神状态的改变程度与所付出的成本之间的差距,这种差距越明显,则顾客感知的体验价值越大。

4. 顾客对体验付出的经济成本相对不敏感。体验成本在很大程度上是顾客的个人感觉(体验的感知成本)。由于顾客消费体验产品主要表现为对个人价值的超越与精神意义的追求,他们往往愿意付出较高的经济代价,因此,对经济成本的感知相对不明显。在体验经济时代,一杯经过特殊体验场景包装的咖啡,其价格卖到普通咖啡的几十甚至上百倍仍然会吸引大量的顾客。

【小资料】

5G带动体育发展,增强用户体验

在前几年体育产业蒙眼狂奔的年代,"政策+资本"的力量催生了一批体育

媒体和青训机构，炒高了赛事版权和球员身价，孕育了一众体育小镇。如今虽然潮水已经褪去，但是这波资本依然帮助体育行业完成了一定的原始积累。5G 时代，“政策＋资本”的力量又将再度催生一大批体育内容：短视频和游戏为主，智能穿戴、大健康概念、场馆运营 5G 覆盖、VR 眼镜、体育游戏、视频等领域的新公司或新品牌。近两年，我们看到无数和 5G 相关的体育概念，例如国内第一个 5G 全覆盖马拉松越野赛、全球首个 5G 滑雪场、全智能无人体育卖场、5G＋8K 直播中超等。

同时，随着 5G 时代的到来，体育产业的增值服务将变得更有性价比，付费用户可以选择更多的场景、更有趣的视角。5 年后如果 VR 技术成熟，或许还能有更沉浸式的体验。此外，5G 的高速度将促使社会效率进一步提升，人们的工作压力也随之加大。而在生活方面，VR、AR、无人驾驶等技术的发展，又让人们的体力消耗不断降低，所有这一切都使运动健身的需求彻底爆发。摩根大通报告认为，“千禧一代”更喜欢把钱花在体验上，健身属于新兴的体验式消费，它不但可以提升身体素质，更能减少精神压力。万物互联的 5G 时代，我们不妨憧憬如下场景：全民短视频和直播爆发、俱乐部周边和球鞋智能化、5G 球场体验、机器人体育赛事发展，体育产业在科技的助力下蓬勃向上。

体验经济是个性化的经济。体验经济“以人为本”，它尊重人性和人的个性，强调满足人精神的、社会的、个性的需要的重要性。著名经济学家汪丁丁教授描述了体验经济的这一重要特征：在这里，消费是一个过程，消费者是这个过程的产品，因为当过程结束的时候，记忆将长久保存对过程的体验。消费者愿意为这类体验付费，因为它美好、难得、非我莫属、不可复制、不可转让、转瞬即逝，它的每一瞬间都是一个唯一。体验经济的个性化特征验证了心理学家马斯洛的“需求层次”理论，即人类最高的需求层次是“自我实现”。

体验经济是情感和文化的经济。现代社会激烈的竞争，使人类面临着越来越多的变化和不确定性，背负着越来越重的心理压力。人类脆弱的情感正经受着严峻的折磨和考验。正如著名未来学家阿尔温·托夫勒所预言的那样：“一个高技术的社会必然是一个高情感的社会。”体验经济正是基于人们情感和文化的需要，致力于抚慰人类迷茫和受伤的心灵，致力于打造人类梦寐以求的真、善、美的精神家园。

体验经济是智慧和创新的经济。人的体验正如人的指纹一样千差万别，各不相同，难以捉摸。满足人们的体验需求给商家提出了更高的要求，因此，没有智慧和创新就没有美好的体验，也就没有体验经济。

第二节　体验及体验管理

一、体验的本质及其特征

（一）体验的本质

什么是体验？体验这个概念来自心理学，但是，体验的含义远远超过了心理学范围。“体验事实上是当一个人达到情绪、体力、智力甚至是精神的某一特定水平时，他意识中产生的美好感觉。”（派因语）它是主体对客体刺激产生的内在反映。主体并不是凭空臆造体验，而是需要在外界环境的刺激之下，它具有很大的个体性、主观性，因而具有不确定性。一方面，对于同一客体，不同主体会产生不同的体验。体验是每个人以个性化的方式参与其中的事件，任何一种体验其实都是某个人本身心智状态与那些筹划时间之间互动作用的结果。另一方面，同一主体对同一客体在不同时间、地点也会产生不同的体验情感，同一客体在不同时间、地点会产生不同的知觉、情绪、思维、关联、行动等，这种差异性必然影响体验活动。体验是消费者对一定的刺激物所产生的心理感受，体验在本质上是个人的。

为什么当我们第一次迈进 NBA 的现场，第一次近距离地看到体育明星的场景至今仍历历在目、回味无穷？因为那一天对我们来说太重要了，它是我们难忘的一次经历，是我们珍贵的一次体验。岁月的流逝只能磨损购买的商品，而体验却是这样一种奇怪的东西，它总是在忘却的砥砺中时时地、轻轻地敲打着我们敏感而多情的心灵。

体验是一种感觉。它是在一定的时空条件下，人们达到的情绪、体力、智力、经验甚至是精神的某一个特定水平时，人们的意识层面所产生的感觉。“酒逢知己千杯少”就是这种体验所产生的感觉，而星巴克咖啡屋则让人们体验到“家”一样的感觉。以体育服装消费为例，现在，消费者对服装的功能性利益诉求大幅度降低，而对体育服装的情感性、自我表现性利益诉求日益高涨。从保暖遮体到物美价廉，从大众风格到流行时尚，从穿着运动再到将体育服装作为时装。虽然体育服装的功能性改进十分有限，但它的美观、个性、性感、时尚等情感和自我实现层面的功能则大大提高了，体育服装实际上成为消费者体验的符号、载体和面具。在体验经济中，商品成了消费者体验的道具和附属物。

体验是创造记忆的经历和过程。NBA 的球迷们在比赛的现场尽情地为他们心目中的英雄加油呐喊，所有的球迷通过比赛共同分享难忘而愉快的经历，这是他们通过现场交流来体验体育带来的感官刺激的一个组成部分。尽管它是无形的，但大家都十分珍视它，因为在这体验的经历中，球迷都获得了增进与心目中球队和球星情感的价值诉求。他们可以为此而慷慨付费，并会经常回忆起那种经历。

体验是个性化和互动的一系列事件和经历。微软公司将它的第三代操作系统命名为XP，所谓XP就是EXPERIENCE，也就是体验。它同时宣称，它的第一代操作系统的主要功能是文字和数据处理，第二代操作系统的主要功能是网上交流和互动，而第三代操作系统的主要功能则是提供包括三维接触在内的更加深刻和更加丰富的体验。其实，目前此起彼伏的"娱乐消费""假日消费""休闲消费""一对一消费"等，都是以提供个性化的、互动的商品和服务，创造出一系列虚实结合的事件、环境氛围和过程，使人们在体验之后慷慨解囊。

体验是精神的满足和心灵的享受。在装修豪华的赛场包厢中，在惬意中从最佳的角度欣赏精彩的比赛，所获得的不仅仅是观赏赛事带来的享受，也包含了一种尊贵的精神满足体验。

(二)体验的特征

1. 互动性。一种体验是顾客对一定的刺激物所产生的个人心理感受，但我们必须认识到，体验并不是自发的，而是诱发的。如果缺乏体验的筹划者，那么消费者的体验无从产生。所以，要让消费者对企业提供的商品和服务产生美妙的体验，作为体验提供者的企业必须深入分析和把握能激发顾客美妙感受的体验提供物。

2. 差异性。体验作为消费者内心的精神和心理感受，这种心理感受是因人而异的。因为个人所受教育、文化及亲身经历、爱好各不相同，所以对同一个事物将产生不同的体验经历。例如，在麦当劳餐厅就餐，对于儿童来说最愉快的体验可能是可口的食品及附赠的玩具、儿童生日宴会；对成人来说愉快的体验是它的食品、轻松的音乐、洁净的就餐环境及良好的服务等。

3. 消费主动性。无论是在体验生产过程中，还是在体验消费阶段，消费者的体验有较大的主动性，是消费者自身的心理感受。因此，作为体验提供者的企业，如何诱导和实施体验传播，以吸引消费者的消费需求和欲望，是有待深入研究的课题。

4. 即时性和延续性。在体验消费过程中，体验的购买者能够获得身临其境的感受，良好的心理感受能立即带来心理的愉悦，尽管这种感受具有即时性，但这种体验的价值会在消费者心目中延续。很明显，能提供这种价值的企业不仅会在消费者心中赢得一席之地，而且能极大地提升其商品或服务的附加价值。

二、体验的分类

体验是一种综合性的社会的、心理的想象，需要心理学、社会学和文化人类学等知识的交叉运用。因此，可以将体验分为在顾客消费过程中形成的娱乐体验、情感体验和文化体验。

(一)娱乐体验

娱乐体验，就是通过各种感官刺激使消费者产生兴奋、满足和审美享受。娱乐体验的概念和人们日常生活中所说的感觉概念一样,包含了狭义的感觉(听觉、视觉、嗅觉、味觉、触觉)、直觉和情绪的混合作用。

人生的主要追求之一就是要追寻快乐,免受痛苦(趋利避害)。心理学的行为主义学派有一个经典试验:如果把电极的一头接到老鼠大脑的快感中心,另一头接在老鼠自己能操作的控制杆上,它会废寝忘食不停地触动控制杆。虽然享乐不是人类行动的唯一或者永远的首要动机,但是一个基本的动机。

体育产业是最能体现娱乐体验的产业,精彩的足球比赛也好,健身俱乐部里的大汗淋漓也罢,都包含了娱乐体验的要素。还比如,人们看到比赛的画面,听到裁判的哨声,在众人的呐喊中体验一种情绪,在比赛的输赢中获得刺激,等等。

(二)情感体验

情感体验是指对象和主题之间的某种关系的反映,它表现为不同程度的心理情感,以及对待客观对象的一定的主观程度。

人类是富于情感的生物,在内心的深处有与周围的人和世界联系的需求。情感为我们的生活带来深度和意义。它在我们内心深处的需求与日常行动的缺口上架设了一座桥梁。它促使我们采取行动,去参与生活的游戏。它使我们的决定生效,并且我们因此而感觉良好或者不好。每天它都帮助我们作出成百上千的决定,假如没有情感,生活将会失去意义。

情感也是联系顾客和产品服务的纽带,这些情感来自客户对产品的长期消费过程,从而使人们对某些产品或者服务产生了深深的喜爱和情感(如 NBA 比赛)。即使客户在第一次接触的时候就有美好的体验,但是他们的强烈的情感是随着时间和一次次的美好体验而日益深厚的。

(三)文化体验

文化是一个组织或者社会成员共有的意义、仪式、规范及传统的积累,文化体验中包含娱乐体验和情感体验,但是范围又宽泛很多,它超越了个人体验范畴,让个体与更广阔的社会文化背景联系起来。

我们通常可以从消费的环境、品牌的标志,以及产品或者服务中传递出来的思想价值观中来体会和感受到不同的文化。例如,范思哲出品服装、珠宝、饰物等,在全世界开设了 140 多家的分店,年度销售额在 10 亿美元左右。范思哲的服务对象是明星、少数精英分子和社会名流人物。

【小资料】

创造体验的心理学要素

一般来说,人类意识包括感性、理性两个方面及 4 种不同的功能,即感觉、直觉、情感和理智。如果能使上述两个方面的心理因素均衡地产生作用,就能获得良好的体验效果。

● 感觉。感觉是一种简单层次的心理过程,是人脑对客观事物的个别属性的主观反应。感觉一般分为视觉、听觉、嗅觉、味觉、触觉,也包括运动觉、平衡觉和机体觉等。

● 直觉。直觉跟逻辑思维相对立,常常通过冲动的形式表现出来。

● 情感。情感分为基本情感和综合情感。基本情感类似欢乐、消极、悲伤等;综合情感是基本情感的混合和集合,比如怀旧。

● 理智。思考功能以理性和逻辑为基础,包含分析、推理、计算和其他逻辑思维过程。

对于创造体验的公司而言,以上4种意识功能的了解至关重要,因为每个人的个性就是由这些功能构成的。

三、体验管理的含义

体验管理,全称应为客户体验管理,它是近年兴起的一种崭新客户管理方法和技术。根据施密特(Bernd H. Schmitt)在《客户体验管理》一书中的定义,客户体验管理(Customer Experience Management,CEM)是"战略性地管理客户对产品或公司全面体验的过程",它以提高客户整体体验为出发点,注重与客户的每一次接触,通过协调整合售前、售中和售后等各个阶段,各种客户接触点或接触渠道,有目的地、无缝隙地为客户传递目标信息,创造匹配品牌承诺的正面感觉,以实现良性互动,进而创造差异化的客户体验,实现客户的忠诚,强化感知价值,从而增加企业收入与资产价值。通过对客户体验加以有效把握和管理,可以提高客户对公司的满意度和忠诚度,并最终提升公司价值。也有学者将体验管理定义为:"管理目标客户在整个体验流程中的认知,从而优化品牌和客户资产。"

客户体验管理是通过运营流程来实现的,是客户与公司在整个客户周期互动中,售前、售中到售后的多渠道接触点的完整的体验流程。多渠道接触点涵盖零售店、电话、互联网、面对面、广告、直邮、公关等。接触点的体验与服务产品的体验,反映出两个关键时刻:购买时刻和使用时刻。不论你处于什么行业,提供何种服务,交付统一、对客户有价值的体验的能力将证明你的竞争实力,而且体验是由公司员工和客户共同创造的。

在如今激烈的市场竞争中,客户体验管理将成为维系客户的关键因素,还能够为公司挖掘消费者的潜力,并根据其价值来满足客户的需求。它能够使服务与其价值相对应,识别销售时机并能有效管理消费者的不确定因素,以便留住最有价值的客户。企业要想获得竞争优势,就必须注重每一次的交互过程中客户体验对于企业将来的利润和收益的作用与影响,并且要优化客户体验,确保跨渠道和跨市场营销的正常运作。

本书给体验管理如下定义:客户体验管理就是通过创造性地设计客户对服务产品全面体验的流程,从而管理目标客户在整个体验流程中的认知,实现公司资源价值最大化的过程。

第三节 创造成功和满意的体验

一、消费者接触到的体验要素组成

这里,我们将消费者接触到的体验分为以下几个小的要素:设施、产品、服务和互动体验过程。

(一)设施

设施是消费者在体验的过程中所接触到的物理环境,如球场中的设施、健身俱乐部中的器械等。商家(或者说服务体验的提供人)和消费者在这个环境中进行互动活动。设施对消费者的体验具有很强的潜在作用,并且这种作用会给消费者长时间的影响,如同我们在走进一家饭馆的时候,从它的装修,或者是装饰品的摆设上我们大概就可以推测出这家餐馆经营的菜色类型、价格水平等。体育产业中一个不能忽视的例子来自NBA,这个世界上最赚钱的美国篮球比赛,在比赛的用品和赛场的布置上显得格外用心。2007年,“NBA中国赛”走进了上海和澳门,使得中国的千万球迷有了和NBA亲密接触的机会,为了能够牢牢抓住中国市场,为了给中国球迷留下难忘的感受,NBA对自己的中国赛进行了严密的考察和设计。球场要方便到达,宣传上采用独家合作的形式,服装的售卖全部进入比赛现场和唯一授权网站,这些都是要给球迷一种NBA不同一般的感受。同时,为了在现场达到和美国本土赛场相同的效果,比赛用的地板更是千里迢迢地从美国全套运到中国,比赛中使用的广播、音响及灯光设备也一并运抵中国,尽管这样大费周折需要花费更多的钱,但是NBA就是要追求这种效果,突出NBA的原汁原味。

因此可以说,设施形成了消费者的第一印象,消费者也通过设施判断服务质量的好坏,甚至通过设施来认定他们心目中的品牌。又比如,当我们走进宜家,看到所有的家具被巧妙地布置成不同风格的起居室,没有其他商店写着“非买勿动”的警示牌,而是欢迎你在累了的时候随时坐下来,或者在挑选床垫的时候随意地躺下试试……你的感觉是什么?不错,这是一家宜人的商店。

(二)产品

在体育产业,也许我们通常关注的产品就是体育用品了,如运动时用的器具、穿的衣服、戴的眼镜和手套等。也许产品的功能大同小异,甚至觉得它们是完全一样的,但是为什么买到品牌的产品时,感觉仍然不同。也许人们可以给出很多的理由,但是仅仅从产品上来看,它们的不同在哪里呢?同样都是运动鞋,设计上也许没有太大差异,但是当售货员向你展示美国的某品牌鞋的时候,你发现售货员打开鞋盒,拿出鞋子,紧接着从里面抽出了两个鞋撑;而国内的某品牌鞋,你发现抽出的是两团纸……此时作为消费者你会有什么样的想法?优质的产品体现在细节里。所以产品的包装以及使用中可能触及的细节都会影响到顾客的体验,因而对产品作出不同的判断,比如产品的质量、档次、品牌等。和一撕开包装就散乱一地的薯片比较,整齐放在筒中可抽拉出来取用的薯片,哪个更好吃?

(三)服务

一般而言,服务可被定义为:服务包括所有产出为非有形产品或构建品的全部经济活动,通常在生产时被消费,并以便捷、愉悦、省时、舒适或健康的形式提供附加价值。简单地说,服务就是行动、过程和表现。

虽然服务是一种无形的产品,但是并没有纯粹的服务。换言之,尽管服务不尽相同,但是服务必将通过有形的物品来展现,通常提供服务时的环境和人员被认为是服务的同义词。这里的环境是广泛意义上的环境,顾客获得服务时的场地,如健身俱乐部里的整体环境;顾客看到的服务技术,如顾客在网上购买赛事门票时所享受到的快捷的网上选票和网上支付的技术服务;顾客感受到的文化氛围,如 NBA 比赛中各个赛队的标志性颜色和图案,以及顾客感受到的情感归属,这些都属于服务中的环境。而由于服务相对于单纯有形的产品来说,更多的是一种人的参与,因此,服务中的员工就成为最重要的因素,顾客对服务的感知有的时候甚至完全取决于员工的行动,服务质量的高低和客户的满意也由员工的动作甚至一个微笑来决定。

我们经常接触到服务,当服务经济成为人们议论的焦点时,几乎所有的商家都在行动。IBM 开始提供解决客户难题的服务,快餐企业开始在服务的速度上展开比赛,许多的商场门口也出现了相貌甜美的迎宾员,服务成为经济的增长点。但是在体验经济时代,服务将成为体验的一种形式。随着健身俱乐部在中国的兴起,越来越多的人开始成为健身俱乐部的会员,期望在那里获得健康或者是好身材。当你成为健身俱乐部的会员,同时还花了很多钱购买了100 节私教课程的时候,你想要获得的是什么样的服务呢?在俱乐部门口你需要出示自己的会员卡才会被允许进入,而你的私人教练在一大堆的会员计划中查找半天才找到你的计划,你是不是觉得很不满意?或者多少有点不舒服?

像舞台的演出一样,服务体验是由很多细节融合而成的,体验表现的许多要素发生于后台而不为客户所知。当你来到熟悉的餐厅,发现服务员已经为你准备好了你喜欢的桌子,同时还有你熟悉的音乐或者是柠檬水的时候,这样的体验会使得你再次光顾。但是为了你的光顾,服务员做了很多的工作,他们统计了你的到店时间和频率,记录了你爱用的饮品等其他偏好。这些你无法看到,但是他们的这些工作可以换来你的满意。

(四)互动体验过程

互动体验过程是指为提供产品、服务和商业体验而从事的一系列活动的活动顺序。它从消费者被某个广告或者是服务的宣传吸引那一刻起就开始了。

客户的互动体验,主要通过营销人员的手势、语言,甚至表情等来感受。赛场停车场或者公共交通引导人员的语言和表情、比赛中享受到的服务、引导员提供的关于商店和卫生间的指引,这些都会影响球迷最终对赛事服务的感受。一个赛事品牌的建立离不开球迷对该赛事组织提供的产品(球赛)和服务长期的满意体验。

二、体验创造中管理控制的关键维度①

这个部分想从管理者角度来探讨、具体分析在体验创造中应该关注的重要维度。按通常的定义,当消费者在服务提供者创造的背景中,通过与不同要素的相互作用产生情感或者得到知识的时候,体验就产生了。成功的体验是独特的、难忘的、持久的。但是,体验从根本上说是情绪化的、个体性的,很多因素是不可控的。在体验创造中,管理控制的关键维度主要是背景、投入和时间。如图 7－3 所示,这些维度是相互依赖的。

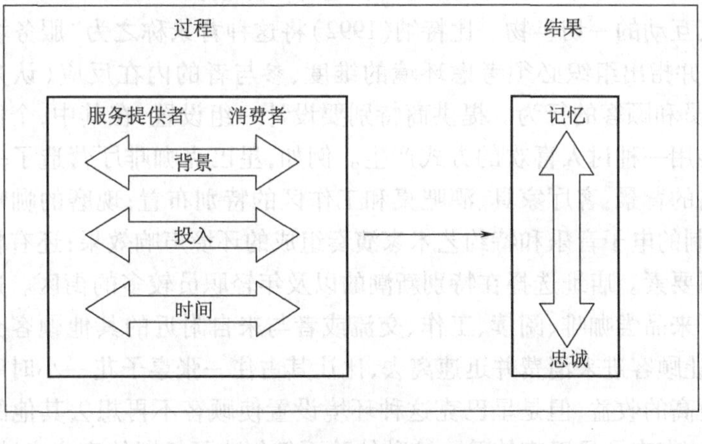

图 7－3 建立难忘体验的模型

资料来源:Pullman 和 Gross,2002.

(一)投入

为了产生情感或者得到知识,消费者必须使自己参与创造体验。投入通过两个渠道发生:从个人层次上(消费者主动或者被动地参与)和环境层次上(吸收或者结合)(Pine 和 Gilmore,1998)。在被动参与中,一般来说,人们是观众或者听众,如观赏体育赛事。而在参与性项目中,人们则能动地对自己的体验作出贡献,如滑雪、健身或是打高尔夫球。

① RICHARD METTERS, KATHRYN KING-METTERS, MADELEINE PULLMAN. 服务运营管理[M]. 北京:清华大学出版社,2004:93－102.

为了改善体验的投入水平，服务设计者应该明确以下几个问题（Pine 和 Gilmore，1999）：

1. 是什么使客人想走进来、坐下，并逗留（或者待在你的网站上）？什么能使环境更吸引人、有趣、舒适？

2. 需要做些什么才能改善体验？怎样让客人更加沉迷？他们是否感觉到现实生活已被抛到脑后？什么能使他们主动地参与体验？

3. 需要做些什么才能增加教育方面的体验？你的客人想要学习些什么？什么样的信息和活动能让他们投入对知识和技能的探索？怎样使他们主动地投入学习？怎样使他们能够再回来学习，增加他们知识的深度和广度？

4. 对于娱乐，要让客人逗留，需要做些什么？怎样能让体验更有趣、更令人愉快？怎样才能在情绪上跟客人结合？怎样让人增加战栗、惊奇和喜悦？

为了改善体验而尝试把不同方面组合起来有助于服务概念的发展。

（二）背景

在一项服务设置中，背景是指消费者进行服务消费的地方以及在这个设置中消费者与其互动的一切事物。比特纳（1992）将这种背景称之为“服务场景”（service scape），并指出组织必须考虑环境的维度、参与者的内在反应（认知、感情、心理）以及雇员和顾客的行为。提供商特别要设计一组设置，在其中，个体消费者的体验内涵能用一种讨人喜欢的方式产生。例如，星巴克咖啡厅营造了一个当代波希米亚风格的背景：客厅家具、酒吧桌和工作区的特别布置；现磨的咖啡和现制烘焙食品；定制的电子音乐和特约艺术家演奏组成的环境声响效果；还有精选的书籍杂志等学习要素。店址选择在特别新潮的以及年轻职员较多的街区。这种背景鼓励人们留下来品尝咖啡、阅读、工作、交流或者与来自附近的其他顾客交际。表面上看起来，让顾客进来消费并迅速离去，比让其占住一张桌子花一小时喝一杯热咖啡能带来更高的收益，但是星巴克这种环境设置使顾客不再想去其他的咖啡店消费，并成功地带来了星巴克体验。这种体验不仅创造了长期的客户忠诚度，还使得客户会去购买这种背景的要素（音乐、书籍、与咖啡有关的附件）。

背景由六大支配要素定义：主题、可学习和可利用性、多变性、布置、感官、社交。

1. 主题。体验需要有一个外在或者内在的主题。一个连贯的主题把背景的各项要素结合起来，变成一个能俘获消费者的统一的片段。好的主题能够通过影响体验的空间、时间和内容改变消费者的真实感觉，但也能与展示这种体验的组织特性相匹配。例如，拉斯维加斯的威尼斯旅馆按照意大利主题进行内饰家具和商品的设计：旅馆内建造了一系列的水道，船夫把客人带上船从水路驶向宾馆各处。员工都穿着传统的意大利式服装，顾客们感觉自己好像身处 20 世纪初的威尼斯，被总督宫殿、圣马可广场、里亚托桥所包围。其他的主题则更精细，如“家的感觉”，它可以通过一些小的感触进行暗示，如烤饼干或苹果派的香味、舒适的家具、床上的填充动物玩具以及其他一些家用物件等。

2. 可学习和可利用性。背景必须被设计成能使体验简单地得到学习和利用。背景的各元素应该相互沟通它们的目标和运作,同时能支持不同的个性风格和解决问题所需的不同知识、技能和策略。例如,天台烧烤店就提出一个创意:顾客们在一个巨大的"色拉吧"把生肉和蔬菜组合成个性化的一餐,并把搭配好的食物交给厨师,由他们在钢制烤炉上将其烤熟。在这个环境下,顾客们需要了解怎样进行组合,选择什么样的酱汁搭配。餐馆在各种酱汁前摆上建议,并在一块大板子上给出如何搭配的参考,以此来帮助顾客进行"学习"。

3. 多变性。因为体验本质上是个性化的(这样才有意义),一个好的体验背景具有多变性。多变性意味着系统需要具备灵活性,可以使不同的消费者在与服务互动的过程中创造他们自己的利用环境。每个消费者或许都需要采取不同的方式来利用工具并和其他消费者或者雇员交流。例如,在圣迭戈以北流行的新冲浪活动营里,顾客是各种各样的寻求冒险者,从首席执行官、明星到青少年。在一周的活动时间里,不同的群体都睡在帐篷里,一起用餐,共同参加冲浪课程。在最初的几次课后,每个顾客每天都要挑选冲浪板和装备的类型;他们可以选择跟任何教练一起冲浪,也可以选择跟其他营员一起;他们还可以选择冲浪的时间和地点。教练密切注视着每个营员,如果他们发现能改善营员的体验(社交的或者运动的),他们就会介入。教练们要确保每个营员离开时都能感到这项运动成功地给他带来了乐趣。这可能需要教授给某个人与其他人完全不同的技巧,组织雇用了各种不同的职员,这样,大多数营员都能找到他或她可以联系的人。

4. 布置。具体的布置和物品的组织(工具、装备、器具、附件和其他随身用具)应该能鼓励积极的参与。主题应该能通过物品的摆放和空间的组织体现出来。布置需要满足易接近性和可见性原则,鼓励参与,避免混乱。设施的设计、展示以及装配要能在体验过程中对消费者带来帮助。物品要按照它们的功能和被使用频率来放置,要记住每个消费者都有使用工具的不同习惯。

宜家家居的设计者细心地考虑了这些布置的事项。每家商场都包括一个游乐中心并在商场门口为儿童举办活动。家长们可以把孩子托管在这里,然后舒服地在店内浏览,便利的餐厅和休息区让顾客能得到休息,同时考虑作出大的(或者小的)购买决定;把画草图和做计划用的铅笔和便笺放在很容易看见并取用方便的地方。

与上述例子不同,位于伦敦的千年穹顶——一个构思不当的博物馆性质的主题公园,则受到大量布置问题的困扰,并无一例外带给最初的参观者糟糕的体验。最受欢迎的是"人体"展区,它位于建筑的入口处,人们一进入穹顶就看到长长的队伍。因为周围的主题都不明确,人们参观完了最受欢迎的"人体"展区之后就不知道该做什么了。他们该去"世界"部分,"马戏团",还是"旅程"?这些景点并不能合在一起构成连贯的经历,并且缺乏明显的流程。不仅穹顶的地图很难看懂,而且指示各个方向的标志也很难看见。盥洗室和零售商店不容易找。有些餐厅和设施在高峰期间人满为患而有些却无人问津。一个新的运营经理改正了这些布置问题后(通过标志牌、新地图、顾客帮助人员/向导和流程管理),顾客满意率上升了30%。

5. 感官。感官的模拟不仅能增加对体验的沉迷,而且能支持和加强主题。电影院看电影与待在家里看相比,是一种完全不同的感官体验。电影院提供了加强的视觉效果[想想观看一部高清晰度的巨幕(IMAX)电影和一部普通电影的区别]、环绕音响、舒适的座位,以及爆米花和小吃,等等。现在,最为成功的几个主题公园里的游艺设施可以带来全感官的体验。最好的一个例子是环球影城里的动感电影。在它的不同部分,真实的演员和银幕中的角色融合在一起,在适当的时候金属和烟的气味弥漫到空气中,座椅开始倾斜和摇晃;当飞船起飞时,冰晶或者雾把观众包围起来。人们能感觉到自己似乎是电影的一部分。

大多数人,无论他的年龄多大,都会同意迪斯尼的《狮子王》中的艺术表演是真正让人难忘的体验。剧本设计者通过让观众沉迷于表演中来产生这种效果。演员在观众中间舞蹈和歌唱。刚果鼓手位于舞台上方,观众能真切地看到并感受到鼓点的节奏。服饰的设计者借鉴了独特的木偶表演,创造了半人半木偶的角色,转移了观众的真实感觉,以使观众的感官在整个表演中能完全投入。

6. 社交。如果社交对一项体验来说并不重要的话,人们就会待在家里看电视或者上网,而不会去看世界职业棒球联赛、听音乐会或者参加聚会了。企业需要考虑他们的体验设计是怎么帮助或者阻碍社交的。对于那些新来的顾客,他们在对新体验的过程和仪式的了解上有困难,要指派向导进行讲解,让顾客能边做边学,促使或鼓励他们参与新奇的活动或社交。由于体验本质上是个性化的,我们可以料想每个顾客都以不同的方式与员工和其他顾客互动。因此,要对雇员进行良好的训练并给予他们对特殊需要自主反应的权力。而这需要能根据客人的需要、响应和行为特性,动态地对事件进行个性调整的熟练人员。

迪斯尼公司曾花了数月时间对雇员怎样和客人开展情感交流进行训练,训练他们的雇员寻找不同的方法使顾客加入社交活动中来;反过来,他们还必须了解在什么情况下不去打扰那些不想进行交流而宁愿躺在休息椅上看书的顾客。雇员需要动态地选择语句和个性化的道具对客人的陈述、问题和身体语言进行响应,而不要采用死板的方式。

(三)时间

体验是一种自然发生的现象。它应该被设计成为能随着时间流逝以及新的不断的学习而得到加强的形式。好的体验是难以复制的,它能够扭转沮丧的情绪。如果在体验的时间框架内所有的活动都能很好地组织在一起,它们将留在顾客的记忆中,但是顾客还必须寻找方法来建立与组织相连的体验。管理者要考虑3个跟时间有关的元素:纪念物、持续性、动态性。

1. 纪念物。纪念物在体验设计中可以实现以下几个目的:①一个具体的体验提醒物可以在实际遭遇出现很久以后延伸记忆;②它能产生激发口头交流的有关体验的对话;③它能给组织带来额外的回报,而且是一种免费的广告。把纪念物和组织的主题联系在一起非常重要。典型的纪念物有客人在活动时的照片(在本尼哈纳斯餐馆吃饭、参加马拉松赛跑留念)、T恤衫、杯子、钢笔以及其他小玩意儿。具有创造力的组织则采取其他的方法,例如,借助推出稀少的纪念物或者成立会员制的物品俱乐部来进行推广。海啸冲浪营在他们的网站上推出客人的录像和照片,并不断更新内容。以前的客人会到网站上寻找自己或朋友的照片,并观看冲浪影片唤起美好回忆。

2. 持续性。持续性描述的是体验中涉及个人的那些时间方面。体验天生在身体、智力甚至精神水平上是属于个人的。一个丰富的体验能够改变拥有它的人,改变接下来的体验的质量。它能鼓励成长、唤起兴趣,并在将来把个人带到新的更强的境地。只要对服务体验是满意的,顾客就会从服务的一个阶段进入另一个阶段。对于个人体验来说,不能指望顾客从一开始就完全放开并投入到最初的体验中去。顾客需要经过几次遭遇后才能展现自己。经过一段时间后,需要在提供者、消费者,甚至和其他消费者之间建立信任和纽带。服务提供者需要检视能随着时间的增加不断为消费者建立体验的方法。例如,"神秘岛"的开发商仔细地设计体验,让游戏玩家投入到长期、不断伸展的体验中。

3. 动态性。好的体验在一个特殊时间框架内展现,有一个最佳的或者最期望的模式。就像优秀的戏剧、电影和音乐,它们从一个低的起点开始,迅速增大达到高潮,然后慢慢地平息。在这段时期每个个体都怀着不同的渴望,具备不同的能力来消耗他们的感情资源。拓展训练营或者户外训练学校这样的组织依靠的是长期(2~6周)的旅行。这些旅行中具有不同强度的挑战项目(攀登麦金利山或者在巴加地区泛舟海上),最后是平静,但经常是欢庆的结局。学生们最终进入紧张的境地,如携带有限的食物和工具在丛林中独自生存几天。虽然这个考验对有的人来说更艰苦些,领队们都小心地监控考验前和考验后的时期,以保证每个人都能从"糟糕的体验"中受益。很多毕业生都表达对他们的考验美好、长期的回忆,并感觉到它以积极的方式改变了他们的生活。

【小资料】

奥运体验馆"大战"

在奥林匹克公园的主路上,一路向北经过"鸟巢"和水立方,在路的东侧就可以看到一排奥林匹克合作伙伴设立的体验馆,建筑面积在1 000~3 000平方米不等。

这是国际奥委会以及北京奥组委为各级赞助商设立的,进入8月,体验馆纷纷亮相。对于合作伙伴来说,有一块可以持续20天左右的区域与游客和观众互动,各家均是拿出浑身解数。如果此前各家的营销大战还只是公共广告空间的争夺，现在的较量则已经从台后走向台前。

联想体验馆要做的事情，就是在1 200平方米的展区内，让游客感受它为奥运会做的一切。因此，体验馆的所有设计都紧紧扣住"科技"来作文章。

体验馆建筑主体采用飞鸟展翼的造型，简约大方，预示着联想将朝国际化的更高目标展翅翱翔。联想数字奥运体验馆设置了祥云火炬展区、产品互动体验区等六大功能区，这些展区观众都能一试身手，来享受联想IT设备的特点。

观众可以亲身体验一下手持火炬的感觉，并留影纪念；观众可以击打一款拳击练习用的梨球，传导装置会将相等的冲击力施加在笔记本上，以展示笔记本在"祥云"火炬登珠峰时遭遇的恶劣环境。

与联想主打科技牌不同，三星体验馆将重点放在了"绿色"上。在体验馆北面，矗立着3棵"雕塑树"，树干和枝杈都用废弃的易拉罐做成。使用废弃物、可回收物、可再生物来搭建整个体验馆，是三星体验馆的特色。这一定位与"绿色奥运"主题恰好可以契合在一起，只有"绿色"才能为现阶段的三星品牌增加美誉度。

三星已经将2020年碳排放量降低30%作为一个战略目标来实施，而北京奥运会上的体验馆可以说是这一战略的缩影。

来自西安的秦俑，其中包括一名跪地弓箭手、一名站立弓箭手和两名军官(来自2号坑)以及一些残碎雕像。另外，展览还将展出青铜剑、戟、十字箭头各一支以及半轮屋檐瓦片。这些从陕西西安运送至此的真人大小雕像文物，将使强生奥林匹克体验馆与其他各个体验馆拉开差距，成为这次盛会中的文化亮点。

为了打好"人文牌"，强生还在体验馆周围移种上1 500平方米来自浙江安吉的竹子，这些竹子除了让移步其中的人感觉到中国文化的特别氛围，更重要的是，它形成了天然的隔热墙，将在场馆内形成自动的空气循环冷却，起到"绿岛"效果。

以"秦俑"为主线，强生顺着"人文奥运"的命题，不仅将体验馆做得有声有色，同时也将一次奥运会的财富变成了可以一直享用不尽的财富。

从2006年都灵冬奥会开始，百威开始在赛场设立体验馆。此前，每逢体育盛事，作为一家快速消费品生产企业，百威都会推出全新的蚂蚁广告，推出新纪念包装的酒瓶、酒罐；以及与之相配合的演唱会、群众体育活动等。

2008年北京奥运会的百威体验馆在农展馆的南侧，与其他奥林匹克体验馆拉开"距离"。而且，百威体验馆几乎做成了巨型酒吧，虽然体验馆按照不同的功能分成了4个区域，但实际上这4个区域都贯穿了一个共同主题——啤酒，区别仅在于，你是打算安静地喝啤酒，跳着舞喝啤酒，看电视喝啤酒，还是泡在水里喝啤酒。

三、体验管理的策略

(一)从环境入手创造顾客感觉

我们生活在一个感觉泛滥的世界中。无论我们走到哪里，都被色彩、声音、气味的交响乐所包围。这些交响乐有些是自然的,如夏夜的蛙鸣、夕阳西下的美景,或者是君子兰淡淡的幽香。而有些则是人为的,如鲜艳耀眼的服装、电视里的广告声,或是浓郁呛人的清新剂气味。“没有人是孤岛”,任何一个人都像一个不断从外界接收信息的感受器,并通过视觉、嗅觉、听觉、触觉、味觉这五大感觉而引发情感体验。在“跟着感觉走”的体验经济时代,营销的主要任务就是在恰当的时间、恰当的地点,以恰当的方式给顾客以强烈的感官刺激,通过合适的营销技巧,创造视觉的冲击力、嗅觉的亲和力、听觉的震撼力、触觉的想象力和味觉的吸引力,帮助目标顾客找到自己心仪已久的感觉体验。谁能创造顾客感觉,谁就将赢得制胜先机。

(二)从产品和服务入手,创造顾客“唯一”

体验经济的最大特征就是生产和消费的“个性化”。正如弗兰克·费瑟在《未来消费者》一书中所说的那样,“购买习惯就像人的指纹一样非常个性化”。很明显,标准化、大规模的生产和服务与个性化是格格不入的,它使顾客不得不迁就于商家提供的千篇一律的东西而蒙受功能和情感利益上的损失,而商家也因为商品与服务的严重同质性,导致了大量积压和销售不畅,进而抵消了规模带来的效益。如何创造顾客“唯一”?量身定制是一种有效方法。所谓量身定制,就是量体裁衣,它有如下4种基本类型:

1. 协作型定制化——与顾客建立学习关系,让顾客参与设计甚至生产制作。现代配镜店和时尚个性裁缝店即具有这种性质,通过这一协作互动过程,不仅能全方位满足顾客的个性化需求,而且能了解顾客潜在的需求及其趋势,同时还可增进与顾客的情感与友谊。

2. 适应性定制化——提供可供顾客自己调整的产品、服务和体验。例如,可亮可暗、可高可低的灯光音响系统,让顾客根据不同的时空和心理条件自由定制属于“自我”的体验。

3. 装饰性定制化——提供给顾客“唯一”的包装。在产品功能不变的情况下,通过定制化的包装设计,可以增强顾客的自豪感和满足感,他们在惊喜之余,仍时时念念不忘品牌对自己的尊重、关照和优待,“你看,这是专门为我设计制造的,多棒!”这种通过一对一的包装方式、送货方式、送货时间或地点、宣传材料、个人标签符号等定制化的运作,往往会给顾客带来满意的体验,给顾客留下难忘的记忆。

4. 透明性定制化——提供顾客偏好与习惯的满足体验。透明性定制化要求商家能够比较准确地预测和掌握消费者偏好和习惯,并在此基础上使顾客在不知不觉中接受为他定制的产品和服务,使其感受到顺畅、便捷而温馨的满足体验。这种“如我所愿、如我所想”的恰如其分的顾客满意,消除了对顾客不必要的、重复的、令人心烦的程序干扰,强化了品牌魅力。例如,一个老顾客来到酒店入住,就不一定仍然要按程序一个不漏地“将服务进行到底”,服务员通过客户关系管理系统应该很清楚这位顾客的偏好和习惯:他习惯住的房间,他喜欢的颜色,他就餐的口味,等等，这些都应该在彼此心照不宣的情况下悄然进行，以使顾客感受到宾至如归一样的随意、轻松和愉悦。

(三) 从和顾客的互动入手，创造顾客感动

只有顾客感动，顾客才会行动。体验经济时代，人们的修养和素质不断提高，而对于情感的需求也必然越来越丰富、细腻和多元化。如何创造顾客感动？关键在于找准顾客心灵的最软处轻轻抚摸，调动顾客的情感体验。

1. 用同情创造顾客感动。在这方面纳爱斯“雕”牌可谓是煽情高手。它一直利用人们对弱势群体的同情和关爱之心，紧紧抓住下岗职工不放，由原来亲情交汇的“洗衣篇”，到目前的“努力就有机会”的“励志篇”，可谓一以贯之，以情感人，浑然天成，它不仅树立了自己关爱弱者的人道主义品牌形象，而且拨动了无数消费者的恻隐之心，强化了品牌的情感诉求。

2. 用惊喜创造顾客感动。对忠诚顾客或大客户一般都采取比例打折的固定刺激办法，其实这已经很难起到激励顾客的作用。换一种方法，当你有一天入住某酒店，结账时，大堂经理亲切地对你说：“感谢您的多次光临，这次您的住宿费用由我们酒店支付，再次谢谢您的光临。”你什么感觉？

3. 用审美创造顾客感动。审美是一种情感的、自由的、愉悦的过程，是一种理性化了的感性，它通过情感性的心理体验，培养人们高尚的情操。在绘画中，蒙娜丽莎唇上和眼中那永恒的微笑，令人回味；在音乐中，听舒曼的《童年即景》，令人提起儿时湛蓝的天空；在现实和自然中，既有落花无言、人淡如菊的优美，也有寥寥长风、壮士扶剑的崇高。因此，销售终端的氛围和格调，一定要细心考虑目标顾客的审美感受和需求。

4. 用道德创造顾客感动。美学研究认为，一旦一个人实践了道德行为，内心就会产生一种善和美的体验，这种体验积淀在内心，就变成了情感定势和习惯。农夫山泉“捐助一分钱”的营销策略，十分自然而恰当地做到了道德感人，强化了人们的购买习惯和认同。

【案例分析】

健身俱乐部的体验管理

截至2007年底，北京市的健身俱乐部已经达到5 000多家，激烈的市场竞争使得各个商家处于不同境地，大型连锁俱乐部利润不断下滑，已经纷纷开始寻找出路，小型俱乐部则处于破产的边缘，处于中间的俱乐部则艰难的维持着。平衡健身俱乐部是北京一家小型的健身俱乐部，周边有3家3 000平方米以上的大型健身俱乐部，竞争十分激烈。而且近来，为了争取客户，3家大型俱乐部纷纷搞促销、做活动，相互压低价格。平衡俱乐部的高层管理人员意识到自己的俱乐部可用的面积小，设备不齐全，在服务产品种类上具有局限性，必须要转变思路。于是，他们马上

开始进行调研，在做过一些调查后，发现俱乐部周边区域的很多女性喜欢拉丁舞、民族舞和芭蕾形体。但是现有健身俱乐部在这个健身服务上未能给予充分重视，开课少，并且经常更换教练，让顾客觉得不很满意，健身的女性都很想接受专业的舞蹈课程训练。平衡俱乐部的经理打算对俱乐部进行改造，转变为提供专业舞蹈训练的舞蹈俱乐部。现在俱乐部的改造已经基本完成，环境进行了重新的布置，显得温馨雅致，员工们也换了新的工作服。

讨论题：

请从体验管理的角度出发，为该俱乐部制订一份运营计划，并说明你的理由（要求用到本章介绍的一些知识）。

复习思考题

1. 什么是体验？体验的特征是什么？
2. 体验创造中管理控制的关键维度有哪些？
3. 如何创造顾客满意的体验？

第八章

服务质量管理

【本章提要】

在服务管理中,服务质量管理是一个重要方面,其重要性是不言而喻的。在体育产业中,服务质量、顾客满意和公司盈利之间存在密切联系。本章我们将了解服务质量定义及构建服务感知质量模型,学习利用服务质量差距模型诊断服务质量问题,了解一种常用的测量服务质量的方法——SERVQUAL,全面探讨服务质量管理以及提高服务质量的各种途径,掌握统计过程控制和几种质量控制工具的应用,同时了解服务补救和服务承诺的概念。

【名词解释】

质量管理:在质量方面指挥和控制组织的协调的活动,通常包括制定质量方针和质量目标以及质量策划、质量控制、质量保证和质量改进。

服务接触:又被称为关键时刻,是顾客与服务组织的任何一个方面进行接触并得到关于服务质量的印象的那段时间。

SERVQUAL:是一种以服务质量差距模型为基础的调查顾客满意程度的有效工具。

质量成本:指企业为确保达到满意的质量而导致的费用以及没有获得满意的质量而导致的损失。

服务承诺:是企业向顾客公开表述的要达到的服务质量。

服务补救:是服务组织针对服务失误采取的行动。

第一节　服务质量概述

质量对顾客非常重要,所以每位管理者都应该优先考虑质量。然而,要从顾客角度定义质量是非常困难的,因为质量对于不同的人有着不同的含义,这也是当今管理者面临的主要挑战之一。同时,由于全球化竞争加剧以及顾客的相关知识更加丰富,现在提供的产品和服务的质量水平在不断提高。多方面的原因使得服务的质量尤其难以管理。服务质量往往主观性很强,即使在完全相同的环境下,顾客与顾客之间也有很大的差异,一位顾客认为的优质服务可能被另一位顾客视为低劣。

质量难以定义的原因是由于质量是一个非常宽泛的概念,包含了多个不同的维度。管理者必须识别出那些对于他们顾客来说最重要的质量维度。因此,明确质量概念以帮助服务管理者和员工理解顾客的需要,以及如何始终如一地满足他们的需要是非常重要的。如果一个服务企业不能详细说明质量究竟是什么,就不可能做好质量管理工作。

管理者必须关注质量的另一个原因是,质量和成本是密切相关的。生产劣质的产品会带来很高的成本,低劣的质量造成顾客不满,于是顾客就流失。因此,产品和服务的高质量是保持顾客忠诚度和长期顾客关系的要素,而顾客忠诚度和长期顾客关系能够显著增加企业的利润。保持顾客忠诚度的一个关键要素就是提供高质量的产品和服务的能力。因此,在各个领域中,理解并有效地管理服务质量对于建立和维持竞争优势是很重要的。

一、质量和质量管理

(一)质量和质量管理的概念

1. 质量的概念。随着社会经济的发展,人民生活水平不断提高,对生产与服务质量的要求在不断地调整,从而对质量的认识也在不断丰富、完善和深入。

在相当长的一段时间里,人们普遍将质量理解为“符合性”,即产品符合规定的要求。这是与较低的生产力水平相对应的。可供使用的物资相对匮乏,人们为了维持基本生活的需要,对产品的要求主要突出在完成基本功能上。因此,在技术上要求产品符合设计参数的要求。

20 世纪 60 年代,美国质量管理专家朱兰把质量定义为“产品的适用性”。所谓适用性,就是产品和服务满足要求的程度。产品越能够满足用户的要求,说明质量越好。朱兰还对适用性作了进一步解释,认为适用性应包括:设计质量(固有质量)、制造质量(符合性质量)、有效性(可靠性)和现场服务质量 4 个方面。

但是,随着社会发展,人们发现,质量不仅包括产品质量或服务质量,还包括产品或服务形成全过程各阶段的工作质量;不仅包括个体要求,还包括社会要求。为此,ISO8402:1994《质量管理和质量保证——术语》把质量定义为“反映实体满足明确和隐含需要的能力的特性总和。”这里的“实体”是指可以明确界定的事物,如产品、服务活动或过程。所谓“隐含需要”,是指顾客和社会对实体的期望,是人们公认的、不言而喻的需要。

ISO9000:2000《质量管理体系——基础和术语》中对质量概念进行了进一步概括,将质量定义为:"一组固有特性满足要求的程度。"其中,"固有特性"是指某事物中本来就有的特性。质量是由一组固有特性组成的,这些特性包括物质特性、行为特性和时间特性等。这一概念能够更清楚地描述质量属性,完整地明确了质量的内涵,它对质量的载体不作界定,说明质量可存在于任何领域或事物中。

质量要求是动态的,具有时效性。随着科学技术的发展、生活水平的提高,人们对产品(或服务)、过程和体系会提出新的质量要求。因此,应定期对质量进行评审,按照各方面变化的需要和期望,相应地改进产品(或服务)、体系和过程的质量,以保证满足顾客及相关方的要求。同时,质量还具有相对性,不同国家、不同地区因自然环境条件不同、技术发展的程度不同、消费水平和风俗习惯的不同等,会对组织提出不同的要求。因而组织的产品(或服务)应具有对环境的适应性。

2. 质量管理的概念。质量管理是对与质量有关各因素的管理。ISO9000:2000《质量管理体系——基础和术语》将质量管理界定为:"在质量方面指挥和控制组织的协调的活动,通常包括制定质量方针和质量目标以及质量策划、质量控制、质量保证和质量改进。"这一概念通常可以从以下几个方面来理解:①质量管理是组织管理的一个重要方面,必须由组织的最高管理者来推动;②质量管理是组织中普遍的管理活动,需要全体成员的参与;③质量管理的核心是制定和实施质量方针和质量目标;④质量管理是以质量管理体系为依托,通过质量策划、质量控制、质量保证和质量改进等活动发挥其职能。这4项活动是质量管理的四大支柱性工作。

(二)质量管理的重要意义

在激烈的市场竞争中,产品或服务的质量是企业赖以生存的基础。在国际竞争中,产品或服务的质量是提高国家综合竞争力的保证。因此,质量对国家、对企业都具有战略性的重要意义。具体来讲,质量管理的意义包括了以下几个方面:

1. 质量是构成社会财富的物质内容,是人民生活的保障。社会财富必须以特定质量的产品或服务为基础。产品或服务的质量与人们的生活密切相关,一旦出现了质量问题,人们的生命财产就会受到威胁。

2. 质量是社会科学技术和文化水平的综合反映。一方面,社会科学技术和文化水平的提高,能够促进产品或服务质量的提高。另一方面,产品或服务质量的提高又使人们拥有更好的认识和改造自然的工具,能促进社会科学技术和文化水平的提高。因此,质量水平的高低可以说是一个国家经济、科技、教育和管理水平的综合反映。各国政府对质量都非常重视,将质量作为立国之本。

3. 质量是企业的生命。当今的消费者对产品和服务质量的要求越来越高。一方面,质量的好坏决定着企业有无市场,决定着企业经济效益的高低。低质量会降低公司在市场中的竞争力,增加生产产品或提供服务的成本,损害企业在公众心目中的形象。另一方面,消费者现在愿意花更多的钱获得更好的产品质量或服务质量。因此,高质量的服务或产品会占有更多的市场份额,定价可以相对较高,能给企业带来较高的利润回报。

（三）质量管理的发展过程

质量管理是一门学科，它随着整个社会发展而发展，同科学技术的进步和管理科学的发展也密切相关。现代质量管理理论和方法，源于产业革命后社会化大生产的出现。早先是在制造业产生了系统的质量管理实践与研究。服务业的质量和质量管理一方面深受制造业的影响，另一方面，由于服务质量管理本身的特殊性，又逐渐形成自己的特色。因此，考察质量管理的发展过程，有助于我们有效地利用各种质量管理的思想和方法。目前，一般把质量管理的发展过程分为以下 3 个阶段：

1. 质量检验阶段。质量检验阶段是质量管理发展的初始阶段，从大工业生产方式出现到 20 世纪 40 年代基本属于这一阶段。该阶段质量管理的主要特征是：生产与检验相分离，由专职的检验人员对完工的半成品和产成品进行质量把关，隔离不合格品。

传统的质量管理是由生产工人进行产品质量检验，工人既是生产者，又是检验者。随着人们对产品质量要求的提高，市场竞争的逐渐激烈，这种自检形式的质量管理方式越来越无法适应社会发展的要求。20 世纪初，泰勒提出了科学管理理论，要求按职能的不同进行合理的分工，首次将质量检验作为一种管理职能从生产过程中分离出来，设置专职检验人员，建立专职质量检验制度。这对保证产品质量起到了积极的作用，能有效地隔离不合格品，防止不合格品流入下一工序或流向顾客。

但是质量检验阶段属于事后检验，无法预防和消除不合格品。在大量生产情况下，由于事后检验信息反馈不及时所造成的浪费很大。而且事后检验要求全数检验，对破坏性的检验或检验费用过高的情况不太适合。

2. 统计质量控制阶段。统计质量控制阶段是质量管理发展的重要阶段，在 20 世纪 40 年代到 60 年代得到发展和推广使用。该阶段质量管理的主要特征是：强调数理统计方法的作用，通过事前预防来减少浪费。

由于事后检验不能防止出现废品并带来损失。随着生产规模的扩大和生产效率的不断提高，废品带来的损失越来越大。为了减少浪费，统计质量控制的方法产生了。它强调应用数理统计的方法进行事前预防，通过控制工序质量来保证产品质量。这种方法是在生产过程中定期地进行抽查，并把抽查结果作为反馈信号，通过控制图发现或检定生产过程中是否出现了不正常情况，以便能及时发现和消除不正常的原因，防止不合格品的产生。统计质量控制不仅对生产过程进行控制，还可通过抽样检查来验收成品。

该方法广泛、深入地应用了统计的思考方法和统计的检查方法，强调用数据说话，强调数理统计方法的作用。但由于忽视了组织管理和有关部门的作用，片面并过分地强调数理统计的作用，结果反而限制了统计质量管理作用的发挥，也限制了它的普及和推广。

3. 全面质量管理阶段。全面质量管理的出现,始于20世纪50年代末60年代初。该阶段质量管理的主要特征是:强调“三全”的管理,即全面的质量概念、全过程的质量管理和全员参与。

第二次世界大战后,科学技术和社会生产都得到迅猛发展,各种新技术、新工艺、新设备和新材料大量涌入,工业产品更新换代越来越频繁,出现了许多各种复杂的产品。这对部件和产品的质量要求更高,单纯的统计质量控制已经无法满足要求。在这种情况下,人们提出了以系统的观点,全面控制产品质量形成的各个环节、各个阶段。20世纪五六十年代开始,美国的费根堡姆提出并大力倡导一种新型的质量管理模式——全面质量管理,由日本首先将这一概念真正用于企业管理之中,并取得了很大的成功。20世纪80年代以后开始盛于行全球。

全面质量管理就是企业全体人员及各个部门同心协力,把经营管理、专业技术、数理统计方法和思想教育结合起来,建立起产品的研究与开发、设计、生产(作业)和服务等全过程的质量体系,从而有效地利用人力、物力、财力和信息等资源,提供符合规定要求和用户期望的产品和服务。全面质量管理认为,质量是设计、制造出来的,而不是检验出来的。

二、服务质量的定义

(一)服务质量要素

服务质量是许多复杂因素综合作用的结果。普拉苏拉曼(Parasuraman)、贝里(Berry)和赞瑟姆(Zeithaml)从顾客感知和评估的角度对服务质量的构成进行了深入的研究。他们先后提出了服务质量差距模型,建立了服务质量模型SERVQUAL感知质量评价方法,并指出正确评估服务质量,首先应对顾客评估服务质量的内在情况进行研究。他们将服务质量归结为5个方面:可靠性、响应性、保证性、移情性和有形性。①

1. 可靠性(reliability)。可靠性是可靠、准确地履行服务承诺的能力。可靠的服务意味着服务以相同的方式,无差错地准时完成。例如,你每月的银行账单是否会准时送到,内容是否准确。

2. 响应性(responsiveness)。响应性是指帮助顾客和提供迅速服务时的积极性与主动性。例如,顾客服务热线能否就你的有关问题给予解答。当你询问有关问题时,客户服务代表能否提供有效帮助。迅速解决问题会给质量感知带来积极的影响。

3. 保证性(assurance)。保证性是指员工表达出的自信与可信的知识、礼节和

① 詹姆斯 A 菲茨西蒙斯,莫娜 J 菲茨西蒙斯. 服务管理:运作、战略与信息技术[M]. 张金成,范秀成,译. 北京:机械工业出版社,2007.

能力。保证性包括如下特征:完成服务的能力;对顾客的礼貌和尊敬;与顾客有效的沟通;将顾客最关心的事情放在心上的态度。

4. 移情性(empathy)。移情性是设身处地地为顾客着想和对顾客给予特别的关注。移情性有下列特点:接近顾客的能力、敏感性和努力地理解顾客需求。例如,当你到健身中心上私人教练课时,你是否感觉得到他们把你视为很重要的顾客;私教是否真的很在意你究竟想要什么;此课程给你什么感受。

5. 有形性(tangibles)。有形性是指有形的设施、设备、人员和通信器材的外在形象。因为服务是无形的,顾客经常会通过这些有形的东西来评价服务的质量。例如,这家健身俱乐部是否整洁。它的环境是否与其价位相匹配;员工是否衣着整洁。

顾客从这5个方面将预期的服务和接受的服务相比较,最终形成自己对服务质量的判断。期望与感知之间的差距是服务质量的量度。从满意度看,既可能是正面的,也可能是负面的。

体育组织比其他组织更难以确保产品的质量。因为体育组织难以控制其核心产品——比赛,所以管理者转而采取措施来影响服务的衍生产品的质量,包括半场娱乐、购票过程、商品以及设施的设计与清洁。

(二)感知服务质量

由于服务的无形性、可变性和不可分离性,服务质量非常复杂,其构成要素、形成过程、考核依据、评价标准均和有形产品质量存在差异。

1982年,格鲁斯(Gronroos)提出了顾客感知服务质量的概念和模型,这一概念成为服务质量管理最为重要的理论基础。他认为,服务质量是由顾客感知的质量。服务或多或少是一种生产和消费同步进行的主观体验过程,消费者对服务质量的评价不仅要考虑服务的结果,而且要设计服务的过程。在这一过程中,顾客和服务提供者之间存在着服务接触,它对感知服务质量的形成具有非常重要的影响。

顾客感知服务质量可以被定义为顾客期望的服务质量和顾客实际体验到的服务质量之间的对比。当顾客体验质量达到或超过期望质量时,顾客就会满意,并认为服务质量较高;反之,则会认为服务质量较低。此外,企业形象是服务质量体验的"过滤器",关键时刻是顾客体验服务质量的有限时机,如图8-1所示。

1. 顾客所期望的服务质量。顾客所期望的服务质量受到价格、有效传播、口碑、企业形象、公共关系、顾客需要和价值定义等因素的影响。其中,营销传播包括广告、直销、促销、网站和人员销售活动等。对于营销传播和价格均可被服务组织直接控制,但对于口碑、企业形象和公共关系等因素,服务组织无法控制而只能施加影响。顾客需要和对价值的理解也对顾客期望值的形成构成重要的影响。从价格对期望的影响来看,年费6 000元和1 800元的俱乐部会员对俱乐部的期望是不一样的。

由于服务期望对顾客感知服务质量的形成具有决定性的影响,如果服务提供

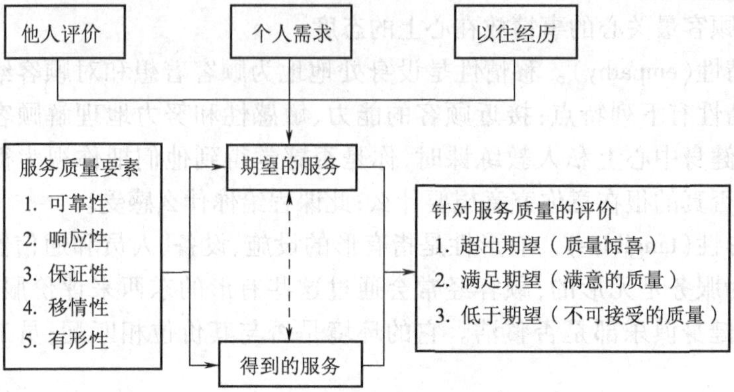

图8－1　感知服务质量

者承诺过度,顾客的期望就会被抬得很高,所感知的服务质量就会相对下降。

服务期望受许多因素影响,其中一些因素取决于体育组织:定价、体育组织做出的承诺(如通过广告和其他交流途径);实物环境可感知的线索(最主要来自体育设施自身),等等。

2. 顾客所体验的服务质量。顾客所体验的服务质量可以区分为技术质量和功能质量:

(1)技术质量:是指产品或服务的核心要素,与服务产出结果有关。通常顾客对技术质量的衡量是比较客观的。对于健身俱乐部的顾客,技术质量指俱乐部的设施和环境以及私人教练采取锻炼方案的有效性;对于体育咨询公司,技术质量是策划方案的优劣。

(2)功能质量:是指顾客感受到的产品功能或接受的服务,与顾客服务消费过程有关。服务的功能质量取决于服务提供者与顾客的互动和接触。以赛事为例,一位顾客事先在网上订购了一张门票,快递公司将票送到顾客手中;在比赛当天,引导员给他指路,提供各种赛场服务;在此期间,顾客要与服务人员多次发生服务接触,最后赛事结束,顾客离开。在这个过程中,顾客是否得到服务人员的亲切对待涉及服务的功能质量,而设施的好坏则涉及技术质量。

顾客能很容易评价出功能质量的高低,这主要是因为服务是一个顾客与服务者之间的互动过程。但要评价技术质量就不太容易,因为顾客缺乏相关的技术知识。绝大部分顾客缺乏评价服务运营中的技术质量的能力,这使得功能质量显得尤为重要。优秀的服务管理者应该对质量的这两个方面同时予以重视。

顾客通常采用主观的方式来感知功能质量,功能质量往往成为顾客质量感知的决定因素,尤其是同等的健身俱乐部很难在技术质量上寻求差异。因此,对顾客服务已经成为俱乐部营造竞争优势的关键因素。

3. 组织形象。服务组织的形象是顾客感知服务质量的“过滤器”。在服务业,顾客通常参与服务过程或亲自来到服务场所接受服务,其中大多数都能够接触到服务人员、服务场景以及服务的生产和传递方式。因此,服务组织的形象非常重要,它可以从许多方面影响顾客感知服务质量的形成。如果在顾客心目中组织形象很出色,那么对于一些小的服务失败,顾客会原谅。但如果服务组织形象原本就很糟糕,那么对于同样的服务失败,顾客将难以容忍,顾客对服务质量的感知也会更加糟糕。

4. 服务接触。服务提供者与顾客的互动和接触,决定了服务的功能和质量。也正是在这种互动关系中,服务的技术质量被传递给顾客。

服务接触又被称为关键时刻,是顾客与服务组织的任何一个方面进行接触并得到关于服务质量的印象的那段时间。顾客对一个服务企业的印象和评价往往取决于某一个瞬间或服务过程中某一件非常具体的事件(如服务人员的一句话、一个动作等)。因此,服务接触是服务质量的特殊构成因素,是服务组织向顾客进行服务质量展示的有限时机。

服务接触不仅包括顾客和服务提供人员,而且包括服务系统中的其他顾客、服务系统本身以及一些可以有形展示的因素。在任何一个关键时刻,如果服务质量出现问题,则服务组织将难以补救,因此,服务生产和传递过程应该计划周密,执行有序,防止在关键时刻出现问题,以减少服务失败的概率。

三、服务质量差异分析

为了进行有效的服务质量控制,首先需要对服务质量的现状有清楚的把握,并评价其好坏。对于有形产品来说,质量的把握和评价往往有明确、唯一的标准,而确定服务质量的好坏则比较困难。普拉苏拉曼等人开发出服务质量差距模型,提出了导致服务质量问题的5种差距。如果企业对服务质量中存在的这几种差距有确切的把握,就可以通过致力于消除这些差距来提高服务质量,从而为改进服务质量提供了一个基本工具。

顾客差距指顾客对服务的期望与顾客对服务的感知之间的差距。顾客期望是顾客感知服务质量的标准或参考点,理想的状况是期望与感知相符合,顾客从服务中得到了想要的利益。但在现实中,一般会存在顾客差距。服务质量差距模型的中心思想就是努力减小顾客差距,让顾客满意并与顾客建立长期关系。

普拉苏拉曼等人指出,引起顾客的差距可分为如下5种(见图8-2)。

(一)差距1:顾客对服务的期望同管理人员对顾客期望的理解之间的差距

许多管理人员都认为自己了解顾客的需要是什么,其实他们并不了解。例如,某赛事经理为顾客举办联谊活动,他认为参与的顾客想进行几个小时的篮球比赛,其实他们更想进行其他项目的短时间比赛。很多因素可能导致服务管理者不了解顾客的期望,顾客行为有时也相当多样化和难以理解。企业管理部门容易根据少

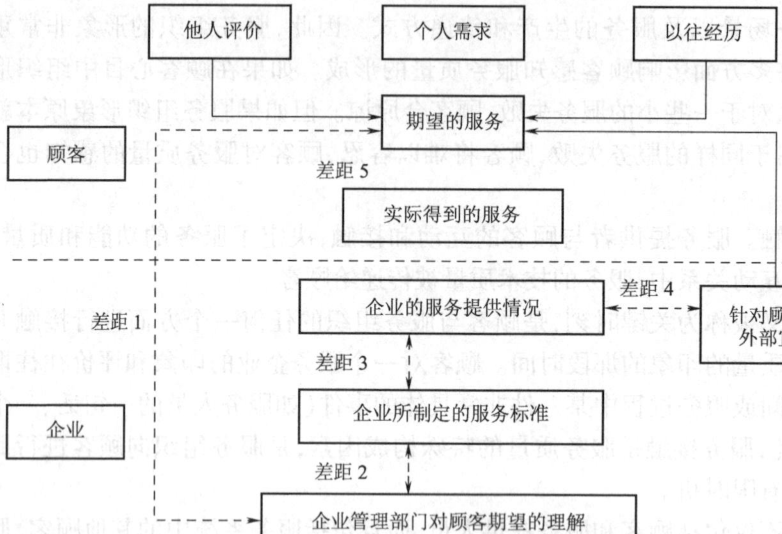

图 8-2　服务质量的差异模型

数顾客的想法对所提供的服务进行片面的理解,所以不能准确地把握大多数顾客的需求。

这一差距的大小取决于服务业企业对顾客偏好了解的真实程度、能够获得的需求信息量的大小和高层管理人员与直接为顾客提供服务的一般服务人员之间信息传递的速度和准确性等因素。解决办法是必须对顾客到底需要什么样的服务有相当细致的了解,改进市场调查、增进管理者和员工间的交流、减少管理层次、缩短与顾客的距离。

(二)差距2:管理人员对顾客期望的理解同企业制定的服务质量标准之间的差距

这一差距是指管理者没有将对顾客需求的理解转换到企业实际制定的服务质量标准中去,主要由以下原因造成:资源限制、短期行为、市场情况发生改变、管理人员的能力限制等。这一差距还与管理人员对服务质量的重视程度、企业的目标设定、服务流程标准化的程度以及对服务可行性的认识程度有关。在许多情况下,企业管理人员在制定服务质量标准时认为,企业无法满足顾客期望或不应当完全提供顾客需要的服务,有时管理人员会认为没有必要确保服务质量达到或超过顾客期望的服务质量;或认为其他方面是重点,去掉他们认为是多余的服务环节来提高服务效率等。这都会给企业带来十分不利的影响。例如,一家职业足球队的营销经理可能已经意识到季票持有者希望与球员有更多的互动机会,但是并没有重视这种期望;或者想实现这种期望但由于球员的其他安排而无法让他们与球迷见面。因此,必须建立正确的服务质量标准。

（三）差距3：服务质量标准同企业所提供的服务之间的差距

这一差距是指企业向顾客提供的服务未能达到企业制定的服务标准。这一差距产生的主要原因是：直接与顾客接触的一线服务人员是否愿意完全按照服务标准来提供服务，以及是否有能力做到这一点。例如，尽管健身俱乐部规定服务人员必须友善、礼貌以及愿意随时帮助顾客，但是员工有可能不愿意付出更多努力和热情，或者愿意付出但缺乏服务顾客和人际交流的技巧。对于大多数企业来讲，这是服务质量中存在的一个主要问题（如缺乏团队精神、员工招聘问题、训练不足和不合理的工作设计、员工没有得到应有的激励等）。

（四）差距4：企业进行的外部宣传同企业所提供的实际服务之间的差距

这一差距是指企业所提供的实际服务未能达到企业在进行外部宣传时向顾客承诺的服务质量。

这一产生的主要原因是企业内部缺乏横向交流和企业过度承诺的倾向性。企业内部缺乏横向交流主要表现在两个方面：一是企业的广告策划人员缺乏与服务运营部门的交流；二是直接为顾客提供服务的一线人员可能不了解也不关心企业所作的外部宣传。

（五）差距5：顾客对服务的期望同对实际得到的服务的感觉之间的差距

差距5是前4种差距的综合反映，也可以用下式表示它们之间的关系：

$$差距5 = f(差距1, 差距2, 差距3, 差距4)$$

尽管顾客仅仅根据自己对差距5的感受来对企业的服务质量进行评价，但企业不应仅仅注意差距5的存在，更应该注意到引起这一差距的其他4种差距。每种差距均对企业的服务质量有影响。了解每种差距，有助于理解顾客对服务绩效的感知，理解顾客对未来服务发展的预期。

第二节 测量服务质量

一、SERVQUAL

由于顾客满意是由许多无形因素决定的，所以服务质量难以测量。SERVQUAL是一种以服务质量差距模型为基础的调查顾客满意程度的有效工具，在该方法中包括了服务质量的多个重要方面。

普拉苏拉曼、贝里和赞瑟姆等创立的SERVQUAL质量评价方法，用来测量服务质量的五大要素。表8－1列出了这种方法，其中，第一部分评价顾客对某类服务(如职业体育)的服务期望;第二部分反映顾客对某个服务组织(如上海申花足球俱乐部)的感知。调查表中的22条陈述分别描述了服务质量的5个方面。问卷采用7分制(7表示完全同意,1表示完全不同意)来衡量,服务质量的得分是通过计算问卷中顾客期望与顾客感知之差得到的,这个得分用来表示差距5。其他4个差距的得分可用类似方法得到。

表8-1 SERVQUAL方法

说明:这项调查旨在了解你对服务的看法。你认为提供这种服务的企业在多大程度上符合下列陈述所描述的特征。从每个陈述后面的7个数字中选出你认为最适合的。完全同意选7;完全不同意选1;如果感觉适中,请选择任何中间的数字。回答没有对错。我们想了解的是你对服务的看法。
E_1 他们应该有先进的设备
E_2 他们的设备应该有明显的吸引力
E_3 他们的雇员应穿着得体、整洁
E_4 这些公司设备的外表应与提供的服务相匹配
E_5 他们承诺了在某时做某事,他们应该做到
E_6 当顾客遇到困难时,这些公司应表现出同情心
E_7 这些公司应是可靠的
E_8 他们应在承诺的时间提供服务
E_9 他们应记录准确
E_{10} 不能指望他们告诉顾客提供服务的确切时间(-)
E_{11} 期望他们提供及时的服务是不现实的(-)
E_{12} 员工不总是愿意帮助顾客(-)
E_{13} 如果因为工作太忙而不能立即回答顾客的需求,也可以理解(-)
E_{14} 员工应是值得信赖的
E_{15} 顾客应在与公司的交往中觉得放心
E_{16} 员工应有礼貌
E_{17} 公司应给予员工充分支持,使他们工作得更好
E_{18} 不应指望公司给予顾客个别的关心(-)
E_{19} 不应指望这些企业的员工给予顾客个性化的关注(-)
E_{20} 期望员工了解顾客的需求是不现实的(-)
E_{21} 期望这些公司把顾客最关心的事放在心上是不现实的(-)
E_{22} 不应指望营业时间便利所有的顾客(-)
说明:下列陈述与你对X公司的看法有关。请根据你对X公司的了解,指出你对每个陈述同意的程度。完全同意选7;完全不同意选1;你也可以选任何中间的数字,表示你对该公司的感觉。回答没有对错。我们想了解的是你对X公司的看法。
P_1 该公司应该有先进的设备

续表

P_2 该公司的设备应该有明显的吸引力
P_3 该公司的雇员应穿着得体、整洁
P_4 该公司设备的外表应与提供的服务相匹配
P_5 该公司承诺了在某时做某事,他们就应该做到
P_6 当顾客遇到困难时,该公司应表现出同情心
P_7 该公司应是可靠的
P_8 该公司应在承诺的时间提供服务
P_9 该公司应记录准确
P_{10} 该公司不能告诉顾客提供服务的确切时间(-)
P_{11} 期望该公司提供及时的服务是不现实的(-)
P_{12} 该公司的员工不总是愿意帮助顾客(-)
P_{13} 该公司的员工因为工作太忙而不能立即回答顾客的请求(-)
P_{14} 该公司的员工是值得信赖的
P_{15} 顾客应在与该公司交往中觉得放心
P_{16} 该公司的员工有礼貌
P_{17} 该公司的员工得到公司的充分支持,以使工作做得更好
P_{18} 该公司没有给予顾客个别的关注(-)
P_{19} 该公司员工没有给予顾客个性化的关注(-)
P_{20} 期望该公司员工了解顾客的需求是不现实的(-)
P_{21} 期望该公司把顾客最关心的事放在心上是不现实的(-)
P_{22} 该公司的营业时间不是顾及所有顾客的(-)

注:(-)对这些陈述的评分是反向的,在数据分析前应转向正向得分。

资料来源:A PARASURAMAN,V A ZEITHAML,L L BERRY. SERVQUAL:A Multiple-Item Scale for Measuring Consumer Perceptions of Service Quality [J]. Journal of Retailing,1988,64(1,Spring):38-40.

这种方法已经在多种服务情境中被设计和验证。SERVQUAL 最主要的功能是通过定期的顾客调查来追踪服务质量变化趋势。在多场所服务中,管理者可以用 SERVQUAL 来判断是否有些部门的服务质量较差。如果有的话,管理者可进一步探究造成顾客不良印象的根源,并提出改进措施。还可用于市场调研,与竞争者的服务相比较,确定企业的服务质量在哪些地方比对手好,哪些地方比对手差。

尽管 SERVQUAL 是最流行的服务质量衡量手段,但也有一些局限性。它的维度只适用于某些行业,所以该模型必须根据特定产业来进行修正。根据体育的特性对SERVQUAL进行修正的例子很多但各不相同,其中包括麦克唐纳、萨顿、米尔尼(1995)针对观看者体育运动的 TEAMQUAL 方法,以及金氏(Kim,1995)针对体育中心的 QUESC 方法。这些研究证明了 SERVQUAL 尽管有局限但却是那些希望评估自身服务质量的体育组织的良好起点。

麦克唐纳等修正了 SERVQUAL,来适应职业球队体育观看者服务的需要。尤其是,他们增加了一些其他因素到该方法中,说明观看服务的多重遭遇性(如会遭遇到售票人员、特许权持有人及商贩)。与售票人员相关的一些其他因素的例子包括:引座员提供的及时服务;引座员总是有礼貌;以及引座员具备回答顾客问题的知识。基于美国职业篮球运动发展起来的 TEAMQUAL 方法,包括 39 项 SERVQUAL 各维度的因素。

金石(1995)根据韩国体育中心的例子建立了 33 项的服务质量手段——QUESC 方法。他们以 SERVQUAL 为起点进行研究,提炼出 11 项服务质量的纬度(即环境、雇员态度、雇员可靠性、可获得信息、提供的项目、个人考虑、价格、优先权、大脑放松、刺激和方便)。他们提出的维度证明了服务质量构架的相关产业特性,以及提醒体育经理人将某项服务的特性运用到服务质量评估和研究之中的必要性。

二、服务质量的范围

全面观察服务系统对于识别服务质量指标是十分必要的。一般情况下,从内容、过程、结构、结果及影响 5 个方面考察质量。

- 内容:是否遵循了标准程序。对日常服务而言,标准作业流程业已制定,希望服务者遵守这些既定的程序。

- 过程:服务中的事件顺序是否恰当。其基本的原理是要保持活动的逻辑顺序和对服务资源的协调利用。顾客和服务人员间的交互过程得以监控,包括服务人员之间的交互作用和沟通。

- 结构:对服务而言,有形设施和组织设计是否完备。人员资格和组织设计也是重要的质量因素。通过与设定的质量标准相比较,可以决定有形设施是否完备。

- 结果:服务会导致哪些状况改变。服务质量的最终测量要反映最终结果,顾客抱怨是反映质量结果的最有效的指标之一。一般通过跟踪一些指标来监视服务结果质量的变化。

- 影响:服务对顾客的长期影响是什么。

第三节 实现服务质量

与制造过程不同,服务是无形的,并且在生产的同时就被消费了。对顾客而言,在接受服务以前很难评估服务。对组织来讲,在顾客和员工之间插入质量检查环节是不应该的。因此,如何进行服务质量管理,对服务管理者提出了挑战。

一、质量成本

质量与成本密切相关。戴明认为,低质量会给公司带来更多的成本,虽当时一直未受到重视,但人们现在意识到了质量成本的重要性。服务中出现的错误代价不菲,我们都知道没让顾客满意的最大代价就是失去他们,服务管理者必须知道这些成本并如何管理它们。

质量成本是指企业为确保达到满意的质量而导致的费用以及没有获得满意的质量而导致的损失。约瑟夫·朱兰(Joseph Juran)提出了一个对质量成本分类的框架。他在1951年出版的《质量控制手册》一书,首次阐述了其著名的质量成本理论框架,该框架对于确定质量改进在什么方面需要投入多少具有管理上的指导价值。该框架表明,无论质量是如何实现的,都需要花费相关成本。朱兰将这些成本分为4类:

一是预防成本:指组织为预防出现缺陷产品和服务而产生的成本。这部分成本包括在设备、技术、教育和培训计划上的投资,还包括实施公司质量计划、收集、分析数据和服务承诺的成本。这部分的费用投入后回报很高,所以很多专家支持在预防方面的投资。当产品质量或服务质量及其可靠性提高时,预防成本增加。

二是检查成本:指为评估产品或服务是否具有规定的质量而进行试验、检验和检查所支付的费用。当产品质量或服务质量及其可靠性提高时,鉴定成本降低。

三是内部缺陷成本:指交付前未能满足规定的质量要求或标准所造成的损失。当产品质量或服务质量及其可靠性提高时,内部缺陷成本降低。

四是外部缺陷成本:指交付后未能满足规定的质量要求或未满足顾客特殊需要所造成的损失,如回收成本、顾客不满、担保费用、诉讼的法律费用、错误和延迟带来的成本等。当产品质量或服务质量及其可靠性提高时,外部缺陷成本降低。

一般认为,在预防上增加的开支明显减少了检查成本和缺陷成本,从而减少了质量总成本。与此同时,戴明认为,改进过程本身可以降低质量总成本,一个改善过的过程既能减少生成缺陷的数量,又能减少预防与检查的成本。缺陷服务减少,会产出更多的优质产品或服务,而且单位生产成本减少。

对质量成本进行管理,必须了解各种质量成本与质量水平的关系,为了降低成本,各种质量成本应保持恰当的比例关系。朱兰发现,在大多数制造企业中,内部及外部缺陷成本占中质量成本的50% ~80%。因此,为使总质量成本最少,他倡导更多地关注预防。在预防上投入1美元,可以减少100美元的检查成本和10 000美元的缺陷成本。

二、服务过程控制

服务质量控制可视为一种反馈控制系统。在一个反馈系统中,将输出结果与标准相比较,把标准的偏差反馈给输入,随后进行调整使输出保持在一个可接受的范围内。

图 8-3 显示了用于服务过程控制的基本控制循环。服务概念为设定目标和确定系统表现的策略方法建立了基础。为与标准保持一致,需要测量和监控输出;与要求不一致时,需要进行研究,以分析原因和确定采取的纠偏行动。

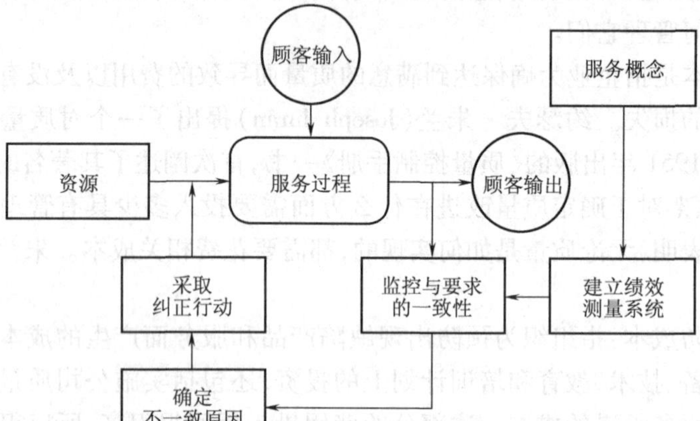

图 8-3 服务过程控制

由于服务的无形性使直接测量非常困难,所以服务企业往往会采用许多替代方法来进行测量服务质量,例如,采用顾客等候时间、顾客投诉次数等来测量。此外,由于服务的生产与消费同时进行使服务绩效的监控难以进行。例如,服务机构往往要求顾客在接受服务后填写问卷,表达他们对服务质量的印象。但此时服务已完成,服务质量低下带给未来的损失已经形成,难以挽回。因此,控制服务质量中的这些困难可以通过控制传递过程本身和使用制造业中的统计过程控制技术来克服。

三、质量控制的基本工具

常用的质量管理统计方法主要包括所谓的"QC 七种工具",包括统计分析表、直分图、排列图、散点图、因果图、曲线图、控制图,具体说明如下:

(一)统计分析表

统计分析表是利用统计表对数据进行整理和初步分析原因的一种工具,其格式多种多样,主要用于记录某种产品或服务与质量有关的特征的发生频率。这种方法虽然简单,但实用有效。

统计分析表最重要的规则是类别项目之间不能重叠并且所有的类别都需要考虑在内。也就是说,各个类别必须是相互排斥又共同构成一个全集。

表 8－2 统计分析表

项目	统计	频数	排序
A	//////	6	3
B	////////////	12	1
C	///	3	4
D	////////	8	2
总计		29	

（二）直方图

直方图以条形图的形式（见图 8－4）描述了数据在分布范围内出现的频率高低程度的分布，可以让人比较直观地看出质量特性的分布状态。制作直方图时，首先要对数据进行分组，因此，如何合理分组是其中的关键。如果组距过小，可能在每一组里只包含一个数据；如果组距过大，可能所有数据都落在一组内。分组通常是按组距相等的原则进行的。

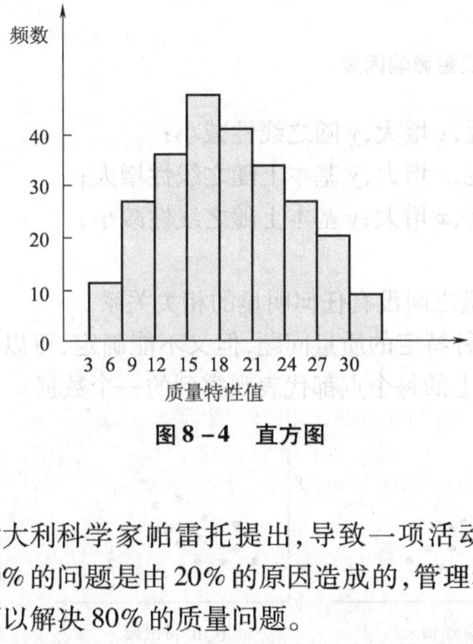

图 8－4 直方图

（三）排列图

排列图或称帕累托图，是特殊的柱状图（见图 8－5），是用以识别、排列并设法永久消除缺陷的方法之一，主要针对重要的错误根源。19 世纪意大利科学家帕雷托提出，导致一项活动的主要原因是相对较少的几个因素。80% 的问题是由 20% 的原因造成的，管理者通过将精力集中放在 20% 的因素上，可以解决 80% 的质量问题。

错误发生的频率按降序排列，而特别添加的累计百分比线是为了便于累计错误数量。利用排列图可以找出那些发生频率最高的错误，可帮助人们确定采取行动的优先次序。

然而，错误发生的频率本身并不代表该错误的重要程度。排列图可以给出所考虑的因素的权重以保证组织能关心那些最需要关注的事项。

（四）散点图

散点图是对两个变量进行描点，以显示二者是否相关。两变量之间的散点图大致可以分为 6 种情况：正强相关、负强相关、正弱相关、负弱相关、曲线相关、无关，如图8－6所示。

正强相关：散点集中在一条直线附近，x 增大，y 也随之线性增大；

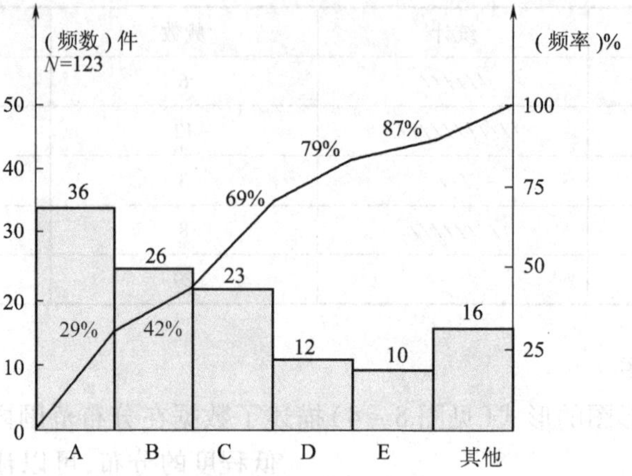

图8-5　质量影响因素

负强相关:散点集中在一条直线附近,x 增大,y 随之线性减小;

正弱相关:散点近似在一条直线附近,x 增大,y 基本上随之线性增大;

负弱相关:散点近似在一条直线附近,x 增大,y 基本上随之线性减小;

曲线相关:散点在一条曲线附近;

无关:散点非常分散,x 和 y 两个变量之间没有任何明显的相关关系。

当管理者怀疑是某个因素导致了某种特定的质量问题,但又不能确定,可以用散点图来证实或证伪这种怀疑。散点图上的每个点都代表观察到的一个数据。

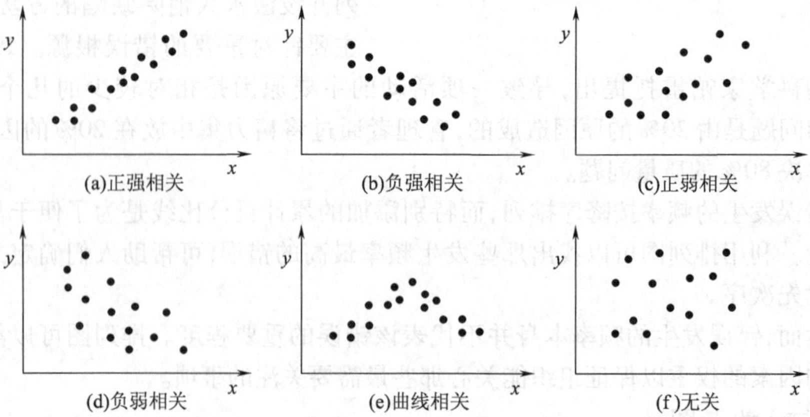

图8-6　散点图

(五)因果图

因果图有时又称鱼刺图(见图8-7),主要质量问题被标为鱼头,产生质量问题的各种主要原因构成了鱼骨,将每个主要的原因分解成一些更具体的原因则标为鱼骨架上的鱼刺。通过构建并采用因果图,分析人员可以发现质量问题的所有主要成因。

因果分析图有助于说明各个原因之间如何相互影响,也能表现出各个可能的原因是如何随着时间而依次出现的。因果分析图首先需要确定原因的主要类别,然后对于每个原因都要问“为什么”,直到找出该类别最根本的原因。

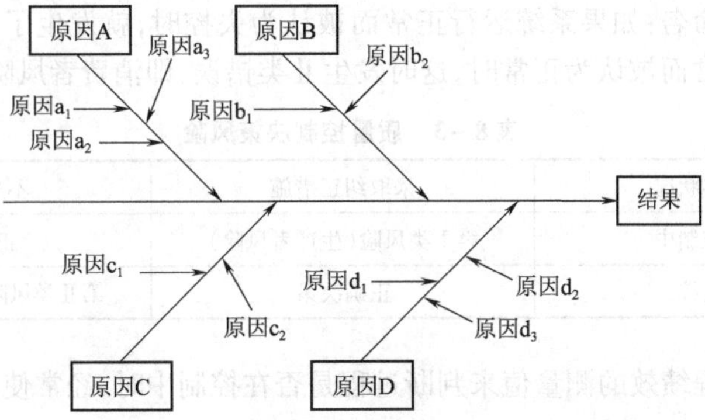

图8-7 因果图

(六)曲线图

曲线图显示的是变量随时间的变化(见图8-8),将数据点依序连接,用以显示数据的趋势。

(七)控制图

控制图又称为管理图(见图8-9),是标有统计值的有控制界限的顺序图,用来区分引起质量波动的原因是偶然的还是系统的,可以提供系统原因存在的信息,从而判断生产或服务过程是否处于受控状态。

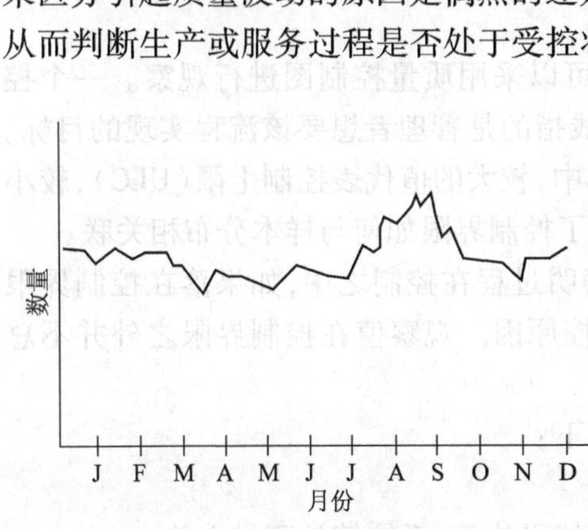

图8-8 曲线图

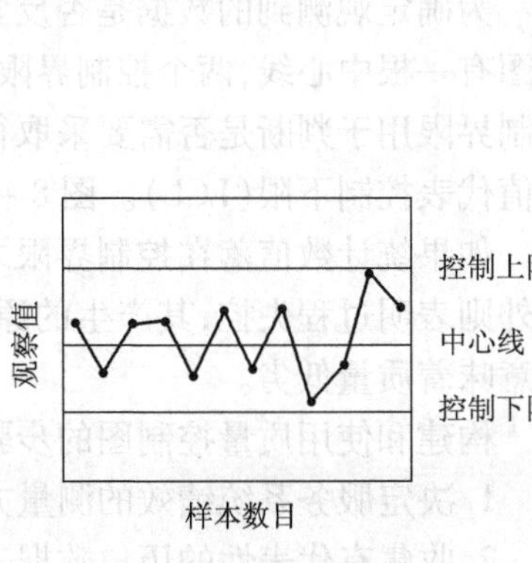

图8-9 控制图

四、统计过程控制

服务绩效通常通过关键指标来判断。当服务过程的绩效达不到预期水平时应该怎么办？通常来讲，需要开展调研以识别问题的原因并提供纠正方案。但是，绩效的变化可能是由随机事件引起的，或没有明确原因。决策者要探明服务质量下降的种种原因并避免与不良服务相关的成本损失。同时，应尽量避免对良好系统作不必要的改变。如表 8－3 所示那样，在控制质量中有两类风险。这些风险根据受损害的一方命名：如果系统运行正常而被认为失控时，就发生了Ⅰ类错误；如果系统运行不正常而被认为正常时，这时发生Ⅱ类错误，即消费者风险。

表 8－3　质量控制决策风险

服务真实状况	采取纠正措施	不采取措施
过程在控制中	第Ⅰ类风险（生产者风险）	正确决策
过程失控	正确决策	第Ⅱ类风险（消费者风险）

在绘出过程绩效的测量值来判断过程是否在控制中时，经常使用控制图。

（一）产出中的变异

没有任何服务会一模一样，正如没有两场比赛一模一样。其原因在于在日常运营中存在众多可产生变异的因素。由于顾客的背景以及员工的工作技能与态度不同，得出来的服务效果会不一样。要想彻底消除流程产生的变异是不可能的，但是管理者可以对变异的成因进行调查，并将之降至最低。

产出变异一般有两种类型：①一般原因变异：完全随机，无法识别来源，且在当前流程中无法避免；②可控原因变异：又称特殊原因变异，指任何可以发现与消除的导致变异的因素。

（二）控制图

为确定观测到的数据是否反常，我们可以采用质量控制图进行观察。一个控制图有一根中心线，两个控制界限。中心线指的是管理者想要该流程实现的目标。控制界限用于判断是否需要采取行动。其中，较大的值代表控制上限（ULC），较小的值代表控制下限（LCL）。图 8－10 显示了控制界限如何与样本分布相关联。

如果统计数值落在控制界限之内则表明过程在控制之中，如果落在控制界限之外则表明过程失控，其产生的原因是可控原因。观察值在控制界限之外并不总是意味着质量低劣。

构建和使用质量控制图的步骤概述如下：

1. 决定服务系统绩效的测量方法。

2. 收集有代表性的历史数据来计算总体平均值、系统绩效测量方差。

3. 决定样本大小，使用总体平均值和方差计算 3 倍标准差的控制限：

（1）一般选取较小的样本容量，4 或 5 个单位；

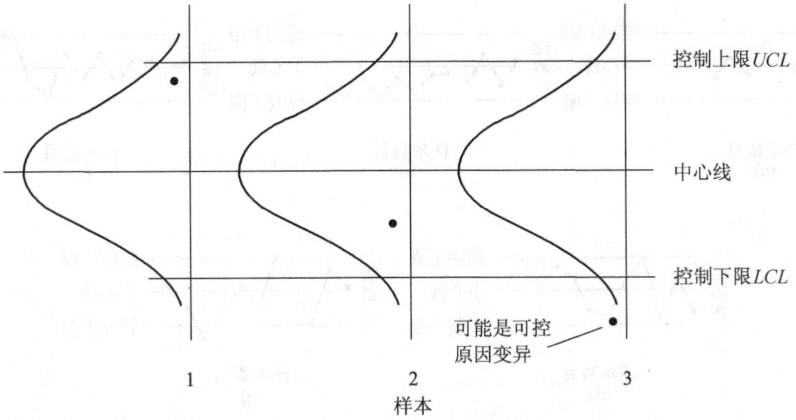

图8－10　控制界限与3个样本观察值之间的关系

(2)建议抽取样本数为25左右。

4. 将控制图绘制成样本平均值时间的函数。

5. 标出随机收集的样本平均值，并按下列方式说明结果：

(1)过程在控制中(样本平均值落在控制限内)；

(2)过程失控(样本平均值落在控制限外或连续5个点落于平均值一侧)；若失控，则需要评估现状，采取矫正措施，检查行动结果。

6. 最后定期更新控制图，并且加入最新数据。

即使没有超出控制界限，有时也可以检测出流程中的问题。图8－11给出了5个控制图的例子。图8－11(a)表示过程处于统计控制中，无须采取行动。图8－11(b)表示一种趋势，即一系列观察值出现某种特征。当5个或5个以上观察值呈现出趋势时，即使这些点没有超出控制界限，一般也是要采取补救措施。图8－11(c)表示过程从常态突然发生了变化。最后4个观察值不同常态：3个观察值向上趋近UCL，第4个观察值保持在中心线的上方。即使观察值没有超出控制界限，管理者仍然应对这种突然变化加以关注。图8－11(d)体现了另外一种情形：即使观察值没有超出控制界限但仍须采取行动。一旦5个或5个以上观察值呈现向下或向上的趋势时，就应该寻找原因。因为这种情况偶然发生的概率很低。最后，图8－11(e)表明这个过程两次失去了控制，因为有两个样本值落在了控制界限之外。

(三)统计过程控制方法

根据绩效测量方式的种类将控制图分为两类。变量控制图记录的是计量值的变化，如长度、宽度、重量和时间等。特性控制图记录离散的数据，如顾客投诉的次数和以百分比表述的错误数等。

我们先讨论变量控制图的均值和极差图，再讨论特性控制图。

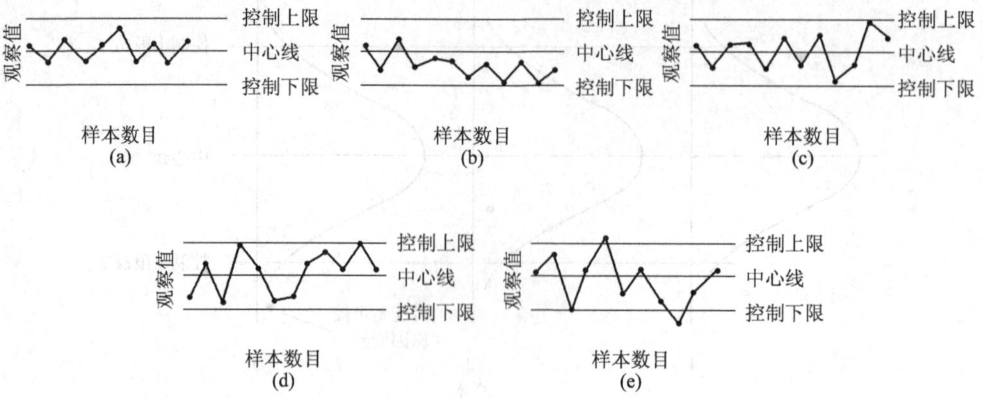

图 8－11　控制图示例

1. 变量控制图包括以下 3 个方面的问题：

(1) R 图（极差图）。分析人员将每个样本的最大值与最小值相减，即可得到样本数据集的极差。如果任一数据落在控制界限之外，则过程变异未得到控制。

R 图的控制界限为

$$UCL_R = D_4\overline{R}$$
$$LCL_R = D_3\overline{R}$$

式中：

$\overline{R}$ = 以往几个 R 值的平均值，且为控制图的中心线；

D_3, D_4 = 规定一个给定样本容量的样本处于 3 倍标准差界限的常数，是样本容量的函数，可查表。

(2) $\overline{X}$ 图（均值图）。$\overline{X}$ 图用于度量均值。当找到的可控原因变量处于统计控制之中后，可构建 $\overline{X}$ 图来控制流程均值。

$\overline{X}$ 图的控制界限为：

$$UCL = \overline{\overline{X}} + A_2R$$
$$LCL = \overline{\overline{X}} - A_2R$$

式中：

$\overline{\overline{X}}$ = 控制图的中心线，同时或是以往所有样本均值的平均值；

A_2 = 规定一个给定样本容量的样本处于 3 倍标准差界限的常数，是样本容量的函数，可查表。

注意控制界限用 $\overline{R}$ 值，因此只有在流程变异处于控制之后才可以构建 $\overline{X}$ 图。

(3) 运用 $\overline{X}$ 图与 R 图可以进行流程监控，具体步骤如下：

步骤 1：选择要监控的工作和质量特性，收集数据。

步骤 2：选取容量为 20～25 个样本，计算每一个样本的极差 R 及样本集合的

平均极差 $\overline{R}$。

步骤3:确定 R 图的控制上、下限。

步骤4:对样本极差描点。如果所有值处于控制中,继续下一步。否则,找出可控原因并纠正,返回步骤1。

步骤5:计算每个样本的 $\overline{X}$ 值以及图的中心线 $\overline{\overline{X}}$。

步骤6:确定 $\overline{X}$ 图的控制上、下限,构建 $\overline{X}$ 图。

步骤7:对样本均值描点。如果所有值处于控制中,继续抽取样本监控流程;否则,找出可控原因并纠正,返回步骤1。如果找不出可控原因,则假设是一般原因变异,继续监控,如表8-4所示。

表8-4 变量控制图常数

样本容量 (n)	$\overline{X}$—图的 LCL 和 UCL 因子 (A_2)	R-图的 LCL 因子 (D_3)	R-图的 UCL 因子 (D_4)
2	1.880	0	3.267
3	1.023	0	2.574
4	0.729	0	2.282
5	0.577	0	2.114
6	0.483	0	2.004
7	0.419	0.076	1.924
8	0.373	0.136	1.864
9	0.337	0.184	1.816
10	0.308	0.223	1.777
12	0.266	0.283	1.717
14	0.235	0.328	1.672
16	0.212	0.363	1.637
18	0.194	0.391	1.608
20	0.180	0.415	1.585
22	0.167	0.434	1.566
24	0.157	0.451	1.548

【例8-1】 为了提高效率,某体育旅游公司正在为电话预订员安排度假者的行程制定时间标准。为了确定平均时间和极差控制及建立控制图,公司收集了电话预订员与顾客通话时间数据。表8-5记录的时间以分为单位。它是在具有代

表性的一周内，每天观察一次每个电话预订员接听顾客电话所用的时间，随机取样4次。第5行是每天的极差R(最高与最低之差)，第6行是每天的平均值。

为了简单起见，我们只取5天的样本结果，样本容量为4。实际上样本应该多于20个较为理想。

表8-5

职员	星期一	星期二	星期三	星期四	星期五	平均值
A	5	11	12	13	10	
B	6	5	12	10	13	
C	14	13	10	9	9	
D	8	6	9	12	14	
R	9	8	3	4	5	5.8
X	8.25	8.75	10.75	11	11.5	10.05

解答：

第一步，用5天的样本结果，计算极差和总体平均值。

$$\overline{R}=(9+8+3+4+5)/5=5.8$$

$$\overline{X}=(8.25+8.75+10.75+11.0+11.5)/5=10.05$$

第二步，从表7-3中选取样本容量为4的相应常数值系数，构建接听时间的R图。控制界限为：

$$UCL_R=D_4\overline{R}=(2.282)\times(5.8)=13.2$$

$$LCL_R=D_3\overline{R}=(0)(5.8)=0$$

第三步，在R图上描出极差，发现没有一个极差落在控制界限之外，因而该变异处于统计控制之中。如果任一样本极差落在控制界限之外或出现异常形式，那就需要找出这部分变异的原因并加以纠正，然后重新取样计算，建立R图(见图8-12)。

第四步，计算$\overline{X}$图的控制限，构建$\overline{X}$图(见图8-13)。

$$UCL=\overline{\overline{X}}+A_2R=10.05+(0.729)(5.8)=14.28$$

$$LCL=\overline{\overline{X}}-A_2R=10.05-(0.729)(5.8)=5.82$$

每天对每个职员的接听时间随机记录4次，提供每个职员的绩效记录。如果职员的平均接听时间落在控制限外，就需要解释原因。如果平均值高过控制上限，预订用时过长，这将导致低效；如果平均值低于控制下限，职员介绍得太短，给顾客不负责任的感觉。

2. 特性控制图——p图的应用。p图是根据产品或服务的计数值变量来测量质量的常用图，常用来控制流程产生的缺陷产品或缺陷服务的比例。质量特征不能连续测量，只能抽取样本并作出单一的决定——产品或服务是否存在缺陷。该

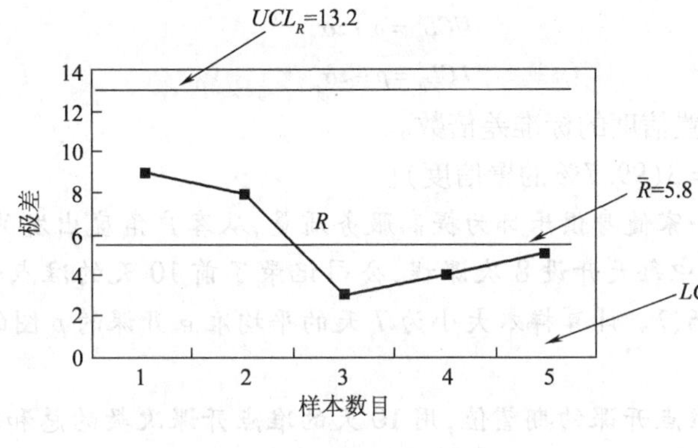

图 8–12　R 图

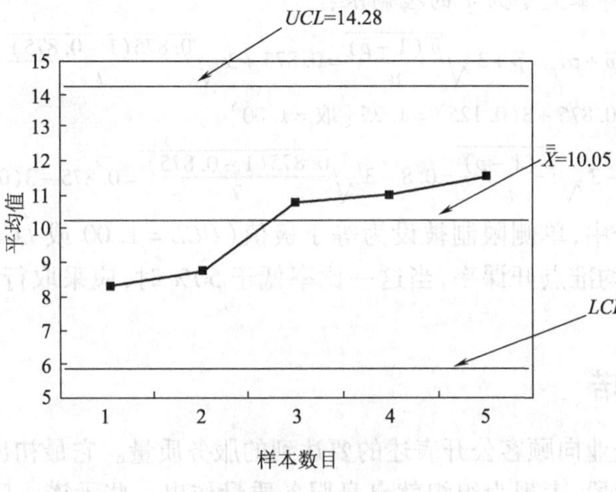

图 8–13　均值图

方法需要随机选取样本、检查样本中的每一件产品或每一次服务，再计算不合格率 p，即不合格数量除以样本容量。

p 图的样本抽样是一个关于是或否的决策：产品或服务要么存在缺陷，要么不存在缺陷。主要的统计分布是二项分布。然而，对较大的样本容量，也可以近似地视为正态分布。不合格率分布的标准差 σ_p 为：

$$\bar{p} = \frac{\text{全部样本中的不合格总数}}{\text{样本数} \times \text{样本容量}}$$

$$\sigma_p = \sqrt{\bar{p}(1-\bar{p})/n}$$

式中：n = 样本容量；

$\bar{p}$ = 不合格率的历史平均值，或设定值及图的中心线。

p 图的中心线可以是以往样本不合格率的平均值，也可以是管理层为该流程设定的一个目标值。我们采用 σ_p 来计算出 p 图的控制上限与控制下限：

$$UCL_p = \bar{p} + z\sigma_p$$

$$LCL_p = \bar{p} - z\sigma_p$$

式中：z = 某一特定置信度的标准差倍数。

我们通常用 $z = 3$（99.7%的置信度）。

【例 8-2】 一家健身俱乐部为提高服务质量，从客户角度出发关注准点开课率。该俱乐部一周中每天开设 8 次课程，公司记录了前 10 天的准点开课的次数：7、7、8、6、7、7、8、7、6、7。计算样本大小为 7 天的平均准点开课的 p 图的上下限。

解答：

第一步，计算准点开课的期望值，用 10 天的准点开课次数的总和除以 10 天总的课程次数。

$$\bar{p} = (7+7+8+6+7+7+8+7+6+7)/(10\times 8) = 0.875$$

第二步，确定样本大小为 7 的控制限：

$$UCL_p = \bar{p} + z\sigma_p = \bar{p} + 3\sqrt{\frac{\bar{p}(1-\bar{p})}{n}} = 0.875 + 3\sqrt{\frac{0.875(1-0.875)}{7}} =$$

$$0.875 + 3(0.125) = 1.25 \text{ [取} = 1.00\text{]}$$

$$LCL_p = \bar{p} - z\sigma_p = \bar{p} - 3\sqrt{\frac{\bar{p}(1-p)}{n}} = 0.8 - 3\sqrt{\frac{0.875(1-0.875)}{7}} = 0.875 - 3(0.125) = 0.5$$

在 p 图的例子中，单侧限制被设为等于极值（$UCL = 1.00$ 或 $LCL = 0$）。本例中，计算出每周平均准点开课率，当这一比率低于 50% 时，应采取行动，调查出现异常的原因。

五、服务承诺

服务承诺是企业向顾客公开表述的要达到的服务质量。它最初出现时是作为一种有效的促销手段，表现为组织就自身服务质量作出一些承诺。后来一些服务组织为提升质量承诺的可信度与完善性，又承诺如果组织的服务质量达不到所承诺的标准与水平时，组织愿为此对顾客进行赔偿。当一个服务企业建立了很好的质量控制方法和缺陷预防手段后，就可以考虑向顾客提出服务承诺的问题。服务承诺是从顾客处获得服务绩效反馈的有力工具。

服务承诺是企业向顾客公开表述的要达到的服务质量。它具有 5 个重要特征：

一是无条件：顾客满意是无条件的，无例外的；

二是容易理解和沟通：简单、明确，顾客可知道能从承诺中得到什么；

三是有意义：对顾客来说很重要，有金钱上和服务上的保证；

四是易于投诉：没有障碍，不使顾客感到有压力；

五是易于改正：快捷，不费周折。

服务承诺可以给企业带来很多好处：①使企业把服务的焦点集中在顾客以及

顾客的期望上，而不是管理者的期望上。②可以设立明确的标准。根据有意义的承诺，企业能够确定反映顾客需求的、详细的质量标准，再依据质量标准对服务过程中的质量管理系统进行设计和控制。③可以促进反馈，因为服务承诺刺激顾客主动确认并投诉未达到标准的服务。④使企业思考服务失败的原因，并采取措施不再出现类似问题，因为服务承诺要求管理者采取补偿行动。⑤可以建立顾客忠诚。服务承诺树立了企业形象，提高了企业知名度；降低了顾客风险，使期望更加明确，留住了因不满意而转向竞争对手的顾客，巩固了市场占有率。

企业作出服务承诺也会有一些风险。如果服务经常达不到标准，根据服务承诺所作出的金钱上的补偿就会给企业带来沉重的财务负担。因此，企业首先必须确认，对所提供的服务质量已经采取了很好的预防措施和控制措施。如果公司现有的服务质量低劣、服务保证不符合公司形象、服务质量确实无法控制，那么服务承诺带来的利润可能超过成本，且顾客在服务中感觉不到什么差异。

第四节　服务补救

在服务行业，由于顾客在服务现场的存在，服务失误是无法避免的。服务提供者、顾客或外界随机因素都可能是服务失误的原因。服务失误会引起顾客的消极情绪或反应。顾客可能会流失并将其经历告诉他人，甚至通过公开渠道投诉服务组织。

服务补救是服务组织针对服务失误采取的行动。可将原先不满意的顾客转变为忠诚的顾客。有研究证明，对产品或服务不满意的顾客中只有4%会直接对公司投诉；另外96%不满意顾客不会直接向公司投诉，并且其中25%遭遇了严重的服务失误；96%不投诉的顾客再购买意图低于4%投诉的顾客；如果问题得到解决，那些抱怨的顾客中将有60%会继续购买；如果尽快解决，这一比例将上升到95%；不满意的顾客将把他们的经历告诉10～20人，那些抱怨而得到服务补救的顾客则只会向5个人讲述自己的经历。因此，尽快解决服务失误是建立顾客忠诚度的重要途径。由于顾客参与服务传递过程，一个经过训练、灵活的员工可以采用服务补救技术将一个潜在的不满意顾客变成一名忠实顾客。

许多服务组织已经意识到服务补救的重要性并制定了完善的补救策略。总的原则是避免服务失败的发生，尽量第一次就将事情做对。如果服务失败发生，服务组织也能出色地补救。图8－14[①] 所示的服务补救框架可以对服务补救进行最好的理解。

① JANIS L MILLER，CHRISTOPHER W CRAIGHEAD，KIRK R KARWAN. Service Recovery：A Frame work and Empirical Investigation[J]. Journal of Operation Management，2000(18)：388.

服务失败和补救包含3个阶段。补救前阶段体现顾客期望,包括服务承诺;补救阶段包括对一线员工的训练和指导,使他们能够对服务失败作出适当响应;后续阶段就是鼓励顾客再次光临。

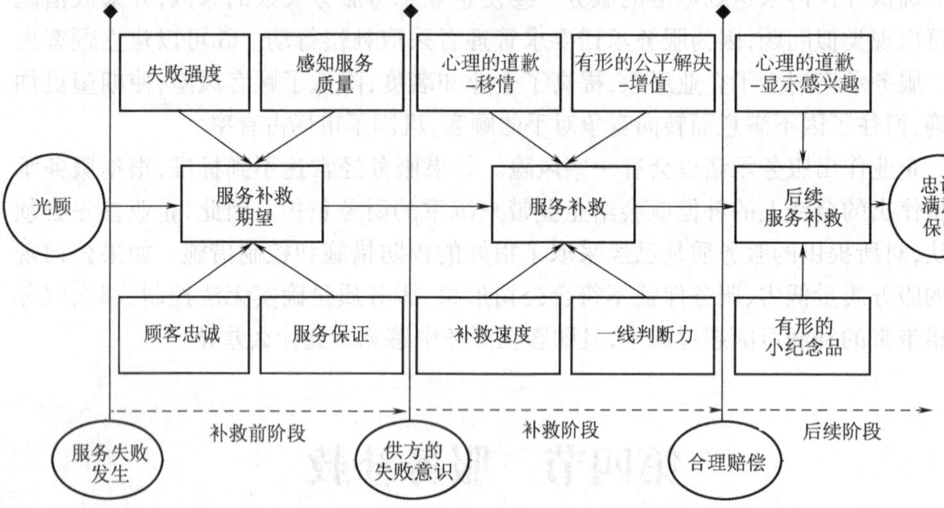

图8-14　服务补救框架

服务补救一般有4种基本方法:逐件处理、系统响应、早期干预和替代品服务补救。

一是逐件处理法,强调顾客的投诉各不相同。这种方法容易执行,成本较低,但是它也具有随意性。

二是系统响应法,使用规定来处理顾客投诉。由于采用了识别关键失败点和优先选择适当补救标准这一计划性方法,它比逐件处理法更加可靠。只要响应规定不断更新,这种方法就非常有益。

三是早期干预法,是系统响应法的另一项内容,它试图在影响顾客以前干预和解决服务流程问题。例如,健身俱乐部的私人教练突然生病,他可以马上通知顾客,在必要时顾客也可以换教练采取其他方案。

四是替代品服务补救法,是通过提供替代品服务补救,从而利用竞争者的错误去赢得顾客。有时,处于竞争中的企业会使用这种做法,但由于竞争者的服务失败通常是保密的,因此这种方法实行起来比较困难。

复习思考题

1. 服务质量的5个维度与产品质量有什么不同?

2. 为什么说测量服务质量很困难?

3. 如果你是一家服务企业的经理,打算用质量差距模型来改进服务质量,你应当从哪个差距着手,为什么?你应当按照何种顺序来缩小差距,在这几种差距中,你认为哪种最难克服,为什么?

4. 对一家体育组织(也可以是某个部门)进行访谈调查,看看整合服务质量差距模型的框架是否在该组织中起作用。

5. 如何将服务失败转变为有利的事?

6. 某体育培训公司最近接到一些投诉,具体情况列在以下计分表(见表8-6)。

表8-6

投诉原因	记录次数
器械不足,经常需要等待才能使用上	11
环境嘈杂	9
服务人员态度欠佳	16
教练不够认真	7
培训课程质量不高	8

(1)画出帕累托图来确定最严重的问题是什么。

(2)使用因果图试着分析这些投诉的潜在原因是什么。

7. 某体育健身俱乐部正在为员工接待顾客的时间制定质量控制图。管理者认为,为提高服务,接待顾客的时间应控制在一定的范围内。选取6名接待员工,分4次观察他们接待顾客的时间,确定他们的活动。记录接待顾客所用的时间如下(见表8-7):

表8-7

员工	接待时间(秒)			
	样本1	样本2	样本3	样本4
1	200	150	175	90
2	120	85	105	75
3	83	93	130	150
4	68	150	145	175
5	110	90	75	105
6	115	65	115	125

(1)样本容量为6的 $\overline{X}$ 图及 R 图的控制上、下限是多少?

(2)绘出控制图后,观察6名员工的活动,记录接待顾客所用的时间,分别以秒计为:180、125、110、98、156、190,请问需要采取改进措施吗?

第九章

服务设施选址

【本章提要】

本章从选址的基本问题、战略意义、影响因素以及设施选址决策的一般过程和评估方法等几个方面对设施选址进行阐述。选址包括选位和定址,有的是单一的设施选址,有的是在现有的设施网络中布置新的网点。影响服务业选址决策的因素很多,必须仔细权衡这些因素,决定哪些是与设施位置紧密相关的,分清主次,抓住关键。进行选址决策应遵循科学的规律,对选址备选方案进行评估与比较,进行定性和定量分析。常用的评估方法有因素评分法、负荷距离法(重心法和中值法)、运输表法以及“引力模型”等。企业常常会考虑不同的方法,以从不同的角度来评估选址备选方案。

【名词解释】

因素评分法:是指一种可以将多种因素结合在一起考虑的选址方法。对于每一种因素都有相应的变化范围。每一个备选地点都按各种因素分别计分,然后将每一地点各因素的得分结合起来,得出这一地点的评定。

中值法:是指一种用直角距离作为寻求总行进距离最小的单一设施定位方法。

重心法:是指一种单一设施定位方法,这种方法要考虑现有设施,它们之间的距离和所要运输的货物量。

运输表法:是指一种迭代方法,用来在 m 个“供应源”和 n 个“目的地”之间决定一个任务分配方法,使得运输成本最小。

引力模型:是指测量设施对顾客吸引力的一种反复推测的零售定位模型。

第一节　设施选址的基本问题

一、设施选址的基本问题及其重要性

所谓设施,是指在运营过程得以进行的硬件手段,通常是由工厂、办公楼、车间、设备、仓库等物质实体所构成。所谓设施选址,是指如何运用科学的方法决定设施的地理位置,使之与企业的整体运营系统有机结合,以便有效、经济地达到企业的经营目的。

设施选址一般包括两个层次的问题:①选位,即选择什么地区设置设施,如沿海还是内地,南方还是北方等。随着当前经济的全球化,组织在全球范围内选址日益普遍,因此,国内外也是选位考虑的因素。②定址,即地区选定后,具体选择在该地区的什么位置作为设施的具体地址。

设施选址还包括两类问题:一个是选择单一的设施位置;二是在现有的设施网络中布置新的网点。

单一设施选址是指独立地选择一个新的设施地点,其运营不受企业现有设施网络的影响。例如,新成立企业或新增加独立经营单位,企业为扩大规模或者由于各种原因而另选新址等。而在现有的设施网络中再选一个新的地址,包括两种情况:一是各个设施相互独立,即企业拥有多处设施但彼此之间的运营基本上相互独立;二是各个设施相互作用,即企业拥有多处设施但彼此之间的运营不是独立的。第一种情况下的选址问题基本按照单一设施选址的方式去进行,而在第二种情况下,则涉及一些新问题,如各个设施之间的运输问题,如何在不同设施之间分配工作任务,如何决定每一设施的生产能力,等等。只有综合考虑这些问题,才有可能使整个设施网络的运营效果最优。

网络设施的运作与单一设施的运作在运作管理的很多方面类似,例如,运作规模、运营时间、所占空间的类型、资本密集程度、与顾客的接触程度等。不同点主要表现在:网络设施的运作更看重能够迅速接近顾客,看重提供标准化的服务。因而在进行设施选址时把人口密度、人口流量作为很重要的考虑因素。与单一选址问题相比较,网络选址可以更有效地利用不同地方,乃至世界各地的资源与能力优势。

对企业来讲,设施选址非常重要。它不仅关系到设施建设的投资和建设的速度,而且对设施建成后的设施布置以及投入运营后的经营费用、产品和服务质量以及成本,都有巨大而长远的影响。当企业确定选择了某个场址,许多成本就会沉淀为固定成本,难以改变。一旦选择不当,它所带来的不良后果难以通过在运营中加强和完善管理等措施来弥补。例如,场址选在一个劳动力很昂贵的,或者缺乏劳动培训的地区,那么人力资源方面就会出现问题;滑轮俱乐部面对的主要是青少年消费者,选址地区的人口构成以中老年为主,那么即使其他条件都不错,也不会成功。

选址固然重要,但又十分困难。其原因有以下几个方面:

一是选址因素相互矛盾。选址关系到很多因素,而这些因素常常是相互矛盾的。例如,客流量大的繁华路段能获得较多的业务,但常常地价贵、租金高。

二是不同因素的权重很难确定和度量。

三是不同的决策部门利益不同,所追求的目标也不同。

四是判别的标准会随着时间变化,现在是好的选址,过几年可能就未必了。

因此,在进行设施选址时,必须充分考虑到多方面的因素的影响,提出数个备选方案,逐个调查分析,权衡利弊,慎重决策。

二、设施选址的战略作用

一个企业的竞争力将直接受到其所处地理位置和环境的影响。选址不仅能够起到设置进入障碍和创造需求的作用,还有以下几个方面的影响。

选址弹性是测量服务对经济条件改变反应程度的一种方法。因为选址决策是资本密集的长期投入,进行选址选择对未来的经济、人口和竞争变化保持良好的反应非常重要。对于设施网络选址,通过在需求稳定地区附近的个别位置定位,这种作用将得到进一步强化。

(一)竞争位置

竞争位置是指公司相对于竞争对手的状态。许多选址可以通过建立公司的竞争位置和市场认知以起到竞争障碍的作用。在市场发展起来之前,获得并保持最佳定位,创造人为的进入障碍(类似产品的专利),可有效地阻止对手进入有利位置。

(二)需求管理

需求管理是控制服务需求的数量、质量和时间的能力。例如,由于设施的固有属性,旅馆不能有效控制服务能力。然而,旅馆可以通过在不同市场群体的周围选址的方法来达到控制需求的目的,这些不同的群体可以提供相对稳定的需求,而不受经济条件、时间或季节的影响。

(三)集中化

集中化可以通过在众多选址点提供相同范围的、狭小的特定服务而得到发展。许多的选址服务公司都开发一种标准设施,该设施可以在许多场址进行复制。这种方法有利于企业扩张,但相邻的经营单位可能会相互争抢业务,如果建立一种理想的成长模式,则可以避免。

三、影响选址决策的因素

一般来讲,制造业企业与服务业企业在设施选址上的基本思路有很大不同。

首先，对于制造业企业，由于没有顾客参与到生产系统中去，所以设施选址的主要考虑因素是物流成本和物流合理化；而对于服务业企业来说，由于需要考虑顾客在其中的参与，因此主要考虑因素是与顾客的相对位置。例如，对于一个健身俱乐部，影响其经营收入的因素有多种，但其设施位置有举足轻重的作用，设施周围的人群密度、收入水平、交通条件等，将在很大程度上决定俱乐部的经营收入。

其次，对于制造业企业的设施选址来说，与竞争对手的相对位置并不重要，而在服务业，就可能是一个很重要的因素。有些情况下，选址时应该有意识地避开竞争对手；有些情况下，如商店、快餐店等靠近竞争对手可能反而有更多的好处，因为在这些情况下，可能会产生一种“聚集效应”，即受聚集于某地的几个企业的吸引而前来的顾客总数，大于分散在不同地方的这几个企业吸引的顾客总数。

第三，制造业企业的选址决策重点在于追求成本最小化，而服务机构的目标是实现收入最大化。这是因为制造业成本往往随着地区的不同而有很大差异，而服务机构的成本在一个市场范围内变动很小。因此，对于一个服务机构而言，特定的选址更多的是影响其收入，而不是成本，这也就意味着服务机构选址决策的重点应在于确定销售量和收入的多少。

影响服务业选址决策的因素主要有以下几点：

一是靠近顾客。确定顾客与企业之间进行业务活动时的方便程度是一个关键要素。例如，如果有更便利的地方，顾客就不会光顾距离较远的健身房或运动场馆进行锻炼。顾客对服务设施距离自己的远近很在意，当服务流程需要与顾客有较多的接触时尤为如此。

二是所选地区的消费者购买力（影响因素，如平均家庭收入、平均家庭人口、人口密度等）。

三是所选地区的竞争情况和激烈程度。

四是所选地区公用基础设施情况（如交通、通信、水、电等条件）。

五是设施的物质水平，包括所选地区周围的可扩展性等。例如，对于大型赛事，必须有足够的停车位且交通方便。

六是竞争对手的选址。

七是可利用的劳动力的素质。公司应选择能够提供充足的、具有相应能力工人的地点，并考虑当地的平均工资水平。

需要特别指出的是，对于体育设施的选址，尤其要关注与顾客的距离。体育设施的服务区域是一个圆面，从圆中心向四周随着距离的增加，光顾体育设施的人口会随之减少。显然，体育服务也一样存在着距离衰减规律。假设某体育设施存在一定的吸引范围，那么可以用图 9－1 的体育空间需求曲线来表示其“服务区域”。

如图 9－1 所示，给定一个体育设施，其空间需求曲线为斜率小于零的直线，距体育设施地点越远，消费者所需克服的距离的阻力就越大（如需支付较多的交通费）。这一直线的斜率大小与许多因素有关，但是只要消费者所在的位置在 X 点

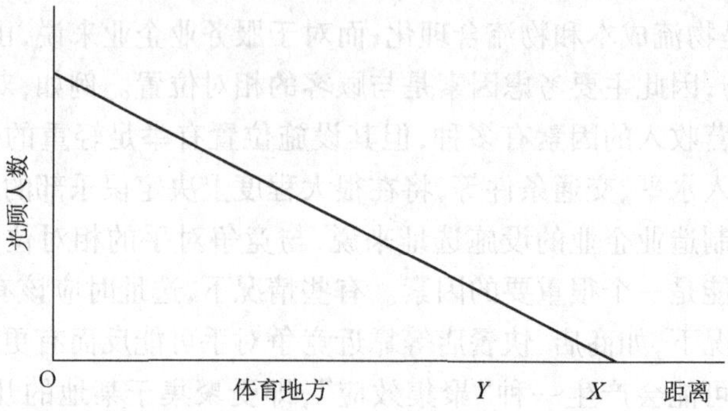

（X 和 Y 表示不同类型与层次的体育区域）

图 9－1　体育设施的空间需求示意图

以外，由于前往该体育地方的耗费太大，人们就会认为不值得进行这一体育消费。当然，这也为另外一种体育服务场所或设施在点附近的建立提供了可能，它可以满足区域外消费者对体育消费的需求。把体育设施布置在 Y 处，这样 O 与 Y 两个体育设施就会产生市场空间的竞争。一般认为，市场空间的竞争更有助于球队以及经营球队的俱乐部生存。

第二节　设施选址决策的一般过程和评估方法

一、设施选址决策的一般过程

一般选址决策应遵循以下步骤：

第一，确定选址总体目标。选址的总体目标是使选址决策能给组织带来最大化的效益。

第二，收集新建（或扩建）设施与选址有关的各方面资料。

第三，识别影响选址的主要因素，如劳动力、市场或原材料等。

第四，根据选址总体目标和影响因素初步筛选，确定备选的目标地区。

第五，收集各备选目标地区资料，确定可供选择的具体地点。

第六，采用选址方法，对备选具体地点进行评价。

第七，确定具体地点。

表 9－1 是设施选址决策的一般过程及决策要素，说明了从选择国家、选择地区，再到具体位置决策过程中需要注意的问题。

表9-1　设施选址决策的一般过程及决策要素

选择国家	政府政策、态度、稳定性及鼓励措施 文化和经济问题 市场位置 劳动力供给、态度、生产力、成本 生产供应能力,通信、能源情况 汇率
选择地区	企业目标 地区吸引力(文化、税收、气候) 劳动力供应、成本、对待工会的态度 公用设施的成本和供应 州及城镇的环境管理措施 政府优惠鼓励性措施 离原材料及消费者的距离远近 土地/建筑成本
具体位置决策	场所的大小和成本 空运、铁路、高速公路、水路系统 分布格局约束条件 距离所需服务/供应设施的远近 环境影响因素

二、选址决策的评估方法

在设施选址中很难找到一个一般性的选址评价模型。其主要原因是:①由于选址决策涉及的因素很多,加之一些因素又相互矛盾,造成评价选址决策方案的困难。②如果企业生产多种产品或提供多种服务,它们的原材料供应地和市场的差别较大,难以按照某种产品或服务来确定场址。③即使有比较完善的评价模型,由于数据资料的不正确,也不会得到正确的结果。选址关系到企业的长期决策,由于长期预测的准确性很低,所以计算后的结果也难以准确。④由于计算的复杂性,有时难以找到最优解。所以选址往往只要找到一个令人满意的解答就可以了。

传统上,选址决策常常建立在直觉的基础上,变数很大。只有进行一定的分析才能够避免失误。

在对选址备选方案进行评估与比较时,需要进行定性和定量分析。常用的评估方法有因素评分法、负荷距离法(包括中值法和重心法)、运输表法以及引力模型等。实际上,企业常常会考虑不同的方法,以从不同的角度来评估选址备选方案。

(一)因素评分法

在选址过程中,通常涉及许多因素,但是总有一些因素是无形的、难以量化的,一些因素比另一些因素相对更为重要。所以,决策者往往在选址过程中会权衡各种因素孰轻孰重,从而使决策更接近客观现实。因素评分法是指一种可以将多种因素结合在一起考虑的选址方法。对于每一种因素都有相应的变化范围。每一个备选地点都按各种因素分别计分，然后将每一地点各因素的得分结合起来，得出这一地点的评定。它在选址方案评估时应用非常广泛，它把复杂的问题简单化，而且很容易使用。因素评分法的分析结果是以定量形式表达的，实际上却综合考虑了定量和定性两方面的因素。其具体步骤一般如下：

1. 列出选址决策所需考虑的具体标准或因素；

2. 根据决策中每个因素的相对重要性，赋予每个因素一个权重；

3. 给每个因素的打分设定一个统一的取值范围，如 1 ~ 10 或 1 ~ 100；

4. 给每个备选地址的每个因素评分；

5. 将每个因素的评分值与其权重相乘，计算出每个因素的加权分值；

6. 累计每个备选地址的所有因素的加权分值，计算出每个备选地址的总得分，选择总得分最高的备选地址作为最优决策方案。

【例 9 - 1】 因素评分法的计算

一个新的健身俱乐部要开设在某市，表 9 - 2 是选址因素、权重以及两个备选场所的分值（1 = 差，5 = 优），该例中的权重值加起来等于 100%。请问 A 和 B 场所的加权值各为多少？应选择哪个场址？

解答：将每个因素的权重与它的分数相乘，然后将所有的结果相加，就可以得到这两个场所各自的加权值（WS）：

$$WS_A = 25 \times 4 + 20 \times 3 + 20 \times 3 + 15 \times 4 + 15 \times 2 + 5 \times 5 = 335$$

$$WS_B = 25 \times 3 + 20 \times 2 + 20 \times 5 + 15 \times 3 + 15 \times 5 + 5 \times 4 = 355$$

表 9 - 2

选址因素	权 重	A 地评分	B 地评分	A 地加权分	B 地加权分
每月顾客的总里程	25	4	3	100	75
设施利用率	20	3	2	60	40
靠近繁华商业区	20	3	5	60	100
租金成本	15	4	3	60	45
周围竞争对手的影响程度	15	2	5	30	75
员工的偏好	5	5	4	25	20
总 分	100			335	355

根据因素评分法，一般加权分值最高的场所是最佳地址。因此，应选择 B 地。因素评分法涉及非常多的定量化分析，使用表格可以使管理层很方便地看到调整各种因素权重对选址决策的影响。

需要指出的是，尽管本例中的因素权重总分为 100，但这并不是一个必需条件。因素的权重值必须要真正反映出选址时每个因素之间的相对重要性，如果因素对选址决策同等重要,那么应该赋予同样的权重。因此,在比较评估各备选方案的优劣时,赋予因素的权重的实际值并没有相对值有意义。当然,为了方便计算,也可以对权重进行归一化处理。

对于有的选址决策,如果对某些评价指标有严格的要求,可以设置最低指标值,任何方案的相应指标如低于这个最低值,则该方案被淘汰。

(二)负荷距离法

在系统化的选址流程中,分析人员必须找出具有吸引力的候选场所,并根据定量因素进行对比。有些选址因素与距离有直接的关系,如是否靠近市场、与目标客户的平均距离、是否靠近供应商与资源、是否靠近其他的企业设施等。负荷距离法的目标是在若干个候选方案中,选定一个目标方案,它可以使总负荷(货物、人或其他)移动的距离最小。当上述与距离有直接关系的选址因素至关重要时,使用负荷距离法可以从众多候选方案中快速筛选出最有吸引力的方案。

1. 距离的计算方法,可采用欧几里得距离法或直线距离法来计算。

(1)欧几里得距离法。欧几里得距离是两点之间的直线距离或最短可能路径。两点 A 与 B 之间的距离为:

$$d_{AB}=\sqrt{(x_A-x_B)^2+(y_A-y_B)^2}$$

式中,d_{AB}——点 A 与 B 之间的距离;

x_A——A 点的 x 坐标;

y_A——A 点的 y 坐标;

x_B——B 点的 x 坐标;

y_B——B 点的 y 坐标。

(2)直线距离法。度量的是有一系列 90°转弯的两点之间的距离。沿着 x 方向的距离就是 x 坐标间差值的绝对值。将这个绝对值与 y 坐标间差值的绝对值相加就得到:

$$d_{AB}=|x_A-x_B|+|y_A-y_B|$$

2. 负荷的计算方法。假设一个正在进行新址规划的公司想选择一个能使负荷距离最低的场址,可采用负荷距离法计算。根据行业不同,负荷可能是供应商所发的货物、工厂间或发向顾客的货物运输,也可能是服务顾客的人数等。计算时,将负荷与进出的距离简单相乘。目标函数总负荷 Z 为:

$$Z=\sum_{i=1}^{n}l_i d_i$$

式中,Z——总负荷,即新选位置与各个目的地之间的负荷距离乘积的和;

l_i——目的地 i 距新选位置的移动负荷(如人口比例);

d_i——目的地 i 距新选位置的距离(可以是几何距离或直线距离);

n——目的地的数目。

很显然,负荷距离法的目标是要在各个候选方案中找出一个总负荷数值最小的可以接受的方案。

3.负荷距离法的两种解法:中值法和重心法:

(1)中值法。中值法是指一种用直角距离作为寻求总行进距离最小的单一设施定位方法。它在城市定位中有较好的应用,具体解法见例9-2。

【例9-2】 某体育公司拟在西部某城市开设一家健身俱乐部,服务区域包含以下4个以公里为单位,用x,y二维坐标表示的区域:$A(6,2)$、$B(9,6)$、$C(5,8)$、$D(2,4)$,每一点的权重即相对应的目标人口(千人)为:2、1、3、2。管理者想决定一个中心位置,使每个月顾客来健身的所需距离最小。

对于城市定位来说,用直角距离最好。解决这个问题可以用中值法。

首先中值可以用下式来计算:

$$\text{Median}=\sum_{i=1}^{n}\frac{l_i}{2}$$

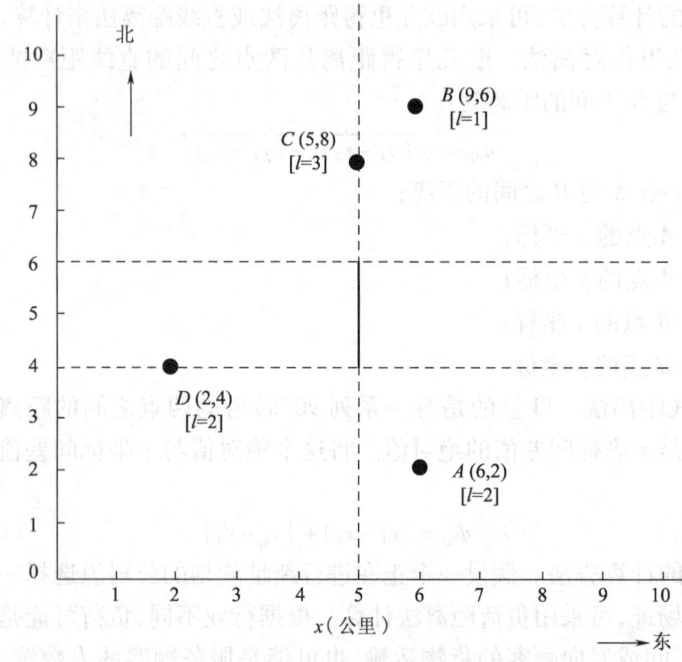

图9-2 健身俱乐部的定位

从图9-2中可以得到,估计人口中值(单位:千人)为$(2+1+3+2)/2=4$。为了找到x坐标上的中间值x_s,我们把x坐标方向上的l_i由东到西和由西到东汇总起来。将每个需求点的权重按顺序相加,直到总和等于或超过中值4$(D+C=5)$。然后画出x坐标的中值点线。因此由东到西可以得到在$x=5$处的一条竖线。用同样的方法$(B+A+C=6)$,由西到东也得到在$x=5$处的一条竖线。

然后,我们同样在图9-2中从北到南移动,把y坐标方向的权重l_i相加,直到总和等于或超过中值4($C+B=4$)。然后画出y坐标的中值点线。结果是在$y=6$处得到一条水平线。如果从南到北,将权重相加,直到总和等于或超过中值4($A+D=4$)。然后画出y坐标的中值点线。结果是在$y=4$处得到一条另一条中值水平线。

在如图9-2所示从(5,4)到(5,6)的线段上,任一位置都能保证距离消耗的最小化。也就是说在这一线段上进行定位,都可以接受的。

该题我们也可以利用负荷距离法计算(见表9-3和表9-4),得出,点(5,4)和点(5,6)的总负荷距离是30公里。此例说明,一个目标位置可以是一个点,一条线或者一个区域。因此,中值法有很大的灵活性。

表9-3

位置(5,6)		
区域	距离×权重	总计
A	5×2	=10
B	4×1	=4
C	2×3	=6
D	5×2	=10
		30

表9-4

位置(5,4)		
区域	距离×权重	总计
A	3×2	=6
B	6×1	=6
C	4×3	=12
D	3×2	=6
		30

(2)重心法。对备选的地区、子地区、社区进行评估分析一般称为宏观分析;而对特定的地点位置进行评估分析一般称为微观分析。重心法是指一种单一设施定位方法,这种方法要考虑现有设施、它们之间的距离和所要运输的货物量等因素。它是微观分析的常用定量方法,常用于判断设施选址的最优位置,其判断依据是尽量降低货物产地和销售地、配送地之间的运输费用,或者尽量减少顾客往返的距离。制造型企业常用此法来决定制造工厂与配送设施的相对位置;服务型企业也可以用此法进行选址。

重心法首先要将所有地址放在一个坐标系中来考虑。这个坐标系的原点与长度单位是任意给定的,并与现实中各地点相互间距离保持一致的比例。该方法的步骤如下:

第一步,采用下面的公式计算出所考虑区域的重心。以该重心为所选位置,计算其总负荷数。

$$x^*=\frac{\sum_i l_i x_i}{\sum_i l_i},y^*=\frac{\sum_i l_i y_i}{\sum_i l_i}$$

其中:x^*为重心的x坐标;

y^*为重心的y坐标;

x_i为第i个地点x坐标;

y_i 为第 i 个地点 y 坐标；

l_i 为目的地 i 距新选位置的移动负荷。

第二步，计算(x^*,y^*)上、下、左、右的邻近点，与第一步所选位置的总负荷数进行比较，如有更好的，则以该点为新的中心位置，再计算其相邻各点的总负荷数。

第三步，将第二步反复进行，直到找不出更优的点，则最后一步的中心位置就作为所选位置。

【例9-3】 某组织打算新建立一个体育培训学校，服务于周围7个区域的顾客。如果顾客参加体育培训，必须前往这个培训学校。那么，这个体育培训学校目标区域的重心是多少？

解答：为了计算出重心，我们首先从表9-5的信息入手（表9-5中的人口单位是百人）。

表9-5

区域	人口			
	(x,y)	(l)	(l_x)	(l_y)
A	(2.5,4.5)	2	5	9
B	(2.5,2.5)	5	12.5	12.5
C	(5.5,4.5)	10	55	45
D	(5,2)	7	35	14
E	(8,5)	10	80	50
F	(7,2)	20	140	40
G	(9,2.5)	14	126	35
	合计	68	453.5	205.5

然后，解出 x^* 与 y^*：

$$x^* = \frac{453.5}{68} = 6.67$$

$$y^* = \frac{205.5}{68} = 3.02$$

所以，重心是(6.67,3.02)。重心法解出来的不一定是最优解，但是它可以作为起点，管理者在它附近按照重心求解方法第二步反复进行，搜索最佳地址。

（三）运输表法

运输表法是一种迭代方法，用来在 m 个“供应源”和 n 个“目的地”之间决定一个任务分配方法，使得运输成本最小。这种方法可以用来进行设施网络选址的优化，也可用来决定一个最优生产计划或最优服务台设置。这种方法实际是线性规划法的一种特殊形式。

运输表法的基本模型如表9-6所示。这里，“供应源”是工厂，“目的地”是配送中心。对于这样一个运输问题,无论是手工计算还是计算机求解,都需要先建立一个如表9-6所示的矩阵,或称为表格。表9-6中的行和列分别代表工厂和配送中心(最后一行和最后一列除外),矩阵中的每一个单元应填入从该格所在行的工厂向该格所在列的配送中心运输的量,其中单位运输成本表示在该单元的右上角。运输成本假定与运输量成正比。

表9-6 运输表法的模型示例

工厂	配送中心			生产能力
	1	2	3	
A	5.0	6.0	5.4	400
B	7.0	4.6	6.6	500
需求	200	400	300	900 / 900

在上述模型中,每一行运输量的和应该等于该行所代表的工厂的生产能力,每一列运输量的和应该等于该列所代表的配送中心的需求,分别表示在矩阵的最后一行和最后一列,该生产能力总量等于需求总量。

【例9-4】 某体育用品公司的某产品系列在工厂A生产,生产能力是400。随着市场需求的增长以及公司业务量的扩大,现有的3个配送中心的需求都在增长,预计分别为200、400和300。公司正在考虑再建一个生产能力为500的工厂,初步考虑建在B地。从A地的工厂向3个配送中心的单位运输成本分别是5.0、6.0和5.4元,从B地的工厂向3个配送中心的单位运输成本分别是7.0、4.6和6.6元。现在,公司首先想运用运输表法确定在此情况下的最优运输方式和总运输成本。表9-7就是为这个问题建的运输表法模型。

在这种选址情况下的最优运输方式如表9-7所示,总运输成本是4 580元。

表9-7 运输表法模型的求解示例

工厂	配送中心			生产能力
	1	2	3	
A	200 (5.0)	(6.0)	200 (5.4)	400
B	(7.0)	400 (4.6)	100 (6.6)	500
需求	200	400	300	900 / 900

这种方法不能把设施网络选址问题的3个方位全部顾及，而是在设施位置和各个设施的生产能力给定的条件下，求得最优运输方式。因此，管理者必须对“位置”和“能力”两因素变量进行多种组合，在每一种组合下分别使用此方法，寻求一个最优的运输方式和最优位置。这种方法得到的选择只是考虑了运费最优，还需要考虑投资成本、生产成本以及其他一些定性因素，才有可能得出最后的结论。

（四）引力模型

当对一个像体育用品商店一样以零售为主的零售服务场所进行定位时，其目标是利润最大化。因此，必须对不同定位的各种数据进行评估，以寻找利润最大的定位点。具体定位的步骤如图9-3所示。

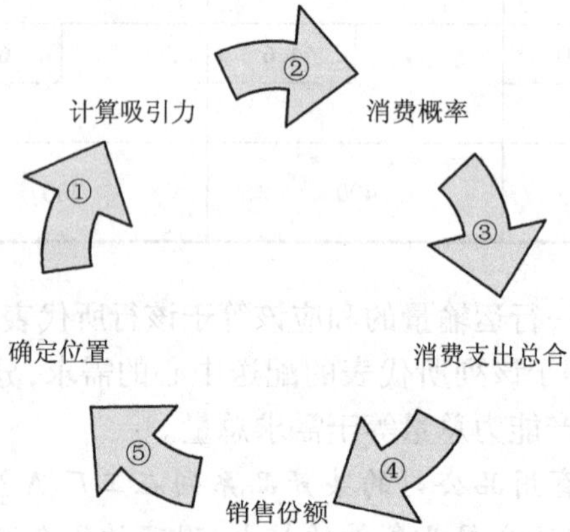

图9-3 定位步骤

引力模型是指测量设施对顾客吸引力的一种反复推测的零售定位模型。它用来评估消费者需求，这个模型是以物理类比为依据，就像两个物体之间的万有引力与它们的质量大小成正比，而与它们之间的距离成反比。对于某一服务来说，设施的吸引力可表示为：

$$A_{ij} = \frac{S_i}{T_{ij}^{\lambda}}$$

式中：A_{ij}为设施j对消费者i的吸引力；

S_i为设施j的大小；

T_{ij}为消费者i到设施j的时间；

λ是一个用经验估计的参数，它反映各种购货顾客行走时间的效应（例如，对于一个大规模的购物中心其λ值为2，而一个便利店的λ值为10或更大一点）。

戴维·L.哈夫利用引力模型建立了一个零售场所定位模型来预测一名消费者从具有特定规模和位置的商场所能获得的利益。由于必须考虑到其他竞争者的吸引，因此提供了一个比率P_{ij}。假设有n家商店，P_{ij}表明了一个来自i统计地区的消费者到特定购物场所j的可能性或概率。

$$P_{ij}=\frac{A_{ij}}{\sum_{j=1}^{n}A_{ij}}$$

式中的 P_{ij} 为顾客从一特定的地区 i 到设施地 j 的可能性,可通过方程计算:

$$E_{jk}=\sum_{i=1}^{m}(P_{ij}C_iB_{ik})$$

估计值 E_{jk} 表示在某一商店 j 所有消费者每年在产品等级 k 的商品上所有的消费支出总和,它可以用下式估算:

$$M_{jk}=\frac{E_{jk}}{\sum_{i=1}^{m}C_iB_{ik}}$$

式中:C_i 为 i 地区的消费者数量;

B_{ik} 为 i 地区的消费者消费等级为 k 的产品的平均总预算值;

m 为统计地区数量;

M_{jk} 表示商店 j 在产品等级为 k 的销售份额。

我们可以用一个可重复程序来计算在某一位置上各种潜在的各种规模商场的每年预期利润。税前净经营利润根据商场规模调整的销售额的百分比来计算,其结果是得出一系列某一规模商场具有最大利润的潜在定位点。

除上述的 4 种方法外,选择体育服务设施的最终位置时,还需要考虑到许多因素,主要包括以下几个:

1. 服务设施周边环境。服务设施主要是针对固定区域或特定顾客群体所设置,因此,周边环境对选择服务设施地点至关重要。

(1)周边企事业单位和人员集中的楼盘情况。企事业单位主要包括政府机关、事业单位和大企业等的数量;人员集中的楼盘情况主要包括写字楼、商务楼、办公楼的等级和楼层数量等。通过以上情况可以得知区域内目标顾客的数量和质量,以及目标顾客群的主要需求特点等。

(2)服务设施周边社区情况。社区是人员集中地,社区的数量和大小,以及小区楼盘数量、每栋楼的楼层数量、每层住户的数量以及居民的需求特征,都对服务设施地点的选择起着重要作用。

(3)服务设施周边替代产品情况。体育服务设施,如商业健身俱乐部,不仅提供健身服务,而且还能帮助人们度过闲暇时光。如果周边舞厅、SPA 会所、桑拿按摩、保龄球馆、茶馆、咖啡厅之类的场所过多,同样会影响商业健身俱乐部的顾客数量。因此,体育服务设施周边提供替代产品的场所数量情况对服务设施地点选择的影响也很大。

2. 到达服务设施地点的交通情况。到达体育服务设施地点的交通状况,对体育服务设施的使用率,尤其是按照市场规律运作的商业性体育服务设施更为重要。交通情况是选择服务设施地点的重要影响因素,衡量服务设施地点交通情况的指标主要有:

(1)服务设施四周道路情况,进出的方便性。服务设施一般都坐落于道路通畅之地,最佳的地点就是道路的交汇处附近或者高速路口等,从任何方向来的顾客都可以很方便地到达服务设施地点,如河北省体育馆坐落于中山路和育才街交叉口,便于不同方向的顾客前来。

(2)到达服务设施的公共交通情况。公共交通是人们常用的出行工具,因此,服务设施周边公交站的数量以及到达服务设施的公交车的数量也是选择服务设施地点的重要影响因素之一。

3. 服务设施周边情况,主要包括体育服务设施周边道路的车流量、人流量等。

4. 体育服务设施的配套设施情况,主要包括:①停车位情况;②电力情况;③通信网络情况;④店外广告位情况;⑤就餐便利与否;⑥上网是否便利;⑦洗浴是否便利,等等。

5. 体育服务设施的建筑硬件情况,包括:①体育设施所在楼层;②未来体育服务设施外部景观和内部功能区设置;③体育服务设施建筑周边业态分布情况,等等。

6. 体育服务设施竞争状况:

(1)一定区域内同类产品分析。整理和分析同类体育服务设施的数量、规模、服务产品价格等,建立竞争系数分析表,找出主要的竞争对手并作重点分析,制定行之有效的对策。

(2)一定区域内替代产品分析。其他休闲娱乐服务设施,如 SPA 会所、桑拿按摩等替代产品会对体育服务设施产生一定的竞争,因此需要对替代产品进行分析。

7. 体育设施地块前景状况,如城市未来的发展战略中该地块是否有发展空间。

8. 国家政策和法规,主要包括区域限制和税收政策等。

【小资料】

冬奥会滑雪大跳台为何落户首钢?

2015 年 7 月 31 日,北京获得 2022 年冬奥会举办权。由于大跳台是国际雪联新设的比赛项目,国际雪联单板滑雪委员会建议 2022 年北京冬奥会滑雪大跳台项目的比赛场地选址北京城区,既宣传主办城市,又推动新运动项目的发展。2016 年 8 月,北京冬奥组委开始了大跳台项目的选址工作。2017 年 9 月,国际奥委会执委会议确定了滑雪大跳台首钢园区的选址方案。从 2018 年 12 月开工建设,到 2019 年 11 月 27 日正式交付使用,用时不足 1 年。场地由北向南依次分布着原首钢发电主厂房、4 座 70 米高的冷却塔及原首钢制氧厂等工业设施及厂房。

2019 年 12 月中旬,作为北京冬奥会北京赛区首座竣工投用的新建场馆,滑雪大跳台在 2019“沸雪”北京国际雪联单板及自由式滑雪大跳台世界杯赛事中惊艳亮相。这个地上建设规模约 11.7 万平方米、项目主体钢结构总长约 160 米、最大宽度达 34 米的“高颜值”的钢铁巨物钢滑雪大跳台，位于首钢老工业区群明湖西南角，设计依托现状冷却塔，实现国际赛事标准场地与空间景观完美结合，是高水平建设奥运竞赛场馆与深入挖掘工业遗存文化价值的完美结合。

那么，大跳台场地为什么会选址在首钢园区呢？

（一）精彩冬奥与京西发展的相互成就

北京冬奥组委规划建设部总体规划处副处长桂琳回忆道：“2016 年，我们只有 30 分钟时间向国际雪联陈述大跳台选址首钢有多值得。那时，大跳台项目场地满目荒凉，甚至没有一条正规的路。为了让国际雪联相信这里会有翻天覆地的变化，除了设计方案，我特别陈述了北京西部地区未来的远景规划和首钢势不可挡的发展决心。”

随着京津冀协同发展和非首都功能疏解规划的加快推进，首都战略布局的调整和资源要素的重新布局，新首钢地区将围绕打造新时代首都城市复兴新地标，发展“体育 +”城市区域发展新格局。“十三五”时期，北京石景山区发展定位为首都经济新的增长极、京津冀协同发展先行区、国家级绿色转型发展示范区。冬奥落户首钢，不仅体现了绿色办奥、节俭办奥、可持续发展的理念，还将为北京西部地区带来新的发展契机和提供新的动力引擎，是经济发展新常态背景下全市区域均衡协调发展的重要战略布局。

目前，北京冬奥会带动首钢转型升级的成果已逐步显现，首钢也希望将滑雪大跳台打造成独特的“场馆 IP”。目前，滑雪大跳台所在的首钢园区从“体育 + 产业”的融合模式入手，已引入腾讯体育、安踏体育等 14 家知名体育公司落户，积极开展丰富多样的体育文化活动。据统计，仅 2019 年园区接待游客就达到 20 万人次，带动了园区内餐饮、娱乐、酒店住宿等行业的发展，同时也满足了园区周边居民及北京市民的体育文化需求，间接带动了石景山区及北京市的旅游、餐饮、酒店住宿等行业的发展。当夜间灯光点亮，晶莹剔透的滑雪大跳台外形像极了一只灵动“水晶鞋”，良好的形象和寓意使它成为人们关注的焦点，随着后续场馆建设和商业配套不断完善，“水晶鞋”必将成为拉动京西地区夜间经济发展的新地标。

（二）满足新设运动项目发展需求

冬奥会不只是赛场上冰雪技巧的角逐，更是各方参与者对冰雪文化的一次体验与享受，因此场馆选址除了侧重冰雪环境的模拟，还要考虑选手、观众的相关诉求。纵观国际上大型的滑雪场，虽然在冬天看起来冰天雪地，但是温度并不低，人的舒适度比较好。不同于东北三省的低温严寒，北京地区较低的纬度为运动员与参与者提供了更好的舒适感，更有利于运动员发挥出水平，冰冷的赛场里同样能感到热情洋溢。

同时，以工业遗址公园作为主要特色的首钢园区，可供年轻时尚人群积极开展各项时尚潮流运动，实现运动项目和目标群体的契合集聚，并围绕这些资源合理规划餐饮、娱乐等消费场景，形成体育文化消费新业态。而且京西地区便利的交通也有利于人流的集散，凭借北京“双奥”城市名片为国际雪联的新兴项目挖掘观赛潜力，促进项目发展。

（三）弘扬奥运遗产，实现可持续发展

根据奥运遗产计划，滑雪大跳台中心是国家冬季运动训练中心首钢训练基地的重要组成部分，可以兼用于滑雪大跳台与自由式滑雪空中技巧两项运动。首建投公司秉承北京2022年冬奥会“可持续发展”的理念，对首钢原有老厂房和工业构件进行修缮与改造，精心设计比赛场馆，除跳台本体以外，赛事的配套设施全部来自首钢冷却塔区域的工业遗产改造：制氧主厂房变成冬奥会赛时的观众服务中心，空分塔将在冬奥会赛时作为OBS转播的机位，冷却塔酒店以冷却塔为背景建设，在冬奥会期间将成为运动员、志愿者、裁判员等的后院综合楼。这些设计与改造充分满足了冬奥会比赛、转播、观众服务等多项需求，实现工业遗产和冬奥会的赛时运行功能完美结合。赛后这里将成为世界首例永久保留和使用的滑雪大跳台场地，并向公众开放运营。

首建投公司滑雪大跳台项目负责人胥延告诉《中国冶金报》记者：“北京冬奥会期间的比赛场地选在北京中心城区、落户首钢园区，就是希望将这项特有赛事与我们的城市文化完美结合，进一步带动城市更新发展。”拥有滑雪大跳台中心的首钢园区，正以其独特的风格，成为奥林匹克运动推动城市发展的典范，成为世界工业遗产再利用和工业区复兴的典范，成为新时代首都城市复兴新地标。

讨论题：

根据以上资料，谈谈你对冬奥场馆选址的看法。

实际上，现在很多设施的选址问题都比上述事例要复杂。例如，一个大型企业的选址，它需要考虑通过多个配送中心把产品分别送往不同的需求中心，要决定这些配送中心的数量、规模、分配方式以及每个配送中心的位置。需求中心可能有几千个，应该考虑的配送中心可能有几百个或几十个。企业解决这样的问题往往要利用计算机来建立一个数学模型求解。有些情况下可以求出最优解，有时不能，需要用一些其他类型的方法，如定位覆盖法、启发式方法、模拟方法或优化方法等。不过，这些选址方法只是用来支持决策，使决策更方便，也更节省时间、费用，而不能100%地依赖它。

【案例分析】

奥运场馆为何选址北城？

北京奥申委成立后头等大事就是奥运场馆的选址问题，为此，奥申委组织各方专家研究了十几个方案，直到后期焦点集中在两种方案上。它们分别为南城方案

(选在东南四环与京津塘高速路东南角或者亦庄)和北城方案(选在亚运村西北角和中轴路)。经过反复论证,在2000年2月最终定下了北城方案,决定将奥运村建在奥林匹克公园内。2008年奥运会所需的37个比赛场馆中有32个比赛场馆在北京,5个在其他城市。根据北京奥申委的设计规划(即北城方案),北京现有场馆13个,全部需要改建,此外计划兴建11个,专为奥运会兴建8个。这些场馆分布于一个中心区(奥林匹克公园)和3个分区(北部风景旅游区、大学区和西部社区)。

(一)奥林匹克公园为预留地

按照《奥运村指南》的要求,奥运村用地必须是在承办城市的发展中被预留出来,专门用于举办奥运会,可以随时开发利用。北京市规划委员会和北京市政府对此给予保证。北城预留了奥林匹克公园,而南城则无事前规划。2001年7月13日晚上,北京申奥代表团楼大鹏陈述:“我们规划的点睛之笔是占地1 250公顷临近市中心的奥林匹克公园,尽管有经济发展的压力,北京还是预留了这片土地,为举办奥运会之用,这是我们全国人民长久的期盼。”

“这片预留地可以为奥运会的运动员、记者、各国官员提供充裕的空间。”参与奥运场馆设计的北京市建筑设计研究院总建筑师李铭陶告诉记者。北京赛场半数以上的运动员将在奥林匹克公园内参加比赛。奥运村内的公寓,运动员人均居住面积是22平方米,这个数字比以往任何一届奥运会运动员的居住面积都要大;每两个运动员共用一个卫生间,每个单元配有空调、电视、电话和互联网。

北城方案将奥运村规划在了有利的地理位置:从奥运村驱车可在30分钟内到达所有场馆;与首都国际机场相距21公里,有高速公路相连,20分钟内可到达;距市中心9公里,可从奥运村乘专车或在奥林匹克公园内乘地铁直接到达,时间不超过15分钟。

(二)北城交通便捷30分钟有保证

交通是国际社会对承办奥运城市普遍关注的问题之一。据介绍,奥运场馆的位置规划主要是根据交通便利的原则。按照国际奥委会的要求:运动员从运动员村出发到最远的比赛场馆,车程不能超过30分钟。

在北京规划的奥运场馆中,顺义奥林匹克水上公园和赛马场这两个北部风景区的场馆位置是既定的。如果要符合30分钟要求,就必须保证各场馆到北部风景区最长距离车程时间符合要求,但是驱车从南城到达顺义奥林匹克水上公园30分钟远远不够。在北城方案中,奥运场馆中心区和3个分区设在了四环路和长安街沿线上。这样,北城奥林匹克公园内的场馆可以步行到达;公园外的场馆中,有10个在20分钟的行车路程内,其他8个在30分钟的行车路程内。从中心区到3个分区的距离分别为3公里,10公里和28公里。最远处用时可以控制在28分钟。

奥运村与比赛场馆之间由城市快速路、高速公路及其连接线组成奥运会交通环。这些线路将设置奥运专用道;在奥运村的主入口旁,将开辟面积达5 000平方米的车站,在这里至少有36条奥运村专线到达比赛、训练场馆和主新闻中心、国际广播电视中心、国际奥委会总部饭店和机场等其他重要场所。

(三)北城基础设施优势占得先机

“饭店、医院、练习场馆基本上在北边”，北京市规划委副主任黄艳说，“亚运会期间就确定下来奥林匹克中心在北边，而奥林匹克公园也形成了一定规模，北部的体育区域在一定程度上已经有了。”

“实施南城方案要比北城投资多3倍”，北京市建筑设计研究院总建筑师李铭陶告诉记者。他说，奥林匹克公园北部的一个占地760公顷的超级奥林匹克森林公园已经逐步形成了，如果在南城从零开始兴建场馆，必然闲置本来可以好好利用的资源，再加上北辰集团已经将四环以北的地都买下来了，浪费就更大了。

北部馆址得到了环保专家的认可。北京环境科学研究院对奥运村的选址进行了环境影响评价，认为该用地十分适合奥运村的建设。该评价得到了北京市环境保护局的认可。“南城方案所在地处于北京城的污水下游，而且北京化工厂二厂等一些工业已经造成南城土地一定程度的污染”，李铭陶说，“如果选上南城这个基础设施相对差的位置，和法国巴黎、日本大阪、加拿大多伦多比，无非是以己之短比人之长”。北京申奥面临是强大的对手。法国巴黎，是世界著名的大都市和历史文化名城，曾举办过1900年、1924年奥运会和1998年世界杯足球赛。城市基础设施完善，体育设施一流。此外，巴黎又是现代奥林匹克运动的发祥地。另一个对手大阪，是日本第二大城市。1999年2月，大阪成立了“财团法人申办奥运会委员会”，组成了7 500个声援团。大阪还提出举办“有史以来的第一个海上奥运会”——填海造岛，使奥运村规划集中，大部分赛场和运动员村都是在同一个岛上。地处北美洲的多伦多是加拿大第一大城市，环保问题较少，曾申办过1996年奥运会，体育设施基础较好，申办计划以重整湖滨风貌为中心，以水为基本特色。由此可见，北京非亮出自己的最大优势不可，这样南城只能退居其次，北城占尽先机了。

据北京奥申委有关官员介绍，场馆规划设计基本符合要求，满意率达75%。前来考察的国际单项体育组织的官员，有的要求非常细致，经过沟通和协商，最后取得共识。他们普遍认为北京的交通令人满意；在环境方面北京进步很快，比想象中的要好。事实证明选址北城选对了！

(四)选址充分体现奥运三大理念

李铭陶说：“北京是一个有3 000年深厚文化底蕴的文化古都，所以在规划奥运场馆的时候，充分考虑到了这样一个历史人文特点，把场馆选址与北京浓厚的文化气息结合起来。因此，奥林匹克公园就规划在最具有文化特色的北京旧城中轴线北端。”北京旧城的中轴线，南起永定门，北至钟楼，长7.8公里，以紫禁城为中心，向南北延伸，贯穿城市。中轴线上的建筑和空间严格对称，产生了起伏的城市轮廓线。随着城市的发展，中轴线不断向南北延伸，到达其北端，形成城市空间的高潮——“奥林匹克公园”为中轴“收头”，由双塔作为顶点顶住。

李铭陶说，选址北城可以使一些比赛项目安排在市区，方便更多的市民参与比赛、贴近比赛，这样北城方案本身就具有人文奥运的特点了。尤其是马拉松比赛，起点安排在紫禁城，终点设在奥林匹克公园内的国家体育场，“这样符合一中一西、一古一今，运动员像是穿越了一条历史长廊，结合古代东方文化和现代奥林匹克运动，又是中西文化的交融的体现”。在目前的初步方案中，还有“铁人三项”“沙滩排球”两个项目将在市中心举行。“铁人三项”运动员将先在北海进行游泳比赛，然后环绕紫禁城骑40公里自行车，最后在天安门地区长跑10公里；天安门广场的沙滩排球赛，如果方案不改变的话，这项标新立异的比赛将成为2008年奥运会的一大亮点。

“如果采用北城方案，就可以将南城方案场馆兴建资金省下，投入到北城方案原有场馆的科技化改造。在改造13个场馆时充分展现‘绿色奥运和科技奥运’”他说。这次重点改造的3个奥运场馆（工人体育场、首都体育馆和奥体中心综合馆）第一期工程已经竣工。改造时除了按照国际奥委会的要求进行调整以外，还广泛采用了环保设备和无公害建材制品，如太阳能生态厕所、太阳能电话装置、太阳能智能照明、纳米涂料、纳米防水吸声板和纳米空气净化器等。为满足奥运通信传媒的要求，应用了闭路电视系统、互联网和数字化信息处理技术，记者可以在记者席或新闻工作室通过互联网，直接把新闻传递到主新闻中心和国际广播中心，或直接往本国通讯社传送图像。观众也可以通过大屏幕在赛场重温比赛瞬间精彩场面，体育官员可采用先进的传媒手段了解比赛进程和整个工作状态，这些设施在北京第21届大运会将正式投入使用。

（五）北城的黄金地段利于赛后销售

进入20世纪90年代，国际奥委会对赛后利用特别关注，他们希望奥运会的举办不会对承办城市增加经济上的负担或者带来财政损失，而是能给承办国留下一笔体育财富。

李铭陶表示，北部方案充分考虑到了赛后利用问题。奥林匹克公园既靠近市中心、靠近体育场馆，又有很高质量的市政设施和环境。它可以说是处在北京的黄金地段，对私人投资很有吸引力，有利于赛后销售。奥林匹克公园赛后将成为北京最大的综合社区，其功能集商贸、办公、展览、体育、博览和休闲于一体，是新世纪初首都城市建设的标志。

李铭陶还说，奥林匹克公园紧邻中关村科技园区，可以与中关村科技园形成互补互助的格局。国务院曾要求把中关村建成基础设施完善、环境清新优美、文化气氛浓郁和社会秩序良好的城市新区。选址北城促成这项要求得以实现，可望吸引大批诸如信息技术、电子技术的高科技人才来此寻找住宅，形成高科技人才的生活聚集区。

奥运村北靠洼里森林绿地，南临奥林匹克公园中心区，拥有单元式住宅36万平方米，奥运会后，奥运村将作为居住社区长期使用。接待过1.7万名运动员和随队官员公寓在奥运会后将以商品住宅出售；服务人员休息区将成为住户的公用空间；西部餐厅改造后成为社区的娱乐休闲中心，代表团的储藏间、服务人员用房恢复为地下停车库；东部餐厅、娱乐中心、购物中心、后勤服务中心作为国际展览中心的附属用房；综合诊所改造后作为幼儿园；运动员锻炼区改造为学校。北京是一个迅速发展的城市，奥运村将成为北京市民向往的居住区。

北部风景旅游区位于风景优美的潮白河畔，设有奥林匹克水上公园和乡村赛马场两个场馆。比赛期间是赛艇和皮划艇的比赛场所，赛后，这个结合生态环境保护开辟的水上公园将成为北京水上运动专项训练场地和提供水上体育、休闲的空间，与周围怡生园国际会议中心等星级饭店一起形成一个有特色的北部风景旅游胜地。而大学区的场馆则可以给场馆所在大学留下一套功能先进、设施齐全的教学场地。

（六）选址北城旨在拉动全市经济

李铭陶说："选址北城，南北发展不平衡只是暂时的，最终北京会有一个整体大踏步前进的机遇；反之，选在南城申奥成功的把握度小，一旦与2008年奥运会失之交臂，南城开发就更没希望了。"

讨论题：

根据以上资料，谈谈你对奥运场馆选址的看法。

复习思考题

1. 影响选址决策的主要因素有哪些？对每一个要素列举一个该要素在其中起主要作用的设施选址的例子。

2. 导致选址决策复杂化的原因是什么？

3. 选址决策的一般步骤是什么？

4. 如果能在世界上任何地方建立一家体育公司（任选服务内容），你会选择哪个地方？请阐述你的理由。

5. 一家体育服务企业必须再建一个新场所来扩大经营规模。经过搜索已经将选址范围缩小到4个场所，并且依据主要因素管理层对这4个场所都可以接受。对这些场所进行评价的依据是表9-8所示的7个选址因素。

表9-8

选址因素	因素权重	每个场所的因素分值			
		A	B	C	D
劳动力环境	20	5	4	4	5
基本生活条件	16	2	3	4	1
交通系统	16	3	4	3	2
靠近顾客	14	5	3	4	4
靠近供应商	12	2	3	3	4
税收	12	2	5	5	4
公共事业费用	10	5	4	3	3

计算每个场所的加权值，并指出应该推荐哪个场所。

6. Arid 公司生产赛艇用的船桨，公司现在生产工厂位于 A、B、C 三个地方，而分销中心位于 P、Q、R 三个地方。年需求预测如下：P 地为 6 000、Q 地为 22 000、R 地为12 000，每个生产工厂的生产能力和每个船桨的运输成本（人民币元）如表 9－9 所示，求最优分配方式和总运输成本。

表 9－9

工厂	分销中心			生产能力
	P	Q	R	
A	4.37	4.25	4.89	12 000
B	4	5	5.27	10 000
C	4.13	4.5	3.75	18 000
需求	6 000	22 000	12 000	40 000

7. 某体育用品公司拟建立一个新厂，通过调查，找到 3 个备选地址，其中备选地址相对于两个供应商（位于 A 城和 B 城）和一个市场区域（C 城）的各类信息已经标出（见表 9－10）。

表 9－10

地址	x,y 坐标（公里）	每年吨数	运费（元/吨/公里）
A	（100，200）	4 000	3
B	（400，100）	3 000	1
C	（100，100）	4 000	3

（1）根据欧几里得距离，这 3 个地方的哪个总成本最低？

提示：从供应商 A 到新工厂的运入年成本为每公里 12 000 元（4 000 吨/年 ×3 元/吨/公里）。

（2）根据直线距离，哪个地方为最佳选址？

（3）重心的坐标是多少？

第十章

项目管理

【本章提要】

成功的企业为了达到战略目标必须进行项目管理。项目管理主要的目标是更好地配合公司的业务策略和使命。“更好、更快、更便宜”是运营战略竞争的主题。本章主要介绍项目管理的核心知识及基本概念,项目计划、项目组织以及项目控制,并阐述网络计划技术的原理,便于在运营管理中应用它们。

【名词解释】

项目:是一个特殊的有限任务,是在一定时间内,满足一系列特定目标的多项相关工作的总称。

项目管理:是指以项目为对象的系统管理方法,通过一个临时性、专门的柔性组织,对项目进行高效率的计划、组织、指导和控制,以实现项目全过程的动态管理和项目目标的综合协调与优化。

项目计划:是指项目组织根据项目目标的规定,对项目实施过程中进行的各项活动作出周密安排。

工作分解结构:是指将项目按照其内在结构或实施过程的顺序进行逐层分解而形成的结构示意图。

项目控制:在项目实施阶段,由于客观条件的变化,使得项目不能按照预先拟定的计划进行,项目实施结果与计划蓝图之间出现偏差,这就需要项目小组及时采取措施,减少偏差,此即为项目控制。

网络计划技术:是指用网络计划对任务工作进度进行安排和控制,以保证实现预定目标的科学的计划管理技术。

第一节 项目及项目管理

美国著名学者克莱兰德(David Cleland)曾断言:“在应付全球化的市场变化中,战略管理和项目管理将起到关键性的作用。”现在,各行各业都普遍感受到全球性经济竞争的巨大压力,越来越多的有识之士都深刻认识到,无论是政府机关、企业,还是社会团体,都应把“引入项目管理”作为提高管理水平的重要途径。

项目管理正以一种新的思维方式和管理模式渗透到国民经济的各个领域。它是一种创新性管理模式,从根本上改善了管理理念,运用特有的知识和技术提高每一样工作的效益。世界银行、IBM等在其核心部门都采用了项目管理方式,企业的生存与发展越来越离不开项目管理。

半个世纪以前,价值工程的创始人麦尔斯(L. D. Miles)说过,“一个企业在全面竞争中的长期成功,在于不断向顾客出售最佳价值”。因此,体育产业必须不断创造和提升自身的价值,才能立于不败之地。项目管理给出了一套可以创造和提升价值的实用方法与技术,它是提升体育产业价值的一个新途径。

一、项目概述

(一)项目的定义

随着社会的发展,有组织的活动逐步分为两种类型:一类是连续不断、周而复始的活动,一般称之为“运作”,如健身俱乐部日常的管理活动;另一类是临时性、一次性的活动,一般称之为“项目”,如大部分赛事管理,都具有这个特点。从这个意义上讲,对于赛事管理最准确的称呼应是“赛事项目管理”。

项目是一个特殊的有限任务,是在一定时间内,满足一系列特定目标的多项相关工作的总称。它包括3层含义:①项目是一项有待完成的任务,有特定的环境与要求;②在一定的组织机构内,利用有限资源(人、财、物等),在规定的时间内完成任务;③任务要满足一定性能、质量、数量和技术指标等要求。

(二)项目的主要特征

通过对项目概念的认识和理解,可以归纳出项目作为一类特殊的活动(任务)所表现出来的区别于其他活动的特征。

1. 外在特征,包括以下3个:

(1)项目的一次性。每一个项目都是一次性的任务,这意味着不存在两个完全相同的项目,即每一个项目都有其特殊性。

(2)项目目标的明确性。目标的明确性是指项目明确的目标、明确的起止点或结果。项目目标的实现是受多种因素约束的,其中质量、进度和成本是3个主要的约束因素。

(3)项目的整体性。项目是为实现目标而开展的任务集合,它不是一项孤立的活动,而是一系列活动的有机组合,从而形成一个完整的过程。

2. 内在属性。上面分析的是项目的外在特征,外在特征应该是其内在属性即项目本身所固有特性的综合反映。结合项目的概念,项目的内在属性可归纳为以下6个方面:

(1)唯一性。又称独特性,这一属性是“项目”得以从人类组织的活动中分化出来的根源所在,是项目一次性属性的基础。每个项目都有其特别的地方,没有两个项目是完全相同的。

(2)一次性。由于项目的独特性,项目作为一种任务,一旦任务完成,项目即告结束,不会有完全相同的任务重复出现,即项目不会重复,这就是项目的“一次性”。但项目的一次性属性是对项目整体而言的,并不排斥项目中存在着重复性工作。

(3)多目标属性。尽管项目的任务是明确的,但项目的具体目标,如功能、时间、成本等则是多方面的。这些具体目标既可能是协调的,或者说是相辅相成的;也可能是不协调,或者说是互相制约、相互矛盾的。项目的总体目标是多维空间的一个点,如图10－1所示。

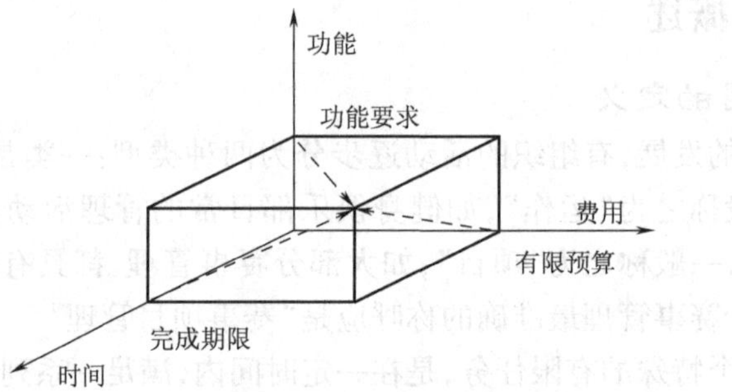

图10－1　项目的多目标属性示意图

(4)生命周期性。项目是一次性的任务,因而它是有起点和终点的。任何项目都会经历启动、开发、实施、结束这样一个过程,人们常把这一过程称为“生命周期”。

(5)依赖性。项目是一项一次性活动完成的整个过程,而不是其中的某一项作业或任务,项目的完成需要多个部门或机构的协作才能完成,而由于项目的临时性,项目所需的各种资源(包括人员)都是从其他部门或机构“借”来的,即项目具有依赖性。

(6)冲突性。项目经理与其他经理相比,生活在一个更具有冲突特征的世界中,项目之间既有为资源而与其他项目之间的竞争,又有为人员而与其他职能部门之间的竞争。

项目的以上这些特点,使项目和日常工作活动明显地区分开来,据此我们可以推导出项目与作业的诸多不同点,见表10－1。

表10－1　项目与作业的比较

项目	作业	项目	作业
一次性	重复性	多变的资源需求	稳定的资源需求
有限时间	无限时间(相对)	柔性的组织	稳定的组织
革命性的变革	渐进性的变革	效果性	效率性
不均衡	均衡	以达成目标、目的为宗旨	以完成任务、指标为宗旨
目标之间不均衡	均衡	风险和不确定性	经验性

【小资料】

大型社会活动与工程项目的差异

人类活动,种类不同,规模有大有小,只有具有一定规模的活动才会进行项目管理。活动的种类大致有两种分法:一是三类分法:工程技术项目、综合经济项目、公众人文项目;二是两类分法:工程项目、大型社会活动。比如,建筑业、发电设施、航空航天、国防工业、水利工程、制造业、IT业、各类大型工程等,都属于"工程技术项目"。"大型社会活动"是一个更高级的概念,它涵盖了综合经济项目和公众人文活动,与工程技术项目也有交集。例如,奥运会无疑是一个大型社会活动,是一个"项目组团式项目",包含场馆建设、技术系统、城市交通等工程技术类项目,又包含了城市经营、市场开发、品牌营销、综合配套和环保绿化等综合项目,还包含火炬接力、奥运文化、奥运宣传、推广活动和大型开闭幕式等公众活动。

大型社会活动与工程技术项目的不同主要体现在人的作用和角色上。大型社会活动的工作大都是由人具体来做的,其中的隶属关系、指挥关系、配合协调关系、责任关系都是由人与人(或执行者与执行者、责任者与责任者之间)、人与事、人与时间、人与空间的关系体现出来的,是人与人(或部门与部门)的互动和协同,是人或部门对责任的履行,是在预定事项可能发生也可能不发生的情况下的责任伴随过程。特别是在几乎完全由人执行的"软性活动"的计划中,如活动安全计划、宣传推广计划、活动期间卫生及环境保障等,这一特点更加明显。

而在工程技术项目中,有些作业纯粹是工程技术顺序、工艺关系使然,或者是人与技术、工艺、工具、作业对象一起发挥作用。诸如大坝浇注、生产线运行、管道包扎、编写程序、主体吊装和系统调试等,无不是人与客观对象或资源的共同过程;而机械运转、承重梁养护、干燥、降温、自动检测等过程则不需要人力资源。

二、项目管理概述

项目管理通常被认为是第二次世界大战的产物，是适用于投资巨大、关系复杂、时间和资源有限的一次性任务的管理方法，如美国研制原子弹的曼哈顿计划等。20世纪70年代以来，随着知识经济时代的来临和高新技术产业的飞速发展，项目的特点发生了巨大变化，弹性工作日益增多，项目管理也随之得到了新的发展，有了新的突破。

（一）项目管理的定义

随着项目及其管理实践的发展，项目管理的内涵也得到了充实和发展。“项目管理”一词有两个含义：一是指一种管理活动，即一种有意识地按照项目的特点和规律，对项目进行组织管理的活动；二是指一种管理学科，它以项目管理活动为研究对象，探求项目活动科学组织管理的理论与方法。前者是一种客观实践活动，后者是前者的理论总结；前者以后者为指导，后者以前者为基础，就其本质而言，两者是统一的。基于以上观点，我们给项目管理的定义如下：

项目管理是指以项目为对象的系统管理方法，通过一个临时性、专门的柔性组织，对项目进行高效率的计划、组织、指导和控制，以实现项目全过程的动态管理和项目目标的综合协调与优化。① 所谓实现项目全过程的动态管理是指在项目的生命周期内，不断地进行资源的配置和协调，不断做出科学决策，从而使项目执行的全过程处于最佳的运行状态，产生最佳的效果。所谓项目目标的综合协调与优化是指项目管理应综合协调好时间、费用及功能等约束性目标，在相对较短的时期内成功地达到一个特定的成果性目标。

项目管理的日常活动通常是围绕项目计划、项目组织、质量管理、费用控制和进度控制这5项基本任务来展开的。项目管理贯穿于项目的整个寿命周期，它是一种运用合理、经济的方法对项目进行高效率的计划、组织、指导和控制的手段，并要求在时间、费用和技术效果上达到预定目标。

（二）项目管理的特点

项目管理与传统的部门管理相比，最大的特点是项目管理注重综合性管理，并且项目管理的工作有严格的时间期限。项目管理必须通过不完全确定的过程，在确定的期限内生产不完全确定的产品，日程安排和进度控制常常对项目管理产生很大的压力，具体来讲主要表现在以下几个方面：

1. 项目管理的对象是项目或被当作项目来处理的作业。项目管理是针对项目的特点而形成的一种管理形式，鉴于项目管理的科学性和高效性，有时人们会将重复性的“作业”中某些过程分离出来，加上起点和终点当作项目来处理，以便于在其中应用项目管理的方法。

① 白思俊. 现代项目管理：上[M]. 北京：机械工业出版社，2000：37.

2. 项目管理的全过程都贯穿着系统工程的思想。项目管理把项目看成一个完整的系统,依据系统论“整体 - 分解 - 综合”的原理,可将系统分解为许多责任单元,由责任者分别按要求达成目标,然后汇总、综合成最终的成果;同时,项目管理把项目看成一个有完整生命周期的过程,强调部分对整体的重要性,促使管理者不要忽视其中的任何阶段,以免造成总体的效果不佳甚至失败。

3. 项目管理的组织具有特殊性。项目管理的一个最为明显的特征即是其组织的特殊性,其特殊性表现在以下几个方面:

(1)项目管理的组织是临时性的。由于项目是一次性的,而项目的组织是为项目的建设服务的,项目终结了,其组织的使命也就完成了。

(2)项目管理的组织是柔性的。项目组织打破了传统的固定建制的组织形式,而是根据项目生命周期各个阶段的不同需要适时地调整组织的配置,以保障组织高效、经济地运行。

(3)项目管理的组织强调其协调控制职能。项目管理是一个综合过程,其组织结构的设计必须充分考虑到有利于组织各部分的协调与控制,以保证项目总体目标的实现。

(4)项目管理的体制是一种基于团队管理的个人负责制。由于其系统管理的要求,需要集中全力以控制工作正常进行,因而项目经理是一个关键角色。

(5)项目管理的方式是目标管理。项目管理是一种多层次的目标管理方式。由于项目涉及的专业领域往往十分宽广,而项目管理者很难成为每一个专业领域的专家,所以项目管理者一般以综合协调者身份,向被授权的专家讲明应承担工作的责任,协商确定目标以及时间、经费、工作标准的限定条件。此外的具体工作则由被授权者独立处理。同时,经常反馈信息、检查督促并在遇到困难需要协调时及时给予各方面相关的支持。可见,项目管理只要求在约束条件下实现项目的目标,其实现的方法具有灵活性。

(6)项目管理的要点是创造和保持一种使项目顺利进行的环境。管理就是创造和保持一种环境,使置身于其中的人们能在团队中一道工作以完成预定的使命和目标。这一特点说明了项目管理是一个管理过程,而不是技术过程,处理种种冲突和意外事件是项目管理的主要工作。

(7)项目的方法、工具和手段具有开放性、综合性和先进性。项目管理不仅重视“物”和“事”的一面。同时更加重视“人”的一面。项目管理理论和方法本身就是在系统理论的基础上,吸收运筹学、质量管理、技术经济学和组织行为学等现代管理理论后形成的,是对传统系统管理思想的发展。另外,在信息技术强大的信息处理能力的支持下,现代项目管理的效率有了极大的提高,已成为各行各业广泛应用的一门管理技术。

总之,现代项目管理理论可以划分为需求确定、项目选择、项目计划、项目执行、项目控制、项目评估和项目收尾 7 个阶段,所涉及的管理技术包括项目范围管理、进度管理、资金管理、质量管理、风险管理、项目团队管理、设备采购管理、沟通管理和项目综合管理九大知识领域。现代项目管理已经为各种各样的项目提供了一套完整的学科体系,其追求的目标是使项目各参与方得到最大的满意,并使项目目标综合最优化。

赛事管理是典型的项目管理问题,从外在特征看,赛事的特性可以归纳为:独特性(每一次都不一样)、一次性、多目标属性、生命周期性(有明确的起点和终点)、关联性(各利益主体之间)和冲突性(资源的调用)。其中,多目标属性内容包括两个方面:成果性目标和约束性目标。体育组织既要实现为顾客提供良好服务,实现合作伙伴价值的成果性目标;同时还要考虑费用成本、完成期限等完成约束性目标。① 体育活动的即时性、异质性、需求决定性,也显示了它具有鲜明的项目管理特点。从价值管理角度来讲,我们的目的是要让连续不断、周而复始的任务体现出独特性来,即功能创新,创造更大的价值。因此,我们可以用项目管理的理念来处理体育企业管理的问题,体育活动的特点及体育产业组织的多目标属性决定了体育产业管理模式要充分体现柔性管理、敏捷制造等理念,在供需链上形成有竞争力的价值系统。

(三)项目管理的职能

项目管理最基本的职能有:项目计划、项目组织及项目评价与控制。

1. 项目计划。项目计划就是根据项目目标的要求,对项目范围内的各种活动作出合理安排。它系统地确定项目的任务、进度和完成任务所需要的资源等,使项目在合理的工期内,以尽可能低的成本和尽可能高的质量完成。任何项目的管理都要从指定项目计划开始,项目计划是确定项目协调、控制方法和程序的基础及依据,项目的成败首先取决于项目计划的工作质量。项目计划作为项目执行的规划,是项目各项工作开展的基础,是项目经理与工作人员的工作依据和行动指南。项目计划作为规定和评价各级执行人员的“责、权、利”的依据,是对项目进行评价和控制的标准。项目计划按其作用和对象可以划分为4个层次:决策型计划、管理型计划、执行型计划和作业型计划。项目计划按其活动内容分类主要有:项目主体计划、进度计划、费用计划和资源计划等。最常用于进行项目计划的工具主要有:工作分解结构(Work Breakdown Structure, WBS)、线性责任图(Linear Responsibility Chart, LRC)、甘特图(Gantt Chart)、网络计划技术(CPM、DCPM、PERT、PERT/COST、GERT、VERT等)及SSD图(SSD Graph)等。

2. 项目组织。组织有两重含义:一是指组织机构,二是指组织行为(活动)。项目管理的组织,是为了进行项目管理、完成项目计划而进行的项目组织机构的建立、运行与调整等组织活动。项目管理的组织职能包括5个方面:组织设计、组织联系、组织运行、组织行为和组织调整。项目组织是实现项目计划、完成项目目标

① 肖淑红.中国体育产业价值链管理模式研究[M].北京:中国文化教育出版社,2005.

的基础条件，组织的好坏对于能否取得项目成功具有巨大的影响，只有在组织合理化的基础上才谈得上其他方面的管理。项目的组织方式根据其规模、类型、范围、合同等因素的不同而有所不同。

3. 项目评价与控制。项目计划只是根据预测而对未来作出的安排，由于在编制计划时难以预见的问题很多，因此，在项目组织实施过程中往往会产生偏差。如何认识偏差、消除偏差或调整计划，保证项目目标的实现，这就是项目管理的评价与控制职能所要解决的。

第二节　项目计划

一、项目计划的概念

"凡事预则立，不预则废"，我们的祖先深知此理。项目管理欲获得成功，亦应事先编制计划。项目计划是指项目组织根据项目目标的规定，对项目实施过程中进行的各项活动作出周密安排。项目计划围绕项目目标的完成，系统地确定项目的任务，进行项目的工作分解，安排任务进度，编制完成任务所需的资源、预算等，从而保证项目能够在合理的期限内，用尽可能低的成本和尽可能高的质量完成。其中，项目的工作分解是至关重要的一环，下面主要介绍项目的工作分解。

二、项目的工作分解

项目的工作分解通常可以采用工作分解结构（WBS），WBS是指将项目按照其内在结构或实施过程的顺序进行逐层分解而形成的结构示意图。WBS按照项目发展的规律，依据一定的原则和规定，进行系统化的、相互关联和协调的层次分解，结构层次越往下层，则项目组成部分的定义越详细。WBS最后构成一份层次清晰，可以具体作为组织项目实施的工作依据。

WBS通常是一种面向"成果"的"树"，最底层是细化后的"可交付成果"，该"树"确定了项目的整个范围。但WBS的形式并不限于"树"状，还有多种其他形式。

（一）工作分解的主要内容

1. 工作分解结构的确定；

2. 工作范围陈述；

3. 历史数据；

4. 责任分配；

5. 限制条件；

6. 必要的假设及识别。

（二）工作分解的结果

使用分解和类化的方法和技术，将项目的各项工作及其内容确定下来，最后以表格形式列出，即编制一个项目工作列表或图，这也是工作分解或工作定义的最终结果与目的。

WBS 是面向可交付成果的对项目元素的分组，它组织并定义了整个项目范围，不在 WBS 中包括的工作就不是该项目的工作。制定 WBS 的过程非常重要，因为项目的分解过程，与项目经理、职能经理和所有参与项目的成员有关。

（三）制定 WBS 的过程

1. 得到项目章程（project charter）或合同（contract）；

2. 约见有关方面的人员，集体讨论所有主要领域阶段；

3. 分解项目工作，如果有现有的样板，尽量使用；

4. 画出类似组织结构的树状图；

5. 定义子项目或生命周期阶段；

6. 将主要项目可交付成果细分为更小的、易于管理的分组或工作包；

7. 工作包必须详细到这样的程度，即可以对该工作包进行估算（成本和日历）、安排进度、做出预算、分配负责人员或组织单位，以便顺利完成项目；

8. 验证上述分解的正确性；

9. 在验证分解完全正确后，建立一个编号系统；

10. 随着其他计划编制活动的进行，对 WBS 更新或修正。

（四）WBS 分解类型

1. 基于可交付成果的划分：上层一般以可交付成果为导向；下层一般为可交付成果的工作内容。

2. 基于工作过程的划分：上层按照工作的流程分解；下层按照工作的内容划分。

（五）WBS 工作分解的原则

1. 功能或技术的原则：考虑到每一阶段到底需要什么样的技术或专家；

2. 组织结构：考虑项目的分解应适应组织管理的需要；

3. 地理位置：主要是考虑处于不同地区的子项目；

4. 系统或子系统原则：根据项目在某些方面的特点或差异将项目分为几个不同的子项目。

（六）WBS 注意事项

1. 分解后的任务应该是：可管理的、可定量检查的、可分配任务的、独立的；

2. 复杂工作至少应分解成两项任务；

3. 表示出任务间的联系；

4. 不表示顺序关系；

5. 最低层的工作应具有可比性;
6. 与任务描述表来一起进行;
7. 包括管理活动;
8. 包括次承包商的活动。

第三节 项目团队与组织

一、组建项目团队

和运营管理的其他很多领域一样,高绩效团队在有效的项目管理中同样居于重要地位。项目管理一般涉及供应商、赞助商、中介公司、质量专家、场地设备人员、一线员工等,项目团队要有广泛的代表性。

典型的项目团队包括以下3类人员:①技术专家:他们通常担任项目工作的具体实施者或顾问;②外部人员:指组织以外的供应商、分承包商,通常使用合同来约束其时间进度、工作范围和费用预算;③内部人员:指来自本组织的不同部门的人员,他们通常直接或间接地参与项目活动。内部团队往往是最难管理的,因为他们往往忙于其他他们认为更重要的事务而忽略项目。

建立高效有力的项目团队的原则包括:①建立一个多元化的项目团队;②建立项目经理的领导权威;③树立并保持项目组的团队精神;④争取职能部门的支持;⑤及时通报项目信息。

二、项目经理

项目经理是项目团队的核心人物,对于项目的成功与否起关键作用。“千军易得,一将难求”,项目发起人在任命项目经理时,应充分考虑项目经理在项目管理过程中的角色、职责、权限,项目本身对技术与管理能力的要求,还要考虑其个性、志向爱好与行为方式等。

项目经理作为项目发起人的代表,在项目管理过程中具有多种角色,主要有:领导者与决策人、组织者与拥有人、计划者与设计师、控制者与评价人、协调者与联系人。

对项目经理的技能要求主要集中在以下3个方面:管理技能、专业技术技能和人际关系技能。

(一)项目经理的职责

1. 计划,包括:①确定项目目标,并取得管理层与客户的一致意见;②制订项目计划,并取得管理层的批准;③确定项目所需的资源;④确定项目管理所用的技术、方法、程序与规章；⑤建立项目管理的信息管理系统。

2. 组织，包括：①开发项目所需人力资源，组建项目小组；②建立适当的项目管理组织机构图；③对项目各职位进行描述，制定项目管理责任矩阵；④确保项目小组成员理解和接受他们的职责；⑤组织小组成员制订项目计划；⑥促进项目团队内外部的有效沟通；⑦根据批准的项目计划，配置各种资源。

3. 指导，包括：①具体指导实施项目计划中的各项活动；②提供阶段性的项目进展报告及相关信息；③定期对项目的进展情况进行评价，必要时对项目的计划、组织、机构及人员进行变动；④根据项目计划，评价项目绩效；⑤与项目小组及其主管讨论项目表现；⑥负责与项目内外部门的联系、汇报、沟通与检查；⑦处理冲突、化解矛盾，减小风险；⑧促进项目小组团队建设；⑨协调解决职能部门与项目小组之间的冲突或问题；⑩随时了解项目的总体进展，及时解决发生的问题和矛盾；⑪确保纠正措施及时实施。

4. 控制，包括：①确定项目活动的优先级；②按照项目变更控制程序的要求，对项目的范围及其他变更进行评价和沟通；③对成本、进度和质量进展情况进行监控，及时发现问题并采取整改措施，对分配下去的工作表现进行跟踪，保证这些工作能按要求完成；④与项目分承包商保持充分有效的沟通，确保合同条款得到有效履行。

(二)项目经理的权力

1. 与职位相关的权力，包括以下 4 个：奖惩权力、资源支配权力、决策权力、工作鉴定权力。

2. 与职位非相关的权力，包括以下两个：

(1)经验或专业技术方面的权力。由于你在工作上有他人不具备的特别经验，或者在某个领域内有独特的见解，使得项目小组成员愿意为你工作，从而建立了你自己影响他人的权威。值得指出的是，在谈到权力时，很多人误以为只有到了经理职位的人才具备，事实上，我们每一个人在经验与专业技术方面，都有自己的权力。即便你只是项目中的普通成员，你丰富的经验或独到的见地很可能影响项目经理的决策，这就是你权力的体现。

(2)人格权力。这种权力不同于经验、学识及专业技能给你带来的权威，而是基于你的为人，基于你的道德水准，基于你平时对工作、对生活、对他人的态度，包括受人尊敬与称道的热情、诚实、正直、公正、关爱他人等优秀品德，以及敬业、认真负责、勇于承担责任的工作作风。显而易见，这种权力能量巨大而且影响久远。

【小资料】

有效的项目领导者应具备的素质

这些素质包括：①灵活性与适应性；②显示出工作的激情；③果断、自信及流畅的口头表达能力;④雄心壮志、驱动力与责任感;⑤做有效的沟通者和良好的聆听者;⑥有热情、想象力和创造力;⑦素质良好且具有自我约束力;⑧是全才而不仅仅是只具有技术水平的专家;⑨有发现问题和解决问题的能力;⑩有立即做出并实施决策的能力;⑪能够营造一个激励的氛围;⑫能够使每一个人都专注于项目目标;⑬受过项目管理方法和技巧的培训;⑭有项目管理经验;⑮受到同行和管理层的尊敬;⑯为成功付出努力。

三、建立项目管理组织结构

项目活动是否能有效地开展,项目目标是否能最终实现,在很大程度上取决于该组织结构能否支持项目管理的组织方式。要使组织的管理结构支持项目管理模式,必要时应对组织现有的结构方式进行再造,建立围绕专门任务进行决策的机构和组织。这样的组织由不同专业、不同职能部门的人员构成,具有相对的独立性,有权进行计划、资源分配、指挥和控制活动。下面是几种常见的组织类型。

(一)职能式组织

职能式组织的优点主要是项目资源可以灵活利用、成本低,有利于技术水平的提升,协调企业的整体活动;它最主要的缺点是协调难度大和项目组成员责任淡化。职能式组织结构如图 10-2 所示。

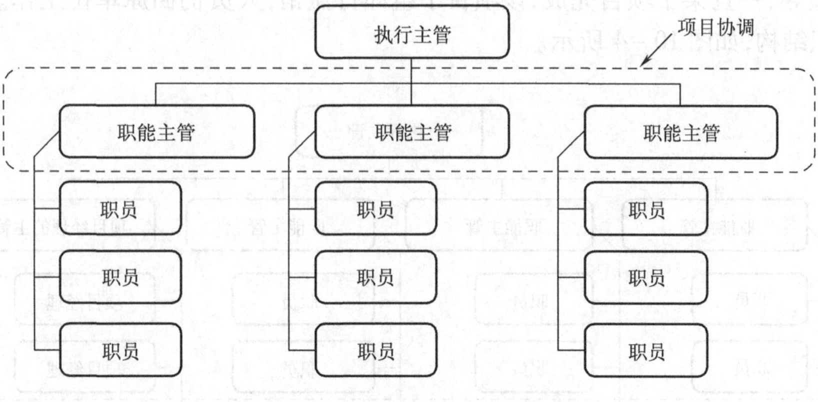

图 10-2 职能式组织结构示意图

(二)项目式组织

项目式组织按项目来划归所有资源,即每个项目有完成项目任务所必需的所有资源,每个项目实施组织有明确的项目经理。也就是说,每个项目都有负责人,对上直接接受上级的领导,对下负责本项目资源的运用以完成项目任务,各项目组之间相对独立。项目式组织形式的主要优点是目标明确、统一指挥,有利于项目控制以及全面型人才的培养。它最主要的缺点是易导致机构重复、资源闲置,不利于人员专业技术水平的提高。项目式组织的结构，如图 10－3 所示。

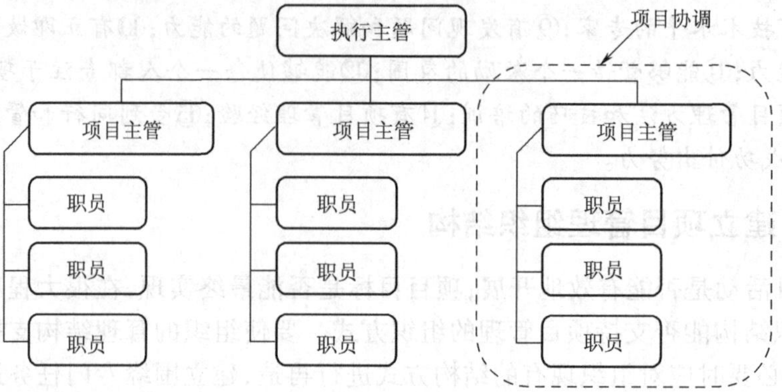

图 10－3　项目式组织结构示意图

（三）矩阵式组织

"矩阵式组织"也叫"规划目标组织"。这种组织结构的特点是既有按照管理职能设置的纵向组织系统，又有按照规划目标划分的横向组织系统，两者结合，形成一个矩阵，所以借用数学术语称为"矩阵"。横向系统的项目小组所需要的工作人员从各职能部门抽调，他们既接受本职能部门的领导，又接受项目小组的领导，一旦某个项目完成，该项目小组即行撤销，人员仍回原单位工作。矩阵式组织结构，如图 10－4 所示。

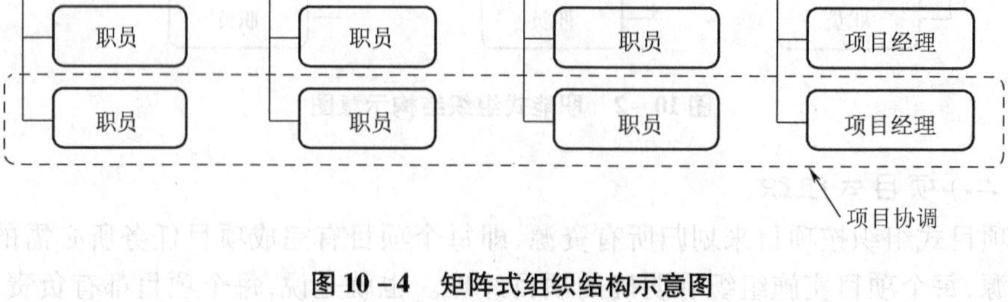

图 10－4　矩阵式组织结构示意图

尽管矩阵式组织结合了职能式组织和项目式组织的优点，但也有一定不足。主要的不足表现在：项目有项目行政主管和职能主管两个上级，一是项目成员受到多头领导会导致无所适从;二是在多个项目争取职能部门资源时,若协调不好会使资源得不到有效配置;三是项目成功时职能经理与项目经理可能会争抢功劳,而项目失败时,则又会争相逃避责任。

前面介绍的3种项目组织形式,即职能式、项目式和矩阵式,各有各的优点和缺点,主要的优缺点见表10－2。其实这3种组织形式有内在的联系,可以表示为一个变化的系列,职能式结构在一端,项目式在另一端,而矩阵式结构是介于职能式和项目式之间的一种结构形式(见图10－5),随着某种组织结构的工作人员人数在项目团队中所占比重的增加,该种组织结构的特点也渐趋明显;反之,则相反。

表10－2　3种组织结构形式的比较

组织结构	优点	缺点
职能式	没有重复活动 职能优异	狭隘、不全面 反应缓慢 不注重客户
项目式	能控制资源 向客户负责	成本较低 项目间缺乏知识信息交流
矩阵式	有效利用资源 职能所有专业知识可供所有项目使用 促进学习交流知识 沟通良好 注重客户	双层汇报关系 需要平衡权利

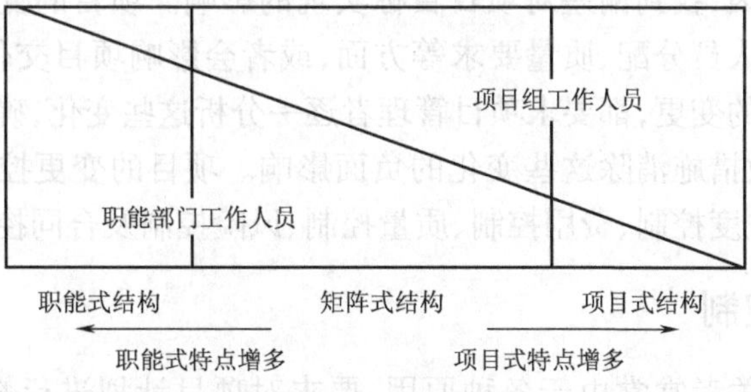

图10－5　组织结构的变化

一般来说,职能式组织结构比较适用于规模较小,偏重于技术的项目,而不适用于环境变化较大的项目。因为环境的变化需要各职能部门间的紧密合作,而职能部门本身的存在以及权责的界定将成为部门间密切配合不可逾越的障碍。当一个公司中包括许多项目或项目的规模较大、技术复杂时,应选择项目式组织结构。同职能式组织相比,在应对不稳定的环境时,项目式组织的团队整体性和各类人才的紧密合作就显示出了优势。同前两种组织结构相比,矩阵式组织结构在资源充分利用上有其优越性,由于融合了前两种结构的优点,这种组织形式在进行技术复杂、规模巨大的项目管理时,有明显的优势。

第四节 项目控制

一、项目控制的含义

通过对项目的充分计划,我们已经得到了实施项目所需要的一些文件,包括项目范围说明书、工作分解结构、项目风险管理计划、项目进度表、项目预算表、项目质量管理计划等。项目小组将这些计划变成现实,这一过程就是项目的实施、跟踪与控制过程。

项目内外环境的变化会影响项目的正常实施,它破坏已有的项目计划,迫使我们放弃已完成的工作,或者强迫我们不得不重新制定计划。在项目计划阶段,由于项目班子掌握的信息有限,执行时将不得不修改甚至放弃原来的计划;而在项目实施阶段,由于客观条件的变化,有可能使得项目不能按照预先拟定的计划进行,项目实施结果与计划蓝图之间出现偏差。这就需要项目小组及时采取措施,减少偏差,此即为项目控制;也就是跟踪、检测和测量项目实际进展,分析发生偏差的原因,采取纠正措施,使项目回到计划的轨道上来的过程。

项目控制的前提是项目的变更,是项目实际情况与计划的偏差。因此必须找到项目变更的原因,找到偏差对项目目标实现的影响。项目的变化无疑会影响项目的进度、预算、人员分配、质量要求等方面,或者会影响项目交付产品的范围等。无论是哪种情况的变更,都要求项目管理者逐一分析这些变化,确定其对项目的影响,从而采取有效措施消除这些变化的负面影响。项目的变更控制主要包括项目范围变更控制、进度控制、费用控制、质量控制、风险控制及合同控制。

二、变更控制

项目利益相关者常常由于各种原因,要求对项目计划进行修改,甚至重新规划。这一类修改或变化,叫作"变更"。变更发生在项目的范围、进度、质量、风险、人力资源、沟通、合同等很多方面,并将影响到其他方面。

(一)变更的来源

变更的原因和来源十分复杂,可以将其归纳为如下几种。

1.人员变化。当今时代,组织人员的变化十分频繁,经济体制改革、企业改革、政府机构改革、事业的扩大、新机会的来临等,所有这些都可能成为人员流动的原因。

2. 经费不稳定。无论政府还是企业项目，在经济全球化带来的竞争面前，其财力经常遇到巨大的挑战，他们不得不严格控制支出。

3. 技术的变化。技术的发展和变化对项目活动会产生巨大影响，产品和技术的生命周期越来越短。在这种情况下，项目的完成时间只要超过半年，就必须考虑项目使用的技术、行动方案、项目计划以及创造的产品或服务是否会落伍的问题。

4. 竞争环境的变化。当今世界，不再是封闭的时代，信息、知识和技术传播得十分迅速，保密已经十分困难，世界各国的技术和商业间谍活动十分活跃。竞争对手的活动经常是决定项目命运的关键因素，项目的独特之处经常被对手所学习利用，项目的行动必须随时考虑对手的动向。

5. 思想和观念的变化。顾客、委托人、项目母体组织和项目团队主要成员的思想变化也是变更的一个重要原因。随着项目的进展，这些人可能会萌发新的想法，改变他们对项目的要求。

6. 国民经济形势的变化。经济的快速发展或收缩、突如其来的金融危机、意想不到的国际收支困境、严重的通货膨胀等情况，都可能将原来的项目预算变成废纸，随之带来不可避免的项目计划变更。

（二）变更管理的策略

对待变更有主动和被动两种策略。一般来说，项目经理要采取积极的策略来对变更施加管理，以利于整个项目的顺利进行，其内容包括：

1. 做好思想准备。要使项目的参与者做好思想准备，使他们认识到，变化不仅是世间万物的常态，而且变更之中往往蕴藏着机会，能对整个项目带来积极有益的影响。

2. 因势利导。项目经理应学会利用变更造成的乱局，将事情引导到有利的方向上去。在许多情况下，变更可以为原本已陷入困境的组织找到解脱途径。当然，并不是所有的变更都会打乱原来的安排，也不是所有的变更请求都必须接受。

3. 对变更进行严格控制。对于变更，项目经理和项目团队必须进行控制。变更分为影响项目整体或局部两大类，对于影响项目全局的变更要特别重视。项目控制的很大一部分就是控制变更。

另外，要查明项目内外存在哪些会造成变更的因素，必要时设法消除这些因素；查明是否已经发生变更并在变更实际发生时对其进行管理。而且，各方面的变更控制必须紧密结合起来，这样才能发挥最佳效果。

第五节 网络计划技术

网络计划技术是指用网络计划对任务的工作进度进行安排和控制,以保证实现预定目标的科学的计划管理技术。网络计划是在网络图上加注工作时间参数等编制而成的进度计划。所以,网络计划主要由两大部分组成,即网络图和网络参数。网络图是由箭线和节点组成的用来表示工作流程的有向、有序的网状图形,如图 10-6 所示。网络参数是根据项目中各项工作的延续时间和网络图所计算出的工作、节点、线路等要素的各种时间参数。

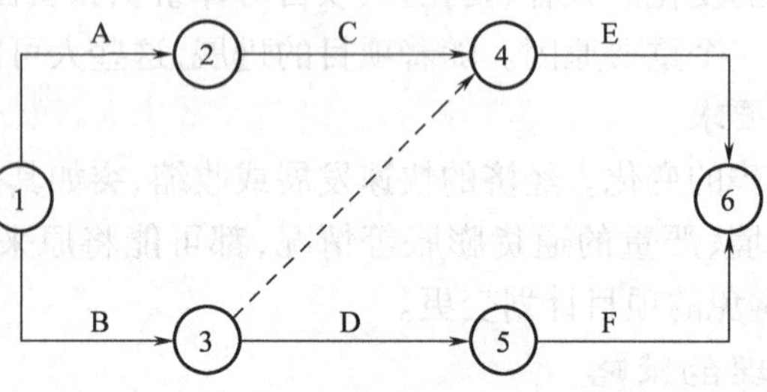

图 10-6 网络图

网络计划技术的种类与模型比较多,以工作的延续时间和逻辑关系划分,可以分为几种:关键线路法、计划评审技术法、决策关键线路法、图形评审技术法、风险评审技术法。按网络的结构不同,可以把网络计划分为双代号网络与单代号网络。而双代号网络又可以分为双代号时间坐标网络和非时间坐标网络。单代号网络又可以分为普通单代号和搭接单代号网络。

网络计划技术是一种科学、有效的管理方法,这种方法不仅能完整解释一个项目所包含的全部工作以及它们的关系,而且能根据数学原理,应用最优化技术安排整个项目中的关键工作,对于项目进展过程中可能出现的进度过程进行监控。从而使项目管理人员能依照计划,科学地对未来进行预测,使得计划始终处于项目管理人员的监督与控制之中,达到以最佳的工期、最少的资源、最好的流程、最低的费用完成所控制项目的目的。

一、双代号网络计划

双代号网络图是由节点表示事项,箭线表示工作的网络图(见图 10-6),它的 3 个要素就是箭线、节点和线路。

（一）箭线

工作通常可以分为以下两种：

1. 需要消耗时间和资源的工作。这类工作叫“实工作”，在网络图中用实线表示，如图 10 – 7 中 A 所示。一般箭线的上面标出工作的名称，在箭线的下方表示工作的持续时间，箭尾表示工作的开始，箭头表示工作的结束，相应的节点的号码表示该工作的代号。

2. 不需要消耗时间和资源的工作。这类工作叫“虚工作”，在网络图中用虚线表示，如图 10 – 7 中 B 所示。虚工作只表示相邻工作间的逻辑关系，其工作持续时间为零。

（二）节点

每一项工作都存在一个开始时刻与结束时刻。紧前工作和紧后工作的结束和开始，称为节点。节点的作用主要是为了连接箭线。箭尾的节点称箭尾节点，箭头的节点称箭头节点。网络图中的第一个节点叫起始点，它意味着一个项目的开始，网络图中最后的那个节点叫终止节点，代表项目的结束。在网络图中，如果有很多箭线指向这个节点，则这些箭线就叫内向箭线或内向工作，如果同一个节点有很多箭线发出，则这些箭线叫外向箭线或外向工作。

图 10 – 7 箭线的表示方法

（三）线路

从起始节点开始，沿着箭线的方向连续通过的一系列箭线与节点，最后达到终止节点的通路叫线路。每一条线路都由自己确定的完成时间，它等于该线路上所有工作的工作时间的总和。根据路长的大小，线路可以分为关键线路、次关键线路和非关键线路。

线路最长的线路叫关键线路，位于关键线路上的工作叫关键工作。关键工作的快慢直接影响整个项目的工期。关键线路有时可能不止一条，而且关键线路并不是一成不变的，在一定的条件下，由于干扰因素的原因，关键线路会发生变化。

在网络图中，各项工作之间的关系是变化的：一类是工作之间的关系是客观的、固有的，不能随意改变，这称为逻辑关系；另一类是工作之间的关系并不是一种固定不变的关系，而只是一种人为的安排，这种人为的相互关系，称为组织关系。表 10 – 3 列出了网络图中常见的逻辑关系及其表示方法。

表 10－3　网络图中常见的逻辑关系及其表示方法

	工作之间的关系	表示方法
1	A、B、C 平行进行	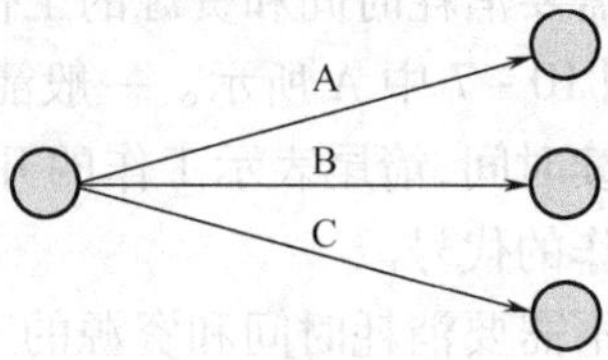
2	A 完成后,D 才开始;A、B 都完成后,E 才开始;A、B、C 都完成,F 才开始	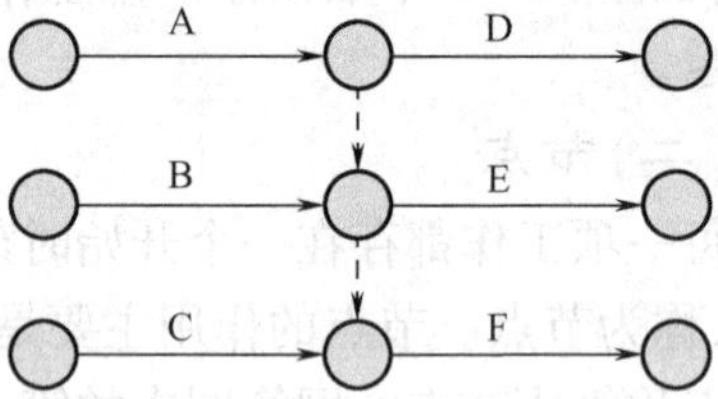
3	A、B 完成后,D 才开始;A、B、C 都完成后,E 才能开始;D、E 完成后,F 才能开始	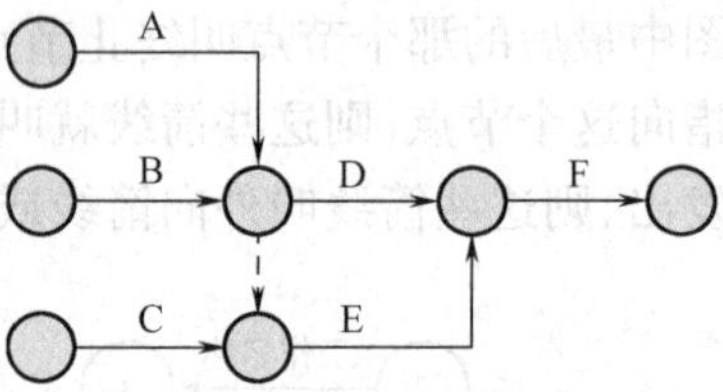
4	A 结束后,B、C、D 才能开始;B、C、D 完成后,E 才能开始	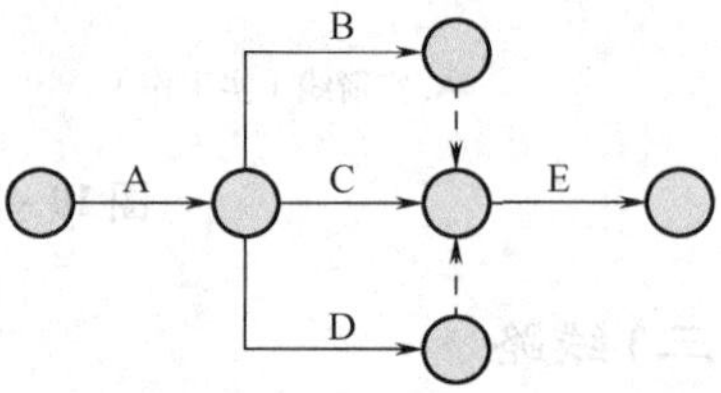
5	A 完成后,B、C、D 才能开始,但 B、C、D 不一定同时开始	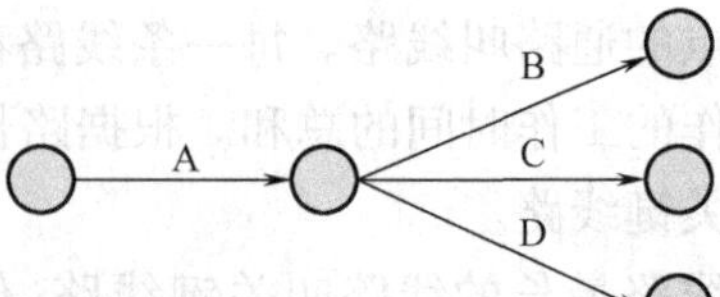
6	A、B 完成后,D 才能开始;B、C 完成后,E 才能开始	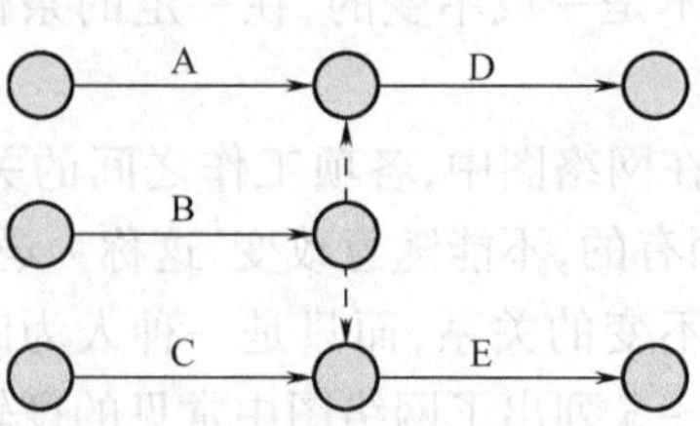

（四）网络图的绘制

用网络计划方法编制进度计划的第一步是绘制网络图，通常是先画初步网络图，然后在此基础上进行调整，最终得到正式的网络计划图。绘制初步网络计划图的过程如下：

1. 项目分解。任何项目都是由许多具体工作和活动所组成，所以，要绘制网络图首先要把工作任务分解为可量化的、复合关键因素的独立工作与活动。根据项目的要求，其量化指标可以完全细化，也可以采用粗线条方式，主要是根据项目的控制内容、复杂程度等来决定分解的细化程度。分解量化得越仔细，其控制程度越高，项目管理者工作量越大。

2. 工作关系分析。工作关系分析的主要目的是确定工作之间的逻辑关系。根据已经确定的项目实施方法、工艺技术、环境条件等因素，对项目进行分析，通过比较、优化确定合理的逻辑关系。要确定工作关系，项目管理人员必须对项目有充分的深入了解，对资源和空间有充分的考虑，其设计人员必须具有良好的运筹分析能力和技巧，通常这样的工作由项目经理或系统分析师来完成。

3. 工作基本参数的估计。网络计划的基本工作参数包括工作的持续时间和资源的需要数量。工作需要的资源包括人力、物力、财力、公共关系等。每项工作所需的资源总量等于资源强度与工作时间的乘积。

4. 网络图的绘制。根据项目工作表的紧前（紧后）工作的逻辑关系，就可以依次将工作用网络图的方法来表示。绘图时可根据紧前工作或紧后工作的任意关系进行绘制，按紧前工作绘制时，从无紧前工作的工作开始，依次进行，工作将结束于最后一点，形成一个终止节点。按紧后工作绘制时，也从无紧前工作的工作开始，依次进行，工作将结束于最后一点，形成一个终止节点。通过检查无误后，就可以对节点进行编号。

（五）网络计划时间参数的计算

网络图的绘制完成了网络计划编制的第一项任务，更重要的任务是网络计划时间参数的计算，这是网络计划实施、优化、调整的基础。网络计划时间参数可归纳为3类：

1. 节点参数。根据节点的时间内涵，节点参数主要有：

(1)节点最早时间。它是指节点的内向工作已经完成，外向工作可以开始的最早时间，即以该节点为开始的工作的最早开始时间，用 ET_i 表示。

(2)节点最迟时间。它是指在不影响总工期的前提下，以该节点为完成节点工作的最迟完成时间，用 LT_i 表示。

2. 工作参数。工作参数包括基本参数、最早时间、最迟时间、时差。工作的基本参数是工作的持续时间，用 D_{i-j} 表示。

(1)最早时间。最早时间包括两个：

• 工作最早开始时间。它是指该工作的各紧前工作已经完成，本工作有可能

开始的最早时间，用ES_{i-j}表示。工作的最早开始时间与该工作的箭尾节点的最早时间是相等的，即

$$ES_{i-j} = ET_i$$

• 工作最早完成时间。它是指各紧前工作完成后，本工作可能完成的最早时间，用EF_{i-j}表示，即

$$EF_{i-j} = ET_i + D_{i-j}$$

(2)最迟时间。最迟时间也有两个：

• 工作最迟开时间。它是指不影响整个项目完成的前提下，本工作必须开始的最迟时间，用LS_{i-j}表示。

• 工作最迟完成时间。它是指不影响整个项目完成的前提下，本工作必须完成的最迟时间，用LF_{i-j}表示，即

$$LF_{i-j} = LS_{i-j} + D_{i-j}$$

(3)时差。它是指在一定前提下，工作可以机动使用的时间。时差也分为两种：

• 总时差。它是指不影响总工期的情况下，本工作的机动时间，用TF_{i-j}表示，即

$$TF_{i-j} = LS_{i-j} - ES_{i-j}$$

• 工作时间自由时差。它是指不影响其紧后工作最早开始的前提下，本工作的机动时间，用FF_{i-j}表示，即

$$FF_{i-j} = ES_{j-k} - D_{i-j} - ES_{i-j} = ES_{j-k} - EF_{i-j}$$

3. 线路参数。线路参数包括计算工期与计划工期。

(1)计算工期：指根据计算的工期，等于最大线路路长，用Tc表示，即

$$Tc = ETn = LTn$$

(2)计划工期：指按要求工期和计算工期来确定的目标工期。它一般小于等于计算工期。

(六)关键工作及关键线路的确定

1. 关键工作的确定。关键工作是网络计划中总时差最小的工作。

2. 关键线路的确定。关键工作的连线就是关键线路。根据关键点来判断时，关键线路上的点一定是关键点，但关键点不一定在关键线路上。用自由时差来判定时，同样，关键线路上的自由时差一定最小，但自由时差最小的不一定是关键工作。

(七)双代号时间坐标网络计划

时间坐标网络计划，简称时标网络，是以时间坐标为尺度编制的网络计划。它兼有网络计划与甘特图两者的优点，能够清楚地表明计划的时间进度，能在图上直接表示各项工作的开始、完成时间、自由时差及关键线路。它主要适用于所含工作数量较少，过程比较简单的项目或者局部网络计划、作业型的网络计划，如图 10－8 所示。

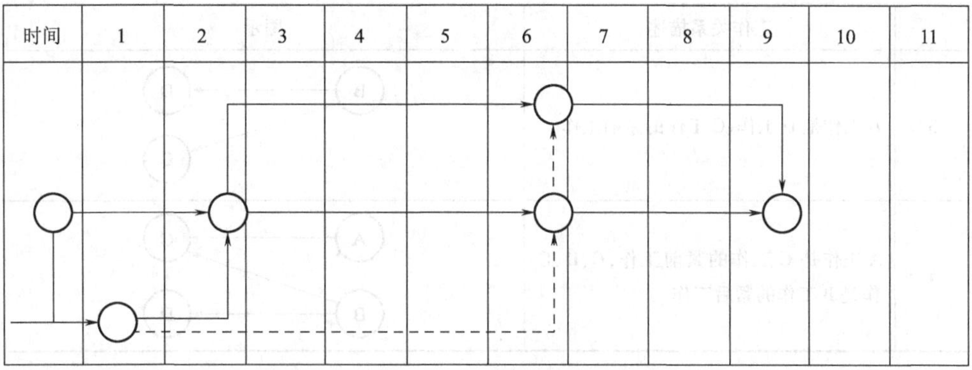

图 10－8　双代号时标网络计划

二、单代号网络计划

单代号网络图也是由节点、箭线、线路组成，但其含义和双代号网络图有些区别。在单代号网络图中，节点及其编号代表工作，而且节点必须编号，由于其工作代号只有一个，所以称为单代号。单代号网络图中箭线表示工作间的逻辑关系，没有虚箭线的表示。

（一）单代号网络图的绘制

单代号网络图中，箭尾节点表示的工作是箭头节点的紧前工作；反之，箭头节点所表示的工作是箭尾节点的紧后工作。单代号网络图所表示的逻辑关系易于理解，绘制不易出错。单代号网络图工作关系表达方法，如表 10－4 所示。

（二）单代号网络计划时间参数的计算

单代号网络计划的特点是以节点表示工作，节点的编号即为工作的代号，箭线只是单纯表示工作之间的逻辑关系。所以，单代号网络计划的时间参数只有两部分：工作参数和线路参数。

表 10－4　单代号网络图逻辑关系表达方式

	工作关系描述	图示
1	A 工作是 B 工作的紧前工作	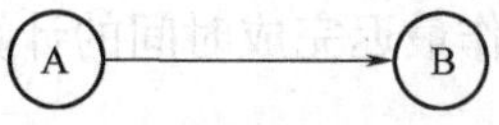
2	D 工作是 B 工作、C 工作的紧后工作	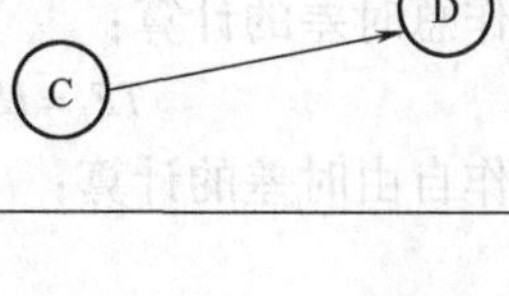

续表

	工作关系描述	图示
3	B 工作是 D 工作、C 工作的紧前工作	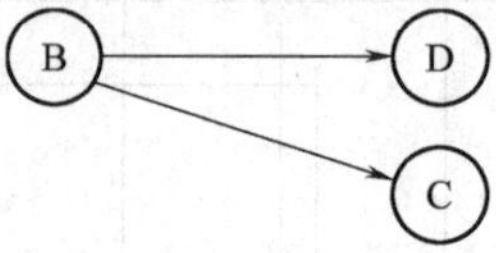
4	A 工作是 C 工作的紧前工作，C、D 工作是 B 工作的紧后工作	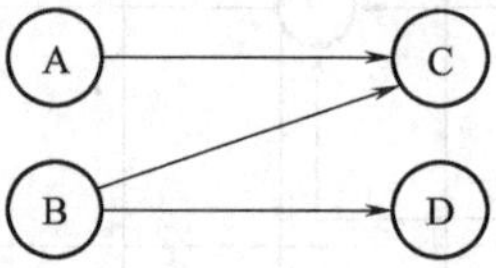

1. 工作参数。单代号网络计划的工作参数所包括的内容与双代号计划的完全相同，其概念也是完全一样，所不同的只是表示符号不同：

工作 I 的持续时间，用 D_i 表示；

工作 I 的最早开始时间，用 ES_i 表示；

工作 I 的最早完成时间，用 EF_i 表示；

工作 I 的最迟开始时间，用 LS_i 表示；

工作 I 的最迟完成时间，用 LF_i 表示；

工作 I 的总时差，用 TF_i 表示；

工作 I 的自由时差，用 FF_i 表示。

单代号网络计划时间参数的计算是在确定各工作持续时间的基础上进行的。工作持续时间的确定方法与双代号网络计划相同。

（1）工作最早开始时间的计算：

$$ES_i = ES_h + D_h$$

ES_h——工作 I 的紧前工作 H 的最早开始时间；

D_h——工作 I 的紧前工作 H 的工作持续时间。

（2）工作的最早完成时间的计算：

$$EF_i = ES_i + D_i$$

（3）工作最迟开始时间的计算：

$$LS_i = LF_i + D_i$$

（4）工作最迟完成时间的计算：

$$LF_i = LF_j + D_j$$

LF_j——工作 I 的紧后工作 J 的最早开始时间；

D_j——工作 I 的紧后工作 J 的工作持续时间。

（5）工作总时差的计算：

$$TF_i = LS_i - ES_i \qquad TF_i = LF_i - EF_i$$

（6）工作自由时差的计算：

$$FF_i = \min\{ES_j - EF_i\} \qquad FF_i = \min\{ES_j - ES_i - D_i\}$$

2. 线路参数。单代号用时间间隔 $LAG_{i,j}$ 表示相邻工作的时间关系。时间间隔是后项工作 J 的最早开始时间与前项工作 I 的最早完成时间的差。

$$LGA_{i,j} = ES_j - EF_i$$

单代号网络计划时间参数的计算可采用分析法、图上计算法、计算机计算法等方法。单代号网络计划的时间参数的标注应按图 10－9 所示的形式。

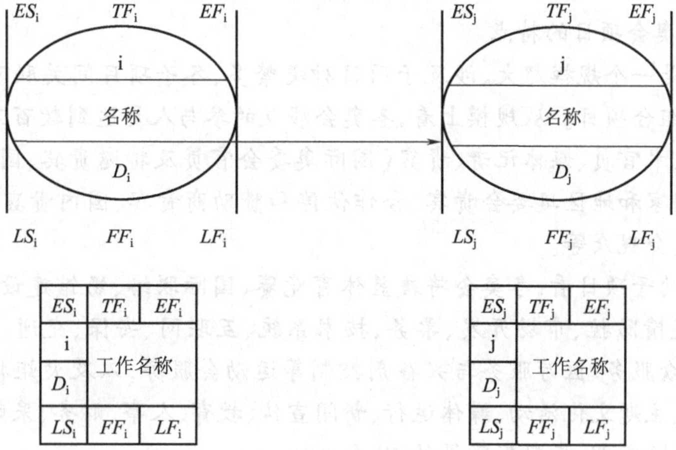

图 10－9　单代号网络计划时间参数的标注形式

（三）单代号搭接网络计划

前面所述的网络计划，其工作之间的逻辑关系是一种衔接关系，即紧前工作完成之后紧后工作就可以开始，紧前工作的完成为紧后工作的开始创造了条件。但实际上，可能会出现另外一种情况，即紧后工作的开始不以紧前工作的完成为前提，只要紧前工作开始一段时间能为紧后工作提供一定的开始工作的条件之后，紧后工作就可以与紧前工作平行进行。这种关系称之为搭接关系。例如，某项目有两项工作 A 和 B，根据工艺的要求，A 工作完成后才能进行 B 工作。但为了加快进度，在工作面允许的情况下，A 和 B 可以搭接进行，即将 A 和 B 分为两段：A_1、A_2、B_1、B_2，其搭接关系如图 10－10 所示。

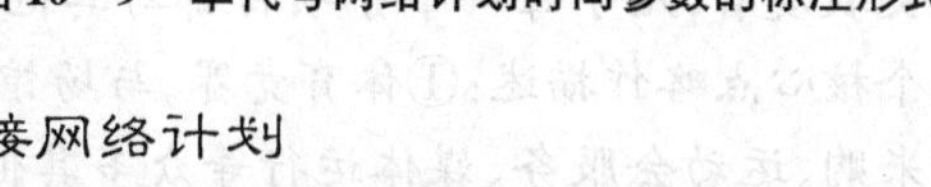

图 10－10　单代号网络表示的工作搭接关系

可见，如果一个项目中的搭界关系较多，则绘出的网络图的节点、箭线将会增加，网络图会更复杂。因此，这就需要用一种简单的方法来表示，单代号搭接网络图就是方法之一。

【小资料】

冬奥会与项目管理

（一）冬奥会项目的特点

冬奥会是一个规模超大、涉及子项目种类繁多、各子项目间关联密切、项目干系人众多的组合项目。从规模上看，冬奥会涉及的参与人员达到数百万人以上，包括运动员、技术官员、媒体记者、贵宾（国际奥委会官员及特邀贵宾、国际单项体育组织贵宾、国家和地区奥委会贵宾、合作伙伴和赞助商贵宾、国内贵宾等）、冬奥会志愿者、冬奥会观众等。

从涉及的子项目看，冬奥会将覆盖体育竞赛、国际联络、场馆建设、场馆管理、环境保护、疫情防控、市场开发、票务、技术系统、互联网、安保、交通、注册以及餐饮、住宿、观众服务、医疗服务与兴奋剂控制等运动会服务，以及火炬接力、开闭幕式仪式环节、主题文化活动、媒体运行、新闻宣传、教育、人事、财务、采购与物流、法律、保险与风险管理、后勤保障等约40个领域。

从子项目之间的关联度看，几乎每一个子项目都与其他子项目有很密切的关联关系。这里仅以几个核心点略作描述：①体育竞赛，与场馆建设、场馆管理、技术系统、票务、体育器材采购、运动会服务、媒体运行等众多其他领域有直接关系，与所有领域都有间接关系；②场馆管理，几乎所有领域赛时均要进入场馆，组成场馆团队，按场馆进行运作；③市场开发，所有合作伙伴、赞助商、供应商的征集工作与各领域的实际需求紧密结合；④开闭幕式，与体育竞赛、场馆建设、场馆运行、运动会服务、采购与物流等几乎所有领域均有直接关系；⑤风险管理，服务于所有领域，如果涉及风险转移，则以保险方式解决。

从项目干系人看，除冬奥组委之外，国际方面包括国际奥委会、国际单项体育组织、各国家和地区奥委会、国际媒体、国际合作伙伴和赞助商，以及国际观众；国内方面包括主办城市政府、中央和国务院相关部委、协办城市（如北京冬奥会协办城市为张家口）、国内合作伙伴和赞助商，以及国内观众等。

所有上述复杂特点全集于冬奥会一身，可以说，冬奥会已完全超越体育本身，项目的目标也是多维的，“精彩、卓越、非凡”是一个综合评价的标准。

（二）冬奥会项目管理的特点

基于冬奥会本身项目特点的分析，冬奥会中应用项目管理也有不同于一般项目管理的特点，主要包括：从单项目管理看，具有相对的独立性，可以应用项目管理的一般方法与工具，可以从项目的生命周期全过程（启动、计划、执行、控制、结束）

应用项目管理的工作结构分解、关键路径分析等方法。从多项目组合管理看，宜选择合适的项目管理成熟度模型，确定合理的成熟度目标，选择短期见效的应用工具，确定重点项目以及相关的协作关系，以点带面，实施基于进度计划的项目组合管理模式。从组织机构看，由于冬奥组委本身与冬奥会的生命周期一致，因此，应制定不同于航天、IT等项目的战略，初期建立职能式组织机构，根据赛时运行的需要，在场馆化阶段迅速建立起矩阵式组织机构。从与冬奥组委之外单位的协作关系以及中国国情来看，项目管理的应用要考虑相关政府机构对项目管理的认识水平，制定切实可行的战略。例如，与北京市政府的协作关系方面，可通过市政府制定冬奥会重点工作折子工程等有政府特色的工具，提出需要市政府协作完成的重点工作，并由市政府督查工作的实施进展，确保双方的进度一致、目标一致、资源共享。

（三）北京冬奥组委的组织机构与项目管理

北京冬奥组委2015年12月15日成立，其组织结构是标准的职能结构，包括秘书行政部、总体策划部、对外联络部、体育部、新闻宣传部、规划建设部、市场开发部、人力资源部、监察审计部、财务部、法律事务部、技术部、运动会服务部、文化活动部、物流部、残奥会部、媒体运行部、场馆管理部、安保部、交通部、开闭幕式工作部、奥运村部、志愿者部、注册中心、票务中心、延庆运行中心、张家口运行中心等27个部门，各部门负责本领域内的各项目工作。

从项目管理角度看，目前北京冬奥组委的计划管理采取的是一种弱矩阵的模式，即设于总体策划部之下的项目管理处负责全委的项目管理工作，形式上相当于项目管理办公室（project management office），各部门设立项目管理专职岗位，负责本领域的项目管理工作。

从以上分析可以看出，将项目管理应用于冬奥会筹办工作并非易事。如何建立一个统一的项目管理信息平台、建立起统一的工作规范、所有参与者使用共同的项目管理语言，这对于顺利推行项目管理，并使其为冬奥会的成功举办保驾护航，具有至关重要的作用。

1. 项目管理信息系统的应用目标。构建北京冬奥会项目管理信息系统，最终的服务目标就是筹办一届“精彩、卓越、非凡”的冬奥会。应用目标具体分解如下：

（1）确保冬奥会各项工作如期完成。所有重要的筹办工作均纳入工作计划序列中，各子项目工作计划应覆盖本领域全部工作，工作周期与相关项目工作计划相协调，协作计划有落实。

（2）确保计划管理工作的成效。通过项目管理信息化，即建立以项目管理专业软件MSPROJ（Microsoft Office Project）为核心的统一平台，实现冬奥项目计划管理的系统化、标准化、规范化、自动化。

（3）确保各项资源得到有效整合。通过该信息系统，确保在整个冬奥筹办工作范围内，合理整合各种资源（包括各种人力资源），预测资源的需求，保证资源使用的高效率。

(4)确保计划监控工作有力度、有效果。通过信息系统的预警提示,实现进度计划动态跟踪与监控,提示可能延误的进度,对项目进展中所遇到的各种困难和问题有很好的前瞻性。

(5)确保不断总结经验与教训,促进信息系统不断持续改进。通过不断总结项目实施的经验教训,提炼建成冬奥的知识经验库,提高新项目的执行效率,赛后为世界留下宝贵的冬奥会项目管理遗产。

(6)确保建立畅通高效的项目协调沟通平台。通过采用企业级的项目管理软件,改善项目参与人员之间的沟通,实现各项目、各职能部门之间信息、资源共享,确保进行统一文档管理。将与项目有关的各种电子文档与项目计划建立起关联,使项目管理脉络清楚并具有可追溯性,收集并沉淀项目管理经验。

(7)以项目管理工作流程为导向,构建项目管理信息系统的系统功能模块。北京冬奥组委的项目管理工作是以计划管理为核心的,因此核心的业务流程即计划管理的工作流程。北京冬奥组委根据实际情况,制定了北京冬奥组委计划管理的工作流程,包括计划编制、计划监控、计划变更3个核心流程。

2. 项目管理信息系统的功能模块。北京冬奥组委项目管理信息系统的基本功能模块包括项目管理核心数据库。该数据库以项目管理专业软件 MSPROJ 为基础平台,各类计划均在此平台上建立。

(1)计划编制模块。根据往届冬奥会的经验以及北京冬奥组委的实际,开发标准模板和样例,提供给各部门并按统一要求编制。冬奥会是多项目运作,不同类型的项目平行运作是组合管理的重点与难点。因此,在计划编制阶段,应将项目间的任务关联和影响分析作为项目计划的核心。各部门按照计划编制模板,要求编制项目进度计划,要求穷尽协作需求,即将项目间、各职能部门间的沟通协作分解到位,明确接口和配合时间。

(2)计划监控模块。进度计划监控管理实行部门负责制,由各部门负责完成本部门的工作计划执行情况的收集、记录,定期向计划监控部门报告计划执行情况,包括阶段性成果、发生偏差的原因、建议变更措施等,以达到前期预警、期中检查、期末报告执行结果的动态监控目的,为进度计划变更系统提供基本依据。

(3)计划管理监控采用动态的进度控制手段,通过每月进度对比、分析的动态跟踪,达到对实际完成进度与目标进度计划之间的动态控制。编制统一的监控报告,生成网页发布到冬奥组委内的办公自动化信息网。

(4)计划变更模块。根据不同层级的计划,实施不同的变更程序,分别包括国际奥委会监控任务、全委重点任务以及部门重点任务。通过审批后,在系统内实施变更,并将变更前的计划设为目标计划用以对照比较。

(四)项目工作分解结构(WBS)

对于冬奥筹办工作来说,WBS 是一种明确项目具体目标、确定工作范围、分清交接工作职责的方法,是企业项目结构(EPS)在具体项目上的延伸,便于科学制订各筹办领域计划。WBS 将项目逐层划分成一些较小的、更易于控制和管理的部分,以便制订完整的计划。通过组织分解结构(OBS)与 EPS,WBS 的关联明确了各相关单位、部门的职责、工作范围,各项目的 WBS 由负责该项目的责任单位项目管理人员统一创建。国际奥委会向北京冬奥组委提供的总体工作指导计划,包含全部筹办工作的重要里程碑,是各领域编制工作计划、确定工作目标和范围的重要依据。冬奥会大型项目计划的编制随着筹办工作的进展逐渐明晰,不断向前滚动。

【案例分析】

国家速滑馆选址于中国北京奥林匹克公园规划范围内,项目用地为北京 2008 年奥运会临时场馆(曲棍球场、射箭场)原址。国家速滑馆建筑面积约 9.6 万平方米,项目总投资额约 14.2 亿元。在外部形态上,根据其壮丽柔美的外观也可以成称之为“冰丝带”,22 条丝带状的玻璃形成“飞舞的丝带”,以冰为象征,也像是速度滑冰选手在冰面上风驰电掣留下的轨迹,同时也代表着举办冬奥会的 2022 年。

国家速滑馆的建筑设计经过全球顶级团队层层竞标才最终确立,2016 年 6 月 6 日,北京冬奥组委协调北京市规划委员会向全球发布了竞赛公告,之后提交资格预审文件的设计单位共 66 家,其中国内 26 家、国外 40 家。1 个月后,通过资格预审,北京市规划国土委从全球 66 家竞赛申请者中选出 12 家设计机构。正式评审之前,由各专业专家 40 余人组成的技术工作小组,从规划和建筑、结构、交通、造价、制冰等设备工艺、体育赛事和工艺、赛后运营等 7 个方面对参赛方案进行技术初审,形成了一份意见汇总报告,供评审委员会评委参考。在公证处的记录上,这场评审历时两天。评委们经过 3 轮记名投票,选出 3 个优胜方案作为候选,这 3 个方案各有所长,均体现出比较高的设计水准。进入 3 选 1 环节之后,根据竞赛规则,主办单位要求 3 家设计单位又各自进行了优化和完善,综合评审专家的推荐意见,选择了博普勒斯设计有限公司的 A04 方案作为实施方案,并于次年 4 月开工建设。

在场馆设计方面,国家速滑馆将采取 BIM 技术进行场馆建设、设计安排,加上配套的高科技设施,让国家速滑馆成为智慧的场馆;在场馆制冰方面,国家速滑馆将采取二氧化碳制冰技术,这是冬奥会历史上首次使用二氧化碳制冰,二氧化碳制冰技术是目前世界上最环保的制冰技术,其冰面温差可控制在 0.5 度以内,在赛时能为运动员提供最高标准、最优良的场地条件,在赛后每年可节约电近 200 万千瓦小时,为场馆的长期可持续发展奠定良好的基础。

作为 2022 年中国冬奥会的新建场馆之一,国家速滑馆赛后将实现 365 天不间断经营并对市民开放,可用于冰球、冰壶、大道速滑等项目,成为一个类似水立方、鸟巢的、社会服务功能和企业运营功能兼备的运动健身场馆,既为运动员提供训练场地,也满足北京市民冬季运动的需求。

讨论题:

1. 通过这个案例,讨论为保证一个项目的顺利进行,必须对哪些内容进行分析?

2. 试述项目管理对大型项目的重要性。

复习思考题

1. 什么是项目?项目的主要特征是什么?

2. 什么是项目管理?项目管理的主要特征是什么?

3. 以小组为单位,任意选取一个体育服务项目,用项目管理的方法对其进行分析。(要求组建项目团队、任命项目经理,进行工作分解,并绘制网络图。)

第十一章

服务需求预测

【本章提要】

本章首先介绍了需求预测的相关概念,然后重点阐述需求预测的定性和定量方法,并对这些方法的优点和不足进行分析。定性的预测方法主要包括基层预测法、市场调研法、小组共识法、历史类比法、德尔菲法等。定量的预测方法主要包括时间序列分析和因果分析两大类。本章的重点和难点是需求预测的方法。

【名词解释】

预测:通常是指在给定一系列因素,诸如技术、竞争对手、价格、营销、支出及销售成绩等的条件之下,对未来市场需求状况给出具有最大可能性的观点的过程。

需求的时间序列:对一种服务或产品需求的历史数据进行统计,按照其发生的时间顺序排列而形成的数列。

定性预测法:也称为主观判断法,是由预测者根据占有的历史资料和现实资料,依靠个人经验、知识和综合分析能力,对需求作出预测。

基层预测法:从组织结构中处于最基层的,直接为消费者提供产品和服务的人员那里收集信息,然后把这些信息汇总,得到预测结果。

市场调研法:通过各种不同方法(问卷调查、上门访谈、电话征求意见等)收集信息,经分析判断后对未来的需求进行预测。

小组共识法:管理人员、销售人员或者专家、顾客等通过会议自由而坦率地交换意见,会议中具有不同背景的人员可以畅所欲言,准确地表达自己的看法,从而对需求进行预测的方法。

历史类比法:将所预测的对象与类似的产品加以对比分析,利用类似产品的历史数据来对预测目标未来发展趋向与可能水平进行预测。

德尔菲法:是指从一组匿名专家那里获得一致意见的过程,具有反馈性、匿名性和统计性等特点。

定量预测法:是指根据已掌握的比较完备的历史统计数据,运用一定的数学方法进行科学的加工整理，借以揭示有关变量之间的规律性联系，用于预测和推测未来发展变化情况的一类预测方法。

因果分析法：从事物变化的因果关系出发，寻找需求变化的原因，分析原因与结果之间的联系，并建立数学模型来对需求的未来发展变化趋势及可能水平进行预测。

回归分析法：在掌握大量观察数据的基础上，利用数理统计方法建立因变量与自变量之间的回归关系函数表达式，根据一个或几个已知变量去预测另一个变量。

时间序列分析：以时间序列数据为基础，运用一定的数学方法建立数学模型描述其变化规律，利用数列所反映出来的客观变动过程、发展趋势和发展速度，进行外推和延伸，借以预测市场需求未来的发展变化趋势及可能水平。

移动平均法：是指在时间序列中随时间推进连续地计算一定数量观察值的平均数，建立预测模型的预测方法。

指数平滑法：是一种特殊的加权移动平均法，它考虑到时间序列数据中远近期数据的作用不同，给予这些数据等比递减的权重，即在指数平滑法中，最新数据的权重高于早期数据，此权重因子随着数据的老化而下降。

预测误差(forecast error)：是指在一个给定的时期内，实际需求量与预测值之间的差。

第一节 需求预测概述

需求是可以预测的吗，它的变动有规律吗，预测是准确的吗？如果不精确，那为什么还要进行预测呢？

一、预测的概念和意义

预测通常是指在给定一系列因素，诸如技术、竞争对手、价格、营销、支出及销售成绩等的条件之下，对未来市场需求状况给出具有最大可能性的观点的过程。

预测是制订计划的基础，计划是根据需求预测的结果制定有关管理决策的过程。对于体育组织来说，有效的客户需求计划对于提升体育企业的竞争力有重要的影响，因此，需求预测是至关重要的。

【小资料】

北京冬奥场馆赛前预测与赛后可持续利用

国家速滑馆有着浪漫的名字“冰丝带”，在赛后将打造成多功能冰雪运动中心:“水立方”也变身“冰立方”,体现奥运场馆“反复利用、综合利用、持久利用”的思路。随着冬奥会进入“北京周期”,北京冬奥会的场馆建设充分考虑赛后利用的做法,为北京奥运遗产再添亮点。国际奥委会平昌冬奥会冬残奥会总结会上,《奥林匹克2020议程》和“新规范”被广泛提及。从2014年底全票通过《奥林匹克2020议程》,到平昌冬奥会开幕之际颁布“新规范”,国际奥委会一直主动求变,努力对未来举办奥运会的模式进行根本性重塑。作为首届从申办开始就受益于此项改革的奥运会,2022年北京冬奥会也被寄予厚望,树立举办奥运会模式的新标杆。

北京冬奥组委规划建设部专家说道:“北京冬奥会一直注重2020议程的实践,践行可持续理念,不仅是绿色环保,还注重场馆赛后利用,与当地发展长期目标契合。从选址、设计、建设、交付、移除到转为赛后利用,全过程都以赛时和赛后相互关联、共同设计为出发点。”

著名的国家速滑馆将打造成集体育赛事、群众健身、文化休闲、展览展示、社会公益于一体的多功能冰雪中心。这个亚洲最大冰面的速滑馆“冰丝带”面积1.4万平方米,近乎等同于一个田径场大小,是亚洲冰面最大的速滑馆。通过冰面的分区控制,不仅可满足速度滑冰、短道滑冰、花样滑冰、冰壶、冰球、班迪球等六大类冰上运动项目的竞赛要求,还能够实现3 500人同时上冰的全民健身需求。首钢滑雪大跳台与老工业遗产结合,为首钢复兴建设和区域发展注入活力。其在赛后将保留体育运动本色,继续用于单板大跳台的比赛和训练,在更好推进首钢园区产业转型的同时,进一步推动京津冀区域大众冰雪运动的推广。

2008年北京奥运会场馆“水立方”也将变身“冰立方”,为2022年冬奥会服务,成为名副其实的“双奥场馆”。北京申办2022年冬奥会成功后,水立方创新提出了“冰水转换”方案,通过建设可移动、可转换的冰场,让水上项目场馆实现冰上项目场馆的功能。除了承接冬奥会冰壶比赛,“水立方”还将在南广场新建群众性地下冰场,为普通民众提供冰上运动服务。变身后的“冰立方”,将融汇水上、冰上各类业态,实现“冰水双轮驱动”。

体育企业的运营部门根据需求预测,制订未来的营销计划、新产品计划、客户关系计划等;产品和服务的提供部门以此为基础制订产品和服务的生产计划、库存管理决策等;采购部门以此为基础制订采购计划、供应商关系计划;人力资源部门利用预测来估计人员的招聘和培训需求等。在上述制订各类计划的过程中,每一环节带来的现金流入和现金流出也可以同时进行预测。因此,预测也为预算、成本控制以及制订资金需求计划提供了基础。

在进行需求预测时,必须明确一点,尽管需求预测非常重要,但这是一件很困难的事情,绝对准确、完美无缺的预测是不存在的。预测是建立在对未来的判断的基础上的,但一方面现实中的各种环境因素是不断变化的,如政策环境、经济环境、金融市场环境以及竞争对手的情况等;另一方面体育企业自身也是不断发展变化的,决策者也会受到自身的知识、能力、经验、所获取信息等因素的限制。但也正因为未来的各种不确定性因素,预测的重要性更加凸显。在多变的市场环境中,预测可以帮助体育企业未雨绸缪,以更好地适应环境。

二、预测的种类

(一)按内容分类

按照预测的内容,可以分为单一服务或产品预测、服务或产品序列预测、分消费对象的预测以及整体销售额预测。

1. 单一服务或产品预测是指对某项特定服务或产品进行的预测。例如,综合性体育场馆预测一定时期内参加羽毛球运动的顾客人数。

2. 服务或产品序列预测是指对某类服务或产品进行需求预测。例如,健身俱乐部可以进行体育服务需求人数预测,包括参加有氧运动的人数、参加器械训练的人数等,还可以进行商品需求的预测,如软饮料、服装等。

3. 分消费对象的预测是指对某一消费对象需要的各种服务和产品进行的预测。例如,预测 25 ~ 35 岁女性消费者感兴趣的服务或产品;或者按照不同消费对象需要的某种产品和服务进行的预测,如 25 ~ 35 岁女性消费者对瑜伽运动的需求预测。

4. 整体销售额预测是对消费者需要的各种服务和产品的总销售额进行的预测。

(二)按时间分类

按照与预测有关的决策的时间跨度,可以把预测分为短期预测、中期预测和长期预测。

1. 在商业预测中,短期通常指的是 3 个月之内。短期预测一般用于单一服务或产品的预测,采用时间序列分析法、因果分析法以及定性的预测方法等进行预测。依据短期预测,管理者可以进行库存管理、劳动力计划等领域的决策。

2. 中期指的是 3 个月到 2 年。中期预测一般用于整体销售额以及服务或产品序列的预测,采用因果分析法以及定性的预测方法等进行预测。依据中期预测,管理者可以进行人员规划、采购、分销等领域的决策。

3. 长期指的是超过 2 年。长期预测一般用于整体销售额的预测,采用因果分析法以及定性的预测方法等进行预测。依据长期预测,管理者可以进行设施选址、流程管理等领域的决策。

(三)按空间分类

按照预测的空间层次,可以分为国际性需求预测、全国性需求预测、地区性需求预测及当地需求预测,分别是指对世界范围、全国范围、某地区范围、企业所在地进行的需求预测。

三、需求变动的特征

需求的时间序列是指对一种服务或产品需求的历史数据进行统计,按照其发生的时间顺序排列而形成的数列。该序列存在着一定的规律性,因为影响需求的一些因素对需求的发展起着长期的、决定性的作用,从而使需求的发展呈现出某种趋势和规律性。同时,该序列也具有一定的不规律性,因为影响需求的一些因素对需求的发展起着短期的、非决定性的作用,从而使需求的发展呈现出某种不规律性。

从需求随时间变化的特征来看,大多数的需求变动有以下几种基本特征:

(一)平稳性

平稳性是指从时间序列来看,需求存在着一个稳定的均值,需求围绕着该均值上下波动。

(二)趋势性

趋势性是指时间序列的平均值随着时间的变化而出现的整体性的增加或减少,是在较长时间内持续发展变化的一种趋向或状态。长期趋势往往是市场变化情况在数量上的反映,因此,它是进行分析和预测的重点。

(三)季节性

季节性是指在少于一年的时间周期里,需求按一定规律重复性地向上或向下运动,即根据每天、每周、每月或每季度的具体时间,需求的增加或减少具有可重复性。季节变动是一种极为普遍的现象,它是气候条件、节假日、人们的生活习惯等各种因素作用的结果。例如,对于位于居民区内或居民区周边的体育场馆来说,每年的寒暑假可能会形成一个学生客流的高峰,很多场馆会在此期间推出一些针对学生的优惠。再如,对游泳场馆、滑雪场馆等这些季节性强的运动项目的需求会随季节不同而变动。

要注意的是,这里的“季节”一词是广义的,是指任何一种时间周期,而不仅仅是一年中的四季。例如,对于很多体育场馆来说,每天的下午5点到9点之间以及每周的周末都是客流的高峰,而其他时间顾客会相对较少。在这种情况下,季节性模式分别持续了一天或一周,而这里的一季就分别是指一天中的每个小时或一周中的每一天。

(四)周期性

周期性是指在较长一段时间内,需求可能周而复始地变动。周期性不同于趋势性,它不是朝着单一方向的持续变动,而是涨落相间的交替变动。它也不同于季节性,季节变动有比较固定的规律,而周期变动则无固定规律,周期长短不一,周期性比较难以把握和预测。周期性的形成一方面是受整个经济的周期性波动的影响,另一方面受服务或产品本身的生命周期的影响。

经济周期(又称商业循环)是指经济活动沿着经济发展的总体趋势所经历的有规律的扩张和收缩。[①] 一方面,在市场经济条件下,一国或地区的国民经济总

① 高鸿业.西方经济学:宏观部分[M].北京:中国人民大学出版社,2003:671.

是有繁荣,也有衰退。在繁荣时期,经济增长迅速,居民收入水平提高,大家对前景比较乐观,因此各类消费支出都会增长。按照马斯洛的需求层次论,体育产业的服务产品满足的是人们较高层次的需求。因此,随着收入水平的不断提高,体育产业的服务需求会大幅度地增长。反之,在经济衰退期,体育产业服务需求也会以更快的速度下降,从而使体育产业的服务需求呈现出周期性。另一方面,服务或产品本身也有生命周期,新服务或产品将经历一个开发、成长、成熟、衰落的过程。在不同的阶段,服务或产品的需求具有不同的特点,从而使需求呈现出周期性的变化。

(五)随机性

随机性是指由各种偶然因素,例如,天气、消费者的心情、自然灾害等引发的无规律的变动,使需求呈现出难以预期的特征。

不同的需求时间序列中,有的只具有上述某种特征,有的则是若干个特征的组合。上述特征中,平稳性、趋势性、季节性和周期性都表现出了需求有规律可循的一面,也是进行需求预测的基础。而随机性是不可预测的,也是导致预测误差的一个重要原因。当对需求的时间序列进行分析,采取某种方法预测时,往往是剔除偶然因素的影响来观察需求的各种规律性变动。

四、需求预测系统的设计

在进行需求预测之前,管理人员必须要设计需求的预测系统。这项工作包括明确预测的目的和内容以及选择预测方法。

(一)明确预测目标

明确预测目标是进行需求预测的前提。只有目标明确了,才可以有的放矢。预测目标的确定应该主要取决于满足企业经营管理的需要。

(二)确定预测内容

预测内容应该服从预测目标的要求。一个综合性的体育场馆,可能包括篮球场地、羽毛球场地、乒乓球场地、网球场地等,一个健身俱乐部提供的也是多种体育服务,如健身操、瑜伽、器械训练等。那么,是要针对某一具体的服务进行预测,还是针对所有的服务和产品进行总体预测呢?

根据有些学者的研究,当企业在为它们的所有服务或产品进行总体需求预测时,其误差则通常不超过5%。然而,在为某种具体的服务或产品进行预测时,其误差则可能会高得多。① 因此,许多企业使用两级预测系统,即首先对那些具有类似需求条件的服务或产品序列进行综合预测,然后在此基础上进行各个服务或产品项目的预测,以获得更为准确的预测结果。

① 李·克拉耶夫斯基,拉里·里茨曼. 运营管理——流程与价值链[M]. 北京:人民邮电出版社,2007:392.

(三)选择预测方法

在进行预测之前,要根据预测的目的和内容选择适当的预测方法。在预测方法的选择上,一般情况下,使用更多的人力、时间,使用更先进的预测工具等,可能会提高预测的准确性。但同时也提高了预测的成本、降低了预测的时效性。在竞争激烈的市场中,时间的延误可能会使预测的有用性大打折扣。因此,对预测方法的选择要在预测的精度和所需的成本、预测的及时性之间进行权衡。

需求预测有定性的预测方法,也有定量的预测方法(关于这两种预测方法的具体内容,将分别在下面两节中进行阐述),不同的方法具有不同的优点和缺点。从实践中看,两种预测方法并不是相互排斥的,而是可以相互补充的,在实际预测过程中可以把两者结合起来使用。

体育企业在选择预测模型时,应该依据的主要因素包括,预测的时间范围、数据的可用性、预测预算的规模、是否有合格的预测人员,以及一些其他因素(如公司对变化反应的能力、不良预测带来的后果等)。

第二节 定性预测方法

定性预测方法既然也被称为主观判断法,是不是就意味着决策者一拍脑袋就预测出来了呢?如果是这样,定性预测方法还有科学性吗?如果不是这样,定性预测又是如何进行的呢?它是一种科学的预测方法吗?

定性预测法,也称主观判断法,由预测者根据占有的历史资料和现实资料,依靠个人经验、知识和综合分析能力,对需求作出预测。定性预测法着重对事物发展的性质进行预测,主要凭借人的经验以及分析能力,着重对事物发展的趋势、方向和重大转折点进行预测。

虽然是主观判断,但定性预测方法在实践中还是被广泛采用。其原因有二:一方面,定量预测方法一般都需要充足的历史数据,因此,有的时候定性预测方法是唯一的可行的选择;另一方面,需求预测中常常会涉及一些难以量化的因素,定性预测方法可以用来对那些无法体现在定量预测方法中的特殊事件进行预计,从而对定量预测的结果进行修正。

定性预测法注重于事物发展在性质方面的预测,具有较大的灵活性,易于充分发挥人的主观能动作用,而且简单、迅速、省时、省费用。但是定性预测法易受人的知识、经验和能力的束缚和限制,有时难免会使预测结果带有主观片面性,尤其是缺乏对事物发展数量上的精确描述。因此,定性预测法应该建立在广泛的市场调查的基础之上,并与定量预测方法相结合。

定性预测方法主要包括基层预测法、市场调研法、小组共识法、历史类比法和德尔菲法等。

一、基层预测法

基层预测法是从组织结构中处于最基层的，直接为消费者提供产品和服务的人员那里收集信息，然后把这些信息汇总，得到预测结果。例如，从健身俱乐部的会籍顾问那里分别收集他们对会员人数的预测，然后汇总便可得到整个俱乐部会员人数的预测数。

运用该方法的假设前提是这些人员离顾客最近，最了解顾客需求的变动。但该方法的缺点也是显而易见的，即这些人员的个人偏差可能会影响预测结果。这种偏差一方面来自个人的个性特征，如有的人比较谨慎，而有的人比较乐观。大家可能都听过两个推销员的故事，大意是：某人去一个小岛推销鞋子，发现岛上的人都不穿鞋，于是他垂头丧气地回来，悲观地说："那里的人都光着脚，不习惯穿鞋，因此根本不可能卖出鞋子。"而另一个卖鞋子的人也到了这个小岛，同样发现那里的人都不穿鞋子，但他回来后说："太好了！我发现了一个巨大的商机，那里的人都不穿鞋，即使每个人只买一双鞋子，那鞋子的市场也将是非常可观的。"这就是个性特征不同导致的结果偏差。另外，也要注意，当企业把每个人的销售额作为绩效衡量标准的时候，他们可能会低估其预测值。因为这样就可以降低他们自己的工作指标，减少工作的压力，而当销售额超过预定指标的时候，他们还有可能因为"好"的业绩而受到奖励。

二、市场调研法

市场调研法是通过各种不同方法（问卷调查、上门访谈、电话征求意见等）收集信息，经分析判断后对未来的需求进行预测。

市场调研既可以由本企业进行，也可以雇用外部专门的市场调研公司。收集的信息可能包括需求的发展速度、消费心理、竞争状况等。这种方法通常用于获得新产品开发的创意，了解顾客对现有产品的评价以及新产品销售预测等。例如，当你在体育场馆消费结束的时候，也许工作人员会递给你一份调查问卷，询问对其服务或产品感兴趣的程度、对接受的服务是否满意等，并要求填写一些关于个人的年龄、收入水平、受教育程度、健身频率等方面的信息。尽管市场调研法提供了重要的信息，但该方法也有一些缺点。调查问卷的设计是否能够提供预测所需要的信息，问卷的回收情况和有效率是否令人满意，调研结果是否真实地反映了市场意见等，这些都是要特别注意的问题。

三、小组共识法

小组共识法是指管理人员、销售人员或者专家、顾客等通过会议自由而坦率地交换意见，会议中具有不同背景的人员可以畅所欲言，准确地表达自己的看法，从而对需求进行预测的方法。其指导思想认为群体讨论可以比个人单独解答产生更多的信息和观点,能得到的更好的预测结果,正如俗话所说的:“三个臭皮匠,赛过诸葛亮。”小组共识法可以同时了解很多人的观点,数据收集和分析相对较快。在会议中,一个人的论点会引起其他人的一系列反应,因此,这种方法的一个缺点就是参加会议的人员彼此会互相影响,特别是会受到权威或领导的影响,从而可能出现意见一边倒的现象。此外,由于与会者的个性与心理状态,有人不愿发表与多数人不同的意见;或出于自尊心不愿当场修改原来发表过的、即使是依据不充分的意见等。因此,小组共识法可能并不能完全反映大家的真实意见,影响预测的效果。

四、历史类比法

历史类比法将所预测的对象与类似的产品加以对比分析,利用类似产品的历史数据来对预测目标未来发展趋向与可能水平进行预测。类比法一般用于开拓新市场,预测潜在购买力和需求量以及新产品或服务的长期销售变化规律等。类比的对象可以是互补产品、替代产品(或竞争性产品)、随收入而变化的产品等。例如,网球与网球拍就是互补产品,一种产品销售量的上升会带动另一种产品的销售;再如,健身俱乐部里练习瑜伽的人群增加,就可能会带动瑜伽垫、瑜伽服装等相关产品的销售。

五、德尔菲法(专家小组法)

德尔菲法是指从一组匿名专家那里获得一致意见的过程,具有反馈性、匿名性和统计性等特点。德尔菲法是美国的兰德公司在20世纪40年代首创和使用,50年代以后在西方发达国家盛行的一种预测方法。该方法是先由一组专家分别对问卷作回答,针对所预测事物的未来发展趋势独立提出自己的估计和假设。然后由组织者汇集调查结果,并以匿名方式和新一轮调查问卷一起再反馈给全组的每个成员,由该组专家重新回答,这时专家们可以根据综合的预测结果,参考他人意见修改自己的预测。这一过程可能会进行几轮,直到专家的意见趋于一致。德尔菲法适用于长期预测和对新产品的预测,在历史资料不足或不可测因素较多时特别有用。

德尔菲法隐去了各位专家的身份,每个人的重要性都相同,因此,不存在群体压力或出现某些主导性个体对预测结果产生的影响,克服了小组共识法的缺点,各个专家可以专注于问题本身,自由充分地表达自己的观点。但采用德尔菲法,责任比较分散,专家的意见有时可能不完整或不切实际,而且可能耗费的时间比较长。该方法所需的时间取决于专家组成员数量,进行预测所需的工作量,各个专家的反馈速度以及专家预测结果的差异性程度等。

德尔菲法的具体步骤如下:

第1步,组织者根据预测的目标,明确需要向专家调查了解的问题,拟定意见征询表或调查问卷。问题要简单明确,数量不宜过多,还要提供一些必要的背景资料,以供专家参考使用。

第 2 步,选择参与的专家。专家的选择合适与否是决定德尔菲法预测效果的关键因素。专家一般应从事与预测内容有关的专业工作,精通业务,有较强的预见性和分析能力,并且有一定声望。专家人数一般以 10~20 个人为宜。

第 3 步,通过问卷调查或电子邮件等,从各个参与者处获得预测信息(包括对预测所假设的前提和预测结果)。

第 4 步,汇总调查结果,添加适当的新问题后重新发给所有专家。这样,每位专家都可以了解其他专家的不同意见,并作出分析、判断,决定是否修改自己的意见。

第 5 步,再次汇总,提炼预测结果和条件,再次提出新的问题。

第 6 步,如有必要,重复第 4 步。最后将最终结果发给所有专家。

第三节 定量预测方法

定量预测法是指根据已掌握的比较完备的历史统计数据,运用一定的数学方法进行科学的加工整理,借以揭示有关变量之间的规律性联系,用于预测和推测未来发展变化情况的一类预测方法。

定量预测法的优点在于:注重于事物发展在数量方面的分析,重视对事物发展变化的程度进行数量上的描述,主要把历史统计数据和客观实际资料作为预测的依据,运用数学方法进行处理分析,较少受主观因素的影响。它可以利用现代化的计算方法,来进行大量的计算工作和数据处理。但该方法比较机械,对信息资料质量要求较高,也不宜处理有较大波动的资料。因此,仅仅是用定量预测法有时是不可靠的。

进行定量预测,通常需要积累和掌握历史统计数据。定量预测方法包括因果分析法和时间序列分析。

一、因果分析法

因果分析法从事物变化的因果关系出发,寻找需求变化的原因,分析原因与结果之间的联系,并建立数学模型来对需求的未来发展变化趋势及可能水平进行预测。例如,预测某健身俱乐部的营业额可考虑广告、位置、产品和服务的质量、竞争对手等因素的影响。

因果分析法需要的数据资料比较完整、系统,建立模型需要具备一定的数理统计知识,在理论上和计算上都比时间序列分析法复杂,其预测精度一般也高于时间序列分析法的预测精度。因果分析法是一种成熟的预测工具,非常适用于预测需求的转折点及进行长期预测。常用的因果分析方法主要包括回归分析和计量经济模型等,其中,线性回归是最知名也是最常用的因果分析法之一。

(一)线性回归分析

回归分析法是在掌握大量观察数据的基础上,利用数理统计方法建立因变量与自变量之间的回归关系函数表达式,根据一个或几个已知变量去预测另一个变量。

进行回归分析时,首先根据记录的历史数据做出散点图,然后观察数据随时间而变化的趋势,如果数据值随时间的变化拟合为一条直线,则属于线性回归。在线性回归分析中,一个变量(称为因变量)与一个或多个自变量有关,这种关系用线性方程式来表示。其中,因变量与一个自变量有关的情况,称为一元回归分析;因变量与多个自变量有关的情况,称为多元回归分析。采用线性回归分析需要10~20个观察值。

1.一元回归分析。在一元回归分析中,因变量只是一个自变量的函数,二者之间的关系可以用一条直线来表示(见图11-1),即:

$$Y=a+bX$$

式中,Y——因变量(在需求预测中,就是指需求量);

a——直线在Y轴上的截距;

b——直线的斜率;

X——自变量(在需求预测中,就是指影响需求的因素)。

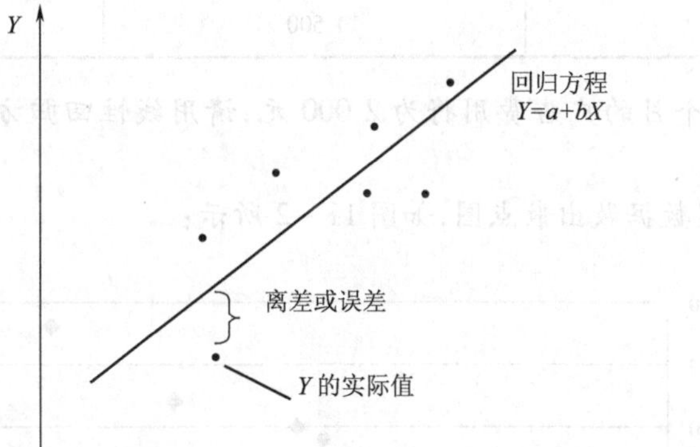

图11-1　一元线性回归

线性回归分析的目的就是要找出a和b的值,以使得图中实际数据点与直线之间的离差平方和最小。这可以用最小二乘法求解,但目前一般都通过计算机程序来完成这一工作。

样本相关系数r表示自变量和因变量之间关系的方向和强度。r在-1.00到1.00之间变动。相关系数$r>0$,称为正线性相关,表示自变量的增大或减小总是引起因变量在相同方向上的变化；相关系数 $r<0$，称为负线性相关，表示自变量的增大或减小总是引起因变量在相反方向上的变化；相关系数 $r=0$，表示自变量与因变量之间没有线性相关关系（但可能存在其他非线性相关关系）。r 的绝对值越接近 1，表明回归直线与样本数据点拟合得越好。r 的绝对值等于 1，表明样本数据点都落在回归直线上，自变量和因变量存在完全确定的线性相关关系。一般，r 的绝对值大于 0.7 为高度线性相关，r 的绝对值位于 0.3～0.7 之间（含 0.7）为中度线性相关，r 的绝对值小于等于 0.3 为低度线性相关。

【例 11-1】 某健身房的管理人员在进行需求预测时，发现从过去的经验来看，广告额与销售额之间的关系比较密切。表 11-1 是该健身房过去几个月的营业额与广告额数据。

表 11-1　某健身房广告额与营业额

月份	广告额（元）	营业额（元）
1	2 500	28 200
2	2 000	22 000
3	1 400	19 020
4	1 280	16 500
5	1 000	13 500
6	1 500	19 800

该健身房下个月的广告费用将为 2 000 元，请用线性回归方法对销售额作出预测。

解：根据上述数据做出散点图，如图 11-2 所示：

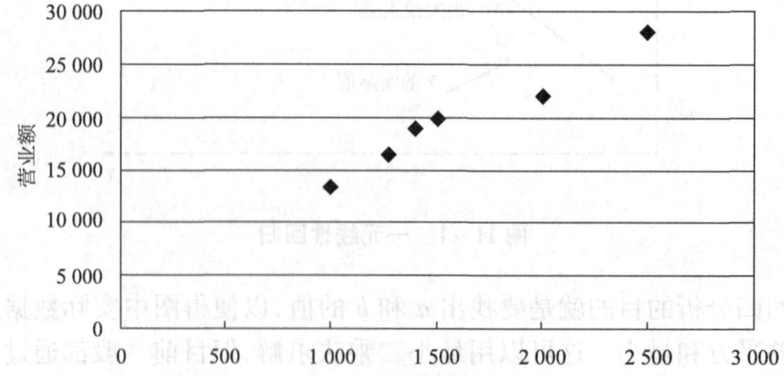

图 11-2　广告额与营业额关系的散点图

假定销售额与广告额线性相关，利用 Excel 软件得到下列结果。

$a = 52$

$b = 9.07$

$r = 0.9807$

因此，回归方程为：$Y = 52 + 9.07X$

下个月的销售额为 $Y = 52 + 9.07 \times 2000 = 18192$（元）

由于 r 值为 0.980 7，接近于 1.00，因此销售额与广告额之间有强正相关关系。

2. 多元回归分析。当有许多因素影响需求时，就适合使用多元回归分析。多元回归分析计算量很大，一般可以运用多元回归分析的计算机程序来进行。限于篇幅，此处从略。

（二）计量经济模型

计量经济模型将经济理论和数学方法相结合，根据客观的经济规律，利用数理统计方法将主要变量归纳在一组联立方程式中，对预测目标与相关先决变量之间的经济行为结构的动态变化关系进行描述。这组联立方程式称为经济计量模型。

单一方程式经济计量模型分析单方向因果关系。多方程式经济计量模型，也称为复杂经济计量模型，是用多个方程式抽象表达预测对象系统内主要变量之间存在着的相互依存关系，通常含有互为因果关系。① 限于篇幅，此处从略。

二、时间序列分析

时间序列分析（time-series analysis）以时间序列数据为基础，运用一定的数学方法建立数学模型描述其变化规律，利用数列所反映出来的客观变动过程、发展趋势和发展速度，进行外推和延伸，借以预测市场需求未来的发展变化趋势及可能水平。

时间序列分析基于这样一种理念，即事物过去和现在的发展变化规律会延续到未来，因此，与过去相关的历史数据可以用来预测将来的需求。与因果分析法不同，时间序列分析不需要使用自变量，而仅仅使用因变量的历史数据。通过识别因变量自身过去的变化规律，来对未来进行预测。实际上是将所有的影响因素归结到时间这一因素上，只承认所有影响因素的综合作用，并认为在未来对需求的预测仍然起作用，而不去分析探讨需求和影响因素之间的因果关系。

常用的时间序列分析方法包括简单预测法、移动平均法、指数平滑法和回归分析等。

（一）简单预测法

在简单预测法下，下期的预测值等于本期的需求量。如果今天有 100 个人来

① 简明，胡玉立. 市场预测与管理决策[M]. 3 版. 北京：中国人民大学出版社，2005：310.

游泳,那么预计明天还有100个人来游泳。如果明天来游泳的人数为110,那么预计后天的需求就是110人。

简单预测法可以通过考虑需求的趋势性特征来进行调整,即用在过去两个时期之间所体现的需求增加或减少数量来对现有需求进行调整。假定今天有100个人来游泳,昨天是95人,顾客一天增加了5人,因此,明天的预测是105人。如果明天的实际顾客人数是103人,那么下期预测值就变为106(=103+3)人。

简单预测法也可以通过考虑需求的季节性特征来进行调整,即未来每个月份的需求预测值等于去年同月份的实际需求。假定去年7月份某游泳馆共有3 000人次来游泳,那么今年7月份的预测值就是3 000人次。

简单预测法的优点是预测简单、迅速、节约成本。因此,该方法在实践中应用广泛。当需求的平稳性、趋势性、季节性特征非常稳定,随机变化比较小的时候,该方法用起来最好;否则可能预测的误差会较大。

(二)移动平均法

移动平均法是指在时间序列中随时间推进连续地计算一定数量观察值的平均数,建立预测模型的预测方法。运用移动平均法,下一周期的需求预测值等于本周期末所计算的平均值。采用该方法需要至少5~10个历史数据。移动平均法可以分为简单移动平均法和加权移动平均法。

1.简单移动平均法(simple moving average method)。简单移动平均法是通过计算某一时间段内的实际需求数据的平均数来对未来的需求进行预测的方法。

简单移动平均法的公式是:

$$F_t=(A_{t-1}+A_{t-2}+A_{t-3}+\cdots+A_{t-n})/n$$

式中,F_t——对将来时期的预测值;

n——该时间段数据点的个数,即被平均的时期数;

$A_{t-1},A_{t-2},A_{t-3},\cdots,A_{t-n}$——1,2,3,…,$n$个时期前的实际数据。

在简单移动平均法中,每一点对平均值都具有相同的影响力,用n个最近时间周期的平均需求量作为下一时间周期的预测值。对下一时间周期来说,在需求量已知后,用最新的需求量取代此前平均值中最早的需求量,并重新计算该平均值。这样一来,n个最新需求量被利用,而平均值则从一个周期向另一个周期"移动"。简单移动平均法的优点是计算简便,适用于服务需求没有显著的趋势性或季节性波动的情况。

在运用该方法进行需求预测时,选择区间非常重要。一般情况下,选择的移动平均区间越长,对随机扰动项的平滑就越好。但是当数据中隐含某种趋势时,不管是增加还是减少的趋势,该方法的结果会滞后于这种趋势,而且选择的区间越长,这种滞后性也越明显。因此,对较稳定的需求模式进行预测时,使用较大的n值,以强调历史经验;对较动态的需求模型进行预测时,应尝

试较小的 n 值,强调近来的历史动态。

【例 11－2】 某健身俱乐部利用简单移动平均法进行需求预测,表 11－2 是该健身俱乐部在过去一段时间内实际接待的顾客人数。请分别计算 3 周移动平均值和 6 周移动平均值,并用两种预测方式分别预测第 11 周的顾客人数。

表 11－2

周次	顾客人数	周次	顾客人数
1	120	6	162
2	125	7	155
3	133	8	143
4	121	9	150
5	150	10	155

解:具体计算结果详见表 11－3:

表 11－3　实际顾客人数、3 周移动平均值和 6 周移动平均值比较

周次	实际顾客人数	3 周移动平均值	6 周移动平均值
1	120	—	—
2	125	—	—
3	133	126	—
4	121	126	—
5	150	135	—
6	162	144	135
7	155	156	141
8	143	153	144
9	150	149	147
10	155	149	153

因此,运用 3 周移动平均法预测,第 11 周的顾客人数为 149 人,而运用 6 周移动平均法预测,第 11 周的顾客人数为 153 人。上面的数据可用图 11－3 来表示。

可以看出,6 周移动平均的预测值更平稳。

2. 加权移动平均法(weighted moving average method)。加权移动平均法对不同时间的数据点赋予不同的权重,从而使不同数据点对平均值,即最终预测结果,有不同的影响力。因此,各个数据点权重的大小就会直接影响平均值。

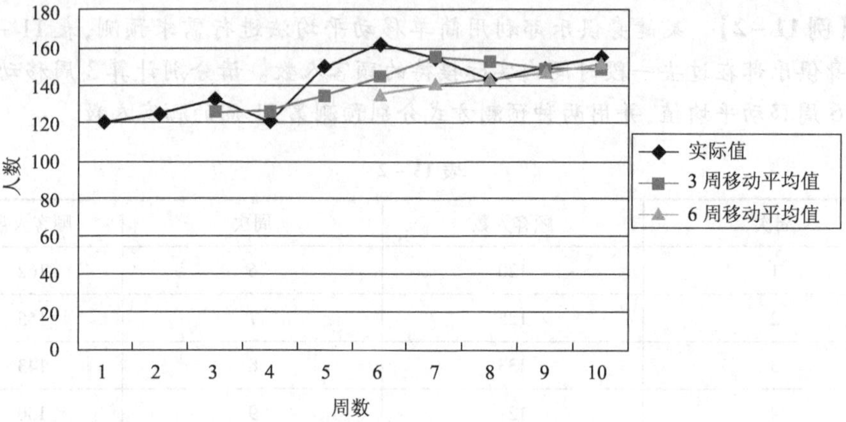

图 11－3　实际值、3 周移动平均值和 6 周移动平均值比较

加权移动平均法的公式是：

$$F_t = w_1A_{t-1} + w_2A_{t-2} + \cdots + w_nA_{t-n}$$

式中，　F_t——对将来时期的预测值；

n——该时间段数据点的个数，即被平均的时期数；

$A_{t-1}, A_{t-2}, \cdots, A_{t-n}$——1,2,…,$n$ 个时期前的实际数据；

$w_1, w_2, \cdots, w_n$——第 $t-1, t-2, \cdots, t-n$ 期实际数据的权重（所有权重的总和为 1）。

对于加权移动平均法而言，权重的选择非常重要，一般可根据经验而定。通常情况下，距离目前最近的时期是预测中最重要的参数，被赋予较高的权重。用过去一个月的需求预测下个月的需求通常优于用过去几个月的数据。例如，在一个三期的加权移动平均模型里，最近的一个周期可能被赋予 0.5 的权重，第二近的权重是 0.3，最远的一个周期的权重是 0.2。但是，当数据具有季节性时，权重就必须作出调整。很多体育项目都具有较明显的季节性，例如，夏季游泳的人数会高于其他季节，而滑雪、滑冰等则属于冬季项目，北方大多数的高尔夫球场冬季会封场。因此，与这些运动项目相关的体育需求也会呈现出季节性。在这种情况下，就应该对以前周期中的同一季节赋予更高的权重。

与简单移动平均法相比较，加权移动平均法通过权重的选择将对潜在的需求序列平均值的变化作出更快的响应。然而，由于仅仅是对过去的需求加以平均，该方法的预测值还是会滞后于需求，特别是当需求呈现出趋势性变动时。

简单移动平均法和加权移动平均法有一个共同的缺点：由于必须保持 n 期的需求量数据，才能够进行每期平均值的计算，当选择的数据点很多时，上面两种方法都要持续输入大量的历史数据。

（三）指数平滑法

指数平滑法（exponential smoothing method）是一种特殊的加权移动平均法，它考虑到时间序列数据中远近期数据的作用不同，给予这些数据等比递减的权重，即在指数平滑法中，最新数据的权重高于早期数据，此权重因子随着数据的老化而下降。采用该方法需要至少“$\frac{2}{\alpha}-1$”个历史数据（α是平滑常数）。

该方法应用广泛，因为相对于前两种平均预测法来说，指数平滑法计算量较小，构造一个指数模型也比较简单，只需要3个数据就可以预测未来，即最近一期的预测量，该期的实际发生量，以及平滑常数α。α的取值在0～1之间。

指数平滑法需要选取一个初始预测值才能开始进行预测。一般可以采用两种方法来确定该初始值：一是直接使用上期的需求量；二是使用近几期的平均值。

1. 简单指数平滑法。简单指数平滑法的公式是：

$$\begin{aligned}F_t &= F_{t-1}+\alpha(A_{t-1}-F_{t-1})\\ &=\alpha A_{t-1}+(1-\alpha)F_{t-1}\end{aligned}$$

式中，F_t——对将来时期t的预测值；

F_{t-1}——对$t-1$时期的预测值；

A_{t-1}——$t-1$期的实际需求；

α——平滑系数。

该公式表明，时期t的预测值等于时期$t-1$的预测值加上预测误差的一个比例值。α的数值越大，意味着最近的数据所占的权重越大，也意味着对于预测量和实际量之间差异的反应率越大。一般来说，如果对该产品和服务的需求比较稳定，那么对预测值和实际值之间差异的反应率就会趋向于比较小；反之，如果需求增长或下降比较迅速，反应率就会相应比较高。

那么，各个不同时期数据的权重是怎样下降的呢？我们可以从下面的推导过程中看出权重的变化规律。

假定$\alpha=0.3$，由公式$F_t=F_{t-1}+\alpha(A_{t-1}-F_{t-1})$出发，可以进行下列推导：

$$\begin{aligned}F_t &= F_{t-1}+0.3(A_{t-1}-F_{t-1})\\ &=0.3A_{t-1}+0.7F_{t-1}\\ &=0.3A_{t-1}+0.7(0.3A_{t-2}+0.7F_{t-2})\\ &=0.3A_{t-1}+0.21A_{t-2}+0.49(0.3A_{t-3}+0.7F_{t-3})\\ &=0.3A_{t-1}+0.21A_{t-2}+0.147A_{t-3}+0.102\,9A_{t-3}+\cdots\end{aligned}$$

最终，往前许多时期的需求权重趋近于0。和加权移动平均法一样，权重之和必须等于1。由上面的推导过程可以看出，每往前一个时期的历史数据的权重都会减少$(1-\alpha)$。α的大小决定了平滑的水平。如果α为0.3，那么不同时期的权重如表11－4所示。

表 11-4 不同时期数据的权重($\alpha=0.3$)

	以 $\alpha=0.3$ 加权
最近一期的权重 $=\alpha(1-\alpha)^0$	0.300 0
上一期的权重 $=\alpha(1-\alpha)^1$	0.210 0
上两期的权重 $=\alpha(1-\alpha)^2$	0.147 0
上三期的权重 $=\alpha(1-\alpha)^3$	0.102 9

从上面的分析可以看出,历史数据对需求预测值的影响由近及远按等比数列减小,最近一期的权重是 α,公比为 $1-\alpha$。这种方法之所以被称为指数平滑法,就是因为这个等比数列若绘成曲线是一条指数曲线。

【例 11-3】 上例中健身俱乐部采用指数平滑法进行需求预测,令 $\alpha=0.2$。目前是第三周末,计算第四周的需求预测值。

解:在本例中,假定取最初两周的平均值作为初始预测值,即$(120+125)/2=122.5$。

$$F_4 = F_3 + 0.2(A_3 - F_3) = 0.2A_3 + 0.8F_3 = 0.2 \times 133 + 0.8 \times 122.5 \approx 125$$

因此,第 4 周预测的顾客人数是 125 人。

简单指数平滑法的缺点是只适合于稳定的平均值。当需求的时间序列具有趋势性时,其预测值常常滞后于实际值的变动。虽然在时间序列平均值发生变化的情况下,较大的 α 值可能有助于减少预测误差,但是,如果平均值产生系统性变化,这种滞后现象还会存在。

2. 趋势修正指数平滑法(trend-adjusted exponential smoothing method)。为了更好地预测实际需求,当需求出现明显的趋势时,就需要增加一个趋势因素,这可以在一定程度上改进指数平滑预测的结果。趋势因素用 δ 来表示,取值范围在 0~1 之间。

因此,运用趋势修正指数平滑法,就有了两个平滑系数,对平均值和趋势值的估计值都进行平滑。至于平滑系数的确定,分析人员常用系统化方法对其进行调整,直至达到最小预测误差为止,可以利用预测历史需求的模型通过实验而得到。总体说来,一般对较稳定的需求模式进行预测时,使用较小的 α 和 δ 值,以强调历史经验;对较动态的需求模型进行预测时,使用更大的 α 和 δ 值,强调近来的历史动态。

趋势修正指数平滑法的公式是:

$$FIT_t = F_t + T_t$$

$$F_t = FIT_{t-1} + \alpha(A_{t-1} - FIT_{t-1})$$

$$T_t = T_{t-1} + \delta(F_t - FIT_{t-1})$$

式中, F_t——对将来时期 t 的预测值;

T_t——t 时期的指数平滑趋势;

T_{t-1}——$t-1$ 时期的指数平滑趋势;

FIT_t——包含趋势的对 t 时期的预测值；

FIT_{t-1}——包含趋势的对 $t-1$ 时期的预测值；

A_{t-1}——$t-1$ 期的实际需求；

α——平均值平滑系数；

δ——趋势值平滑系数。

趋势修正指数平滑法的优点是：可以对将要按照趋势变化的预测值作出调整。然而，当趋势值发生变化时，用该趋势值预测的时间越远，预测值的可信度就会越低。因此，时间序列法的应用应该限于短期预测。

【例 11-4】 假定由于经济持续的快速增长，居民的可支配收入也获得了大幅度的提高。同时，由于健身的观念更加深入人心，某健身俱乐部发现顾客人数出现了增长趋势。在过去的 4 周里，该俱乐部平均每周接待 1 500 人。在这一期间的趋势是每周增加 160 人。本周的顾客人数为 1 550 人。令 $\alpha=0.20$，$\delta=0.20$ 来计算下周的预测值。

解：$FIT_{t-1} = F_{t-1} + T_{t-1} = 1\,500 + 160 = 1\,660$

$F_t = FIT_{t-1} + \alpha(A_{t-1} - FIT_{t-1}) = 1\,660 + 0.2(1\,550 - 1\,660) = 1\,638$

$T_t = T_{t-1} + \delta(F_t - FIT_{t-1}) = 160 + 0.2(1\,638 - 1\,660) = 155.6$

$FIT_t = F_t + T_t = 1\,638 + 155.6 = 1\,793.6$

（四）回归分析

时间序列分析中也可以使用回归分析。线性回归对于时间序列预测和因果预测都适用。当因变量 Y 随时间而变化时，则为时间序列分析，即回归直线 $Y = a + bX$ 中，自变量 X 是时间单位；当 Y 随另一变量而变化时，则为因果分析。例如，参加健身俱乐部的会员人数可能会随人均可支配收入的增加而增加。

三、时间序列分解

在实践中，确定周期（也许几个月，也许几年）和随机性因素相当困难，而识别趋势和季节性因素相对容易。

在大量含季节变动的市场现象中，单纯表现为季节变动的只是少数情况，大部分情况下季节变动和趋势变动是交织在一起的。一般情况下，当需求同时包含季节和趋势效应时，二者之间的联系主要有两种，即相加式季节变动（加法季节模型法）和相乘式季节变动（乘积季节模型法）。相加式季节变动简单地假设季节量是一个常数，而不管趋势或平均量是多少，即

包含季节和趋势的预测值 = 趋势 + 季节变动量

相乘式季节变动中，趋势是由季节因子相乘得来的，即

包含趋势和季节性的预测值 = 趋势 × 季节因子

季节因子是在时间序列中用于修正季节影响的量。它基于这样一个假设条件，即季节性因素的影响与平均需求量水平或趋势是成比例的。

从下面的图 11 -4 和图 11 -5 可以看出,乘法季节模式中季节振幅不断增大,反映了需求上升的趋势,反之则是需求下降的趋势。由于预测值是用周期的平均需求估计值乘以季节指数得到的,因此当平均需求量较高时,各季节之间的变化也会相应地更大,这也是那些提供有着季节性需求产品和服务的企业最常面临的情况。在加法季节模式中,无论需求水平是多少,季节的振幅保持不变。

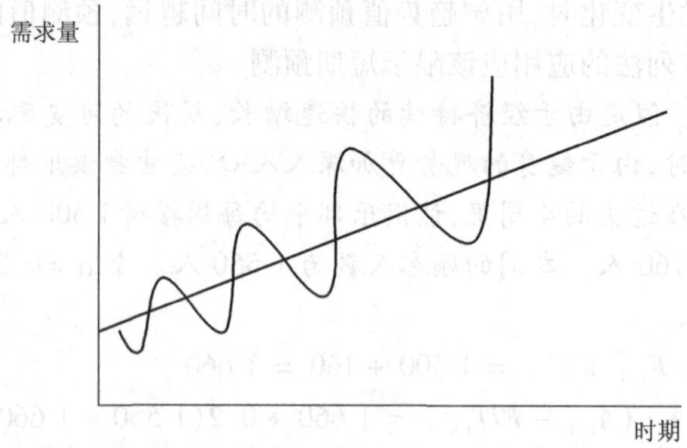

图 11 -4　乘法季节模式

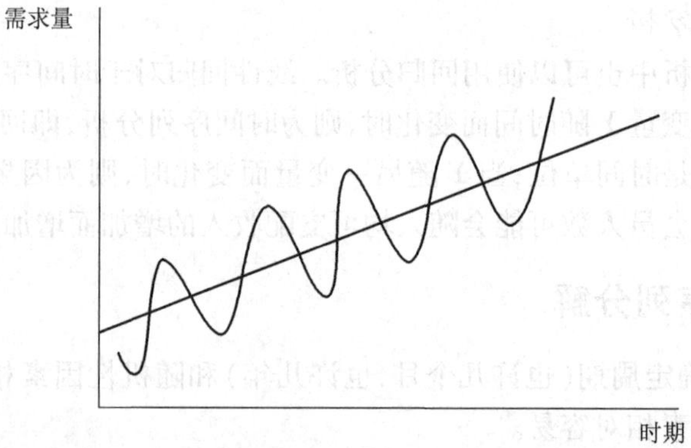

图 11 -5　加法季节模式

以上两种模式相比较而言,相乘式季节变动更常用。该模式的基本假设是:季节性和趋势性是由于不同的原因形成的,但相互之间存在一定的关系。模型的建立分为 3 步:

第一步,计算季节指数,又可分为 3 个步骤(以季节模式持续一年为例):

- 计算每一年每季的平均需求量;
- 用一季的实际需求除以每季的平均需求,得到该年度每季的季节指数;
- 将同一个季节的所有季节指数相加,并除以所取数据的年数,得到每季的平均季节指数。

第二步,确定趋势值。既可以用最小二乘法或经验公式确定趋势直线方程,由直线方程计算出时间序列各期的趋势值,也可以运用简单预测法、移动平均法、指数平滑法等估算下一年度每季的平均需求量,以此作为趋势值。

第三步,用每季的平均季节指数乘以每季的趋势值,计算下一年度每季的预测值。

【例11-5】 假设在过去几年中,某游泳馆每年平均接待200万人次,平均而言,春季接待20万人次,夏季100万人次,秋季60万人次,冬季20万人次。季节指数是每个季度的接待人次与所有季节平均值的比率。

在本例中,平均每个季度的接待人次为:200/4=50。因此,季节指数如表11-5所示:

表11-5

	过去的接待人次(1)	每个季度的平均接待人次(2)	季节指数(3)=(1)/(2)
春季	20	50	0.4
夏季	100	50	2
秋季	60	50	1.2
冬季	20	50	0.4
全年	200		

如果预计下一年度的接待人次为240万,使用以上的系数,可以预测各季节的接待人次如表11-6所示:

表11-6

	每个季度的平均接待人次(1)	季节指数(2)	下一年度的季节性预测 (3)=(1)×(2)
春季	240/4=60	0.4	24
夏季	240/4=60	2	120
秋季	240/4=60	1.2	72
冬季	240/4=60	0.4	24
全年			240

四、预测误差

体育需求是一系列因素作用的结果,这些因素不可能在一个模型中被精确地描述。因此,预测很难是准确的,所有的预测肯定都会包含某些误差。管理人员可以通过选择适当的预测模型来缩小误差的影响,但消除全部误差是不可能的。因此,评价预测的精度是十分必要的,必须使误差在允许的合理范围内。如果预测是按照一定周期,如每周、每月等进行的,则可以把过去的预测值与实际值相比较,从而为评价预测精度提供依据。如果预测仅进行一次或是第一次预测,则可以用已具备的若干期历史数据建立预测模型,将若干期数据与由模型所计算出的预测值进行比较,也可以为评价预测精度提供依据。

(一)误差的来源

预测误差(forecast error)是指在一个给定的时期内,实际需求量与预测值之间的差,即:

$$E_t = A_t - F_t$$

式中, E_t——时期 t 的预测误差;

A_t——时期 t 的实际需求;

F_t——时期 t 的预测值。

误差可以分为偏移误差(bias errors)和随机误差(random errors)。偏移误差是由一致性误差引起的,即预测值总是太高或太低。其可能的来源包括未包含正确变量、变量间关系定义错误、趋势曲线使用不正确、季节性需求偏离正常轨迹、存在某些未知的长期趋势等。随机误差则源于一些不可预见的因素,是无法由现有预测模型解释的误差项。

(二)误差的测量

误差通常用累计预测误差、平均预测误差、标准差(standard error,σ)、方差(Mean Squared Error,MSE)、平均绝对离差(Mean Absolute Deviation,MAD)、平均绝对百分比误差(Mean Absolute Percent Error,MAPE)等指标来衡量,还可以用跟踪信号(tracking signal)显示预测中偏移误差的正负。

1. 累计预测误差(Cumulative sum of Forecast Errors,CFE)。累计预测误差表示总的预测误差,可以用来测量相对较长时间内的预测误差。累计预测误差可以表示为:

$$CFE = \sum E_t$$

在计算 *CFE* 的过程中,如果有的误差为正,有的误差为负,则它们会相互抵消。但如果预测值始终高于或低于实际值,那么 *CFE* 的值就会越来越大,表明预测存在系统性的错误。因此,*CFE* 能够显示预测中是否出现了偏移误差。

2. 平均预测误差(*ME*),即 n 个预测误差的平均值。

$$ME = \frac{CFE}{n}$$

3. 方差、标准差和平均绝对离差:用来度量预测误差的离散程度。方差、标准差或平均绝对离差的值越小,表示预测值与实际值越接近;这些值越大,表示预测误差可能也越大。

方差、标准差的计算公式如下:

$$MSE = \sum E_t^{\,2}/n$$

$$\sigma = \sqrt{\frac{\sum (E_t - ME)^2}{n-1}}$$

MAD 可以用两种方法计算。一种方法是对所有误差的绝对值进行简单平均,即:

$$MAD = \frac{\sum |E_t|}{n} = \frac{\sum |A_t - F_t|}{n}$$

另一种方法是应用指数平滑法确定加权平均值,即:

$$MAD_t = \alpha |E_t| + (1-\alpha) MAD_{t-1}$$

如果预测误差是均值为 0 的正态分布,那么,σ 与 MAD 之间的关系可以简单地表示如下:

$\sigma = \sqrt{\pi/2} MAD \cong 1.25 MAD$,即 $MAD \cong 0.8\sigma$

MAD 曾经一度流行,但由于人们对标准差和方差的偏好而逐渐被忽略了。近几年,由于它简单明了、易于理解,并且可以用于获取跟踪信号而又再度受宠。

4. 平均绝对百分比误差:

$$MAPE = \frac{\sum |E_t|/A_t \times 100\%}{n}$$

假定一种服务的需求量为 100 单位,另一种服务的需求量为 1 000 单位,那么,当对这两种服务需求进行预测时,如果 $\sum |E_t|$ 都为 1,是否说明两种情况下的误差程度是相同的呢?前面的指标都是预测误差的绝对度量,不能说明这个问题。而 MAPE 指标是预测误差的相对度量,适合于不同的时间序列之间的比较。用平均绝对误差百分比来衡量,需求量为 100 单位比需求量为 1 000 单位时的百分比误差显然要高。

5. 跟踪信号:

跟踪信号 = CFE/MAD

跟踪信号是对预测的平均值是否与需求的真实上升或下降变化保持一致的测定。当使用正确的预测系统时,CFE 趋近于 0,过高估计的误差和过低估计的误差相抵消,跟踪信号应该也趋近于 0。

利用公式 $MAD \cong 0.8\sigma$ 所表述的关系,可以使跟踪信号的限定范围具体化。如果跟踪信号落在界限之外,则表明预测模型就不再能够跟踪需求的变化,需要对预测模型进行调整了。表 11-7 是正态分布下在 1~4 个 MAD 的控制界限以内面积的百分比。

假定某体育场馆预计每周的客流人数是 2 000 人,MAD 为 80 人。那么根据表 11-7,可以看出实际需求落在预测值 ±2.5MAD 范围内的机会大约是 95%,即对于2 000人的预测值来说,实际需求落在 1 800 人到 2 200 人的置信水平为 95%。只要预测值落在置信区间内,那么就不算是真正的误差。

表 11－7　正态概率分布在跟踪信号控制界限内的面积百分比

控制界限宽度（*MAD* 数）	等价 σ 数	控制界限内的面积百分比 *
±1.0	±0.80	57.62
±1.5	±1.20	76.98
±2.0	±1.60	89.04
±2.5	±2.00	95.44
±3.0	±2.40	98.36
±3.5	±2.80	99.48
±4.0	±3.20	99.86

* 控制界限内所包含的正态曲线的面积可在正态分布表中找到。例如，从 $-\infty$ 到 0.80σ 的累计面积是 0.788 1。在 0 和 0.80σ 之间的面积是 0.788 1 − 0.500 0 = 0.288 1。由于正态曲线是对称的，所以在 -0.80σ 和 0 之间的面积也是 0.288 1。因此，在 $\pm 0.80\sigma$ 之间的面积是 0.288 1 + 0.288 1 = 0.576 2。

资料来源：李・克拉耶夫斯基，拉里・里茨曼．运营管理——流程与价值链[M]．北京：人民邮电出版社，2007.

五、预测方法的选择

预测误差为选择服务需求预测方法提供了重要的信息，它还可以指导管理者为该方法所需要的参数选择合适的值，例如移动平均法中的 n，加权移动平均法中的权数，以及平滑指数法中的 α。对预测方法及其参数进行选择，所使用的准则包括①：

- 使偏差（*CFE*）最小；
- 使 *MAPE*、*MAD* 或 *MSE* 最小；
- 满足管理要求，即预测要反映实际需求的变化；
- 使预测误差的持续期最短。

此外，管理者还必须认识到，解释过去数据的最佳方法不一定是预知未来的最佳方法。因此，管理者应该监测未来的预测误差，并在必要时对所用的预测方法进行修正。

复习思考题

1. 某健身俱乐部最近几周参加健身操训练的顾客增长很快，管理人员发现有的顾客开始抱怨环境拥挤，影响了顾客的满意度。因此，管理人员决定对参加健身

① 李・克拉耶夫斯基，拉里・里茨曼．运营管理——流程与价值链[M]．北京：人民邮电出版社，2007：410.

操训练的顾客人数进行预测,以决定是否要对俱乐部内的布局进行调整以扩大健身操训练场地的面积,以及应该扩大多少。表 11－8 是最近几周的顾客人数的统计数据:

表 11－8

时间	顾客人数	时间	顾客人数
5 月 10 日	500	5 月 31 日	560
5 月 17 日	550	6 月 7 日	650
5 月 24 日	620	6 月 14 日	640

要求:

(1)用简单移动平均法($n=3$)预测 5 月 31 日到 6 月 21 日的顾客人数;

(2)用加权移动平均法($n=3$)预测 5 月 31 日到 6 月 21 日的顾客人数,权重为 0.5、0.3、0.2,其中 0.5 是最近一期的权重;

(3)计算每种方法的 *MAD*。

2. 某高尔夫俱乐部根据历史统计数据,发现来打球的客人数量有很强的季节性。表 11－9 是过去两年的统计数据,单位是打球的场次(每 18 洞为一个场次):

表 11－9

时间	第一年	第二年
3 月—5 月	8 520	8 670
6 月—8 月	6 200	5 895
9 月—11 月	12 600	11 800
12 月—次年 2 月	835	926

要求:

(1)计算一年中每个时间段的季节指数;

(2)如果市场部门预计明年将有约 30 000 场次的需求量,试预测明年每个时间段的需求量。

第十二章

服务能力和需求管理

【本章提要】

本章介绍了在能力受限制的体育组织里供给与需求管理的问题,讨论了体育产业服务的供需矛盾、服务的限制因素(时间、劳动力、设施和设备)、最佳服务能力和最大服务能力的区别,以及需求变动的原因等一系列问题。在此基础上,提出了一系列可使供需相匹配的战略,基本战略包括需求战略(改变需求以适应能力)和供给战略(使能力有弹性以适应需求)。需求战略在于寻找方法来平滑需求的高峰与低谷,其目的是适应能力的限制;而供给战略是使能力与需求保持一致,有弹性,可以扩展,与需求的高峰、低谷相匹配。收益管理平衡能力利用率、价格、市场细分和财务回报。收益管理使体育组织能在月、周、日甚至小时的基础上决定提供服务给谁和服务能力定在什么价格上。

【名词解释】

服务能力:是指一个服务系统提供服务的能力程度,通常被定义为系统的最大产出率。

最大服务能力:是指服务资源被最大限度地利用时的服务能力,它代表了服务能力的上限。

最佳服务能力:是指在保证正常服务质量和服务资源被充分利用条件下的服务能力。

收益管理:是指以合适的价格,将有限的供应能力分配给最合适的顾客,以获得最大的财务回报。

第一节　服务的供需矛盾

对任何服务企业来说，一定时期的服务能力是相对固定和有限的。但服务需求却可能出现周期性和随机性的高峰与低谷的变化。例如，当一个体育企业进行固定能力投资后（如修建场馆、购买健身设备等），需要将这些固定的投资的利用与实际的顾客需求相适应。服务并不像其他商品那样可以存储来等待消费，服务是一种无形的个人体验。如果服务需求不足，则会导致服务人员和设施的闲置。如果服务人员和设施不足，就会导致顾客等待，降低服务质量。因此，长期以来，对服务能力的适配问题，服务业中形成的思维定式是"有限的服务能力等于拙劣的服务"，但"过度的能力等于高额成本"。这显然是一个两难的决策问题。如何使服务的产出量（即服务的供给）和服务的需求量相适应，是经营中所面临的最大的挑战之一，换句话说，服务能力管理是服务管理者必须走的"钢丝绳"。服务能力与服务需求之间的矛盾处理得好与坏，将在很大程度上影响顾客感知服务质量。

一、服务的供需管理面临的挑战

服务业的需求往往呈现出周期性或随机性的波动，而企业的生产供应能力通常是一定的。因此，即使对制造企业来讲，如何使供需平衡也是一个重要的管理问题，而服务企业管理者在这个问题上则面临更大的挑战。因为多数服务的生产与消费是同步进行的，这意味着不能采取库存这一工具去应对需求的波动和不确定性。一些服务的最大供应量不具有弹性，例如，一场赛事，如果票都卖完了但还是没法满足顾客的需求，是无法通过加班而增加现场的座位数的；另外，服务的需求往往很难预测、大多数服务受地域的限制等，使得平衡供求成为服务管理的难题和必须面对的挑战。

服务能力决策的基本问题在于如何应对服务需求的波动性和易逝性。制造企业可以遵循消费和生产过程互不相关的基本假说，通过对市场需求的调查和预测，采用计划库存和改变计划等方式来适应需求，有效利用生产能力，提高内部效率。这里的内部效率是指在特定的生产资源条件下有效地形成产出的比率。一般情况下，制造企业通常会保持存货作为需求变化的缓冲，以支持生产过程按计划平稳运作。即使出现短期突发性需求高峰，也可以采取加班、外协等方式缓解能力不足与需求的矛盾。通常在需求大幅度变化以致超出适应范围时，才对生产能力进行重新设计和调整。当然，生产能力决策对制造企业同样是事关全局、影响长远的战略决策，有时甚至是风险极大乃至危险的管理决策。

然而，服务企业面临的情况截然不同。由于服务消费需求随时都会变化或者出现周期性变化,这使得服务企业的能力决策面临两难处境:一方面,任何投资者都会极力避免因服务能力过大造成能力利用率低、资金占用过多、资金收益率低、投资效果差的现象;另一方面,若服务能力不足,无法有效满足服务需求,影响服务质量甚至导致顾客流失,给服务企业带来的损失更大。在服务能力相对不足时,服务企业一般不能像生产制造企业那样通过提高内部效率来扩大生产能力,这样通常会对顾客感知服务质量造成负面影响,最终导致顾客离去。

服务企业能力决策所面临的挑战在于,不仅要创造需求与适应需求,而且需要调整和转移需求,即管理需求。如果既能充分利用顾客的既定行为,在需求高峰期尽可能多地满足需求,又能积极采取措施尽量留住或转移因短期能力刚性无法满足的那部分需求,这对服务企业来说就是理想的状态。形成服务能力管理与决策难题的最主要原因在于服务生产与服务消费同时进行,多数服务产品无法储存。服务企业无法在需求的淡季或低谷建立有效库存等待顾客的需求,必须在顾客需要的同时立即提供服务。高峰期服务能力不足使服务需求流失;低谷期服务需求不足,未利用的服务能力则同时消失。在体育产业中,各类赛事或各类体育场馆等的经营都难以将服务能力储存起来,都直接受需求大幅度变动的影响。例如,一场现场球赛无法把空座位存起来出售给下一场球赛的顾客,羽毛球馆也不能把空场地存起来第二天再卖。所以,服务企业合理规划服务能力并使其与需求保持一致是一项重要和长期的运营战略决策。

二、服务能力

(一)服务能力的定义

服务能力是指一个服务系统提供服务的能力程度,通常被定义为系统的最大产出率。这个简单的定义却隐含了一个难题,即如何衡量服务的产出。因为服务是无形的并且难以标准化,而且组织很少提供单一和统一的服务,所以难以衡量。服务能力长期看会有所变化,但在某一给定的时刻,我们假设服务能力是固定的。

(二)服务能力的限制因素

服务能力的限制因素主要有劳动力、时间、设施、设备和工具等服务资源。

1.劳动力。劳动力是所有高接触型服务和许多低接触型服务的一个关键能力要素。专业性质的服务以及基于信息和知识的产出尤其依赖于高技术水平的专业人员,例如,对于体育咨询、健康顾问以及私人教练等,劳动力的水平和数量是其根本的能力限制因素。对于一些大量重复性的服务工作来说,各岗位员工的安排、劳动生产率也是决定产出的关键要素。一所足球学校硬件设施再好,但教练人员水平不高,服务能力肯定受到严重影响。将高技能的人员组织成积极向上的团队并配备最好的设备,企业才能提供最佳的服务能力。

2.时间。时间是限制服务能力的重要因素,如私人教练、健康顾问出售的都是他们的时间。如果时间不能被有效利用,那么利润将减少;如果需求过剩,那么时间也不可能被创造出来满足需求。所以时间安排不妥、利用效率不高、时间不充裕,都会直接影响这些服务的供给。

3. 设施。许多组织面临服务场地和设施的限制。例如,组织一场比赛受场馆座位数量限制,滑雪场的能力受滑雪道数量和场地的限制,等等。对于许多体育运动项目,场地和设施问题是限制服务能力的重要因素。

4. 设备和工具。有些情况下,设备和工具可能是关键的限制因素,特别是在需求高峰期。例如,健身俱乐部只有一定数量的跑步机,所以往往会在下班时间或周末面临健身器材不够用这一问题。

(三)最大服务能力与最佳服务能力

在服务组织中,顾客需要直接到服务设施现场接受服务,因此,常常需要区分清楚最大服务能力和最佳服务能力两个概念。

1. 最大服务能力:指服务资源被最大限度地利用时的服务能力,它代表了服务能力的上限。最大服务能力取决于最紧缺的服务资源,即瓶颈因素。如果“瓶颈”因素是服务设备和设施,那么最大服务能力很明显,比如一个羽毛球场馆面临场地紧缺,其所能接待顾客的上限就是满场时的顾客量。

如果“瓶颈”因素是时间或劳动力,那么由于人的能力和效率的可变性,最大服务能力很难预测。假设一个网球培训俱乐部的瓶颈因素就是网球教练,由于教练的表现和工作效率是波动的,那该网球培训俱乐部的最大服务能力也是波动的、不确定的。

2. 最佳服务能力:指在保证正常服务质量和服务资源被充分利用条件下的服务能力。最佳服务能力代表资源被有效利用但没有过度使用,是在保证顾客能及时获得高质量的服务前提下的服务满负荷运转。而最大服务能力代表最大的服务产出,是超负荷运转。

一般来讲,从顾客满意角度出发,最佳服务能力要小于最大服务能力。例如,健身俱乐部的顾客不希望俱乐部到处都是人,所有设备都在被使用。但是,有些服务类型最佳服务能力和最大服务能力是相同的,例如,所有运动队都希望他们比赛的入场券销售一空。球场越是满座,观众越兴奋愉快;这种热烈的气氛越能激励球队发挥出高水平,观众的体验越好,球队的利润也就越大,甚至还会促进以后票房收入的提升。

三、服务需求的波动

服务需求的波动包括周期性波动和随机性波动,整个需求波动是这两种波动的叠加。

(一)周期性波动

周期性波动也称规律性波动,是指一定时间周期内服务需求的高峰和低谷有规律地出现。健身俱乐部的顾客数量会每周有规律地波动,每逢周末、晚上,顾客会成倍地增加;滑雪场的游客数量呈现明显的季节性波动。服务组织应该了解本行业或本地域服务需求波动的周期性规律,以准确预测需求变化并对服务能力进行相应调整。

(二)随机性波动

随机性波动是不可预测的波动,任何服务需求的波动多少都有随机的成分。某些服务业(如医疗、保险业)的需求波动以随机性波动为主。保险公司必须时刻备有充足的资金应付随机性的理赔需求。

不同的顾客群对同一类服务需求的波动可能有差异。例如,游泳馆的顾客既有成人,也有小孩、学生。后者的需求波动呈现周期性,如节假日和寒暑假是其需求高峰;前者的需求呈现随机性波动。

四、服务能力与服务需求的关系

在需求的周期性因素与缺乏库存能力的共同作用下,服务能力与服务需求之间的关系一般存在4种组合情况,如图12-1所示:

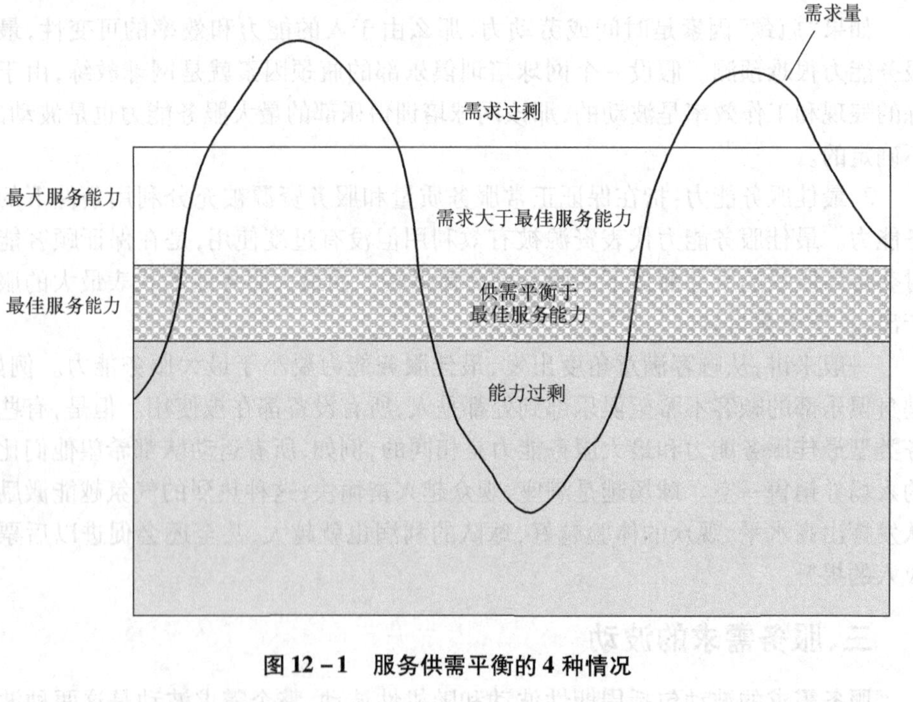

图12-1　服务供需平衡的4种情况

(一)需求过剩

需求过剩表现为需求水平超过最大服务能力,一些顾客由于无法及时得到服务,会选择离开,这将导致服务机会丢失。愿意留下来接受服务的顾客,可能面对服务能力利用率过高,员工和设备超负荷运行,服务质量难以达到承诺水平的情况，这又将影响顾客对以后的服务的选择。

（二）需求大于最佳服务能力

顾客需求大于最佳服务能力小于最大服务能力时，服务企业仍有能力满足所有顾客的需求，但由于超过最佳服务能力，将导致过度使用设备，员工不能正常工作，影响服务质量的稳定性和一致性，顾客抱怨增多。

（三）供需平衡于最佳服务能力

需求与供给在最佳服务能力水平上平衡，此时员工和设施负荷都处于理想水平，员工处于正常工作状态，设备能够得到正常维护与保养，顾客几乎不用等待即可获得及时服务，这种情况下，服务质量稳定，顾客满意度较高。

（四）能力过剩

能力过剩，即需求低于服务企业的最佳服务能力，尽管顾客可能得到员工及时、充分的服务，能够吸引员工的全部注意力，并可充分享用各项设施。但若较长时期内客源不足，生产资源未被充分利用而导致利润和收入降低，会严重影响员工积极性，进而影响服务质量。特别是对于有些服务来讲，其服务质量依赖于其他顾客的参与，当顾客太少，生产资源利用不足时将使现有顾客对服务的可信性和质量产生怀疑，进一步影响服务需求。例如，观众寥寥无几的球赛可能是因为水平太低，缺少顾客光顾的健身俱乐部会让人对其服务质量和课程质量产生怀疑。

由于不同类型的服务需求随时间波动的程度和调整服务能力的限制因素存在差异，所以服务能力与服务需求管理的重点与难点不同。事实上，服务企业能力与需求的不平衡是不断出现并伴随服务过程始终的必然现象。

从以上的描述中可以看出，解决服务企业的供需平衡问题一般可以从两个方面去考虑：一是从需求的角度，改变需求以适应能力；二是从能力的角度，改变能力以适应需求。下面我们分别从这两方面进行阐述。

第二节　需求管理策略

体育服务业所面临的市场需求波动往往很大，企业通常会采取一定措施降低高峰时的需求或在能力过剩时提高需求水平，从而使需求曲线变得相对平滑，供需矛盾得以缓解或平衡。下面就讨论几种改变需求的方法，企业可以用这些方法中的一个或几个来影响需求。但必须指出的是，企业必须根据自己的产品特点、顾客特点和竞争态势等因素选择适合自己的方法。服务中的需求管理主要由两部分组成：当需求超过了服务设施产能或出现服务质量下降时，要想办法转移高峰期的一部分需求；相反，当产能出现闲置时，要延长服务时间。

一、改变服务的供给

我们可以根据一年中的每个季节、一周中的每一天及一天中的不同时刻改变服务供给。例如,滑雪服务在非应季时的需求几乎没有。在类似的情况下,常用的办法都没有用,应采取以相同的设施、相同人员提供与原有服务特性不同的其他服务:某滑雪场,可以在夏季提供培训业务,而在冬季展开滑雪业务;相反,海滨浴场可以在冬季提供团体会议服务。

现对一家雪橇制造企业和一家提供雪橇娱乐服务的企业进行对比。作为制造企业,前者在夏季可以生产雪橇并储存起来,也可以在夏季低价促销,顾客可以在夏季购买而在冬季使用。可是对于滑雪场来讲,如果没有滑雪服务,滑梯就没人乘坐。为了鼓励顾客在夏天使用滑梯,企业必须改变服务供给,例如,鼓励游客乘坐滑梯上山,徒步旅行或在山顶的餐厅就餐;还可以吸引山地自行车的爱好者:让他们在山脚的旅馆租借自行车,用滑梯运上山,然后再骑下山。有条件的滑雪场可在夏季提供“滑草”服务,还可以举办各类比赛或夏令营等活动来吸引游客。其他季节性行业都可以采用类似的方法。

体育场馆在没有比赛时出现闲置,需要改变服务供给来提高场馆利用率。目前,很多体育场馆除了提供体育比赛的场地服务,还提供餐饮、娱乐、宾馆、住宿、服装售卖等服务,现在又有如VIP包厢等利用硬件资源进行销售开发的形式。

【小资料】

建于1983年、耗资1.7亿多元的香港体育馆(也称香港红磡体育馆,简称“红馆”)是一座可以用作举办不同类型活动,包括文娱、体育、庆典、会议及集会的世界级室内体育馆。原设计为体育场馆的香港体育馆,正式启用后经过多年来的用途多样化开发和积极有效的市场推广,其使用率已由启用年的50%多提高到2004年的90%以上。运作了25年的香港体育馆虽然定位于多功能场馆,但承接最多的活动是娱乐节目,特别是中文流行演唱会。

自香港体育馆落成后,众多香港歌手大都以在“红馆”举行个人演唱会作为事业成功的主要象征。而各大传媒机构每年一度举行的乐坛颁奖礼、香港电影金像奖等电影颁奖礼,以及香港小姐竞选等选美活动亦多于香港体育馆举行。

早年香港缺乏室内大型表演场地,香港体育馆在1983年启用后,逐渐取代同类型运动场地,如位于香港岛的伊利沙伯体育馆、利舞台及九龙的大专会堂(现称大学会堂)等表演场地,开展体育比赛、演唱会、综合性节目及选美等活动。香港体育馆亦成为香港部分大学及职业训练局大专院校(如IVE)举行毕业礼的场地。

香港的室内大型表演场地不断增加,但香港体育馆在交通配套、地理位置、场地设施及座位数量等方面仍然占有一定优势,故依然甚受主办机构的欢迎。

香港体育馆的成功运营,主要得益于的运营策略,如:高度重视场馆功能及用途的多样化开发;实施积极进取的市场推广策略;采取灵活的租金收费模式;积极响应租用人的诉求;灵活处理主办单位因故而提出的安排,配合主办单位的市场策略;设立一套公平及公开的租用政策;提供各种优质、高效的服务。

二、与顾客沟通

服务企业可以与顾客沟通,让顾客知道服务高峰时间,方便其避开高峰期前来接受服务,以避免拥挤或等待。比如,可以通过宣传、通告、广告或一些促销信息,预先提醒顾客什么时候是繁忙时段和等待可能增加的好处:像健身俱乐部在下午安排一些热门课程或对一些课程采取优惠措施,可以缓解高峰期的设备紧张局面,吸引顾客在非高峰期前来。

另外可以接受顾客的预约、预订。预约的优点是:对顾客的服务及时,服务能力利用率高。例如,医生、私人教练、咨询顾问等都可使用预约系统,这样就可以利用该系统安排自己一天的工作时间。预订和预约有些不同,那就是顾客在接受服务的同时实际拥有或使用了服务设施,如顾客预订某场体育比赛的门票。预订系统的主要特点是:存在提前期,这有利于管理者计划对设施的有效利用。预订服务还可以通过减少等候时间和保证随时提供服务来使顾客受益。为了减少放弃预订的情况出现,预订系统一般要求顾客以某种形式预付订金。

但当顾客不能履行其预订时,就会出现问题。通常,顾客不会因其未履行预订而承担经济责任。例如,有些乘客为防止意外而向航空公司预订了好几个班次的机票,面对由于未能履行预订而出现的空座问题,航空公司采取了一种称为“超额预订”的策略。通过接受数量超过飞机可利用座位总数的预订,航空公司可以用这种方法防范出现大量未履行预订的风险。然而,如果航空公司接受太多的预订就有可能使已预订机票的乘客无法坐上飞机。对于这个问题,美国联邦航空管理局作出规定,要求航空公司赔偿由于超额预订而无法坐上飞机的乘客并且要为他们提供下一班飞机的座位。同样,许多宾馆也为那些因为超额预订而未能入住的客人免费提供附近宾馆的相同档次的房间。

一个好的超额预订策略应该既能最大限度地降低由服务设施空闲产生的机会成本,又能最大限度地降低由于未能提供预订服务而带来的成本。因此,采用超额预订策略需要对一线员工进行培训,以应付那些未能获得预订服务的客人。

例如一些体育健身场馆可提供网上预订等服务,当顾客通过网络把需求信息传递到健身场馆后,健身场馆再有针对性地按照顾客需求调整生产或服务以满足顾客需求。

以一家中型的高尔夫球场为例,它对球场工作人员的需求经过统计分析如表12-1所示。为了保证球场工作人员充分休息,球场工作人员每周工作5天,休息2天,并要求休息的2天是连续的。问应该如何安排球场工作人员的作息,既满足工作需要,又使配备的球场工作人员的人数最少?

表 12-1 高尔夫球场对球场工作人员的需求

时间	所需球场工作人员人数	时间	所需球场工作人员人数
星期日	28	星期四	19
星期一	15	星期五	31
星期二	24	星期六	28
星期三	25		

注:体育休闲类企业在周五、周六、周日需求较多带有一定共性。

设 x_i($i=1,2,\cdots,7$)表示周一至周日休息的人数,我们建立如下的模型:

目标函数: $\text{Min } x_1+x_2+x_3+x_4+x_5+x_6+x_7$

约束条件:

$$
\begin{aligned}
\text{s.t. } & x_1+x_2+x_3+x_4+x_5 \geqslant 28 \\
& x_2+x_3+x_4+x_5+x_6 \geqslant 15 \\
& x_3+x_4+x_5+x_6+x_7 \geqslant 24 \\
& x_4+x_5+x_6+x_7+x_1 \geqslant 25 \\
& x_5+x_6+x_7+x_1+x_2 \geqslant 19 \\
& x_6+x_7+x_1+x_2+x_3 \geqslant 31 \\
& x_7+x_1+x_2+x_3+x_4 \geqslant 28 \\
& x_1,x_2,x_3,x_4,x_5,x_6,x_7 \geqslant 0
\end{aligned}
$$

以上工作计划编排的模型可以用经典的单纯形法求解,也可以用常见的软件模型求解。

顾客在下订单的过程中为企业提供了很好的需求信息,通过需求管理企业可以更好地安排自己的生产和库存。那些实行了内外部需求管理的企业能够很好地享受网络订购信息所带来的好处。

三、改变服务传递的时间和地点

服务组织可以改变服务传递的时间和地点,以更好地适应顾客需求。服务组织也可改变服务传递的地点,突破服务场所选址的限制,主动将服务送达顾客。

四、提供差别价格

调节需求高峰和低谷的一个最明显的方法是利用价格杠杆。对于大多数服务来讲,降低价格会增加需求,提高价格会减少需求。例如,如果顾客获知在高峰期消费会耽误更多时间和精力,就会错过高峰后再来,这可使一部分顾客改变消费习惯。一些服务组织通过制定低价时间段来调节消费高峰,刺激低谷期的需求并分流高峰期的需求。例如,晚间和周末的长途话费优惠、周末的低价早场电影、旅游观光点宾馆在非旅游旺季的房价折扣等。

我们以某保龄球馆为例进行分析。保龄球馆希望提供差别价格,提出定价方案为:保龄球以局为单位,晚上(19:00以后)消费一律50元,白天40元。根据测算,保龄球正常的可变成本为5元/局(电费、耗材等)。根据当地消费水平,保龄球为高端休闲产品,如按每局50元的价格必然会失去白天的消费者导致白天企业的生产能力未得到充分利用。如果实行晚上50元每局,白天40元每局的策略,根据消费者的需求曲线,其消费数量将增大,生产能力将得到更充分运用,平均成本也降到合理水平,这对资源的有效配置无疑是非常有利的。

对保龄球馆而言,通过这样的二级差别定价可获得更高的利润,但差别定价要避免过度地将高消费顾客引入低收费计划中去,这样反而会减低利润。例如,国外航空公司往往要求享受机票打折的顾客必须留在目的地过一个周末,然而这对于那些商务顾客来说是很不方便的,从而避免了过多的商务顾客购买低价机票。再如,体育比赛提供不同级别座位,高价座位与低价座位除了观赏效果不同外,某些服务的差别也是区别两类顾客的手段。

【小资料】

近几届奥运会差别定价的情况

(一)2004年雅典奥运会

2004年奥运会各项赛事的票价从10~300欧元不等。在计划出售的530万张门票中,68%的门票票价在10~30欧元之间。

开幕式的票价高达100~950欧元,闭幕式的票价为50~750欧元。所有门票的平均价格只有35欧元,比悉尼奥运会低34%。雅典奥运会面向公众发行的门票有300万张,其中2/3的门票价格在30欧元以下,最便宜的门票为11欧元。最抢手的门票是游泳和田径两个大项,价格一般都在40~90欧元之间。

(二)2000年悉尼奥运会

开幕式和闭幕式80%的门票价格为1 382澳元(折合近900美元),80%的游泳决赛门票价格为455澳元,80%的拳击决赛票价为355澳元,50%以上的篮球决赛的票价为455澳元,超过50%的田径决赛票价是455澳元。

(三)1996年亚特兰大奥运会

1996年亚特兰大奥运会的入场券从1995年5月1日起就开始接受预订,组委会对票价实行等差制:在540个场次的各类门票中单项比赛的门票在25美元左右,热门项目和决赛的票价都在200美元以上。其中,以有美国“梦之队”参加的男篮决赛的票价最高,达350美元。开幕式和闭幕式的门票在200~600美元。这些门票的销售率达82.7%。而价值10 000美元一套的豪华套票也被美国和世界各地的“大款”一抢而空。

（四）2008 年北京奥运会

2008 年北京奥运会的票价情况如表 12－2 所示：

表 12－2　北京 2008 年奥运会部分门票价格

项目	最低(元)	最高(元)	日期	场馆
开幕式	200	5 000	8 月 8 日 20:00—23:59	国家体育场
闭幕式	150	3 000	8 月 24 日 20:00—23:59	国家体育场
射箭	50	100	8 月 9 日—15 日	北京奥林匹克公园射箭场
田径	50	800	8 月 15 日—24 日	国家体育场
羽毛球	50	500	8 月 9 日—17 日	北京工业大学体育馆
棒球	30	150	8 月 13 日—23 日	北京五棵松体育中心棒球场
篮球	50	1 000	8 月 9 日—24 日	北京奥林匹克篮球馆

（五）2012 年伦敦奥运会

2011 年，伦敦奥运会门票起售，至少一半的门票价格低于 20 英镑。2012 年伦敦奥运会最高价门票是 2012 年 7 月 27 日开幕式的贵宾票，为 2012 英镑，折合人民币 21 352 元。2012 年伦敦奥组委为伦敦市的 14 000 名学生提供一次门票免费机会，16 岁以下青少年儿童的门票价格比最低价门票还要优惠一些。大多数项目男子和女子门票价格差别不大，男足决赛门票价格是 100～525 英镑，女足决赛门票价格是 55～325 英镑；男曲决赛门票价格为 65～425 英镑，女曲决赛门票价格为 40～285 英镑。

（六）2016 年里约热内卢奥运会

2016 年里约奥运会门票价格较为亲民，全部门票中约 380 万张低于 70 雷亚尔（约合 136 元人民币），开、闭幕式最低票价为 200 雷亚尔（约合 388 元人民币），开幕式的门票最高价格为 4 600 雷亚尔（约合 8 924 元人民币），这也是本届赛事全部门票中价格最高的。

五、划分需求

对某种服务的需求很少来自单一来源，例如航空公司将顾客分为工作日商务顾客和周末旅游顾客。需求经常可划分为随机需求和计划需求，例如银行可以预期它的商务客户每天在大概的固定时间光顾，而个人客户则是随机光顾的。由此，可以对计划需求进行控制，例如做一个分析表格，对计划中的客户的到来时间和人数作一个统计，再根据本单位的工作人员配置情况作调整。具体的需求管理策略，如表 12－3 所示：

表 12－3　需求管理策略

当服务能力小于需求时	当服务能力大于需求时
优先满足老顾客或重要顾客的需求	服务创新
向顾客告知服务需求高峰期	降价和提供优惠
刺激非高峰需求	开展广告和促销活动
采取预约制度有效管理服务需求	改变服务传递的时间和地点
提高服务定价或减少服务优惠	

【案例分析】

力美健身俱乐部

力美健身俱乐部位于我国中部某城市的一个大规模的办公园区内，主要提供健身、休闲的设施和服务。俱乐部的健身活动主要在 3 个区域：可容纳 35 人的有氧训练区、自由力量训练区、配备 29 组锻炼设备的大型训练区。这些设备包括 9 台踏步机、6 台跑步机、10 辆动感单车、2 台划船器和 2 台登山器。休闲设施包括 8 个壁球场，6 个网球场和一个大型室外泳池。休闲课程主要是开设瑜伽课程（每周两次，地点在有氧训练区）。

2010 年力美健身俱乐部开始经营。最初两年，会员人数少，设施使用率很低。但到了 2012 年，会员数量逐步增长，随之增长的还有俱乐部的设施使用率。记录显示，在 2014 年，典型的一天是平均每小时接待 15 名会员。当然，实际每小时接待会员的人数可能会因为日期和时间而有所不同。在低谷期，每小时只有 6～8 名会员。而在高峰期时，比如周一下午 4 点到晚上 7 点，每小时人数高达 40 人。

俱乐部营业时间是周一到周四的早 6:30 到晚 11:00，周五周六是早 6:30 到晚 8:00 结束，周日中午 12:00 到晚 8:00。随着人们越来越重视健康，俱乐部的业务也随之增长。截至 2014 年 5 月，平均每天每小时接待会员增至 25 名。低谷期每小时接待 10 个会员，而高峰期每小时有 80 人在使用设备。这一增长导致会员们开始抱怨场地过度拥挤以及健身器械不够使用。大部分的投诉都集中在大型训练区和有氧训练区。

经营者想知道俱乐部的规模对于会员人数说是否太小了。过去的调查显示每个会员每次前来锻炼的时间为 60 分钟。调查数据显示设备的使用情况如下：30% 的会员使用有氧训练区，40% 的会员使用大型训练区，20% 的会员使用自由力量训练设备，10% 的会员使用壁球场地，10% 的会员使用网球场地。

如果利用这个信息来估计俱乐部现有能力的使用情况，你会采取什么方法来衡量力美目前的服务能力？俱乐部的现有设施能力是否受限？如果有，问题出在哪里呢？如果必须扩展能力，需要增加新设施吗？

第三节　能力管理策略

相对于需求管理，服务管理者可以对服务能力有更大的控制和影响力，因为服务能力是企业自己可以控制的资源。改变服务能力来适应需求的基本思想是改变、扩展和确定能力，以便于与顾客需求相匹配。在需求的高峰时期，组织尽可能扩展能力，在需求低谷时期，努力调整能力以便不浪费组织资源。

一、扩展现有能力

扩展现有能力是指不追加新的资源，只是劳动力、设施和设备的工作时间更长，强度更大，以适应需求。具体方法有以下3种。

(一)延长服务时间

服务企业可以暂时延长服务时间以满足需求。由于顾客较多，各类场馆在节假日可以延长营业时间。

(二)增加劳动力

在需求高峰期，雇员被要求承担更多的任务，工作时间更长，强度更大。但过度的工作负荷可能导致员工疲惫、厌倦，影响服务质量。

(三)增加服务场地和设备

比如健身俱乐部可以添加健身设备，或增设操房等。服务企业还可以采用自动化服务设备替代服务人员以提高服务效率并降低差错率。

二、使能力与需求保持一致

通过创造性地改变服务资源，组织可以追踪需求曲线，使服务能力与顾客需求模式相匹配。

(一)员工作业计划

通过员工作业计划可以调整服务能力来满足服务系统的预期需求。许多服务组织安排员工作业计划采用轮班制，即员工在一定的工作时间内轮流工作。因此，每个人在一定的时期内都有同等的机会享受节假日的休息。典型的员工每周工作5天，休息两天，但不一定是星期六和星期日休息。管理人员可以通过工作安排，满足员工对工作日和休息日的不同要求。

假定我们给一家公司制定一个员工作业计划，该公司每周工作7天，每个员工每周可以连续休息两天。在这里，我们将阐述一种满足这些约束条件的方法。我们的目标是给每个员工确定两个连续休息日，并使总的闲置能力最小。那么，确定了两天休息之后剩下的5天就是每个员工的工作时间。下面是计划步骤：

- 步骤1：根据本周的净需求，找出日需求量不是最大值的所有两个连续日期。选择两天时间内的总需求最低的那两天。在有些特殊情况下，两天中可能总有一天的日需求量是最大值，那就选择总需求最低的那两天。假设所需的员工人数：周一为8人，周二为9人，周三为2人，周四为12人，周五为7人，周六为4人，周日为2人。则最大服务能力需求是周四的12人。总需求最低的两天是周六和周日，所需人数为6人。
- 步骤2：如果存在某种约束，则选择满足约束的连续两天。可以让员工作出选择，愿意在哪两天连续休息；也可以由安排者自己来决定。一般来讲，周六周日组合较受欢迎。
- 步骤3：给员工分配选好的两天休息日，用每个工作日的员工净需求减去已经满足的员工需求。在本例中，安排员工在周六和周日休息。在减去这个已满足的员工需求之后，周一的员工需求是7，周二为8，周三为1，周四为11，周五为6。由于周六和周日没有安排员工上班，因而周六与周日的需求不变。
- 步骤4：重复步骤1至3，直到满足所有的员工需求，或安排好一定数量的员工。

这种方法降低了闲置服务能力，并对员工需求高的工作日优先进行安排。不过，使用该方法也必须考虑到一些约束条件，诸如劳动合同法规方面的规定或者员工的要求等。总之，该方法需要寻找休息日的组合以及了解并解决约束条件，以保证总闲置服务能力最低。

【例12－1】

某健身俱乐部一周营业7天，对员工的需求计划如表12－4所示：

表12－4

日期	周一	周二	周三	周四	周五	周六	周日
员工数量	6	4	8	9	10	3	2

管理者需要一个员工作业计划，该计划需要给每个人安排连续两天的休息，并使总闲置能力最低。制定计划的人员首选周六周日休息组合；如不能满足，则任意选择一个满足约束条件的两天组合。

解答：周五是对员工需求最大的一天，周六周日组合的总需求最低。因此，安排员工A在周一至周五工作。在安排好员工A之后，修正后的需求见表12－5：

表12－5　休息日安排表

一	二	三	四	五	六	日	员工	说明
6	4	8	9	10	3	2	A	周六周日组合总需求最低。安排员工A周一至周五工作，并更新相应需求

续表

一	二	三	四	五	六	日	员工	说明
5	3	7	8	9	3	2	B	周六周日组合总需求最低。安排员工 B 周一至周五工作,并更新相应需求
4	2	6	7	8	3	2	C	周六周日组合总需求最低。安排员工 C 周一至周五工作,并更新相应需求
3	1	5	6	7	3	2	D	周一周二组合总需求最低。安排员工 D 周三至周日工作,并更新相应需求
3	1	4	5	6	2	1	E	周六周日组合总需求最低。安排员工 E 周一至周五工作,并更新相应需求
2	0	3	4	5	2	1	F	周一周二组合总需求最低。安排员工 F 周三至周日工作,并更新相应需求
2	0	2	3	4	1	0	G	周六周日组合总需求最低。安排员工 G 周一至周五工作,并更新相应需求
1	0	1	2	3	1	0	H	三个组合含有最小需求且总需求最低:周六周日、周一周二、周二周三。由于优先选择周六周日组合,所以,安排员工 H 周一至周五工作,并更新相应需求
0	0	0	1	2	1	0	I	由于周六周日组合的总需求不是最低,故任选周日周一组合。安排员工 I 周二至周六工作,并更新相应需求
0	0	0	0	1	0	0	J	优先选择周六周日组合,安排员工 J 周一至周五工作,并更新相应需求

注意周五的需求仍然最大,计划人员将运用更新后的需求对下一个员工进行安排。需求最小值同样又是周六周日组合,因此,安排员工 B 在周一至周五工作。在安排好员工 B 之后,又将这个需求从周一至周五的需求中减去。

重复这几个步骤得出员工的休息日安排表。

在本例中,周五的需求总是最大,因而应该不安排休息。员工作业计划见表12－6。

表 12－6　员工作业计划

员工	一	二	三	四	五	六	日	合计
A	×	×	×	×	×	休息	休息	
B	×	×	×	×	×	休息	休息	
C	×	×	×	×	×	休息	休息	
D	休息	休息	×	×	×	×	×	
E	×	×	×	×	×	休息	休息	
F	休息	休息	×	×	×	×	×	
G	×	×	×	×	×	休息	休息	
H	×	×	×	×	×	休息	休息	

续表

员工	一	二	三	四	五	六	日	合计
I	休息	×	×	×	×	×	休息	
J	×	×	×	×	×	休息	休息	
生产能力 C	7	8	10	10	10	3	2	50
需求 R	6	4	8	9	10	3	2	42
闲置能力 C - R	1	3	2	1	0	0	1	8

虽然在本例中按照需求计划来安排，闲置能力已达到最小，但从表 12 - 6 可以看出，该作业计划的闲置能力为 8 人次，比较大，不是最好的决策。如果公司同意周五只要 9 个人上班，或者有人愿意在轮班制基础上加班一天，那么只需要 9 名员工即可，会大大提高服务能力的使用效率。

这种员工作业计划也可以用线性规划模型来求解。例如，某健身休闲俱乐部每天各时间段内所需教练及专业服务人员数如表 12 - 7 所示：

表 12 - 7　某健身休闲俱乐部每天各时间段内所需教练及专业服务人员

班次	时间	所需人数
1	6:00 ~ 10:00	60
2	10:00 ~ 14:00	70
3	14:00 ~ 18:00	60
4	18:00 ~ 22:00	50
5	22:00 ~ 2:00	20
6	2:00 ~ 6:00	30

假设教练及服务人员分别在各时间段一开始时上班，并连续工作 8 小时，问该健身休闲俱乐部怎样安排教练及专业服务人员，既能满足工作需要，又配备最少教练及专业服务人员？

解：

设 xi 表示第 i 班次时开始上班的教练及专业服务人员数，这样我们建立如下的模型：

目标函数：Min $x1 + x2 + x3 + x4 + x5 + x6$

约束条件：s.t. $x1 + x6 \geq 60$

$x1 + x2 \geq 70$

$x2 + x3 \geq 60$

$x3 + x4 \geq 50$

$x4 + x5 \geq 20$

$x5 + x6 \geq 30$

$x1, x2, x3, x4, x5, x6 \geq 0$

（二）雇用临时工或兼职员工

当业务高峰持续且可以预测时，雇用临时工能补充正式员工的不足。需求波动大的服务企业会在需求量大的时候招聘季节工、小时工等兼职人员以缓解劳动力不足。例如，有些小的健身俱乐部固定的私人教练并不多，但是却拥有数量较多的兼职私人教练。这样便于在需求高峰满足顾客需求，又不需要在平时支付报酬。

（三）外包

外包就是将公司的某些内部活动和决策权移交给外部供应商的行为。双方合作条件在合同中表明。外包使得公司可以集中精力在自己最擅长的事情上，从而能增加柔性以适应业务条件、对产品和服务的需求以及技术的变化。有时信息技术的某些环节交给第三方来实施可能更有利。

（四）共享设施和设备

服务传递系统经常要在设备和设施上进行大量投资。在闲置期间，可以将设施和设备与他人共享。例如俱乐部的主赛场，在无比赛期间，可以出租场地，举办演唱会或展览等。

（五）在需求低谷期间安排修整时间

在服务高峰时期，劳动力、设备和设施都处于最大能力状态，所以必须在需求低谷时期安排维修和养护，通过有效使用空闲时间可以扩大高峰期的服务能力。

（六）交叉培训员工

交叉培训员工既可以让员工接受不同的任务，创造灵活的能力来满足高峰期的需求，也可以让员工在非高峰期完成一些不接触顾客的工作，从而提高整个系统的效率。例如，球场员工既可售票又可承担场地画线、清除垃圾或平整场地等工作；一个体育公园，可以交叉培训员工，使他们既会卖票和收票，又负责一些其他工作——数据库管理、为公园订购必需品、安排每周人员计划、制定推广广告，以及料理花床和园林等活动。

（七）改造或移动设备和设施

服务组织可调整、移动或创造性地改造现有服务资源以满足需求波动。例如，滑雪场冬天滑雪，夏天可以改成露天宿营地等。而一些网球或乒乓球培训学校，教练可提供上门私教服务，以满足顾客需求。

（八）提高顾客参与程度

提高顾客参与程度的好处是，顾客作为合作生产者，在最需要的时候提供了人力。

最大化利用服务能力与提高客户满意度、利润之间是矛盾的，很难平衡，所以许多公司会努力平衡满足需求与服务质量以及利润的关系。具体的能力管理策略，如表 12－8 所示：

表 12-8 能力管理策略

需求高	需求低
扩展现有能力(时间、人手、设施和场地)	对人力、设备和场地进行修整
交叉培训员工,培养多面手	安排员工培训,提高员工素质
租用或分享设施和设备	进行战略规划
改变服务地点	流程再设计、服务创新
改造或移动服务设施	开展市场调研

【小资料】

奥运志愿者

在1984年洛杉矶奥运会上,尤伯罗斯创造了“尤伯罗斯模式”,其主要措施有:与企业集团订立资助协议,出售广播电视转播权和比赛门票,压缩各项开支,充分利用现有设施,并招募志愿者为大会义务工作。其中,ABC电视公司花费2.25亿美元买下了电视转播权,从而确保大多数比赛可以在晚间黄金时段播出。

我们大都注意到了尤伯罗斯模式盈利的“开源”部分,但是没有注意到尤伯罗斯模式盈利的“节流”部分——奥运会的志愿者因素。奥运会的志愿者是尤伯罗斯模式走向成功的重要组成部分。1988年到2000年历届奥运会的志愿者人数见表12-9:

表 12-9 几届夏季奥运会志愿者人数

届次	时间(年)	奥运会主办地	志愿者人数(万)
24	1988	汉城(首尔)	2.7
25	1984	洛杉矶	2.87
26	1992	巴塞罗那	3.45
27	1996	亚特兰大	4.75
28	2000	悉尼	4.7

而北京奥运会共需约10万名赛会志愿者,北京奥运会、残奥会赛会志愿者报名工作已于2008年3月31日结束,共有112万多人申请成为赛会志愿者,报名人数成为历届奥运会之最。志愿者申请人的来源十分广泛,其中35岁以下的占到了97.8%,北京地区报名总人数为77.2万人,京外省区市29.2万人,香港同胞0.7万人,澳门同胞0.2万人,台湾同胞0.3万人,华侨华人2.8万人,外国人2.2万人。

2012年伦敦奥运会:2010年10月,第一轮志愿者招募结束,共有25万人提出申请。伦敦奥组委挑选了大约10 万人参加面对面会谈,7 万多人参与非面对面会谈。

2011 年6 月7 日,伦敦奥组委2012 年伦敦奥运会第二轮招募志愿者工作在英国加的夫正式展开。伦敦附近的加的夫煤炭交易所成为志愿者招募工作中心。

2011 年6 月7 日—18 日,有1 500 名来自威尔士地区的志愿者面试。

伦敦奥组委对志愿者的要求是:热情、富有灵感和奉献精神。而是否具有作为志愿者的经验不是申请的必需条件。

第四节 收益管理

一、收益管理概述

收益管理是指以合适的价格,将有限的供应能力分配给最合适的顾客,以获得最大的财务回报。收益管理是一种综合利用需求管理和供给管理,谋求收入最大化的新经营管理技术。它主要通过建立实时预测模型,对以市场细分为基础的需求行为进行分析,确定最佳的销售或服务价格。其核心是价格细分(亦称价格歧视),就是根据客户不同的需求特征和价格弹性向客户执行不同的价格标准。价格细分采用客户划分标准,这些标准是一些合理的原则和限制性条件。

划分标准的重要作用在于:通过价格藩篱将那些愿意并且能够消费得起的客户和为了使价格低一点而愿意改变自己消费方式的客户区分开,最大限度地开发市场潜在需求,提高效益。

以航空公司为例,收益管理就是以赢利最大化方式分配一趟航班的座位,以匹配市场的潜在需求。收益管理将合适的产品,在合适的时间,以合适的价格,销售给合适的顾客,并由此使企业在其中获得最大限度的收益。它以市场细分和需求预测为基础,一方面采取超售(超生产规模接受订货)的方法来减少无效订货带来的不必要的虚耗;另一方面采取存货控制的方法,将市场细分、需求预测和产品定价紧密结合,最大限度地适应市场需求的多样性,发掘产品在市场的获利潜力,实现收益的最大化。

收益管理适用于航空公司、旅馆、汽车出租公司等服务能力受到硬件条件限制的服务企业。世界许多著名酒店集团,特别是欧美的主要酒店集团管理层都对收益管理高度重视,先后建立了专门的收益管理部门,并配置了能进行大规模数据分析和实时优化处理的计算机系统。

收益管理的应用会涉及很多复杂的数学模型和计算机程序,这种有效的评估方法是特定时期内实际回报与潜在回报的价值比:

收益 = 实际回报/潜在回报

其中，

实际回报 = 实际使用能力 × 实际平均价格

潜在回报 = 全部能力 × 最高价格

上述公式表明，收益本质上反映的是组织的资源（能力）获得全部潜在回报的程度。收益是价格和实际使用能力的函数，能力的限制因素包括时间、劳动力、设备或设施，企业可以通过提高实际使用能力或提高价格来实现利润增长。在能力受限制的服务业，服务组织可以实施收益管理，通过最有效地使用服务能力以获得最大能力。

例如，一个俱乐部的网球教练，一周有 30 个小时的潜在工作时间。他为高端客户服务的收费标准是 300 元/小时，为低端客户服务的收费标准是 150 元/小时。每周最大的回报是 9 000 元。如果他每周为高端客户服务的时间占全部工作时间的 40%，那么他如果只服务高端客户，收益为 40%（3 600 元/9 000 元）。如果他全部时间只为低端客户服务，收益为 50%（4500 元/9 000 元）。如果他结合上述两种服务，可以用 40% 的时间，以每小时 300 元的价格为高端客户服务，而剩余的 60% 的时间可以每小时 150 元的价格为低端客户服务，这样收益是 70%（6 300 元/9 000 元）。

这样，通过对不同客户的市场细分，网球教练的收益达到了最大化。

收益管理虽然可以解决供给与需求匹配的问题，但也面临各种风险。企业可能会过度关心利润最大化，忽视提供优质服务以建立长久竞争优势。顾客如果发现自己比其他顾客支付的价格更高而又不了解其原因，会感到不公平。员工也可能会认为收益管理手段有违诚信而士气低落。

【小资料】

某健身俱乐部的收益管理

（一）业务的季节性和应变计划

季节性问题是娱乐、健身行业的老问题。通过提供多种类型的设施，俱乐部可使季节性问题减少到最低限度。对于季节性的现金流下降，可采取招收月计会员、健美训练班签订短期合同等措施来解决。在夏季，俱乐部将举办联赛、体育讲座等以提高会员的技术水平，也可以调节市场需求，增加场地的全年使用率和利润率。

针对可能进入本地区的同行业竞争者，根据市场渗透分析，本地区的人口密度已难以支持另一个健身俱乐部；在 9 ~ 15 公里范围内再建立综合性健身俱乐部的可能性不大。建立专业项目的俱乐部（如保龄球俱乐部），不会对本俱乐部造成真正的威胁。

对体育健身运动的变化趋势，该俱乐部的建筑设计留有一定的空间以适应新的潮流。俱乐部已做出计划，以在大众化的体育项目上较容易较迅速地获利，俱乐部将观察全国和本地区的变化趋势，及时地提供新的服务项目来保持顾客的兴趣。

如果俱乐部未能招收足够数量的会员，可以通过降低起始会员费或额外提供一些福利等来吸引顾客，也可使用买二送一、团体优惠等促销手段，直到收入可抵消短期的亏损。由于俱乐部的主要收入是月费，这种降低起始会员费的促销不会影响该俱乐部的长期收入。

（二）会员预测

据室内运动协会估计，综合性体育运动俱乐部每 100 平方米可接 29 名会员。俱乐部拥有 7 500 平方米使用面积，具有接纳 2 175 名会员的能力。据室内运动协会的统计，在考虑了约 30% 的会员退会率的情况下，5 年内仍会有平均 7% 的年增长率。因此俱乐部预计的会员情况如表 12－10 所示：

表 12－10　俱乐部预计健身中心的会员

	上一年会员数	会员净增加	总会员数
第 1 年	870*	432	1 302
第 2 年	1 302	523	1 825
第 3 年	1 825	127	1 952
第 4 年	1 952	137	2 089
第 5 年	2 089	146	2 235

注：第一年的数据为预售会员数。

（三）会员费的制定

基于 9 ~12 公里范围内竞争对手的价格数据、全国健身行业的价格数据及俱乐部的市场调查，健身中心的会员价格如表 12－11 所示：

表 12－11　会员价格

	家庭会员费	个人会员费
首次入会费	300 元	200 元
每月会费	35 元	20 元

二、收益管理的实施条件

研究表明，收益管理最适合用于具有下述特征的服务组织：

- 相对固定的生产能力。服务能力受到服务设施限制的服务组织，比较适合实施收益管理。比如乒乓球馆、羽毛球馆等经营性的场馆，当所有的场地在某一时段都售出时，顾客的需求只能待下一个时段来满足。
- 细分市场的能力。要使收益管理有效，服务组织必须能够有效细分市场。如何辨别出对时间敏感或对价格敏感的顾客是服务组织面临的一个挑战。正确辨识不同的顾客，才能开发出不同的、有针对性的服务。

- 服务的易逝性。对于服务能力受到时间限制的服务组织,我们可以将每个场地或座位看作待售的单位存货。对一场比赛来讲,本次比赛未售出的座位不可能留到下次比赛再出售,未售出座位的收入就永远失去了。因此,考虑到这种特性,可以通过降价将某些空余的座位销售出去。
- 事先预订服务。服务行业普遍采取预订系统提前出售服务产品,如奥运会的门票以及各类赛事的门票。
- 波动的需求。服务行业需求的波动性非常大。而在体育行业中,有些俱乐部的运动有明显的季节性波动。组织可以通过需求预测、收益管理,在低需求期折价吸引对价格敏感的顾客,从而提高服务能力的使用率,在高需求期通过提价尽可能增加收入。
- 低边际销售成本和高边际能力改变成本。要使收益管理有效,该类服务的边际销售成本必须要低。例如,某球场的经营,相对于售出的球赛门票的价格,为一个观众提供观看比赛的费用是可以忽略的,但要想让该球场增加1 000个座位,则意味着不小的成本。

复习思考题

1. 最佳服务能力和最大服务能力有什么区别?各举一例说明二者相同或不同的情况。

2. 海滨浴场冬季如何调整服务供应以吸引顾客?

3. 对比足球生产商和足球俱乐部,分析为什么服务组织缺乏储存服务的能力?

4. 分析一家健身俱乐部在遇到需求过剩、需求大于最佳服务能力、供需平衡于最佳服务能力和能力过剩4种情况时的管理挑战。

5. 假定你管理着一所滑雪学校,正准备为教员们排出一个作业计划安排。教员每周工作4天。学员的课程是4天的初学者课程。你希望在4天的时间内在一个学员小组中安排同一位教员。教员连续4天工作,然后休息3天。凭借经验和管理层提供的需求预测,你制定了下一个月的教员需求计划,见表12-12:

表12-12

日期	周一	周二	周三	周四	周五	周六	周日
需要量	7	5	4	5	6	9	8

(1)请确定你需要雇用多少名教员。请优先考虑周六、周日休息。(提示:找出对教员3天需求量最低的小组)

(2)确定每一名教员的工作计划安排。你的安排每天会产生多少闲置?

6. 张某在河上经营独木舟租赁业务。他以每天100元的成本从附近城市的一位经销商处租来15条独木舟。周末,当水位高的时候,他把独木舟聚集在河流的出发地点，在那儿他把独木舟按每天300元的价格租给漂流者。后来，一些漂流者抱怨租不到独木舟，因此张某记录下过去20天中对独木舟的需求情况，如表12－13所示：

表12－13

每天的需求	10	11	12	13	14	15	16	17	18	19	20
频次	1	1	2	2	2	3	3	2	2	1	1

找出张某租赁独木舟的合适数量。

第十三章

服务供应链及库存管理

【本章提要】

本章介绍了供应链管理的基本知识及服务供应链的概念。在此基础上进一步讨论了服务中双向关系的管理:顾客界面管理、供应商界面管理以及与供应商关系。服务外包是指企业以价值链管理为基础,将原本由自身提供的业务流程剥离出来,企业将有限资源专注于其核心竞争力,从而达到降低成本、提高效率、优化企业核心竞争力的目的。库存管理是企业整个需求与供应链管理流程的重要环节,对于达到企业的财务运营目标,特别是现金流运作目标有重要的意义。本章主要讨论4个问题:服务业与制造业库存的差异、库存管理概述、库存管理模型,以及库存控制系统。本章的重点是理解服务业与制造业库存的差异,本章的难点主要是库存管理模型。

【名词解释】

供应链:从原材料到最终消费者整个过程中所发生的与物质和信息流相关的所有活动。

供应链管理:为了获得持续的竞争优势,在供应链关系基础上,整合各种活动。它除了包含与商品运动相关的各种活动外,还包含组织间的协调活动和事业流程的调整活动。

服务外包(service outsourcing):是指作为生产经营者的业主将服务流程以商业形式发包给本企业以外的服务提供者的经济活动。

呼叫中心:以高科技电脑电话集成技术(CTI)系统为基础,将计算机的信息处理功能、数字程控交换机的电话接入和智能分配、自动语音处理技术、互联网技术、网络通信技术、商业智能技术与业务系统紧密结合在一起,将公司的通信系统、计算机处理系统、人工业务代表、信息等资源整合而成的统一、高效的服务工作平台。

库存(inventory):是为了满足客户需求或支持服务或产品的提供而进行的物料存储。

独立需求：对各种库存物品的需求受市场条件的影响，而与任何其他库存物品的决策无关。

取得成本：是指为了取得库存而付出的成本，包括库存的购置成本和订货成本。

持有成本：是指库存从入库开始到销售出去为止这一时期所发生的库存成本，包括仓储费用、管理费用、保险费用、过期作废或贬值的成本、损耗以及库存占用资金的机会成本等。

短缺成本（*TCs*）：是指当顾客想要的某种产品缺货时，由此引起的销售流失和顾客的抱怨、流失等。

经济订货量或经济批量（Economic Order Quantity，EOQ）：使全年库存总成本最低的批量。

安全库存（safety stock inventory）：是指在正常情况下不动用，只有当存货过量使用或送货延迟时才动用的多余库存。

第一节 供应链管理与服务供应链

很多体育服务项目或设施，不同时间的需求变化是很大的，怎么样调节这种供需的矛盾？生产产品或提供服务过程中各种资源或活动怎样整合才能达到整体效率最优，并强化所有成员的合作关系，提供顾客满意的产品或服务？这些都涉及供应链和服务供应链的管理，通过管理供应链可以实现成本降低和生产优化。

一、供应链及供应链管理

美国供应链协会（Supply Chain Council，SCC）对供应链的定义为："供应链的范围包括上游供货商、制造商到下游顾客，其为从产品生产到配送等相关活动流程。"对供应链管理的定义为："为了响应与满足市场需求，企业针对原料、服务及信息所采取的整体管理流程。"

可见，一个有效的供应链管理，必须要能在最小成本下，提供客户最高质量的服务。

供应链管理始于20世纪70年代，这个观念最早被应用在公司内部管理，目的是改善制造流程。到80年代，制造流程改善的成效使经营者体会到资源整合可以提高生产量、增加利润并降低成本。随着信息及网络技术的大发展，供货商、制造商、零售商及顾客间的关系产生了变化，供应链管理的理念应运而生。90年代，将顾客所要的产品快速、正确送达已是满足顾客需求的一项服务重点。为了满足这一新需求，供应链管理将供货商、制造商、零售商及顾客结合，借由信息整合管理模式，把管理由企业内部延伸到企业与企业间。

"供应链管理"一词是 20 世纪 80 年代中期在一些物流文献中开始使用的。当时，它着眼的是削减库存，以及供应者与需求者之间的供需调整，特别是像零售业、食品行业等库存较多的产业，通过上游企业和下游企业的整合，集中管理整个流通渠道的物流，可以取得强大的竞争优势。此后，供应链管理的观念逐步向其他企业延伸。可以说，供应链管理是一套从供货商到最终使用者的物流控制与规划的整合性系统。其目的在于追求整体效率，并强化所有成员的合作关系，以提供顾客满意的产品或服务。供应链管理的重点不外乎是了解顾客价值及需求、整体供应链资产管理、顾客关系管理、销售及营运规划、提升制造及外包能力、策略联盟及伙伴关系管理，以及发展顾客所驱动的绩效评估等 7 项议题。若能妥善管理上述 7 项议题，供应链便能有效响应顾客需求，并提升整体弹性及营运效率，而获得较佳的绩效水平。

综上所述，我们对供应链的定义为：

供应链是从原材料到最终消费者整个过程中所发生的与物质和信息流相关的所有活动。其基本思想是将链上的其他组织（如供应商）看作一个联盟成员，而不是将其视为竞争者。

供应链管理是为了获得持续的竞争优势，在供应链关系基础上，整合各种活动。它除了包含与商品运动相关的各种活动外，还包含组织间的协调活动和事业流程的调整活动。

企业的供应链管理是一个开放的、动态的系统，企业供应链管理的要素可分为两大类：一类是区域性因素，包含采购/供应、生产/计划、需求/分销 3 个要素。另一类是流动性因素，包含信息流、资金流和物流。根据这 6 个基本元素的区域性和流动性，可形成供应链管理的矩阵分析模型，如图 13－1 所示。

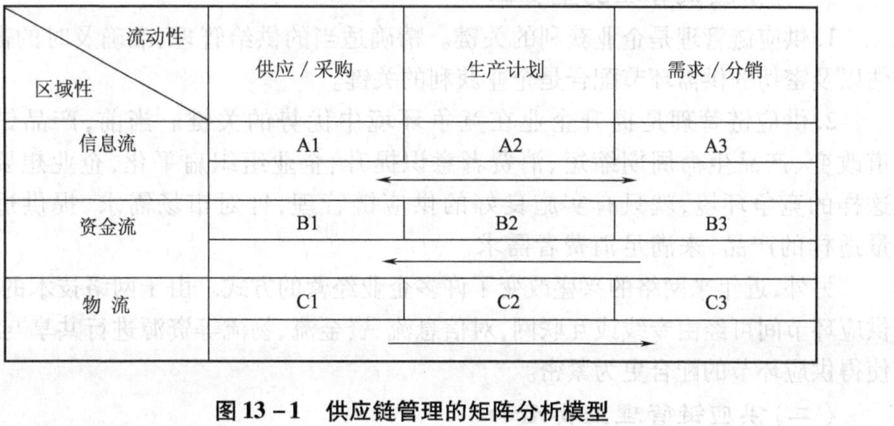

图 13－1　供应链管理的矩阵分析模型

供应链管理所追求的目标有以下几个：

（一）降低存货

透过供应链成员间的策略联盟与管理流程的设计，在满足顾客需求的前提下，有效地决定存货配置的地点、数量及时间，以使供应链整体存货最低，提高存货周转率。

（二）降低变异

在供应链的范围中，诸如消费者需求的变动、成员间信息传递的延迟、制造时程的拉长等变动因素，都将影响整个供应链的效率，进而影响对顾客的服务。传统的处理，大多采用经验法则的预测或安全存量来降低变异所带来的冲击，然而这些方法都必须再付出额外的成本与风险。现在则可以透过先进的信息科技，以最经济的方式来降低变异的不确定性。

（三）高质量

一直以来，企业内部对于质量的要求都是非常高的，而在供应链管理中高水中平的质量管理也是极为重要的。瑕疵品的退回修复，会造成供应链成本（如存货、运输等）大幅增加，还会造成顾客满意度的降低与商誉的损失。因此，持续追求质量改善应该是所有企业的目标。

（四）快速反应与有效的顾客响应

快速反应与有效的顾客响应（quick response/efficient consumer response）所强调的重点在于集合各项科技技术，以创造一个能快速满足顾客需求的企业合作环境，其目的是给予企业联盟（零售商与供货商等）更大的执行效率与收益，以期快速反应并提供最佳的顾客服务。零售商所得的利益包括增加产品周转率及降低存货成本；而供货商也会降低成品与总存货成本。

二、供应链管理概述

（一）供应链管理的重要性

1. 供应链管理是企业获利的关键。精确适当的供给管理、准确及时的需求预估以及密切的供需环节配合是企业获利的关键。

2. 供应链管理是提升企业在竞争环境中优势的关键。当前，产品销售渠道改变、产品生命周期缩短、消费者意识提升、企业组织扁平化，企业想要适应这样的竞争环境，就只有实施良好的供应链管理，针对市场需求，提供适时适量适样的产品，来满足消费者需求。

另外，近年来网络的兴盛改变了许多企业经营的方式。由于网络技术的成熟，供应环节间可经由专线或互联网，对信息流、资金流、物流等资源进行共享与交换，使得供应环节的配合更为紧密。

（二）供应链管理主要活动

供应链管理的主要原则有以下 4 个：

1. 信息共享。供应链成员之间信息的分享，对完成供应链管理是必需且非常重要的,唯有供应链厂商间将信息分享给供应链中的每个成员,才能在竞争环境中尽早作出响应。

2. 风险与报酬分担。有效的供应链管理必须使供应链成员共同分担风险与报酬,而后方能创造竞争优势,而风险与报酬的分担通常是在厂商长期合作下才会实现。

3. 相同的目标。供应链成员应整合政策以避免不必要的浪费与资源的重复,并寻求让所有供应链成员有效降低成本的合作水平,以达到共同目标。

4. 流程整合。要实行供应链管理就需要整合供应链的来源、制造及配送的流程。有效的供应链管理除需要一系列的合作伙伴来完成外,还需要与这些伙伴建立保持长期的关系。

三、供应链企业流程

实行供应链管理可以增加供应链的整体竞争优势与利益,供应链管理的企业流程主要有8项,分别说明如下:

- 顾客服务管理流程:提供顾客有关订单处理事项及所需的实时信息,并提供产品或服务的售后服务。
- 需求管理流程:达成客户需求与企业供给能力的平衡,及市场需求与企业生产规划的协调,并提供更有效率的流程贯穿整个供应链,以降低需求不确定性的影响。
- 订单实现管理流程:整合企业从供应、制造、配销到运输递送的各个计划,以达成高度的顾客订单满足率。
- 顾客关系管理流程:找出对企业任务目标有重要影响力的客户,针对企业所提供的产品或服务,由客户服务人员协同客户达成绩效目标的顾客关系管理。
- 生产流程的管理:依据顾客对产品的需求排定最佳的生产流程规划,并因应定制化的生产及快速的需求变化,规划出更具弹性及快速响应的生产流程管理。
- 采购流程管理:主要是指对企业于生产制造时所需原物料的采购流程之管理,包含对供货商的选择、合作、整合及策略联盟的建立,并透过企业间信息的连接与交换,以掌握原物料的供应,降低材料库存。
- 产品开发与定制化流程:协同顾客关系管理,以掌握顾客需求与新产品的信息,并选择供货商参与产品的开发设计,发展产品的生产技术,以整合从供应、制造到顾客的需求,降低产品的开发难度,适时推出新产品。
- 产品回收流程:包含产品售出后的包装材料回收、不良品的退货、产品报废处理程序、企业的环保政策等回收处理流程的管理。

四、供应链管理服务

随着经济发展,企业竞争迈入“供应链对供应链竞争”的时代,企业亟需供应链管理服务。供应链管理服务致力于帮助供应链相关企业解决供应链各环节的实际问题,围绕“降低供应链成本,提高客户满意度”两大供应链管理目标提出针对供应链各个细分环节的解决方案。

下面我们以 DHL 为例进行说明。DHL 可以单独为客户提供综合性的供应链管理服务。它可为客户:①提高上游供应链的透明度,促进更早的决策;②创建一个更灵活的供应链,以更好应对消费者需求变化;③缩减交货时间、库存和相关的存储成本;④通过转移增值活动至低工资水平的国家缩减产品成本。

DHL 的核心服务有以下几个:

一是发货地管理,包括:供货商管理、供货商取货、代理报关、集拼服务及增值服务。

二是全球货运代理,包括:海/空/陆路/铁路货运代理与管理、欧洲运输管理。

三是目的地管理,包括:港口和滞期管理、代理报关、联运分拆以及售前服务、港口至分拨中心运输、店面直送(限美国)。

四是供应链跟踪与管理,包括:采购订单管理,RFID(无线射频识别)产品跟踪,异常管理,计划和预测,库存管理。

DHL 不仅提供实体的物流服务,还有其他的供应链增强服务,包括:

- 订单管理:对订单及时进行接收、管理、执行、排序并调度。
- 呼叫中心管理:呼叫中心管理订单,监控销售活动,提供客户服务并承担技术支援服务中心的职责。
- 全球库存管理:DHL 为客户提供了对库存的全球掌控,使得客户对库存做出基于信息的调度决策。
- 合并结算服务:对于一段特定时间内多家服务提供商的所有服务以协定格式开具统一并分类的发票。
- 货运与海关解决方案:DHL 在国际贸易规则和手续方面的多年经验以及它的欧洲能力中心和在各国的专长,可使客户在跨国交易的服务、品质和管理上占有领先优势。

五、服务供应链管理

与制造商一样,供应链管理对于服务企业也是很重要的。美国学者埃拉姆(Lisa M. Ellram)在 2004 年发表了《理解和管理服务供应链》一文,服务供应链开始得到关注。国内关于服务供应链行业应用的研究在近几年来得到发展,比较集中的讨论主要是在物业服务、旅游服务和物流服务等行业。服务供应链具有与产品供应链相同的特征,如产生背景都是由于专业化趋势和核心竞争力的发展,使得业务外包成为必然;主要管理内容都是围绕供应、计划、物流、需求等开展;管理目标都是满足既定的服务水平,系统总成本最小;集成内容等都包括业务集成、关系集成、信息集成和激励机制集成。

但是,服务供应链也有与产品供应链本质的区别。两者的区别主要来源于服务产品与制造产品的区别,服务产品具有不同于制造产品的6个特征,即顾客影响、不可触摸、不可分割性、异质性、易逝性、劳动密集性等。这些特征的存在使得服务供应链在结构上需要更多采取较短的供应链渠道,典型的结构为"功能型服务提供商-服务集成商-客户";在运营模式上更多采用市场拉动型,具有完全反应型供应链特征;在供应链协调的主要内容上更多是服务能力协调、服务计划协调等;在稳定性方面服务供应链的稳定度较低,首先是由于最终客户的不稳定性,其次是异质化的客户服务需求要求企业所选择的服务供应商随需求的变化而及时作出调整。

服务链管理是双向充分利用,产品不易保存以及能力和需求的同时管理。与产品供应链不同,服务供应链将顾客作为生产流程的积极参与者,信息技术可以将顾客包含在服务链之内,提高服务质量同时降低服务成本,例如银行自动柜员机、旅馆自动退房系统等。

目前,对产品供应链的研究已经比较成熟,相关的供应链基础理论已获得较大发展。由于服务供应链具有与产品供应链截然不同的特征,结合服务供应链自身特点有选择地将产品供应链的相关理论应用到服务供应链,以加强对服务供应链运营的基础理论研究成为一种趋势。

第二节 服务外包

企业为了增强自身竞争力,可以把自己不擅长的业务或者非核心业务外包(outsourcing)出去。通过外包与企业发展中的各个环节活动的协调,实现最佳业务表现,从而增强整个公司业务的绩效。

一、外包的理论基础

(一)交易成本理论

交易成本理论又称"新制度经济学"或"产权经济学",它是美国新自由主义经济学的一个重要分支,其主要代表人物有科斯(Coase)、威廉姆森(Williams)、阿罗(Arrow)、诺斯(North)等人。

交易成本(transaction costs)又称交易费用,最早由美国经济学家罗纳德·科斯提出。他在《企业的性质》一文中认为,交易成本是"通过价格机制组织生产的,最明显的成本,就是所有发现相对价格的成本"、"市场上发生的每一笔交易的谈判和签约的费用"及利用价格机制存在的其他方面的成本。

本书认为,所谓交易成本就是在一定的社会关系中,人们自愿交往、彼此合作达成交易所支付的成本,即"人-人"关系成本。它与一般的生产成本(人-自然界关系成本)是对应概念。从本质上说,人类有交往、互换活动,就会有交易成本,它是人类社会生活中一个不可分割的组成部分。

根据交易成本理论的观点,外包是介于市场和企业的中间组织。在给定生产要素的情况下,企业有3种选择:一是自己生产;二是从现货市场购买;三是实行外包。企业的所有者将根据交易成本和生产成本作出选择。虽然市场机制是解决资源配置的最优办法,但是市场中存在着不完全竞争、信息不对称、不确定性和机会主义行为,这些因素将导致企业寻求资源的内部一体化。当完全内部一体化由于竞争的交易成本很高而受到限制时,进行外包合作就成为最好的选择。组织通过外包可以降低生产成本,外包商通过享受规模经济而具备竞争优势,但节约的生产成本或多或少地要被人力资源外包的成本所抵消。人力资源管理外包所产生的成本包括:评价供应商的成本、谈判成本、协调控制成本等。所以,根据该理论,只有当外包所产生的成本之和小于自己生产的成本时才应当进行外包;否则,就应当实行资源管理职能的内部化。

(二)比较成本理论

比较成本是指设定不同厂商、不同生产地域、不同季节、不同流通地域等参数后的成本比较。比较成本理论比绝对成本理论更加具有指导意义。比较成本理论是在"绝对成本理论"的基础上发展起来的。英国古典经济学家李嘉图进一步发展了斯密的观点,他认为每个国家不一定要生产各种商品,而应该集中力量生产那些利益较大或不利较小的商品,然后通过国际贸易,在资本和劳动力不变的情况下,生产总量将会增加,如此形成的国际分工对贸易各国均有利。

比较优势规定了不同地区或国家进行专业化分工的结构和贸易方向,解释了世界贸易发展的原因和方向。外包战略正是这一理论在企业资源分配方面的实际应用,也就是"只做自己做得最好的,其他的交给别人去做"。

(三)核心竞争力理论

企业持续竞争的源泉和基础在于核心能力。自1990年普拉哈拉德和哈默尔在《哈佛商业评论》上发表《企业核心竞争力》(The Core Competence of the Corporation)一文以来,核心竞争力理论成为指导企业经营和管理的重要理论之一。它的产生代表了一种企业发展的观点:企业的发展由自身所拥有的与众不同的资源决定,企业需要围绕这些资源构建自己的能力体系,以实现自己的竞争优势。

核心竞争力理论认为,企业具有各种各样的能力,也有一定的专长。但不同的能力与专长的重要性是不一样的,那些能够给企业带来长期竞争优势和超额利润的能力与专长,才是企业的核心能力。核心能力是组织中的积累性学识,特别是关于如何协调不同生产技能和有机结合多种技术流的学识。核心能力是一组技能和技术的集合,而不是某一个单独的技能和技术。

(四)木桶原理

木桶原理由美国管理学家彼得提出,其内容是:由多块木板构成的木桶,其价值在于其盛水量的多少,但决定木桶盛水量多少的关键因素不是其最长的板块,而是其最短的板块。也就是说,任何一个组织,构成组织的各个部分往往是优劣不齐的,而劣势部分往往决定整个组织的水平。

将该原理应用于外包,就是说,由于企业资源的有限性以及成本的限制,企业要将每个薄弱的环节都做到最好是不太现实的。实施外包,就是将这个木桶先打散,将短板抽出来,然后用外部的长板替代短板,这样木桶的盛水量就有了提高。外包就是将自己的弱势职能外包给该领域领先的专业公司,从而提高整个企业的绩效。

(五)战略管理理论

波特的战略管理的基本思想是对产业结构进行分析,他提出了用于进行产业结构分析的模型,即进入威胁、替代威胁、买方讨价还价的能力、卖方讨价还价的能力和现有竞争对手的竞争,决定了一个产业的结构以及该产业的平均利润率。每个企业都会有许多优点或缺点,任何的优点或缺点都会对相对成本优势和相对差异化产生作用。成本优势和差异化都是企业比竞争对手更擅长因应5种竞争力的结果。将这两种基本的竞争优势与企业相应的活动相结合,就可导出可让企业获得较好竞争地位的3种一般性战略:总成本领先战略、差异化战略及专一化战略。企业要获得竞争优势就必须作出选择,必须决定要在哪个范畴取得优势。全面出击的想法既无战略特色,也会导致低于水准的表现,它意味着企业毫无竞争优势可言。

采用外包可以通过合理地运用外部资源,促使企业对内部资源进行最合理、最有效的配置,从而发挥企业外部资源和内部资源的协同作用,建立企业的竞争优势。

(六)供应链管理理论

供应链管理是一套从供货商到最终使用者的物流控制与规划的整合性系统。其目的在于追求整体供应链的效率,并强化所有成员的合作关系,以提供顾客满意的产品或服务。供应链管理的重点不外乎是了解顾客价值及需求、整体供应链资产的管理、顾客关系管理、销售及营运规划、提升制造及外包能力、策略联盟及伙伴关系管理,以及发展顾客所驱动的绩效评估7项。供应链包含了企业内部和外部为顾客制造产品和提供服务的各职能部门所形成的价值链。其目标在于提高用户服务水平和降低总的交易成本,并且寻求两者之间的平衡,实现以客户需求为原动力,将企业内部所有的经营业务纳入一条供应链内,使得企业内部各种业务和信息实现集成和共享。

二、外包与服务外包

(一)基本概念

1. 外包,最直接的解释是"外部寻求资源",是指企业将生产或经营过程中的某一个或几个环节交给其他(专门)公司完成,企业在充分发展自身核心竞争力的基础上,整合、利用外部最优秀的专业化资源,从而达到降低成本、提高生产效率、增加资金运用效率和增强企业对环境的迅速应变能力的一种经营管理模式。

2. 服务外包,是指作为生产经营者的业主将服务流程以商业形式发包给本企业以外的服务提供者的经济活动。企业以价值链管理为基础,将原本由自身提供的业务流程剥离出来。服务外包中,企业将有限资源专注于其核心竞争力,以信息技术为依托,利用外部专业服务商的知识劳动力,来完成原来由企业内部完成的工作,从而降低成本、提高效率、提升企业对市场环境迅速应变能力并优化企业核心竞争力的一种服务模式。

目前,服务外包广泛应用于 IT 服务、市场营销、人力资源管理、金融、会计、客户服务、研发、产品设计等众多领域,服务层次不断提高,服务附加值不断增大。根据一家美国公司的调查,全球的企业外包领域中扩张最快速的是 IT 服务、人力资源管理、媒体公关管理、客户服务和市场营销。

服务外包分为信息技术外包(ITO)和商务外包(business qutsourcing)两个部分。信息技术外包分为信息技术服务外包、应用管理、应用服务、网络和桌面服务、基础架构支持服务。商务外包分为商务流程外包(Business Process Outsourcing, BPO)和流程服务(processing)。

(1)ITO 可以包括产品支持与专业服务的组合,是客户整合利用其外部最优秀的 IT 专业化资源,从而达到降低成本、提高效率、充分发挥自身核心竞争力和增强客户对外部环境应变能力的一种管理模式。

ITO 可进一步细分成数据中心、桌面、网络与企业应用外包等。IT 领域常见的外包大体有系统运营、网络设计/开发和管理、应用系统设计/开发和维护、数据中心托管、安全服务、IT 培训、系统集成、信息技术顾问、业务过程管理、用户支持、系统支持/恢复服务及其他(如行政管理、人事管理、耗材管理等)。

(2)BPO 是把一个或多个业务流程委托给一家外部提供商,让其拥有管理和控制选定的流程。被外包给外部提供商的业务流程包括物流、采购、人力资源、财务会计、客户关系管理或其他管理或面向消费者的业务功能等。

3. 外包的竞争优势。外包的竞争优势体现在以下几个方面:①降低企业的生产成本;②使企业实现最佳资源分配;③强化公司的核心能力;④降低风险;⑤适应竞争环境;⑥提高业务服务水平;⑦加速业务重构。企业业务服务流程的重构需要花费大量的时间,并且获得效益也要很长的时间。通过服务业务外包,既能减少新业务服务流程重构所带来的固定资产投入,避免在设备、技术、研发上的大额投资,又能使企业很快地进入到新业务领域中,实现低成本快速运作。

4. 服务外包的特点:

(1)基于企业战略发展的选择:企业选择外包服务更多的是出于培育企业核心竞争力的考虑;

(2)属于市场交易行为,双方关系由合同确定;

(3)履行服务的时间一般比较长;

(4)以IT系统或系统之上的业务流程为外包对象。

【小资料】

商务部关于服务外包的分类

(一)信息技术外包

1. 系统操作服务:包括银行数据、信用卡数据、各类保险数据、保险理赔数据、医疗/体检数据、税务数据、法律数据等数据(包括信息)的处理及整合。

2. 系统应用服务:信息工程及流程设计、管理信息系统服务、远程维护等。

3. 基础技术服务:承接技术研发、软件开发设计、基础技术或基础管理平台整合或管理整合等IT外包。

(二)业务流程外包

1. 企业内部管理服务:指为客户企业提供企业各类内部管理服务,包括后台服务、人力资源服务、工资福利服务、会计服务、财务中心、数据中心及其他内部管理服务等。

2. 企业业务运作服务:指为客户企业提供技术研发服务、销售及批发服务、产品售后服务(售后电话指导、维修服务)及其他业务流程环节的服务等。

3. 供应链管理服务:指为客户企业提供物流整体方案服务。

三、外包的实际运用

(一)供应链与物流外包

企业推行业务外包的前提是必须建立自己的信息系统,并加快推进信息化,特别是充分利用互联网,使自己的商业经营融入全球信息网络。

物流外包一般叫作第三方物流,其实质就是指物流经营者借助现代信息技术,在约定的时间位置按约定的价格向物流消费者提供约定的个性化、专业化、系列化的服务。

1984年洛杉矶奥运会成功地开创了奥运物流外包的运作模式,其通过制定一整套严密的奥运物流操作规范,认证了一批有实力的物流提供商,将奥运物流外包给这些物流提供商。这种奥运物流的外包运作模式,既保证了奥运会得到专业化、一体化的物流服务,也使得这一外包物流形式产生了长期效益。自从1984年洛杉矶奥运会成功地开创了奥运物流外包先河以来,之后的历届奥运会都在尝试采用物流外包运作模式。

通过与北京奥组委签署合作备忘录,UPS 将协助北京奥组委物流指挥中心进行物流计划的编制、协调和实施,并为所有的奥运场馆提供快递和物流服务。2007 年 3 月 8 日,由 UPS 负责运营管理的北京奥运物流中心正式启动运行。北京奥运物流中心位于首都国际机场附近,将全面为北京举办 2008 年奥运会期间的所有竞赛场馆、非竞赛场馆及训练场馆提供物流服务。UPS 曾连续赞助过 1996 年亚特兰大和 2000 年悉尼夏季奥运会以及 1998 年长野冬季奥运会。按照北京奥组委与 UPS 的合作备忘录,UPS 将协助策划和执行 2008 年北京奥运会物流运作计划,提供奥运期间北京奥组委所有指定地点的快递服务,并负责奥组委物流配送中心的管理工作。

UPS 与北京奥组委的合作实际是一种第三方物流外包。由于奥运会特有的短期行为特点,且奥运物流活动十分复杂,需要现代物流技术支撑才能完成。因此,在技术、人力、物力等条件有限的情况下,将奥运物流活动外包,不仅可行而且具有优越性,如货运代理、信件与包裹快递、奥运村生活物流、奥运比赛器材的物流等。

UPS 代表北京奥组委进行货物的接收、储存、出库,以及各场馆之间及场馆内的运输配送和赛后反向物流的运作。北京 2008 年奥运会需要运送、存储的比赛器材高达 120 多万件。UPS 协助北京奥组委处理运输事务,可以让各国运动员及教练员全心专注于训练与竞赛。图 13 - 2 是 UPS 专门为北京奥运会制作的宣传广告。

图 13 - 2　UPS 与物流外包

（二）客户服务外包与呼叫中心

客户关系管理(CRM)不仅仅是一套软件解决方案，而且是一套能更好地了解每一个客户并从中获利的方法和能力。企业实施和应用CRM解决方案是当前的趋势。

企业可以自己完成那些高价值客户的呼叫中心(call center)工作或呼叫中心的高价值工作，将其余的外包出去。如果将呼叫中心看作成本中心，而且外包的确节约成本的话，可以进行外包；而对于那些能带来战略竞争优势的东西，则不合适外包。

呼叫中心是CRM的一个重要的组成部分。它同研发和销售一样，是企业活动的重要组成部分。而外包就意味着委托第三方去管理呼叫中心这个重要的客户联系途径。

呼叫中心是以高科技电脑电话集成技术(CTI)系统为基础，将计算机的信息处理功能、数字程控交换机的电话接入和智能分配、自动语音处理技术、互联网技术、网络通信技术、商业智能技术与业务系统紧密结合在一起，将公司的通信系统、计算机处理系统、人工业务代表、信息等资源整合而成的统一、高效的服务工作平台。

呼叫中心外包有下面几个好处：

1. 专门化。优秀的呼叫中心提供商，可以提供一个完整的客户服务解决方案，如可定制的CRM界面、训练有素的客服代表、后台办公技术、数据管理技术、各种报表和信息管理专业人员。

2. 变通性。许多公司在实施他们自己的客户服务中心时，都会选择外包一定量的接入呼叫。如果管理得当，这可以有效平衡接入呼叫的高峰和低谷。另一方面，公司也可以通过为客户提供直接服务而获取第一手的信息。

3. 节约成本。外包呼叫中心通常在价格上具有优势，规模大的呼叫中心可以降低每个客户的平均服务成本。呼叫中心的提供商，也可能是CRM的应用服务提供商(ASP)，系统实施和集成的费用大大降低。

4. 公司可集中于自己的核心业务。通过将客户服务外包，公司可以集中自己的有限资源来处理核心的业务，如产品开发、市场开拓等。当然，如果公司的业务主要是为客户提供直接的服务，那么就需要自己维护内部的接触中心。

呼叫中心外包也有下面的不利因素：

一是容易失去控制。通过外包，公司把处理客户体验的职责交给了其他公司，然后根据处理的事务量进行结算。很多外包提供商会像处理简单的交易一样去处理与客户的交流。另外，与客户的交流产生连带销售、搜集信息等也将不再可能。为此，需要与外包商达成共识，让他们不断提供其与客户接触所获得的有用信息。

二是内外呼叫中心的集成性问题。如果公司同时使用内部的和外包的呼叫中心，就产生了两个呼叫中心的联通、集成和协调的问题。理想的情况是使这两部分形成整体运作。这意味着，两个呼叫中心的服务代表都可以实时地获取相同的客户信息和历史记录，客户可以在任意时间与任意一个中心的代表交流，并且得到一样的服务。这实施起来很有难度，比较好的方法是与 ASP 的客户进行接触和沟通，听取他们的意见。

从目前的情况来看，Web 呼叫中心、多媒体呼叫中心、虚拟呼叫中心、IP 呼叫中心将成为现代化呼叫中心产业的发展趋势。

（三）IT 外包

IT 外包，就是客户将全部或部分 IT 工作外包给专业性公司完成的服务模式。IT 领域常见的外包大体有系统运营、网络设计/开发和管理、应用系统设计/开发和维护、数据中心托管、安全服务、IT 培训、系统集成、信息技术顾问、业务过程管理、用户支持、系统支持/恢复服务及其他（行政管理、人事管理、耗材管理等）。外包服务商还可根据客户的具体需求，量身定制各种服务类型。

IT 外包带来的优势是可以使企业集中精力于企业的主营业务，提高竞争力；企业的 IT 工作由过程的管理转变为对结果的管理，能够充分发挥企业在硬件和软件上的投资。

1. IT 外包带来的利益：

（1）成本减少；

（2）业务改进；

（3）避免资源短缺；

（4）成本控制；

（5）企业不必对 IT 人员不断进行培训，也不必再担心人才流失，节省了人力资源成本和管理成本。

2. IT 外包的风险：

（1）委托外包的公司和从事外包服务的公司有着不同的目标，例如，委托方倾向于经常性地改进信息系统，从而顺应公司的变化并增强竞争能力，而被委托方则倾向于保维持稳定，二者之间存在一定矛盾。

（2）已外包的工作将很难转到另一家公司，这给了这些外部供应商很大的讨价还价的权利。

（3）安全性和机密泄露的问题，特别是当外包提供商同时又为公司的竞争者提供相同的服务时。

（4）灵活性的丧失，特别是在公司需要应对快速变化时。

【小资料】

体育健身器材企业（AL）的服务外包

与传统供应链相比，AL 供应链中的一个明显特点是，其下游链条里没有分销商、批发商和零售商这样的传统角色,AL直接把产品卖给顾客。AL通过电话、面对面交流、互联网订购直接拿到客户的订单,客户的准确需求直接反馈到设计、制造等整个营运过程里。而传统的渠道所提供的订货信息往往含混不清。可以说,直销成为AL整合供应商的必要条件。

在AL的供应链蓝图上,还有一个特别之处,即多出了"代理服务商"这一环节。这些代理服务商并不是向顾客提供产品,而是提供服务和支持,这意味着AL把服务也外包了。采用外包的服务策略使得AL既能够提供售后服务支持,又避免了公司组织结构"过度庞大"。

2005年,AL在中国32个重点城市建立了售后服务。他们把服务外包给了合作伙伴,70%的用户问题可以用电话从广州的客户服务中心工程师那里得到解决(这样比较节省客户的时间);剩下的30%,通过合作伙伴在当地的工程师解决。

这一点同样离不开直销模式。"我们对客户的要求非常清楚,直销和CRM配合得很好",一位售后支持工程师说。直销的好处在于每一个产品直接到用户手里,AL记录了每一个环节,服务和质量很容易控制,而这一点依靠代理商是做不到的。

当一个俱乐部买了健身器材之后,AL会一直关注用户的发展,隔一段时间,销售人员会主动询问用户是否有新的需求。这一点上,对大客户来说,AL和其他同类企业的做法可能差不多,但是在中小客户方面,直销和通过代理去做,效果完全不同。

第三节 服务业与制造业的库存差异

库存是为了满足客户需求或支持服务或产品的提供而进行的物料存储。① 而服务业与制造业的库存差异主要体现在以下几个方面:

一、服务业与制造业的库存内容不同

制造业库存通常是指为了销售或耗用而储存的物品,一般可以分为原材料库存、成品库存、零部件库存和在制品库存等。在制造业,库存常常占到企业流动资产的一半左右,因此,库存管理会影响到整个企业的资产流动性、资产周转率、资产报酬率等,是制造业企业管理的重要组成部分。

① 李·克拉耶夫斯基,拉里·里茨曼.运营管理——流程与价值链[M].北京:人民邮电出版社,2007:272.

服务业库存通常是指与提供的服务相关的物质产品。具体到体育产业，其库存主要包括以下几类：

（一）服务辅助产品

体育企业包括很多类型，他们为消费者提供各种服务。例如，目前很多健身俱乐部开设了瑜伽、搏击操、踏板操、拉丁健美操、有氧健身操等项目，为顾客提供身体测试、健身咨询和指导、健身教练等各种服务。同时这些健身俱乐部还增加了许多辅助性的项目，如美容室、水吧、按摩室、桑拿洗浴等。而几乎所有这些服务的提供都需要一些物质产品的支持，这些物质产品可能包括健身器材、身体测试的设备和耗材、运动饮料等。此外，健身俱乐部还可能出售一些相关商品，如球拍、瑜伽垫、健身服装、食品、毛巾等，这些都构成了健身俱乐部的库存。

（二）市场开发产品

随着体育赛事的商业化发展，其市场开发也具有了重要的地位，不仅成为赛事组织管理的一个重要方面，而且成为评价赛事是否成功的一个方面。目前，不论全球范围的奥运会、各运动项目的世界锦标赛，还是各国职业化的足球、篮球联赛，以至于更小规模的体育比赛，市场开发似乎都不可或缺。这些开发中也包括纪念品、吉祥物等物质产品的生产和销售。

二、生产准备/订货成本不同

对于制造业企业，对设备进行调整以生产不同产品所涉及的费用称为生产准备成本，包括调整、清洁及安装新工具等所耗费的劳动力和时间。因此，制造业企业进行库存管理的时候，都会考虑到生产准备成本，以减少生产设施的数量。若生产准备成本较高，企业就希望一旦准备完成就能生产较大批量的产品。

对于服务业来说，几乎没有生产准备成本，不存在生产批量问题，只有订货批量问题。订货成本主要包括运输、通信费用等，对于任何一种库存产品来说，其订货成本通常是微不足道的，往往只是管理者根据销售和库存情况完成下订单的工作。因此，在服务业库存管理中，订货成本的重要性远远低于制造业，甚至有时候订货量模型可以不考虑订货费用。

三、替代品不同

在制造业中，由于产品生产本身的技术、设备等条件的制约，原材料、零部件等存在的替代品较少，如果出现缺货，就会造成停工待料。如果产成品缺货，则只能延期交付客户，造成客户的不满。

而服务业中，各类库存产品的替代品可能较多，因为这些产品基本都是外购的，所以体育企业可以从不同的制造商那里购买几乎一样的同类产品。例如，健身俱乐部出售的不同品牌、不同功能的饮料，它们就互为替代品；再如，各种体育赛事的纪念品也多种多样，即使是同类产品（如T恤衫、钥匙扣等），也会有不同的图案可选择，它们彼此之间也具有替代性。服务业库存的这一特点意味着当一种产品缺货时，除非消费者对某种品牌或产品等有特别偏好，对于大多数消费者来说，他们可以选择其他替代品，从而降低了销售流失、顾客不满等库存管理的缺货成本。这也意味着在服务业的库存管理中，不必过多考虑每种产品的库存水平，而应该把具有高度替代性的同类产品当作一个整体来考虑。

四、对库存的需求不同

在制造业，对于原材料和零部件的需求量是依存于产品生产数量的，因此，它们的需求是非独立需求。在产品需求量确定的基础上，能够根据生产的技术、工艺等计算出非独立产品的需求量。例如，运动服装的需求量确定了，就可以计算出需要的拉链、纽扣、布料等原材料的数量。

在服务业，大多数库存的需求都是独立需求，即对各种库存物品的需求受市场条件的影响，而与任何其他库存物品的决策无关。独立需求的确定通常是由销售和市场调查部门进行的，正如在前面讨论过的服务需求预测。而且相对而言，服务业的不可预期需求更多。某种产品可能有时一周也没有一件销售出去，也可能一天就把库存都销售完。这种高偏差性增加了制定库存管理模型的难度。

五、库存产品的数量不同

人们一般用最小库存单位（Stock-Keeping Units，SKU）来识别库存产品。最小库存单位可以识别每一件产品的生产厂家以及它的成本。一个制造型企业可能销售几百种甚至几千种产品，单个的产品通常被称作库存单位。这样的数字对于服务业销售的SKUs数量来说是小巫见大巫，如超市（平均一个商店4万SKUs）、汽车零配件商店（高达6万SKUs）或百货公司（约有40万SKUs）。[①] 具体到体育企业，一个健身俱乐部或高尔夫球俱乐部所附属的商店，SKU的数量都会很大。例如，一家高尔夫球俱乐部的商店里出售高尔夫球、球杆、球衣、帽子、毛巾、纪念品等很多种商品。假如出售的T恤来自5个厂商，有3种质量水平，4种规格和5种颜色，那么就有300（$=5\times3\times4\times5$）种不同的产品。这种规模意味着服务型企业花在任何一个SKU的时间可能都是很短的。

① RICHARD METTERS，KATHRYN KING-METTERS，MADELEINE PULLMAN. 服务运营管理[M]. 北京：清华大学出版社，2004：169.

第四节　库存管理

对于体育企业来说，库存是很重要的。库存管理要在保证企业生产、经营需求的前提下，使库存量经常保持在合理的水平上；掌握库存量动态，适时、适量提出订货，避免超储或缺货；减少库存空间占用，降低库存总费用；控制库存资金占用，加速资金周转。其核心是订货点和订货量。

一、库存成本

库存管理必须要考虑到库存成本。通常库存成本包括取得成本、持有成本和短缺成本。

（一）取得成本

取得成本是指为了取得库存而付出的成本，包括库存的购置成本和订货成本。购置成本是指货物本身的价款，如果不考虑商业折扣，购置成本与订货的批量、订货次数等无关。订货成本是指采购的管理、人工费用等。例如，采购人员必须花费一定时间确定订购数量，也许还要选择供应商并就合同条款进行谈判。书面工作、后续工作以及验收货物等也要花时间。互联网可以使订购流程更加顺畅并减少订单提交成本。因此，订货成本一般与订货次数正相关，而与每次的订购数量无关，即订货次数越多，订货成本越高。因此，如果单位订货成本高，企业就会倾向于减少订货次数，增加库存水平；反之亦然（见图 13－3）。

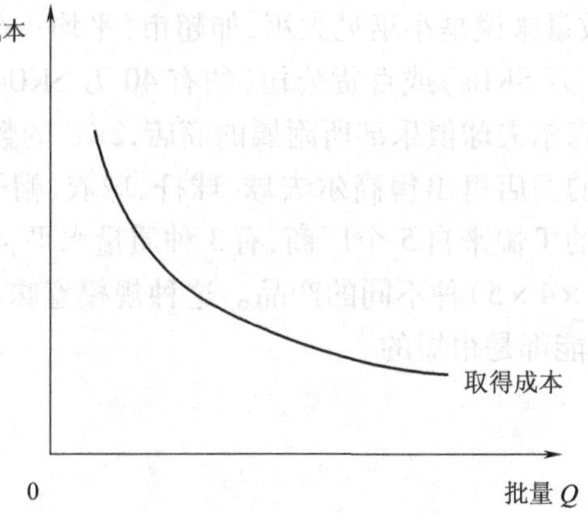

图 13－3　库存的取得成本

取得成本的公式如下：

$$TCa = DU + F_1 + K(D/Q)$$

式中：Ta—— 取得成本；

D—— 某种产品全年需求量；

U—— 单价；

F_1—— 固定的订货成本；

K—— 单位变动订货成本；

Q—— 每次订货量。

（二）持有成本

持有成本是指库存从入库开始到销售出去为止这一时期所发生的库存成本，包括仓储费用、管理费用、保险费用、过期作废或贬值的成本、损耗以及库存占用资金的机会成本等。

假设所订购的库存物品是集中一次到货的，并且在销售过程中也是均匀减少的，那么库存从入库开始到销售出去为止的这一时期的变动情况如图 13－4 所示：

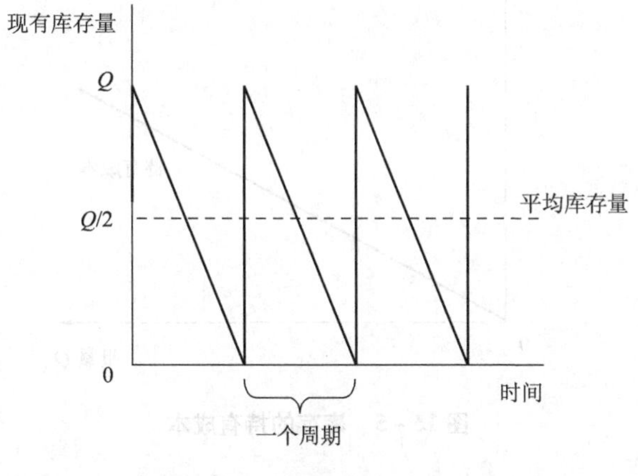

图 13－4 库存的到货和销售

在订货间隔期的起点，库存量为最大值，即 Q。在间隔期的终点，正好在下一批货物到达之前，库存量下滑到最小值，即 0。平均库存量为这两者之间的平均值 $(0+Q)/2$，即 $Q/2$。事实上，只有在顾客对该物品的需求稳定且均匀时，该公式才是精确的。但即使是在需求不稳定的情况下该公式也提供了一个合理的估计值。

从成本形态来说，持有成本包括固定成本和变动成本。在一定的库存数量范围之内，仓库的租金、管理费用等都是固定的，但当库存超过一定范围后，这些成本也都会变动。机会成本、保险费用、损耗等都是与库存数量正相关的。

因此，库存量过大会增加仓库面积和库存保管费用，同时占用大量的流动资金，造成资金呆滞，既加重了贷款利息等负担，又会影响资金的时间价值和机会收益，此外还会增加库存的损耗。企业通常将某种物品每一时期的库存变动持有成本用其价值的百分比来表示。将一件物品保存一年的变动持有成本一般为该物品价值的20%～40%。假定一个企业的库存变动持有成本为20%。如果总库存的平均值为销售额的20%，那么库存占用的年平均成本则为总销售额的4%（0.2×0.2）。因此，持有成本越高，企业就越会倾向于低库存水平和高订货频率（见图13－5）。

持有成本的公式如下：

$$TCc = F_2 + Kc \times \frac{Q}{2}$$

式中：TCc——持有成本；

F_2——固定的持有成本；

Kc——单位变动持有成本；

Q——每次订货量。

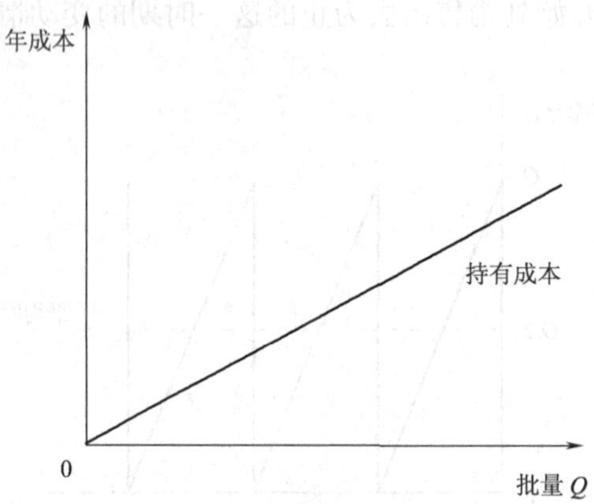

图13－5　库存的持有成本

（三）短缺成本

短缺成本（TCs）是指当顾客想要的某种产品缺货时，由此引起的销售流失和顾客的抱怨、流失等。因此，库存量过小会造成服务水平的下降，影响销售利润和企业信誉。显然，增加某种产品的库存数量，就会减少发生缺货的可能性，降低短缺成本，但这一决策也会同时增加库存的持有成本。短缺成本往往难以确切地进行估计，因此，确定短缺成本的范畴通常是可能的，但承担的此类成本往往稍高于预测值。

综上所述，库存总成本（TC）由取得成本、持有成本和短缺成本构成，其公式为：

$$TC = TCa + TCc + TCs = [F_1 + (D/Q)K + DU] + (F_2 + Kc \times Q/2) + TCs$$

由上面的分析可以看出，库存过大则会造成企业资源的大量闲置，影响其合理配置和优化；掩盖企业生产、经营全过程的各种矛盾和问题，不利于企业提高管理水平。

库存管理就是要在满足企业运营的条件下,尽可能使库存的总成本最低。进行存货管理,就要尽力在各种存货成本与存货效益之间做出权衡,达到两者的最佳结合。这就是存货管理的目标。

二、库存管理策略

库存管理可能会涉及企业各职能部门和领域。会计部门提供有关库存控制、向供应商付款和向顾客收费的信息;财务部门考虑利息或投资的机会成本对库存管理的影响,以及筹划如何最有效地为库存和与库存相关的现金流量筹措资金;管理信息系统部门负责开发和维护库存管理系统;营销部门预测对库存的需求;运营部门负责控制企业库存量,等等。

库存的种类、数量等都与企业的战略决策密切相关。举例来说,健身俱乐部中储存的可供销售给顾客的辅助产品种类非常多,而储存空间是有限的,资金也是有限的。因此某种产品储存的数量越多,占用的资金就越多,占用的空间就越大,由于缺货而引起的顾客不满和销售流失就越少,但其他产品的可用储存空间和资金就会越少,相应的缺货发生的可能性就会增加。那么,管理者应该如何决策呢?这就是一个典型的库存管理策略问题:少数产品有大量库存,还是大量产品有少量库存?

总的来说,服务业库存策略表现在 3 个方面:决定什么产品应该储存;决定储存的产品中每种应该占多少货架空间;什么时候应该重新订购和订购多少。

其中,前两个方面通常由顾客需要决定。例如,某健身俱乐部发现矿泉水的销售量大于其他饮料,那么矿泉水就应该占用更多的货架空间;反之,某种产品的销售量很小,该产品占用的货架空间就应该较小。但是,如果这种产品的体积较大,即使小的数量也会占据较大空间,那么这时就应该对该产品的库存进行重新决策。考虑的问题应该包括单位空间的该产品库存带来的收益是多少;该产品是否有近似的替代品;如果缺货,那么多少消费者会产生不满;该产品什么时候应该重新订购和订购多少,等等。决定什么时候应该重新订购和订购多少,就决定了该产品库存量的大小,也就决定了该产品库存占用的资金量和货架空间的大小。因此,分析体育产业库存管理的基本目的就是为了明确两个问题:何时应该订货,以及订货的数量是多少,这将在订货量模型中进行讨论。

第五节　库存管理模型

对于企业来说,在一定的需求水平下,需要订购的库存总量是确定的。但可以有不同的购买策略:少次大量订购还是多次少量订购。这是库存管理的一个基本问题。

1915 年,美国的哈里斯发表关于经济订货批量的模型,开创了现代库存理论。随着管理工作的科学化,库存管理的研究有了很大的发展,形成许多库存模型,应用于企业管理中已得到显著的效果。

订购的次数及数量称为批量(lot sizing)。根据订货决策是否是为一次性采购决策,可以把库存管理分为单期库存模型和多期库存模型。

一、单期库存模型

单期库存模型适用于采购是为了满足某一固定时间段的需要,而且不重复订购的情况。一个单期库存模型的经典例子是卖报摊贩的问题。每天早晨卖报摊贩要决定进多少报纸,如果报纸进多了,没有卖出去,摊主只能自己承担损失;反之,如果进少了,部分顾客就买不到报纸,报摊又会因此损失这部分销售的利润。

在体育企业运营中,类似的问题也十分常见。例如,一个运动服装厂商赞助篮球比赛,他应该在多少件 T 恤上印制参赛球队的标志呢?他必须要进行需求预测,因为这种 T 恤在赛前或赛后出售价格可能会相差较多。其他可能的例子还包括门票、比赛纪念品或其他任何一次性订货,这些东西一般在一段特定时期后就过期作废或严重贬值了。

为了解决这类问题,需要采用边际分析方法,进行边际成本和边际收益的计算和衡量。最佳的存货水平发生在持有下一单位存货所获得的预期收益小于预期成本时。

期望边际成本为:

$$P(Co) \leqslant (1-P)Cu$$

式中:Co—— 高估需求的单位成本;

Cu—— 低估需求的单位成本;

P—— 该单位产品不能被售出的概率。

整理上式,得到

$$P \leqslant Cu/(Co + Cu)$$

该不等式表明,只要不能售出所预订货物的概率等于或小于 $Cu/(Co + Cu)$ 就应该继续增加订货量。

回到报纸摊贩问题,假设在报亭卖报的人已经收集了一段时间的数据,发现在不缺货的情况下,每天平均可以卖出 90 份报纸,标准差是 10 份。假定报纸的进价是 0.4 元,售价为 1.0 元。在这种情况下,低估需求的边际成本 Cu 是 0.6 元,即损失的利润;高估需求的边际成本 Co 是 0.4 元,即没有卖出去的报纸的进价。

$$Cu/(Co + Cu) = 0.6/(0.4 + 0.6) = 0.6$$

通过查找累积标准正态分布概率表,或使用 Excel 的 NORMSINV 函数,可以得到:不能售出报纸的概率小于等于 0.6 时的标准差个数为 0.253,即应该储备

10 ×0.253 =2.53份额外报纸。因此,每天应该进93份报纸。

【例13 –1】 作为一个体育比赛门票代售点的管理者,张先生与赛事组织者签订了包销的合同。如果门票卖不出去的话,张先生自己要承担相应损失。假定门票的市场价格是80元,张先生从组织者那里拿到的票价是30元。因此,每卖出一张票,张先生能赚50元,但如果卖不出去,每张票张先生要损失30元。根据以往经验,每场比赛张先生平均可以卖出1 000张门票,标准差为200。张先生应该从组织者那里订多少张门票呢?

解:低估需求的成本 $Cu = 50$,高估需求的单位成本 $Co = 30$,所以

$$Cu/(Co + Cu) = 50/80 = 0.625$$

使用Excel的NORMSINV函数,得出标准差个数0.318 6:

$$0.318\,6 \times 200 = 63.72$$

因此,张先生应该从组织者那里订购1 000 +63.72≈1 064张门票。

二、多期库存模型

在多期库存模型中,还可以按照订货方式,把库存管理模型分为以下5类:定期定量模型(订货的数量和时间都固定不变),定期不定量模型(订货时间固定不变,而订货的数量依实际库存量和最高库存量的差别而定),定量不定期模型(当库存量低于订货点时就补充订货,订货量固定不变),不定量不定期模型(订货数量和时间都不固定),有限进货率定期定量模型(货源有限制,需要陆续进货)。

多期库存模型中,这里主要讨论定量不定期模型和定期不定量模型。前者也被称为定量订货模型(又称连续观测系统、再订货点系统、经济批量EOQ和Q模型),后者也被称为定期订货模型(又称定期观测系统、定期盘点系统、固定订货间隔期系统或P模型)。设计多期库存系统是为了保证某一产品全年都能持续供应。这种产品通常一年需要多次订货,该模型就是要给出准确的订货数量和订货时间。

两种模型的基本区别在于:定量订货模型是"事件驱动"的,即当达到一个特定再订货水平的事件发生时,定量订货模型就会提示订货,这个事件可能随时发生,这取决于该产品的需求量;定期订货模型是"时间驱动"的,即仅限于在某一预先确定的时期末发出订单,只有时间的变化驱动该模型。①

运用定量订货模型,必须连续监控剩余库存量,以确定是否达到了再次订货的时间。这样,定量订货模型就是一个连续的系统,它要求每次提取库存或增加库存都必须及时更新库存记录。与库存记录相连接的计算机系统等,使得这种连续观测变得很容易。

定期订货模型对物品的库存状况进行定期观测而不是连续观测。每完成一次

---

① 理查德B蔡斯,F罗伯特 雅各布斯,尼古拉斯J阿奎拉诺.运营管理[M].北京:机械工业出版社,2007:544.

观测,就发出一份新订单,并且两次订货的间隔时间是固定的,这样就简化了订货的计划安排。由于需求量是随机变量,所以两次观测之间的需求量是会发生变化的。因此,在定期订货模型下,每次订货的批量可能会有所不同,但两次订货之间的时间间隔是固定不变的。例如,瑜伽俱乐部可能会销售一些诸如瑜伽垫、瑜伽服之类的商品,那么供应商可能会定期(通常是每周)巡视其库存量,并为该店再次储备足够的产品,以满足直到下次巡视时为止的顾客需求及安全库存需要。两种模型之间的差异,见表 13－1 所示。①

表 13－1　定量订货模型与定期订货模型的差异

特征	定量订货模型	定期订货模型
订货量	每次都订相同的数量	每次订货量都改变
何时发出订单	当库存水平低于订货点	当达到订货间隔期
保持记录情况	每次提货或增加库存都登记	只在订货间隔期盘点
库存水平	低于定期订货模型	高于定量订货模型
维持所需时间	较长,因为连续检查	—
物品种类	价格较高、关键或重要的物品	—

由表 13－1 可以看出,两类模型各有优点,一个系统的长处是另一个系统隐含的短处。定期订货模型的库存量补充是定期进行的,因此,系统管理简便,还可以提供标准化的发运时间。但定期订货模型的平均库存水平较高,这是因为它必须防止订货间隔期发生缺货的情况。同时,定量订货模型由于连续检查,对潜在缺货反应较快,因此,定量订货模型更适用于贵重物品和重要物品。

(一)定量订货模型

定量订货模型是要确定企业发出订单的特定点 R 和订货量 Q。当现有库存达到订货点 R,企业将发出数量为 Q 的订单。在这部分内容中,我们将从基本订货量模型入手,逐渐展开讨论。科学的订货量模型可以帮助体育企业在满足顾客需求的情况下降低成本,从而增强体育企业的竞争力。

1. 基本模型。基本模型是建立在以下假设条件下的:

- 企业能够及时补充存货,即需要订货时便可立即取得存货;
- 能集中到货,而不是陆续入库;
- 不允许缺货,即 $TCs=0$;
- 需求量稳定,并且能预测,即 D 为已知常量;
- 存货单价不变,不考虑现金折扣,即 U 为已知常量;
- 企业现金充足,不会因为现金短缺而影响进货;

① 理查德 B 蔡斯,F 罗伯特 雅各布斯,尼古拉斯 J 阿奎拉诺. 运营管理[M]. 北京:机械工业出版社,2007:544.

• 所需存货市场供应充足,不会因为买不到需要的存货而影响其他。

按照存货管理的目的,需要通过合理的进货批量和进货时间,使存货的总成本最低,这个批量叫作经济订货量或经济批量(EOQ)。EOQ 是使全年库存总成本最低的批量。

在基本模型下,由于企业能够及时补充存货,因此再订货点 R 为 0,即现有库存消耗完毕再订货。同时,由于不存在缺货,因此缺货成本为 0。

如前所述,$TC = TCa + TCc + TCs = [F_1 + (D/Q)K + DU] + (F_2 + Kc \times Q/2) + TCs$,如图 13-6 所示:

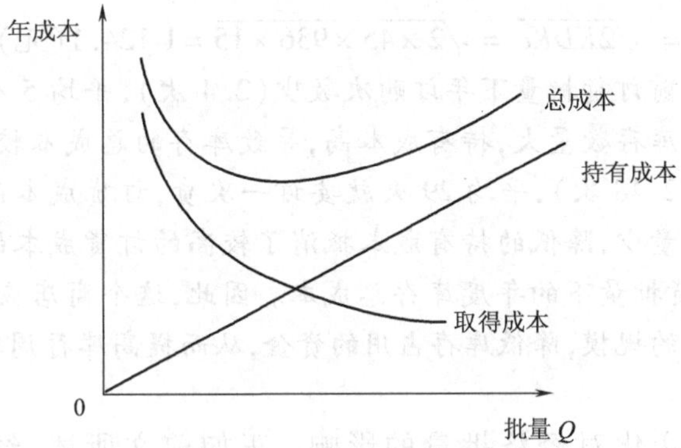

图 13-6 库存总成本曲线

由图 13-6 可以看出,使库存成本最低的点就是曲线斜率为 0 的点。运用微积分求出总成本对 Q 的导数,并令其为 0,则可得到下列公式:

经济订货量 $Q^* = \sqrt{2KD/Kc}$

年最佳订货次数 $N^* = D/Q^* = \sqrt{DKc/2K}$

年存货总成本 $TC(Q^*) = \sqrt{2KDKc}$

最佳订货周期 $T = 1/N^*$

经济订货量占用资金 $I^* = U \cdot Q^*/2$

【例 13-2】 某俱乐部在两年前开设了一家附设商店,现在库存管理出现了问题。低的库存周转率正挤压有限的利润空间,还导致现金流出现紧张。该商店最畅销的商品之一是印有俱乐部标志的背包。背包的销售量为每周 18 个,进货价为 60 元,订货成本是 45 元,年度库存持有成本是该商品价值的 25%。管理层选择的订货批量是 390 个。请问:目前的订货批量下,年库存成本是多少?该订货批量是经济批量吗?

解:年需求量 $D = 18 \times 52 = 936$(个)

单位持有成本 $Kc = 0.25 \times 60 = 15$(元)

年订货次数 $N = 936/390 = 2.4$(次)

不考虑购置成本的情况下，当前订货批量下的年库存成本

$$TC = [F_1 + (D/Q)K] + (F_2 + Kc \times Q/2) =$$
$$2.4 \times 45 + 15 \times 390/2 = 108 + 2\,925 = 3\,033(\text{元})$$

经济订货量 $Q^* = \sqrt{2KD/Kc} = \sqrt{2 \times 45 \times 936/15} = 75$(个)

年最佳订货次数 $N^* = D/Q^* = 936/75 = 12.48$(次)

年存货总成本

$$TC(Q^*) = [F_1 + (D/Q^*)K] + (F_2 + Kc \times Q^*/2) =$$
$$936/75 \times 45 + 15 \times 75/2 = 561.6 + 562.5 = 1124.1(\text{元})$$

或者

$$= \sqrt{2KDKc} = \sqrt{2 \times 45 \times 936 \times 15} = 1\,124.1(\text{元})$$

可以看出，当前订货批量下年订购次数少(2.4 次)，平均 5 个月订一次货，订货成本低，但由于库存数量大，持有成本高，导致库存的总成本较高。而经济批量下，订购次数多(12.48 次)，平均 29 天就要订一次货，订货成本高，但由于每次订购批量小、库存数量少，降低的持有成本抵消了较高的订货成本的影响，使库存总成本低于当前订货批量下的年度库存总成本。因此，这个商店应该减少每次的订购数量，减少库存的规模，降低库存占用的资金，从而提高库存周转率，提高资金的周转速度。

2. 相关因素变化对经济批量的影响。正如前文所述，经济订货量 $Q^* = \sqrt{2KD/Kc}$，因此，需求量 D、订货成本 K 和库存持有成本 Kc 的变化都会影响经济批量。具体地可以作以下分析：

(1)需求量的变化：从公式可以看出，需求量 D 位于分子上，经济批量与需求量的平方根成正比例关系，即当对某种库存物品的市场需求增加时，该物品的经济订货量也应该增加，但其速度慢于需求量的增长速度。

(2)订货成本的变化：从公式可以看出，订货成本 K 位于分子上，经济批量与订货成本的平方根成正比例关系，即当某种库存物品的订货成本增加时，该物品的经济订货量也应该增加。反之，当某种库存物品的订货成本减少时，该物品的经济订货量也应该减少。

前文关于制造业与服务业库存差异的分析表明，在服务业对于任何一种库存产品来说，其订货成本往往都是微不足道的，管理者根据系统显示的销售和库存情况，用几秒钟的时间就可以完成下订单的工作。因此，在服务业库存管理中，订货成本的重要性远远低于制造业。从经济批量的公式可以看出，当订货成本微不足道时，经济批量就会变得很小，意味着企业可以多次小批量订货，以减少库存，加快库存周转率。

(3)库存持有成本的变化：从公式可以看出，库存持有成本 Kc 位于分母上，经济批量与库存持有成本呈反方向变动的关系，即当某种库存物品的持有成本减少时，该物品的经济订货量就可以增加。

上面 3 个因素的变动都会影响经济批量,而这 3 种因素都是由企业各个相关部门进行估计和预测的。例如,市场营销部门预测了市场需求量,财务会计部门提供了库存占用资金情况和资金的机会成本等。那么,当这些预测和估计出现误差时对经济批量会产生怎样的影响呢?由于经济批量的计算公式是一个平方根公式,所以预测和估计的误差对经济批量的影响会被缩小。同时,这些误差会相互抵消。因此,库存总成本对误差是不敏感的。

3. 基本模型的扩展。上述基本模型是建立在一系列严格的假设条件下的,但现实中,这些假设条件有时是不可能实现的,因此,下面我们将把基本模型进行扩展,讨论在不同情况下的订货量模型。

(1)订货提前期。在基本模型中假设企业总能够及时补充存货,但事实上,从发出订单到所订购的货物运达,一般是需要一段时间的。在这种情况下,就需要提前订货。再订货点 R 就等于提前期内的需求量,即

$$再订货点\ (R)\ =\ 交货时间(L)\times 每日平均用量(d)$$

订货提前期对经济订货量并无影响,但再订货点 R 不再是 0。在上例中,如果从发出订单到货物到达的时间为 1 周,而顾客对该物品的需求量非常稳定的话,那么该商店就应该在库存下降为 18 个(即一周的销售量)时发出订单。这样现有库存在提前期内会继续下降,直到收到新的订货时为止。这一时刻标志着提前期的结束,现有库存又会重新升至 Q 单位。一批新的订货恰好在库存量下降为 0 时到达(见图 13-7)。

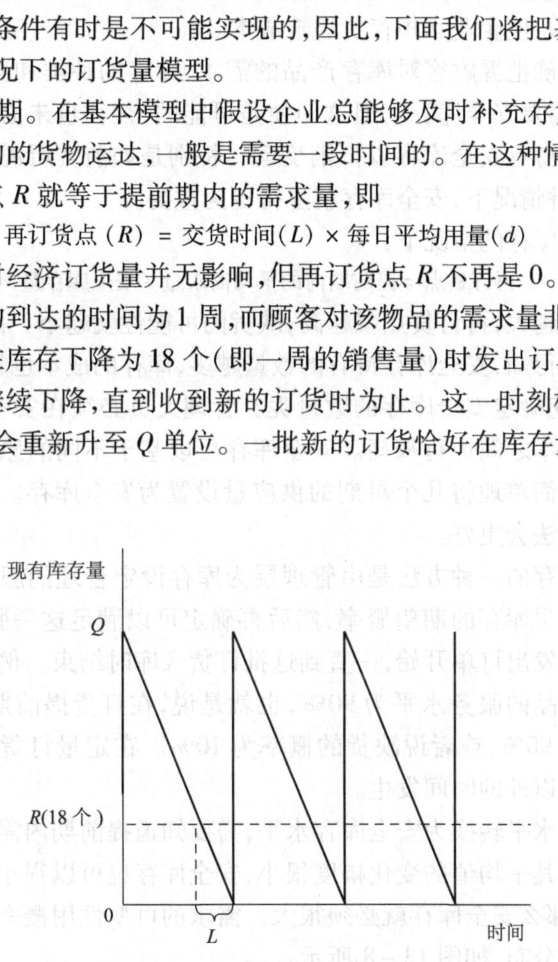

图 13-7 订货提前期的再订货点

(2)批量折扣。在这里,批量折扣是指库存产品的单价随订购批量不同而变化的情况。在例 13-2 中,如果供应商为了促进销售,给出价格折扣,一次订购超过 100 件,可以享受 1%,一次订购超过 300 件,可以享受 2%,那么在这种情况下,运用基本模型求出的经济订购批量还是使库存成本最低的批量吗?

(3)安全库存。安全库存是指在正常情况下不动用,只有当存货过量使用或送货延迟时才动用的多余库存。

由于运输时间的变动(如机动车限行)、卖方由于原料不足导致无法完成订单、卖方工厂或货运公司出现意外事故、货物丢失或发送错误等,都会导致交货延迟,使供应商不能在约定的日期交付所要求的数量和质量的商品,这是供应方的原因。同样需求方的原因也会导致需要安全库存的情况发生,如某物品的市场需求突然大幅度增加。在上面的两种情况下,如果没有安全库存或安全库存的数量不够,就会出现短缺,使企业承担存货短缺成本。

如果能够精确把握顾客对库存产品的需求,库存的种类和数量正好可以满足需求,那么就不需要安全库存。但这即使是可能的,往往也未必经济可行。因此,大多数企业都会持有安全库存以抵消变动。特别是如前文所说,服务业的不可预期需求更多,这种情况下,安全库存就显得更为重要。

在持有安全库存的情况下:

再订货点 = 提前期内的平均需求量 + 安全库存量

安全库存量越大,再订货点就越高,缺货的可能性就越小。但由前面关于库存成本的分析可以得知,安全库存持有的数量越多,库存的成本也越高。

那么,该如何确定安全库存的数量呢?管理人员必须在安全库存所带来的好处与库存持有成本之间进行权衡。安全库存可以基于不同的原则来确定,一个常用的方法是企业简单地将几个星期的供应量设置为安全库存。但是,采用能够反映需求变动的方法会更好。

确定安全库存的一种方法是由管理层为库存设定合理的服务水平,即在任一订货周期内不耗尽库存的期望概率,然后再确定可以满足这一服务水平的安全存货。订货周期从发出订单开始,一直到这批订货入库时结束。例如,健身俱乐部的水吧选定某种商品的服务水平为90%,也就是说,在订货提前期内需求量不超过供应量的概率为90%,或者说缺货的概率为10%。在定量订货模型中,缺货风险不会在订货周期以外的时间发生。

为了将服务水平转换为安全库存水平,需要知道提前期内需求量的分布形式。如果需求量围绕其平均值的变化幅度很小,安全库存也可以很小。反之,如果需求量大幅度变动,那么安全库存就必须很大。需求的可变性用概率分布来测度,最经常使用的是正态分布,如图13-8所示:

提前期内的平均需求为图13-8中的中线,曲线下面左右两边各占50%的面积。如果选择50%的服务水平,那么再订货点 R 就是中线所表示的数量。由于 R 等于提前期内的平均需求量加上安全库存量,因此,当 R 等于平均需求量时,安全库存量为0。此时,在50%的时间里需求量小于平均数,意味着在没有安全库存时只有50%的时间可以满足顾客需求。这种服务水平显然太低了,要提供高于50%的服务水平,再订货点就应该大于提前期内的平均需求量,即把再订货点向右边移

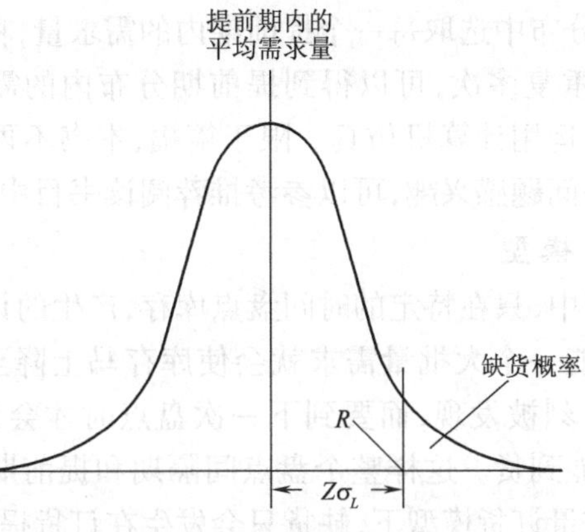

图 13-8　需求量的正态分布图

动。曲线下面再订货点右边部分的面积表示缺货概率,左边部分的面积表示服务水平。当 R 位于平均需求量右方时,缺货概率会小于50%,服务水平将高于50%。

用实现服务水平所需的偏离标准差的个数 z 乘以提前期内需求量概率分布的标准离差值 σ_L,可以计算安全库存量,即

$$安全库存量 = z\sigma_L$$

z 值越大,服务水平和安全库存量就越高,反之亦然。

【例 13-3】　如果某游泳馆的销售记录显示游泳圈在订货提前期内的需求量呈正态分布,其平均需求量为50个,标准差为5。请问,在服务水平为99%的条件下,应该持有的安全库存量是多少?再订货点是多少?

解:首先求标准差的个数 z。查正态分布表,可以看出最接近99%的数值是0.990 1,0.990 1对应的 z 是2.33。

然后利用公式求安全库存量和再订货点:

安全库存量 $= z\sigma_L = 2.33 \times 5 = 11.65$(个),即大约12个

再订货点 = 提前期内的平均需求量 + 安全库存量 $= 50 + 12 = 62$(个)

因此,当游泳圈的库存量还有62个的时候,该游泳馆就应该发出订单了。

【例 13-4】　在例13-2的俱乐部中,假定平均需求量为18个/周,其标准离差为5个。如果管理层希望达到95%的服务水平,试确定安全库存量及再订货点。

解:首先求标准差的个数 z。查正态分布表,可以看出最接近95%的数值是0.950 5,0.950 5对应的 z 是1.65。

然后利用公式求安全库存量和再订货点:

安全库存量 $= z\sigma_L = 1.65 \times 5 = 8.25$(个),即大约8个

再订货点 = 提前期内的平均需求量 + 安全库存量 $= 18 + 8 = 26$(个)

当需求量与提前期都不确定的时候,可以用与前面所讲的提前期不变情况下类似的方法来选择再订货点。如果已知每单位时间需求量及提前期的概率分布,

则可以得出提前期内需求量的联合概率分布。从提前期的分布中随机选取一个提前期,然后再从需求分布中选取每一个提前期内的需求量,将该提前期内的总需求记录下来,这一过程重复多次,可以得到提前期分布内的需求分布。在这种情况下,计算量很大,常常运用计算机仿真。限于篇幅,本书不再对这一问题进行详细解释了。如果对这一问题感兴趣,可以参考推荐阅读书目中的相关图书。

(二)定期订货模型

在定期订货系统中,只在特定的时间盘点库存,产生的订货量每期都不同。当企业发出订单后,可能一个大批量需求就会使库存马上降至很低的水平,甚至0。但这种状况并不会立刻被发现,而要到下一次盘点时才会发现,而当新订单发出后,需要一定时间才能到货。这样整个盘点间隔期和提前期内就可能一直处于缺货状态。而不像在定量订货模型下,缺货只会发生在订货提前期内。因此,定期订货模型下的安全库存不仅要注意盘点期,还要防止发出订单至收到货物之间的提前期出现断货。这通常意味着需持有比定量订货系统更高的安全库存水平。

1. 定期订货模型的订购量。在一个盘点周期为 T,提前期保持为 L 不变的定期系统中,订货量 = 保管期的平均需求量 + 安全库存 - 现有库存量,即

$$q = d(T + L) + z\sigma_{T+L} - I$$

式中:q—— 订购量;

T—— 两次盘点间的间隔天数;

L—— 提前期的天数(下订单至收到货物之间的时间);

d—— 预测的日平均需求量;

z—— 特定服务水平概率下的标准差个数;

σ_{T+L}—— 盘点周期与提前期期间需求的标准差;

I—— 现有库存水平(包括已经订购而尚未到达的)。

在该模型中,日平均需求量是预测值,假定服从正态分布,其数值在每个盘点周期内是可以修改的。z 取决于缺货概率,可以用 Excel 的 NORMSINV 函数求得或查正态分布表得到。

从公式可以看出,在定期订货模型中,订购量等于长度为 $T+L$ 的期间的预计需求量,加上足够的安全库存量。由于该模型的安全库存量要应对比定量订货模型更长时间间隔的需求不确定性,因此定期订货模型需要更多的安全库存量,整体库存水平高于定量订货模型。

2. 观测间隔的选择。观测间隔可以是任何方便的时间间隔,如每日、每周、每两周、每月等。还可以将观测间隔设定为经济订货批量的平均订货间隔期。在这种情况下,由于需求的可变性,每次订购的数量可能高于或低于经济订购批量,但是在一个较长的时间段内,平均订货量应该等于经济订购批量。

(三)混合系统

混合系统结合了定量订货模型和定期订货模型的某些特性,这里我们将讨论

两种:选择性补货系统和基础存量系统。

1. 选择性补货系统(optional replenishment system)。其也称为选择性观测系统、最小-最大系统。选择性补货系统与定期订货系统类似,也以固定的时间间隔对库存状况进行观测。但与定期订货系统不同的是,只有当库存量降至预定的水平时,才要求订货以满足预期的需求,新的订货量要大得足以使库存量达到目标库存水平。该预定水平类似于定量订货模型中的再订货点。由于选择性补货系统不用进行连续观测,所以当连续观测费用及订货费用都较高时,该系统就会比较受欢迎。

2. 基础存量系统(base-stock system)。在基础存量系统中,每当提取库存时,就按照提取数量发出等量补货订单。因此,该系统订购的次数多,但每次的订购量小。这种策略可以使库存保持在一个基点库存水平,它等于提前期内的预期需求量加上安全库存量。因此,基点库存水平就相当于定量订货模型中的再订货点。由于这个水平可能是保持特定服务水平的最低值,所以基础存量系统可以使库存量降到最小。该系统适合于特别贵重的物品。

第六节 库存控制系统

库存控制系统为企业保持和控制存货提供了组织机构和运营政策。在本节中,我们主要介绍两种常用的库存控制系统:ABC 库存计划和库存控制可视系统。前者用于对库存物品进行区分,找出关键库存物品,然后对重要性不同的库存物品采取不同的管理方法;后者可以利用现代科技,提高库存管理的效率。

一、ABC 库存计划

19 世纪,维尔弗雷多·帕累托在一个关于米兰的财富分配的研究中发现,20% 的人控制着 80% 的财富。如今,这种逻辑已经延伸到许多领域,并被称为帕累托法则。该法则同样适用于库存控制系统,即通常少数产品占用了大部分资金,而其余多数产品占用少量资金。

任何库存系统都需确定什么时候发出订单以及需要订购的数量。在盘点、发出订单、接受货物等库存管理活动中,都需要花费时间和成本。当这些资源有限而库存产品种类较多的时候,对每种产品都运用订货量模型进行计算并进行严密控制是不太可能的或者成本过高,这时就有必要对各类存货进行区别对待。为了解决这个问题,ABC 分析法将库存产品分成 3 类,即 A 类(高占用资金类)、B 类(中等占用资金类)和 C 类(低占用资金类),以便管理人员将精力集中在那些具有最高资金价值的物品上。占用资金量是重要的衡量标准,一个低成本但数量大的产品可能比一个高价值但数量小的产品重要。

ABC分类法根据价值将各类库存物品进行排列，通常A类物品只占物品总量的20%左右，但占用的资金却高达80%；B类物品占物品总量的30%左右，仅占用15%的资金；C类物品是最后50%的物品，只占用库存资金的5%左右。当然，不可能每个企业在各个时期的库存分类都恰好是这个比例。总的说来，ABC分类法就是要将重要的和不重要的存货物品区分开来，分界线在哪取决于具体的产品多少、可用的时间和人工等。

ABC分类法以库存占用资金为依据，把物品进行分类，并生成排列图，如表13-2表示：

表13-2 根据价值排列年库存使用情况

产品编号	年资金占用量(元)	占总价值的百分比(%)
1	68 000	44.55
2	48 500	31.77
3	13 400	8.78
4	9 870	6.47
5	7 560	4.95
6	3 189	2.09
7	1 050	0.69
8	560	0.37
9	325	0.21
10	198	0.13
总计	152 652	100.00

根据表13-2，可以得到表13-3：

表13-3 ABC产品库存分类法

类别	产品编号	年资金占用量(元)	占总量的百分比(%)
A	1、2	116 500	76.32
B	3、4、5	30 830	20.20
C	6、7、8、9、10	5 322	3.49
总计		152 652	100.00

将存货产品分为A、B、C三类以后，对每一类都应设置适当的控制程度，包括订货周期、盘点频率等。通常对A类物品都要进行严格控制，要经常进行检查，以降低平均批量并掌握最新的库存记录。如果库存记录显示现有库存结余为50单位，而实际结余却为80单位，这就毫无必要地付出了代价高昂的库存。采购部门

可以通过集中采购、更换供应商或更有效的合同谈判等方式减少A类存货的成本。对于C类物品可以控制得较松一些。虽然C类物品的缺货可能造成与A类物品缺货同样严重的后果,但是C类物品的库存占用成本很低,因此可以采用更高的库存水平、更多的安全储备、更大的批量。有时候某种产品可能对系统起到关键作用,如果缺少该产品,可能会导致重大的损失。在这种情况下,不管该产品的类别为何,都应该持有足够的存货以防缺货。当难以确定一种产品是属于哪一类别时,将其划入较高级别可能会使库存控制更加有保障。

二、库存控制可视系统

可视系统可以在库存量显而易见地达到某一标记时让员工发出订单。由于这些记录并不是按照当时的库存状况进行记录的,所以易于管理。下面介绍两个简单的可视系统:

(一)双仓系统

在双仓系统(two-bin system)中,一种物品被存储于两个不同的地方。物品出库时首先从一个货仓取货。如果第一个货仓取空,则由第二个货仓给予支援以满足顾客需求,直到补充订货到达为止。被取空的第一个货仓发出需要补充新订货的信号。当新的订货到达,就把第二个货仓再次补充至其正常水平,剩下的放入第一仓。双仓系统的工作原理类似于Q系统,用第二个货仓的正常水平作为再订货点。

运用双仓系统的关键在于将库存分隔开,而不一定是两个货仓。例如这种系统也可以只用一个货仓来实现,只要在货仓的再订货点水平上做上标记就可以了。

(二)单仓系统

在一个单仓系统(single - bin system)中,无论需求量多少,都定期补给库存。单仓系统的工作原理类似于定期订货模型,在每一个固定的周期将库存补充到事先确定的最高水平,最高库存水平标记在储物架上或货仓中的一个量杆上。

【小资料】

北京冬奥物流中心网络建设

北京冬奥会物流中心是北京冬奥会物流运行的集散中枢和重要平台,承担着物资的仓储、安检、调配、追踪管理和通关检疫等功能。北京冬奥会物流中心的合理选址是北京冬奥会物流服务工作顺畅进行的重要基础。基于冬奥会物流服务的重点和难点,结合北京冬奥会的特殊需求,本着节俭办奥的原则,北京冬奥组委物流部经过项目组调研和论证,基于仓储资源可得性、交通通达性、报关检疫配套等条件综合评估,建议以机场北线高速与顺平路交叉口(回民营桥路口)为选址区域中心点,将以该点为中心的3~5公里区域范围作为北京冬奥会物流中心选址区域；建议以京礼高速营城子出口为选址区域中心点，将以该点为中心的3～5公里区域范围作为延庆赛区仓储中心选址区域；建议以京礼高速棋盘梁出口和京张高铁太子城站连接线为轴，将此轴周边3～5公里区域范围作为张家口赛区仓储中心选址区域。以此来构建北京冬奥会物流中心为物流体系运作核心，延庆赛区仓储中心和张家口赛区仓储中心为辅助支撑，兼顾天津港保税区集货的北京冬奥会物流网络体系。详见表13－4。

表13－4　北京冬奥会物流网络运行条件一览表

序号	至冬奥会物流中心	距离（千米）	时间（分钟）
1	北京赛区	32	40
2	延庆赛区仓储中心	82	62
	延庆冬奥村	114	86
3	张家口赛区仓储中心	195	145
	张家口冬奥村	190	142
	张家口赛区场馆	200	150
4	天津港保税区	187	140

北京冬奥会物流需求分布在北京赛区、延庆赛区和张家口赛区，北京冬奥会的物资包括通用物资、专用物资和部分特殊物资。其中通用物资包括通用办公耗材、技术设备、通用家具/白电等，初步估算需求近27万件；专用物资包括体育器材、注册设备、景观物资、开闭幕式物资等，初步估算需求量近3 480万件。

在北京冬奥会物流中心选址上，专家团队充分考虑了仓储资源可得性、交通通达性、通关和检疫配套完备性、赛事物流经验、仓储成本、三大赛区辐射、政策条件等关键指标，对物流基地进行综合评价，以确定北京冬奥会物流中心区域选址方案。

【案例分析】

运动品牌供应链变革：提速是关键！

中国运动品行业遭遇危机已是不争的事实。清理库存、优化渠道结构想必会是近两年的主旋律。但在这两项工作完成之后，运动品牌们就能走出阴霾吗？我们持怀疑态度。毕竟，天变了！

经过前两年的迅速扩张，国内运动品市场已经由卖方市场转向买方市场，在这供过于求的时代，产品的销售更取决于能否及时迎合消费者。因此，更快的供应链似乎是一条光明的道路。但此路是平坦还是曲折？我们浅析一二。

（一）改革订货制度以加速供应链

运动品上市一般分为四季，每一季产品上市周期的流程类似，但起止时间不同。以安踏为例，新品上市时间：第一季为 1 月初；第二季为 3 月底 4 月初；第三季为 6 月底 7 月初；第四季为 9 月底 10 月初。相应地，订货会一年举办 4 次，举办时间大约在每季新品推出前 6 个月。

订货制度的产生源于批发模式。分销商（渠道商）需要看过每季产品的样品，才能决定下单，品牌商在分销商下单后才能组织生产，生产完成再配送至终端进行销售。目前，国内市场上的运动品牌（包括耐克和阿迪达斯）都主要采用批发模式进行销售，因此订货制度会在相当长的时间里继续存在。

从图 13 – 9 我们可以看到，订货会及其前后环节占用了 70 天左右的时间。能否尽量缩短这个阶段的时间？目前来看难度不小，但一些品牌商正在做出努力：

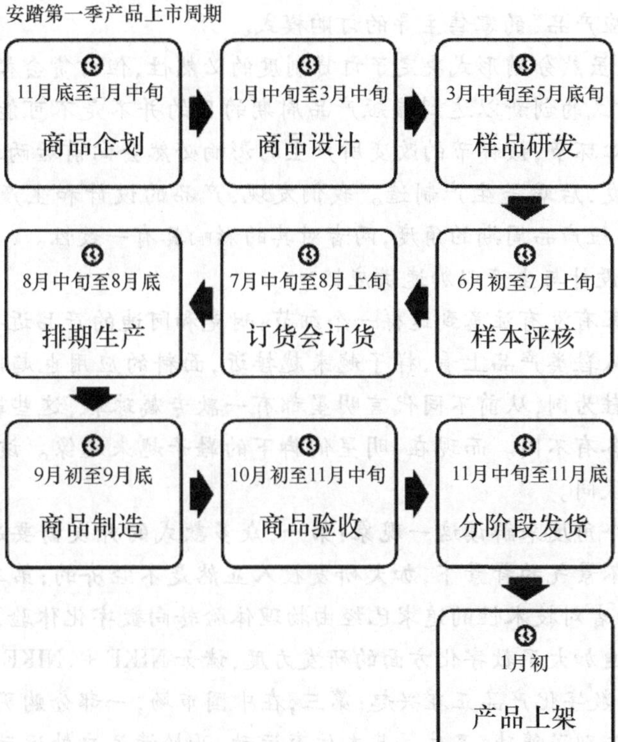

图 13 – 9

阿迪达斯近两年都在财报中提出，要将其“三叶草”和“NEO”两个子品牌做成快时尚品牌，产品周期目标缩短至 60 天，并以这两个品牌的供应链整合经验为基础，大力缩短其专业运动产品（Adidas sports performance）的上市周期。为了提高订货会的效率，阿迪达斯正在推行虚拟订货工具（virtualsell – in tool）。阿迪在财报中声称，该工具能使阿迪达斯向分销商们全面地展示所有产品样本，且分销商可以从网上下单；该工具一方面能加快产品上市的时间（节约了举办线下实体订货会的时间),另一方面能减少样品展示的成本。阿迪预计在2013年能向全世界60%的分销商普及该系统。若分销商能坐在电脑前根据自身的销售情况随时下单或者退补单,这显然能大大缩短产品上市的周期。但采访中我们发现,这套系统并没有在中国大陆普及。

李宁在订货制度上的改变似乎更为实际。据其财报中披露,在保留原有订货模式的基础上,李宁升级了企业规划系统和市场数据分析系统,基于这两者推出了快速反应产品线和最佳SKU组合(A+)产品。李宁公司声称,通过快速反应产品线,分销商可以针对某些热销款及时补货;在对不同地区进行市场数据分析后,李宁向该地区分销商推荐订购最佳SKU组合产品,这样的产品组合更符合当地的消费习惯,使分销商的销售更为顺利。李宁计划构建一种"惯性订单+最畅销SKU补货+快速反应产品"的零售主导的订购模式。

我们认为,虽然分销形式决定了订货制度的必然性,但订货会模式是可以改变的,通过订货方式的创新以达到缩短产品周期的目的并不是不可能。订货是供应链上的一个核心环节,该环节的改变所产生的影响必然会向前后两端传导,前端是产品的设计研发,后端是生产制造。我们发现,产品的设计和生产并不能割裂来看,尤其是从缩短产品周期的角度,两者对其的影响具有一致性。

(二)简化设计与生产以加速供应链

不知道大家有没有注意到这样一个细节:耐克和阿迪的产品近年来形式趋简,而颜色趋繁。从鞋类产品上看,样子越来越接近,面料的应用也趋同,颜色却越发丰富。以篮球鞋为例,从前不同代言明星都有一款专属球鞋,这些鞋款风格各异,应用的技术也各有不同。而现在,明星们脚下的鞋子越来越像。该现象得到了一些业内人士的认同。

我们从4个角度来解读这一现象:第一,众多款式的开发需要新技术的支撑,而在全球经济不景气的背景下,加大研发投入显然是不经济的;第二,不管是主动还是被动,消费者对技术性的追求已经由物理体验转向数字化体验,这也验证了为什么耐克和阿迪加大了数字化方面的研发力度,诸如NIKE+、NIKE Fuelband、ADIDASmiCoach等数字化产品正在兴起;第三,在中国市场,一部分购买力较强且年龄偏大的消费者告别了篮球、足球等基本体育运动,开始涉足户外运动并由此使得户外品牌兴起,受此影响,耐克和阿迪的定位走向年轻化,色彩趋于丰富便不难理解;第四,更简约的设计使得生产难度下降,生产周期的缩短意味着供应链反应的加速。

提升材料的通用性,减少SKU复杂性,这似乎是运动品牌们的共识。一来节约生产成本,二来加快供应链的反应速度。

(三)贯穿供应链各个环节的信息共享?难!

许多人提出,信息不畅是供应链反应迟钝的主要原因之一。我们相当赞同这个说法。运动品行业中因信息交流不畅而产生损失的例子不胜枚举。但如何让信息流畅通,这是一个宽泛的问题,我们只能尝试性地做些讨论。

就目前来看,品牌商与终端之间的信息沟通的基础设施并不算差,大部分的运动品零售店铺都有信息系统。只要品牌商愿意,零售终端的信息是可以较快地反馈的。关键在于建立一套行之有效的反馈制度和对反馈信息的分析处理能力。李宁在其2012年财报中强调了信息反馈和数据分析的重要性,并表示:集团正开始构建适应零售主导业务模式的有效供应链和物流支持系统,以提升快速反应能力。这个描述与阿迪达斯在供应链上的战略表述十分相似。可见,快速反应的供应链似乎是运动品牌的一个出路。

而快速反应的供应链并不只局限于品牌商与终端之间,我们认为,生产商与品牌商之间的环节才是供应链加速的关键。我们做这样一个猜想:代工生产商能看到品牌商的实时销售数据,这样它就能及时发现哪些产品即将缺货,而哪些产品滞销,由此调整生产策略,多生产畅销款,少生产滞销款。这样的状态显然能使生产和销售更高效,并大幅度减少库存风险。学术地说,这就是MRP采购模式向VMI采购模式的转变。但这样的模式短时期内难以成型,因为其中的困难实在太多,我们一句话概括:信息流、资金流和物流三流并不和谐。

虽然看着难度很大,但光明的前景实在诱人,所以不少品牌商都在往零售主导(终端信息能够实时贯穿供应链各环节,产生正向的协同效应)的业务模式转型。而直营,显然是实现信息贯通的最快形式。

(四)扩展直营以加速供应链?时机尚未成熟

直营和分销,互有利弊,孰优孰劣不可妄下论断。但从信息流通速度上说,直营是比较占优势的。

近两年,耐克与阿迪两大运动品巨头都在大力推进自身的直营业务,耐克的直营业务占比已达16%,阿迪更高,超过了23%。但值得一提的是,两大品牌中国市场的直营业务占比均低于世界其他地区。可见,中国市场上百丽、宝胜、锐力等大型分销商依然是行业霸主。

我们认为,直营至少能给供应链加速带来以下几点好处:①信息反馈更直接和迅速;②通过直面消费者,品牌商能更准确地把握市场,进而更有效地安排生产;③直营业务的开展能对订货、物流、店铺选择、人员管理等各个环节起到锻炼作用;④直营能建立更好的品牌形象(旗舰店、概念店),也能较快地清库存(折扣店、工厂店)。李宁是国产运动品牌中直营占比最高的(22%),这一点也许能使它的供应链加速更为顺利。

由于投资巨大、对企业运营管理能力要求高,直营业务一直都是运动品牌的挑战,除李宁外,其他国产运动品牌在这方面尚处尝试阶段,营业额占比很小。直营业务的成长会是一个长期的过程,而供应链的加速却是应对行业危机的一种中期策略,所以期待直营业务的成长来使供应链加速并不现实,更高效地协同与分销商的关系才是关键。

在许多业内分析师眼里，安踏的成长性要高于李宁，主要原因在于安踏的经销商队伍大多数是自己一手培养的，有很高的忠诚度，便于掌控。我们或许能这样理解：分销商越配合，供应链反应越快。阿迪2008年、2009年的渠道重建计划目的正是在此，当时它砍掉了不少难以管理的经销商，扶持了一批较为合作的经销商。

我们认为，虽然直营业务模式可能更有利于加快供应链的反应速度，但运动品的直营业务远未成熟，目前看来，优化与经销商的合作更为实际。

（五）转型方向：加速供应链

在研究耐克、阿迪和李宁的战略表述后，我们认为，零售主导的业务模式将是未来运动品牌们的转型方向。为了更快速地迎合消费者需求，运动品牌们必须在优化产品的同时加快供应链的反应速度。加速供应链必须从产品周期的每一个环节当中去抠时间，而订货、设计和生产是最为核心的三个环节。现阶段，通过订货制度的改革和设计生产的优化来加速供应链是可行的，但信息共享和拓展直营两个方式尚未成熟，可行性不强。

（资料来源：作者为胡晨川，引自《天下网商·经理人》，2013年七月刊，有删改）

复习思考题

1. 巴西世界杯比赛火热进行，怀特先生决定要抓住这商机。他准备销售印有参赛球队标志的T恤衫，估计每件T恤的售价大概是40美元，进货价大概是28美元。如果在比赛之前参赛队球衣没有卖出去，赛后的售价将降为10美元。他预计能卖出3 500～4 000件。那么，怀特先生应该订购多少件？相关的概率如表13－5所示：

表13－5

需求量(件)	需求概率	累计概率
3 500	0.10	0.10
3 600	0.15	0.25
3 700	0.25	0.50
3 800	0.25	0.75
3 900	0.15	0.90
4 000	0.10	1.00

2. 某健身房水吧采购的休闲食品的进价是10元，下一年预测需求为2 000单位。如果每次发出订单的成本为5元，单位库存成本为2元。每次应订购的数量是多少？一年的总库存成本是多少？